Max Wurmbrand · Cecil Roth · Das Volk der Juden

Max Wurmbrand • Cecil Roth

Das Volk
der
Juden

4000 Jahre Kampf ums Überleben

Sonderausgabe für KOMET MA-Service und Verlagsgesellschaft mbH, Frechen
Gesamtherstellung: KOMET MA-Service und Verlagsgesellschaft mbH, Frechen

INHALTSVERZEICHNIS

DIE VORVÄTER

Am Anfang der Geschichte des jüdischen Volkes steht nach uralter Überlieferung die überragende Gestalt Abrahams, des Vorvaters der Stämme Israels. Irgendwann, zu Beginn des zweiten Jahrtausends der christlichen Zeitrechnung, verließ Abraham (hebräisch Awraham) seine Heimat, die im südlichen Mesopotamien, am Ufer des Euphrat gelegene Stadt Ur in Chaldäa, und ließ sich am Ende seiner Wanderung im Lande Kanaan nieder, das die Griechen später Palästina benannten.
Die Bibel, unsere einzige Quelle über die Vorgeschichte des jüdischen Volkes, gibt nicht an, welche politische oder wirtschaftliche Gründe ihn zur Wanderung veranlassten. Es scheint, daß Einfälle fremder Stämme zu jener Zeit die Lage im Süden Mesopotamiens, in der Gegend von Ur, unsicher gemacht und die dort wohnenden semitischen Stämme nordwärts getrieben haben. Nach einem längeren Aufenthalt in Charan, am Ufer des Belich, eines Nebenflußes des mittleren Euphrats, zog Abraham mit den Seinen in südwestlicher Richtung weiter und kam nach dem Land Kanaan. Die Bibel erzählt uns, daß diese Wanderung auf Grund einer göttlichen Offenbarung erfolgte, die Abraham zuteil geworden war.

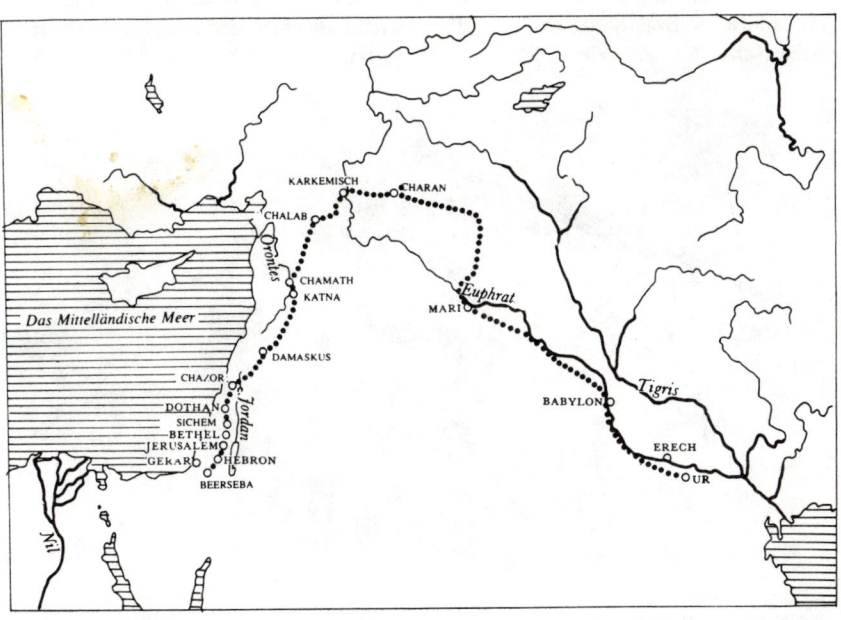

Der Weg Abrahams: von Ur in Chaldäa über Charan nach Kanaan, wo er sich in Beerseba niederließ.

7

Abraham hatte die Vielgötterei seines Stammes aufgegeben und glaubte an einen einzigen Gott, den Schöpfer des Himmels und der Erde, der weder in Holz noch in Stein dargestellt werden konnte und der von denen, die an Ihn glauben, verlangte, "daß sie seinen Weg wahren und Milde und Recht üben". (Genesis 28, 19). Wahrscheinlich fand es Abraham ratsam, das Land, in welchem er als ein Abtrünniger betrachtet wurde, zu verlassen und eine neue Heimat zu suchen, in welcher er seinen Glauben frei bekennen und auch verbreiten konnte. Auf der Bühne der Geschichte erscheint Abraham als der erste Verkünder des wahren Lebensweges in der heidnischen Umwelt. In der jüdischen Geschichte und Sage wird er als der Vater des Monotheismus gefeiert. Mit seiner Verwerfung des Götzendienstes begann ein neues Zeitalter und seine Verkündigung des Glaubens an den einen und einzigen Gott blieb das geistige Erbe seiner Nachkommen, das sie von allen anderen Völkern absonderte.

Das Buch Genesis beschreibt Abraham als den reichen Besitzer von Schaf-, Vieh-, Esel- und Kamelherden, der zahlreiche Hirten beschäftigte. Er führte ein Nomadenleben und durchzog das Land Kanaan von Norden nach Süden auf der Suche nach Weideland für seine Herden. Wo immer er sein Zelt aufschlug, baute er auch einen Altar und rief den Namen Gottes an. Als eine Hungersnot das Land Kanaan heimsuchte, zog er nach Ägypten und weilte dort eine Zeitlang. Doch sobald die Hungersnot zu Ende war, kehrte er nach Kanaan zurück und nahm seine Wanderungen in diesem Land wieder auf, diesmal vom Süden nach Norden.

Es wäre jedoch falsch, wollten wir uns Abraham als einen einfachen nomadischen Schafhirten vorstellen. Seine Heimatstadt, Ur in Chaldäa, war eine hochentwickelte Kulturstadt, und seine neue Heimat, das Land Kanaan, war eine der Wiegen der menschlichen Kultur. Archäologen haben im südlichen Kanaan Zeugnisse ältester künstlerischer Betätigung entdeckt, und Jericho ist eines der frühesten Beispiele städtischer Kultur. Wie in Mesopotamien, so auch in Kanaan, lebte Abraham

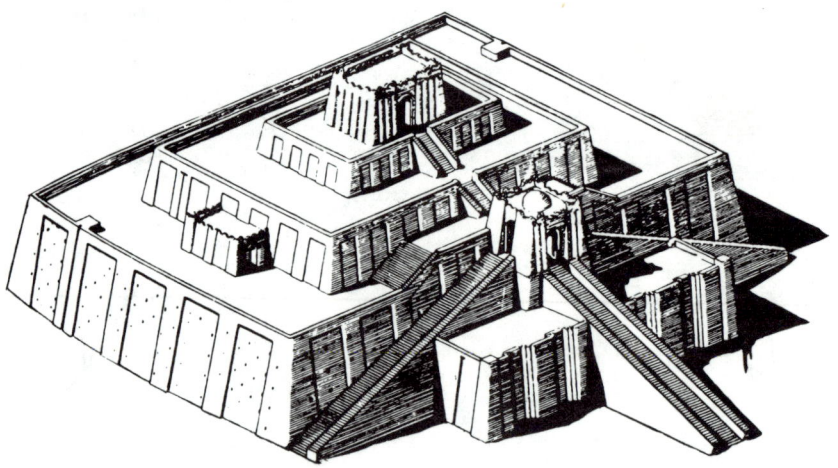

Wiederherstellung der Sigurat (Stufenturm) in Ur, Abrahams Geburtsstadt. Dies war ein Heiligtum des Mondgottes (Nannar oder Sin), das wahrscheinlich um das Jahr 2000 vor Chr. errichtet wurde.

immer in der Nähe großer Städte. In seiner neuen Heimat ist sein Name insbesondere mit der Stadt Beerseba (hebräisch: Be'er Schewa) verbunden. Wir dürfen uns
also Abraham als einen Mann vorstellen, der mit den Errungenschaften der Kultur
seiner Zeit vertraut war.

Abrahams Zeitgenossen in Kanaan sahen in ihm keineswegs einen unwillkomme-
nen Eindringling. Er lebte in freundschaftlicher Beziehung mit den Stadtkönigen
im mittleren und südlichen Kanaan, half ihnen sogar, einen Einfall unter der Führung Amraphels, des Königs von Sinear und Kedorlaomers, des Königs von Elam,

*Die sogenannte "Standarte von Ur", ein Lapislazuli- und Perlmutter-Mosaik auf
Holzunterlage, aus zwei Tafeln bestehend, das in einem der Königsgräber
gefunden wurde. Die hier unten abgebildete "Friedens"-Tafel zeigt in der
obersten Reihe die königliche Familie bei einem Festmahl. In den zwei unteren
Reihen führen die Diener des Hofstaates die dem Feinde abgenommene Beute vor.*

siegreich zurückzuschlagen, und gab ihnen die Beute zurück, die er den Feinden
abgenommen hatte. Die Einwohner der Stadt KirjatArba, die später unter dem
Namen Hebron (hebräisch Chewron) bekannt wurden, erwiesen ihm Hochachtung
und sagten zu ihm: "Ein Fürst Gottes bist du in unserer Mitte" (Genesis 23, 6). Von
einem der Einwohner dieser Stadt kaufte Abraham ein Grundstück und die dazu
gehörige Höhle Machpela (hebräisch: "Doppelhöhle"), in welcher er seine Frau
Sara zu Grabe legte. Auch er selbst wurde in dieser Höhle begraben und nach ihm
sein Sohn Isaak und Isaaks Frau Rebekka, sein Enkel Jakob und eine der zwei
Frauen Jakobs, Lea. Die Machpela Höhle in Hebron ist bis heute eine der heiligen
Stätten des jüdischen Volkes.
Die Bibel sieht einen Höhepunkt in Abrahams Leben in seiner Bereitwilligkeit,
ohne Zögern der göttlichen Weisung Folge zu leisten, die ihm befahl, seinen einzigen Sohn Isaak (hebräisch Jitzchak) als Brandopfer darzubringen. Diese Weisung
war aber nur ein Versuch, Abrahams Gottesfurcht auf die Probe zustellen. Als
Isaak bereits auf dem Altar lag und Abraham seine Hand ausstreckte, um die grausame Weisung auszuführen, ertönte eine Stimme vom Himmel und sprach:
"Strecke nicht deine Hand nach dem Knaben und tue ihm nichts." In dieser Erzählung kommt die Verwerfung des heidnischen Brauches, den Göttern Menschen-

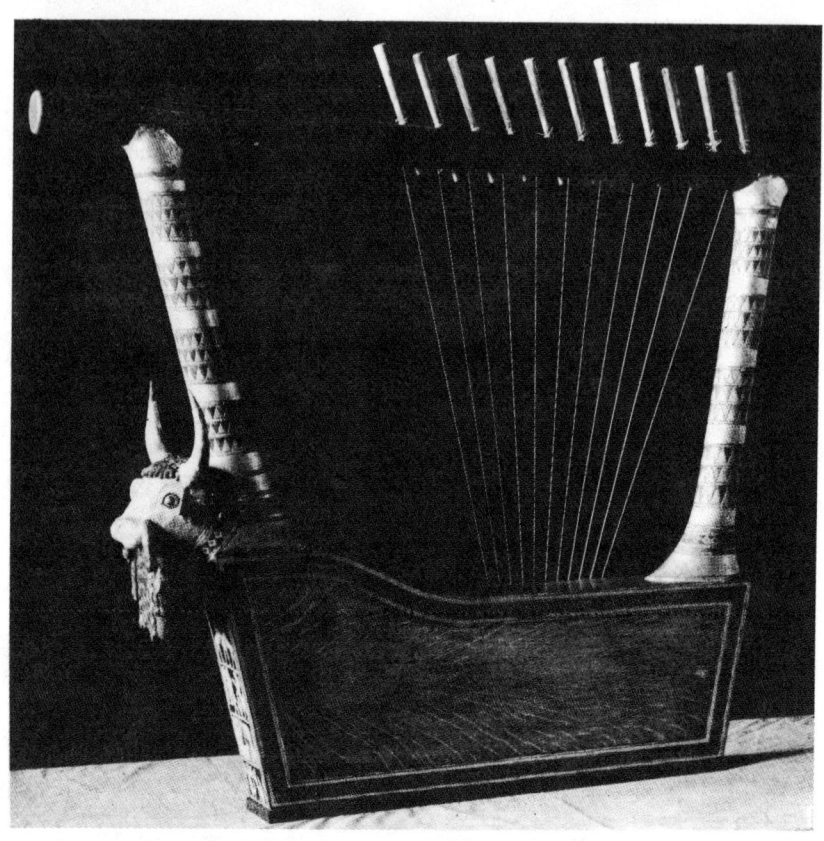

Die (wiederhergestellte) Harfe, die im Grabe der Königin Schub-ad in Ur gefunden wurde (ungefähr aus dem Jahre 2900 v. Chr.). Der Resonanzkasten ist mit einem schönen goldenen Stierkopf geschmückt. (Universitätsmuseum, Philadelphia).

opfer darzubringen, zum Ausdruck. - Im Gegensatz zu seinem Vater und zu seinem Sohn Jakob, spielt Isaak in der biblischen Erzählung eine verhältnismäßig untergeordnete Rolle. In dieser Zeit erfolgte der Übergang von den nomadischen Wanderungen zum seßhaften Leben und zum Ackerbau. Die Suche nach Wasser war seine Hauptbeschäftigung, und er grub zahlreiche Brunnen. Er säte auch Getreide, und in guten Jahren erntete er hundertfältig, sodaß er immer reicher wurde. Zwar erzählt die Bibel von Reibungen mit neidvollen Nachbarn, besonders mit Abimelech, dem König von Gerar, aber alles in allem scheint sein Leben friedlich verlaufen zu sein. Selbst mit Abimelech verkehrte er auf gleichem Fuß, und dieser sprach ihn als den "Gesegneten Gottes" an. Isaak lebte in Kanaan von Rechts wegen. Er war dort geboren und kannte kein anderes Land. Selbst als eine Hungersnot im Land herrschte, kam es ihm nicht in den Sinn, das Land Kanaan auch nur zeitweilig zu verlassen.

Ein großer Teil des Buches "Genesis" ist der Beschreibung des stürmischen Lebens Jakobs und seiner zwölf Söhne, der Vorfahren der zwölf Stämme Israels, gewid-

Der Eingang zur Machpelahöhle in Hebron, der Grabstätte der Patriarchen:
Abraham, Isaak und Jakob (nach einem Bild von M. Lander).

met. - Um der Feindschaft seines Bruders Esau zu entgehen, war Jakob gezwungen, sein Vaterhaus zu verlassen und zwanzig Jahre im Hause Labans des Aramäers, des Bruders seiner Mutter, in Charan zu verbringen. Dort heiratete er die zwei Töchter Labans, Lea und Rachel. Lea gebar ihm sechs Söhne und eine Tochter. Dagegen war Rachel, seine Lieblingsfrau, lange Zeit unfruchtbar. Erst nach vielen Jahren gebar auch sie einen Sohn, Josef. Auf Verlangen seiner Frauen nahm Jakob deren Leibmägde, Bilha und Silpa, zu Kebsweibern und jede von ihnen gebar ihm zwei Söhne. Insgesamt hatte Jakob elf Söhne und eine Tochter, als er Laban verließ, um in seine Heimat zurückzukehren, wo er sich mit seinem Bruder Esau versöhnte. Am Eingang zum Land Kanaan, an der Furt des Flußes Jabbok, hatte er eine geheimnisvolle nächtliche Begegnung. Die Bibel erzählt, daß jemand mit ihm rang bis zum Anbruch der Morgenröte. Als der geheimnisvolle Ringer, nach der Überlieferung ein Engel, von Jakob verlangte, ihn loszulassen, antwortete Jakob: "Ich lasse dich nicht los, du habest mich denn gesegnet," woraufhin er ihn segnete und seinen Namen in Israel (hebräisch: "Gotteskämpfer") umnannte. In Kanaan, auf dem Wege nach Hebron, gebar Rachel ihren zweiten Sohn, Benjamin. Sie starb bei der Geburt und wurde "auf dem Weg nach Efrat, das ist Bethlehem" begraben. Das Grabmal Rachels, an der Straße von Jerusalem nach Bethlehem, ist

Das Grabmal Rachels, an der Straße von Jerusalem nach Bethlehem. Das Gebäude, das wahrscheinlich aus dem Mittelalter stammt, wurde im neunzehnten Jahrhundert von Sir Moses Montefiore restauriert.

bis zum heutigen Tag eine vielbesuchte heilige Stätte.
In Kanaan wohnte Jakob zuerst eine Zeitlang in der Nähe der Stadt Sichem, in der Gegend, die später "das Gebirge Ephraim" hieß. Dort erwarb er ein Grundstück, das er später seinem Sohne Josef als Erbe hinterließ. Zufolge eines blutigen Zwistes zwischen seinen Söhnen Simeon und Levi und den Einwohnern der Stadt, wanderte Jakob mit den Seinen südwärts und ließ sich in Hebron nieder.
Besonders ausführlich beschreibt das Buch "Genesis" den Lebenslauf Josefs. Seine Brüder, die ihn wegen der besonderen Zuneigung seines Vaters zu ihm beneideten, verkauften ihn an Sklavenhändler und erzählten ihrem Vater, er sei einem Raubtier

Die Familie eines asiatischen Stammeshäuptlings namens Abischa (wahrscheinlich ein Amoräer, der ungefähr zur Zeit Abrahams lebte) wandert mit Erlaubnis der ägyptischen Behörden gegen 1900 v. Chr. nach Ägypten ein. Wandmalerei im Grab eines ägyptischen Würdenträgers in Beni-Hassan.

zum Opfer gefallen. Die Sklavenhändler brachten Josef nach Ägypten und verkauften ihn dort dem Anführer der Leibwächter Pharaos. Josef fand Gunst in den Augen des Herrn, und dieser setzte ihn zum Aufseher über sein Hauswesen ein. Aber seine Schönheit fand auch Gunst in den Augen der Frau seines Herrn. Als Josef sich hartnäckig weigerte, das Vertrauen seines Herrn zu mißbrauchen, rächte sich die Frau und beklagte sich bei ihrem Mann, Josef habe in seiner Abwesenheit versucht, seinen Mutwillen mit ihr zu treiben. Daraufhin ließ ihn sein Herr im Gefängnis einsperren. Im gleichen Gefängnis saßen auch zwei Hofbeamte, die in Ungnade gefallen waren. Als sie ihm eines Tages die Träume erzählten, die beide in der gleichen Nacht geträumt hatten, deutete sie ihnen Josef. Dem einen sagte er voraus, daß ihm die Todesstrafe bevorstehe, und dem anderen, daß Pharao ihn wieder begnadigen und in seine alte Stellung einsetzen werde. Beide Voraussagen trafen ein. Nach einiger Zeit träumte Pharao einen Traum, den niemand zu deuten wußte. Da erinnerte sich der begnadigte Hofbeamte Josefs. Auf seinen Rat hin wurde Josef aus dem Gefängnis geholt und deutete Pharaos Traum. Er sagte voraus, daß auf sieben segensreiche Jahre sieben dürre Jahre folgen werden, und gab Pharao auch Ratschläge, wie der Ertrag der fruchtbaren Jahre zu verwalten sei, um

Miniaturen aus einer französisch-spanischen Passah- Haggada aus dem
dreizehnten Jahrhundert (British Museum Add. 27210), die die Josephsgeschichte
darstellen. Obere Reihe rechts: Josephs Brüder werfen ihn in eine Zisterne und
schlachten einen Ziegenbock, in dessen Blut sie Josephs Rock tauchen, damit
Jakob glaubt, daß ein reißendes Tier Joseph gefressen habe. Oben links: Joseph
wird von seinen Brüdern an vorüberziehende Ismaeliten verkauft. Unten rechts:
Josephs Brüder zeigen ihrem Vater Jakob Josephs blutbefleckten Rock. Unten
links: Oben sieht man Joseph, der vor der Frau seines Herrn entflieht und sein
Gewand in ihrer Hand zurückläßt. Unten sitzt Joseph im Gefängnis zwischen zwei
in Ungnade gefallenen Hofbeamten und deutet ihnen ihre Träume.

die darauffolgende Dürre zu überstehen. Und so vernünftig fand Pharao diese Ratschläge, daß er Josef zum Verwalter der Wirtschaft seines Landes ernannte.

Als nun die sieben mageren Jahre anfingen, suchte die Hungersnot nicht nur Ägypten, sondern auch die Nachbarländer heim, darunter auch Kanaan. Dank der weisen Verwaltung Josefs, gab es in Ägypten reichlichen Getreidevorrat, den Josef den Ägyptern und auch den aus anderen Ländern kommenden Einkäufern verkaufte. Unter denen, die nach Ägypten zogen, um Getreide einzukaufen, waren auch Jakobs Söhne. Sie verhandelten mit Josef, ohne ihn zu erkennen. Er aber erkannte sie sofort. Bei ihrem zweiten Besuch gab er sich letzten Endes seinen Brüdern zu erkennen, versicherte, daß er ihnen nicht nachtrage und forderte sie auf, mit Jakob und ihrem ganzen Haushalt nach Ägypten zu kommen, wo er für sie Sorge zu tragen versprach.

Der geschichtliche Rahmen für die Josefsgeschichte ist wahrscheinlich die Zeit, in welcher die Hyksos (die sogenannten Hirtenkönige) in Ägypten herrschten, das heißt, irgendwann im sechzehnten oder siebzehnten Jahrhundert vor der christlichen Zeitrechnung. Die Hyksos, die selbst Fremdlinge in Ägypten waren, begünstigten gewiß die Ansiedlung von Einwanderern verwandter Abstammung. Jakob und seine Söhne ließen sich in Gosen (hebräisch Goschen) nieder, einer Provinz im Nordosten Ägypten. Dort starb Jakob. Aber seinem letzten Wunsche gemäß, wurde seine Leiche nach Kanaan überführt und in der Machpela Höhle in Hebron zur Ruhe gelegt.

Nach Jakobs Tod vermehrten sich seine Nachkommen in Ägypten und wurden im Laufe einiger Generationen überaus zahlreich, wie uns das Buch "Namen" (auch das zweite Buch Mose oder Exodus benannt) berichtet.

DER AUSZUG AUS ÄGYPTEN

Wahrscheinlich änderte sich die Haltung der ägyptischen Herrscher gegenüber den in ihrem Lande wohnenden Hebräern bald nach der Vertreibung der Hyksos (ca. 1580 vor Chr.). Die Hebräer hatten sich vermehrt, und in den Augen der Ägypter, die erst unlängst das Joch der Fremdherrschaft abgeworfen hatten, stellte die in einer Grenzprovinz wohnende hebräische Minderheit eine Gefahr für die Sicherheit ihres Landes dar.

Um ihren Geist zu brechen und zu vermeiden, daß sie sich im Kriegsfalle mit dem Feind verbünden könnten, versklavten die Ägypter die bisher freien Hebräer und trafen gleichzeitig Maßregeln, um deren Vermehrung zu unterbinden. Zur Ausführung ihrer großzügigen Baupläne nutzten die Pharaonen die zur Verfügung stehenden billigen Sklavenarbeiter aus. Die Bibel erzählt, daß die Hebräer unter anderem die zwei Vorratsstädte Pithom und Ramses erbauten. Es scheint, daß die Unterdrückung der Hebräer in der Regierungszeit Ramses II (1292-1225 v. Chr.) ihren Höhepunkt erreichte. Unter seinem Nachfolger Merenptah II (1225-1215 v. Chr.) warfen sie das Sklavenjoch ab und zogen aus Ägypten unter der Führung Moses, aus dem Stamme Levi.

Wie uns das Buch "Exodus" erzählt, war Moses (hebräisch Mosche) ein Pflegesohn der Tochter Pharaos, die ihm als Säugling das Leben gerettet hatte. Er wuchs am königlichen Hofe auf. Als er aber herangewachsen war und die Leiden seiner Brüder sah, beschloß er, den Hof zu verlassen und sich ihnen anzuschließen. Er erschlug einen ägyptischen Vogt, der einen seiner Volksgenossen mißhandelte und mußte vor dem Zorn Pharaos fliehen. Lange Jahre weilte er im Lande Midian, bis ihm dort eine Offenbarung zuteil ward, in welcher ihm befohlen wurde, nach Ägypten zurückzukehren und sein Volk aus der Sklaverei zu befreien.

Nicht ohne weiteres war Pharao bereit, dem Gebote Gottes, sein Volk ziehenzulassen, Folge zu leisten. Erst nachdem zehn schreckliche Plagen Ägypten heimgesucht hatten, gestattete er Moses, die Hebräer aus dem Lande zu führen. Aber sogleich bereute er seinen Beschluß und setzte ihnen mit seiner Reiterschaft nach, um ihnen den Weg nach der Sinai-Wüste zu versperren. Sein Versuch blieb jedoch vergeblich. Die Bibel erzählt, daß Moses das Schilfmeer spaltete und die Hebräer es trockenen Fußes durchzogen, während die verfolgenden Ägypter im zurückflutenden Wasser ertranken. Den Auszug aus Ägypten feiert das jüdische Volk alljährlich im siebentägigen Pessach-Fest. Mit ihm beginnt die Geschichte des jüdischen Volkes als ein freies und unabhängiges Volk.

Moses Ziel war, die Stämme Israels ins Land Kanaan, in das Land der Vorväter, zurückzuführen. Der kürzeste Weg war die sich am Ufer des Mittelländischen Meeres entlang ziehende Straße, die die Römer später "via maris" benannten. Aber dieser Weg schien Moses zu gefährlich, da das Volk einem Zusammenstoß mit ägyptischen Kräften, die den Weg bewachten, nicht gewachsen war. Daher führte er das Volk tief in die Sinai-Wüste, um das Land Kanaan dann auf einem Umweg von Osten her zu erreichen.

Merenptah II, König von Ägypten (1225-1215 v. Chr.). Es wird allgemein angenommen, daß in seiner Regierungszeit der Auszug aus Ägypten erfolgte.

*"Sie machten ihnen ihr Leben sauer mit schwerer Arbeit in Ton und Ziegeln"
(Exodus 1, 14). Dieses Wandbild im Grab des Statthalters von Oberägypten Rekh-
mi-Re in Theben (ungefähr aus dem Jahre 1450 v. Chr.) beschreibt die
Anfertigung von Lehmziegeln in Ägypten. (Metropolitan Kunstmuseum, New-
York).*

Die Zehn Plagen, aus der Venezianischen Haggada von 1609. Erste Reihe: Die Verwandlung des Wassers in Blut und Froschplage. Zweite Reihe: Ungeziefer und wilde Tiere. Dritte Reihe: Viehsterben und Beulenpest. Vierte Reihe: Hagel und Heuschrecken. Fünfte Reihe: Finsternis und die Tötung der Erstgeborenen.

Am Berge Sinai empfing das Volk die "Zehn Gebote", die die Beziehung zwischen Mensch und Gott und die Beziehung zwischen Mensch und Mitmensch regeln, und verpflichtete sich, sie einzuhalten. Die zahlreichen Vorschriften, die zusammen "das Gesetz" (hebräisch die Tora) bilden, sind alle auf diesen zehn Geboten gegründet. Deswegen sieht die jüdische Überlieferung das ganze Gesetz als am Berge Sinai geoffenbart an.

Moses empfängt die Gesetzestafeln auf dem Berg Sinai. Miniatur in der Sarajewo-Haggada, vierzehntes Jahrhundert.

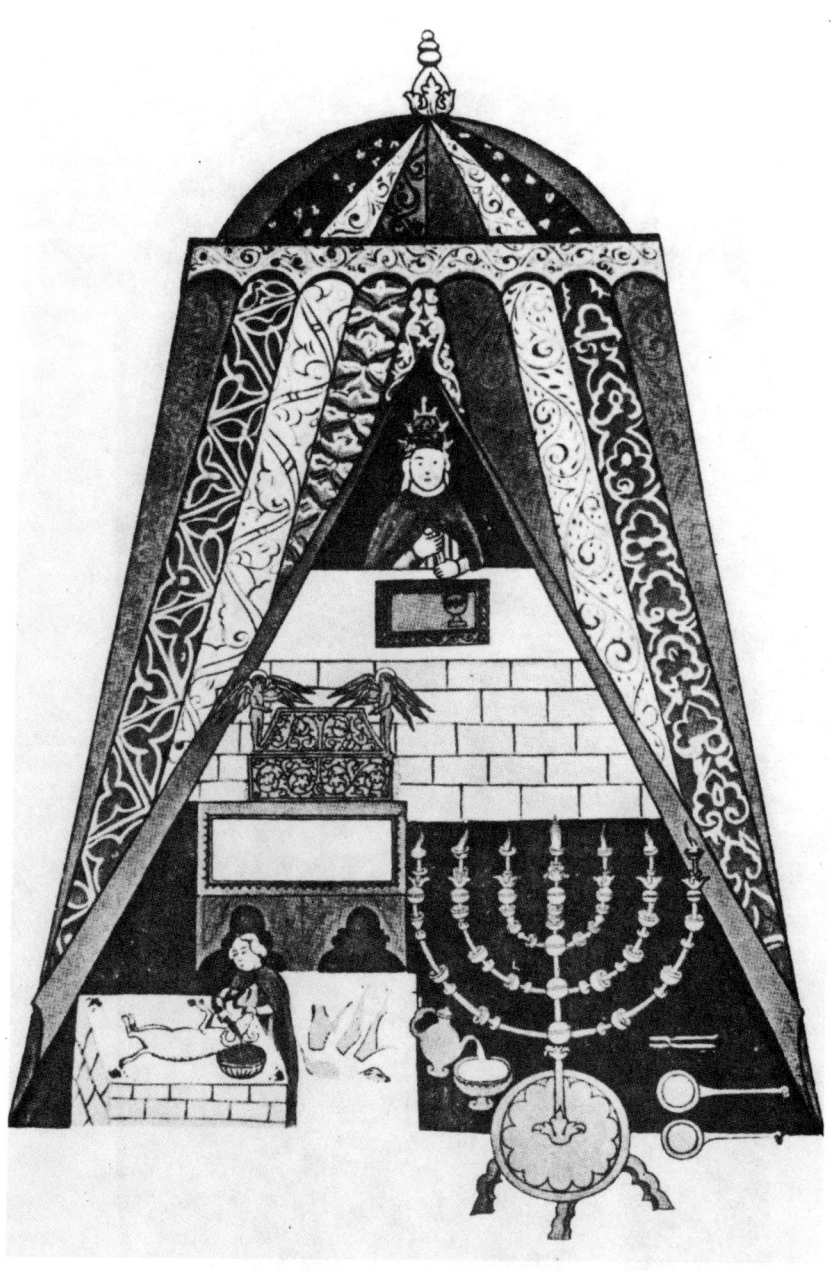

Das Zelt der Gegenwart. Miniatur in der Alba-Bibel, einer handschriftlichen spanischen Bibelübersetzung aus dem fünfzehnten Jahrhundert. Die Miniatur zeigt das Innere des Zeltes, den Schaubrot-Tisch mit den auf ihm liegenden Schaubroten, dem Altar und dem siebenarmigen Leuchter. Ferner sieht man den Hohepriester Aaron, der vor der Bundeslade ein Räucheropfer bringt, während einer seiner Söhne ein Opfertier schlachtet.

21

Die Merenptah-Stele (im Museum von Kairo), errichtet im fünften Regierungsjahr Merenptahs II, zur Feier seiner siegreichen Kriege. Merenptah behauptet in der Inschrift, Israel vernichtet zu haben. Dies ist das älteste historische Dokument, in welchem der Name Israel erwähnt wird.

Unter der Führung Moses wanderten die Stämme Israels vierzig Jahre lang durch die Wüste. Einen ansehnlichen Teil dieser Zeit verbrachten sie in der Oase Kadesch-Barnea, im südlichen Negev, an der Grenze zwischen der Wüste Sinai und dem Lande Kanaan. Als Mittelpunkt des Gottesdienstes errichtete Moses ein tragbares Heiligtum, welches mit dem Volke in der Wüste wanderte, "das Zelt der Gegenwart" oder "das Zelt der Vergegenwärtigung". Im innersten Teil des Zeltes, im "Allerheiligsten" (wörtlich "im Heiligtum der Heiligtümer") stand die Bundeslade, eine Lade aus Akazienholz, innen und außen mit reinem Gold überzogen, in welcher zwei Steintafeln lagen, auf denen die Zehn Gebote eingemeißelt waren. Auf der Lade war eine mit zwei Engelgestalten (hebräisch "Keruwim") geschmückte Deckplatte aus gediegenem Gold. Während der Wanderung wurde die Bundeslade auf zwei Stangen getragen, die ebenfalls aus Akazienholz angefertigt und mit Gold überzogen waren. Moses bestimmte einen täglichen Opferdienst am Heiligtum und setzte seinen Bruder Aaron zum Hohepriester ein. Die Priesterwürde blieb von da an den Nachkommen Aarons vorbehalten, während die anderen Mitglieder des Stammes Levi die übrigen Dienste am Heiligtum zu leisten hatten. Während der vierzig Wanderjahre gab es oft Zeiten der Unzufriedenheit. Das Volk vergaß rasch die Leiden des Frondienstes in Ägypten und murrte oft gegen die Unannehmlichkeiten des Lebens in der Wüste. Es gab auch innere Zwiste und wiederholt wurde das Volk von feindlichen Wüstenstämmen angegriffen. Aber letzten Endes schweißten all diese Nöte die aus Ägypten ausgezogenen Stämme Israels zu einem einigen, sich seiner Einigkeit bewußten Volk.
Im Ostjordanland angelangt, besiegte Moses zwei Könige, Sichon, den König der Amoriter, und Og, den König von Baschan, und besetzte das Land zwischen den Flüssen Arnon und Jabbok. Es war jedoch Moses nicht gewährt, sein Volk ins "gelobte Land" zu führen. Es war ihm nur vergönnt, das Land von Weitem, vom Gipfel des Berges Nebo, zu sehen. Dort starb der greise Führer. Nach jüdischer Überlieferung begrub ihn Gott selbst "im Tal, im Lande Moab, gegenüber Beth-Peor, und niemand kennt sein Grab bis auf den heutigen Tag" (Deuteronomium 34, 6).

DIE STÄMME ISRAELS IN KANAAN

Noch zu Lebzeiten bestimmte Moses seinen langjährigen Schüler und Gehilfen Josua (hebräisch Jehoschua) zu seinem Nachfolger, der sich im Kampfe gegen die Wüstenstämme der Amalekiter und bei der Erkundung Kanaans ausgezeichnet hatte. Nach Moses Tod überschritten nun die Stämme Israels unter Josuas Führung den Jordan, nicht weit von seiner Mündung in das Tote Meer. Ihr erster Sieg im Westjordanland war die Eroberung der Stadt Jericho, eines alten Sitzes kanaanitischer Kultur. Den Jordanübergang und die Eroberung Jerichos schmückt das Buch Josua mit Wundererzählungen aus.

Vom Jordanland aus begann nun Josua die Eroberung des mittleren Kanaan, das später "das Gebirge Ephraim" genannt wurde, weil der Stamm Ephraim sich in diesem Gebiete niederließ. Nach einem anfänglichen Mißerfolg gelang es Josua, die befestigte Stadt Ai einzunehmen. Damit war das Tor zum Gebirgsland vor den Hebräern geöffnet, und sie konnten bis zum Berge Ebal, bei der Stadt Sichem (hebräisch Schechem) vordringen. Dort erfüllte Josua die im Buche "Deuteronomium" 27, erwähnte Anweisung Moses. Er baute auf dem Berge einen Altar, brachte auf ihm Opfer dar und verlas "alle Worte des Gesetzes" vor dem versammelten Volk. Die Könige im südlichen Kanaan verbündeten sich nun unter der Führung Adonizedeks, des Königs von Jerusalem, um gemeinsam dem Ansturm der Hebräer zu widerstehen. Sie wurden aber in der Schlacht bei Gibeon, im Tale Ajalon, vernichtend geschlagen. Im Buche Josua heißt es, daß an jenem Tage die

Die Eroberung des Gelobten Landes. Abbildung aus der Venezianischen Haggada vom Jahre 1609. Links: Die Niederlage Sihons, des Königs der Amoriter, und Ogs, des Königs von Baschan (das 4. Buch Mose, Numeri, 21, 21-35). Rechts: Die Einnahme Jerichos (das Buch Josua 6, 12-20). In der Mitte: Die Eroberung der Festung Ai (das Buch Josua 8, 1-29).

25

Sonne mitten am Himmel stehenblieb und nicht unterging, bis der Sieg vollständig war. Nach der Eroberung des mittleren und südlichen Kanaan verbündeten sich die Könige im Norden des Landes unter der Führung Jabins, des Königs von Chazor. Sie führten ein mächtiges Heer mit Rossen und Kampfwagen ins Feld. Beim "Was-

Josua gebietet im Tale Ajalon Sonne und Mond stillzustehen, bis er die Kanaaniter vollständig besiegt haben wird (das Buch Josua 10, 11-15). Wandgemälde in der Synagoge von Dura Europos, aus dem dritten Jahrhundert n. Chr.

ser von Merom" stießen die beiden Heere zusammen. Auch in dieser Entscheidungsschlacht siegten die Hebräer. Sie nahmen Chazor ein, brannten die Stadt nieder und besetzten das ganze nördliche Kanaan.

Trotz der glänzenden militärischen Siege blieb die Niederlassung der Stämme

Kanaan im Zeitalter der Richter.

Israels im Lande Kanaan ein langwieriger und mühsamer Vorgang. Noch blieben so manche kanaanitische Enklaven. Erst einige Generationen später fielen die letzten kanaanitischen Festungen. Vor seinem Tode verteilte Josua das Land unter den zwölf Stämmen. Neun Stämme und die Hälfte des Stammes Manasse setzten sich im Westjordanland fest. Der restlichen Hälfte des Stammes Manasse und den Stämmen Ruben und Gad wurde erlaubt, sich im Ostjordanland niederzulassen, wie ihnen Moses seinerzeit versprochen hatte.

Nach Josuas Tod folgte das sogenannte Zeitalter der Richter. Die Richter waren charismatische Führer, die besonders in Zeiten nationaler Not auftauchten und deren Autorität sich über das ganze Volk, manchmal aber nur auf einen Teil des Volkes erstreckte. Ihre Hauptaufgabe war, feindliche Einfälle zurückzuweisen oder ihr Volk von zeitweiliger Fremdherrschaft zu befreien. Unter den Richtern war auch eine Frau, Debora. Zu ihrer Zeit war die wiedererbaute Stadt Chazor von neuem mächtig geworden. Wieder herrschte dort ein kanaanitischer König namens Jabin, und dieser unterdrückte die Hebräer zwanzig Jahre lang. Sein Feldherr, Sisera, verfügte über 900 eiserne Kampfwagen. Mit Hilfe Baraks, des Sohnes Abinoams, sammelte Debora ein Heer, das dem mächtigen Feind im Tale des Flusses Kischon, am Fuße des Berges Tabor, eine Schlacht lieferte. Das kanaanitische Heer erlitt eine vernichtende Niederlage, und Sisera kam auf der Flucht um. Die-

Eine der Taten Simsons: "Er ergriff beide Torflügel am Stadttor (von Gaza) samt den beiden Pfosten...legte sie auf seine Schultern und trug sie hinauf auf die Höhe des Berges vor Hebron." (das Buch der Richter 16, 3). Mosaikfußboden in der Sankt-Gereon-Kirche in Köln, aus dem zwölften Jahrhundert.

28

ser Sieg der Hebräer wurde in einem herrlichen Heldenlied besungen, welches uns das Buch der Richter erhalten hat.

Die gefährlichsten Feinde der Hebräer in der späteren Richterzeit waren die Philister, eines der sogenannten "Seevölker", das sich, von den griechischen Inseln kommend, in dem südlichen Küstenstreifen Kanaans festgesetzt hatte. Nach ihnen benannten die Griechen später das ganze Land Palästina. Dieses hochkultivierte Volk verfügte über neue mächtige Waffen. Von der Küste dehnten die Philister ihren Machtbereich nach und nach auf das Hinterland aus und bedrückten die dort ansässigen Hebräer. Zeitweilig führte einer der letzten Richter, Simson, eine Art Guerillakrieg gegen sie und fügte ihnen bedeutenden Schaden zu. Aber zum Schluß fiel er in ihre Gefangenschaft. Die Philister unterwarfen nach ihm große Teile des Landes und gefährdeten zu dieser Zeit den Bestand des hebräischen Volkes in Kanaan.

Basalt-Stele mit Relief, aus dem kanaanitischen Heiligtum von Hazor (aus dem 14-13. Jahrhundert v. Chr.).

DIE GRÜNDUNG DER MONARCHIE: SAUL, DAVID UND SALOMO

Das Zeitalter der Richter beschließt die eindrucksvolle Gestalt des Propheten Samuel. In seiner Jugend erlitt Israel im Kampfe gegen die Philister eine gewaltige Niederlage in der Schlacht bei Aphek. Die Bundeslade, die zur Ermutigung der Kämpfer ins Lager gebracht worden war, fiel in die Hände des Feindes und das

Die Bundeslade, die in der Schlacht bei Aphek in die Hände der Philister fiel, richtet in ihrem Lande Unheil an, und wird von ihnen daher zurückgeschickt (das erste Buch Samuel 6, 1-16). Wandgemälde in der Synagoge von Dura-Europos, drittes Jahrhundert n. Chr.

Nationalheiligtum in Silo wurde zerstört. Zwar hatten die Philister keine Freude an der Bundeslade und schickten sie nach kurzer Zeit zurück, aber zwanzig Jahre lang trugen die Stämme Israels das Joch der Fremdherrschaft. Samuel machte es sich zur Lebensaufgabe, die zusammengebrochene Moral seines Volkes wieder zu heben, die religiöse und nationale Flamme im Herzen der Stämme Israels wieder anzufachen. Er ermahnte sie zu erneutem Kampf gegen die Philister und errang einen Sieg in der Schlacht von Mizpa. Solange Samuel lebte, drangen die Philister nicht wieder ins Gebiet Israels ein. Als aber Samuel alt geworden war, kamen die

Ältesten Israels zur Einsicht, daß es in so kritischen Zeiten nicht ratsam sei, sich auf die gelegentliche Erscheinung von Richtern zu verlassen. Sie verlangten von Samuel die Einsetzung eines Königs, da nur eine feste Hand ein geeintes Volk vor den es bedrohenden Gefahren beschützen könne. Zuerst sah Samuel in der Forderung des Volkes einen Beweis mangelnden Vertrauens in die göttliche Führung, einen Versuch, die Anerkennung der Oberhoheit Gottes über Israel einzuschränken und einen gefährlichen Schritt zur Anpassung an den Brauch der heidnischen Völker. Daher weigerte er sich anfangs, dem Willen des Volkes stattzugeben. Aber unter dem Zwang der Verhältnisse willigte er letzten Endes ein.

Zum ersten König über Israel salbte Samuel (um 1020 v. Chr.) den jungen Saul,

David erschlägt den riesigen Philister Goliath (das erste Buch Samuel 17, 23-51).
Mosaik-Fußboden in der Sankt-Gereon-Kirche, Köln.

31

den Sohn des Kisch, aus dem Stamme Benjamin. Saul, der in seiner Vaterstadt Gibea, ca. 5 km nördlich von Jerusalem, residierte, bewies militärische Tüchtigkeit in seinem Feldzug gegen die Ammoniter, die die Stadt Jabesch in Gilead, im Ostjordanland, belagerten. Später wandte er sich auch gegen die Philister und errang in der Schlacht bei Michmas trotz der Überlegenheit des Feindes an Truppen und Waffen einen glänzenden Sieg. Zum großen Teil war dieser Sieg einer Heldentat Jonathans, des ältesten Sohnes Sauls, zu verdanken, wie uns das erste Buch Samuel (Kap. 14) erzählt. Durch diesen Sieg befreite Saul das Gebirgsland im mittleren Kanaan von der Oberherrschaft der Philister.

Während des Kampfes gegen die Philister ereignete sich aber der erste Bruch zwischen Saul und Samuel. Saul hatte sich vor der Schlacht rituelle Vorrechte angemaßt, die Samuel vorbehalten waren, und Samuel sah darin das erste Zeichen einer autokratischen Monarchie, die mit der Idee eines dem Worte Gottes treuen Königtums im Widerspruch lag. Endgültig kam es zum Bruch zwischen ihnen, als Saul in seinem Feldzug gegen die Amalekiter das Gebot, den Feind samt und sonders auszurotten und weder Mensch noch Vieh zu schonen, nicht ausführte. Die Entschuldigung Sauls, er habe das beste Vieh geschont, um es Gott zu opfern, nahm Samuel nicht an. Er antwortete ihm: "Hat der Herr Gefallen an Brand- und Schlachtopfern, wie am Hören auf seine Stimme? Hören ist besser als das beste Opfer, Aufmerken besser als Widderfett. Widerspenstigkeit ist wie Zaubersünde und vorwitzige Tat ist wie Götzendienst" (Samuel I 25, 22-23). In Samuels Augen hatte Saul sein Recht, über Israel zu herrschen, verwirkt. Infolgedessen salbte er einen anderen König an seiner Stelle, und zwar David, den Sohn Isais, aus dem Stamme Juda.

David hatte sich im Kampfe gegen die Philister ausgezeichnet, besonders durch seinen siegreichen Einzelkampf mit dem riesigen Philister Goliath. Am Hofe Sauls bekleidete David ein hohes militärisches Amt. Seine Schönheit und seine Tapferkeit gewannen ihm das Herz des Volkes und auch die Freundschaft Jonathans. Als Belohnung für eine besondere Heldentat, gab ihm Saul seine Tochter Michal zur Frau. Eine Zeitlang stand er bei Saul in Gnade, weil nur er imstande war, mit seinem Spiel auf der Leier Sauls Schwermut zu lindern, wenn "ein böser Geist" ihn quälte. Aber Davids kriegerische Erfolge und seine steigende Beliebtheit beim Volke erweckten in Saul ständig zunehmenden Neid und Mißtrauen. Wiederholt versuchte er, ihn loszuwerden, und zum Schluß mußte David fliehen. Nach langem Umherirren in der Wüste Judas, ständig von Saul verfolgt, blieb David zuletzt nichts anderes übrig, als im Philisterland beim König Achisch von Gath Zuflucht zu nehmen.

Diese Ereignisse machten einen tiefen Eindruck auf Sauls reizbares und unbeständiges Gemüt. Seine Wutanfälle grenzten an Irrsinn und er verfiel in abergläubische Bräuche, die er früher streng verurteilt hatte. Nach einer verhältnismäßig kurzen Regierung fiel Saul und mit ihm drei seiner Söhne in der unglücklichen Schlacht am Berge Gilboa, als er den Ansturm der Philister aufhalten wollte, die vom Norden, aus der Jesreel Ebene, ins Gebirgsland einzudringen versuchten. Unter Sauls Söhnen, die in dieser Schlacht fielen, war auch Jonathan, mit dem David in Freundschaft verbunden war. Auf seinen Heldentod dichtete David ein herzergreifendes Klagelied, welches uns das zweite Buch Samuel (I, 19-27) erhalten hat. Nun machte David seinen Anspruch auf den Thron geltend, woraufhin der Kampf zwischen seinen Anhängern und denen Sauls ausbrach. Die letzteren hatten nämlich Isch-Boschet, den am Leben gebliebenen Sohn Sauls, zum König erwählt, und mit

Hilfe Abners, Sauls Onkel und Feldherr, regierte Isch-Boschet einige Jahre lang ganz Israel, mit Ausnahme des Stammes Juda, der Davids Königtum anerkannte. Der Kampf endete mit Davids Sieg. Isch-Boschet wurde von Verrätern ermordet, nachdem ihn Abner vorher schon verlassen hatte und zu David übergegangen war. Nach Isch-Boschets Tod kamen die Ältesten aller Stämme nach Hebron und David wurde dort (um 1000 v.) zum König über ganz Israel gesalbt. David ließ den Krieg gegen die Philister aufleben und fügte ihnen derartige Niederlagen zu, daß er der Bedrohung seines Volkes von dieser Seite für lange Zeit ein Ende machte. Ferner erweiterte er das Gebiet seines Königreichs nach allen Seiten, von Ezion-Geber am Roten Meer im Lande Edom im Süden bis Aram-Zobah im Norden. Sein wichtigster Erfolg aber war die Eroberung der jebusitischen Festung Jerusalem, die bis dahin tapfer standgehalten hatte. Er verlegte seine Residenz von Hebron nach Jerusalem und machte diese Stadt zum religiösen Mittelpunkt des Volkes, indem er die Bundeslade von Kirjath-Jearim, wo sie nach ihrer Rückgabe durch die Philister aufbewahrt war, feierlich nach Jerusalem überführte. Seitdem ist Jerusalem für das jüdische Volk die Heilige Stadt, das geistige und religiöse Zentrum, gewesen, welches auch nach der Zerstörung der Stadt durch die Römer in den vielen Jahrhunderten der Zerstreuung das Ziel seiner Träume und Hoffnungen blieb.

Siegreich in seinen Feldzügen, bewies David seine Tüchtigkeit auch in der inneren Politik. Er ordnete die Verwaltung seines Landes und schmiedete die Stämme

Das Salomonische Urteil. Salomo sitzt zu Gericht über zwei Frauen, die beide das gleiche Kind beanspruchen (das erste Buch der Könige 3, 16-28). Miniatur in der Handschrift M.S.Add. 11639 des britischen Museums, die aus dem dreizehnten Jahrhundert stammt.

Israels zu einer einigen mächtigen Nation. Aber in seinem persönlichen Leben war David weniger glücklich. Sein Verhältnis zu Bath-Schewa, der Frau Urias des Chittiters, den er in den Tod schickte, um seine Frau heiraten zu können, erweckte in manchen Kreisen tiefe Mißstimmung. Seine Schwäche und Unentschiedenheit angesichts der Rivalität zwischen seinen ungeduldigen Söhnen kostete ihn beinahe seine Krone und sein Leben, als einer der Söhne, Absalom, sich offen gegen ihn empörte. Zum Schluß überwand David alle Schwierigkeiten und vor seinem Tode setzte er Salomo, den Sohn Bath-Schewas als seinen Nachfolger auf den Thron.

Die Geschichte, die Sage und der jüdische Volksmund feiern David als den idealen, vollkommenen König, geliebt von Gott und Menschen. Das Buch der Psalmen

Megiddo, eine der "Wagenstädte" Salomos. Die Ställe in der aus Salomos Regierungszeit stammenden Schicht der Ausgrabungen (Photographie des Orientalischen Institutes der Universität Chicago).

Rekonstruktion der Ställe des Königs Salomo in Megiddo.

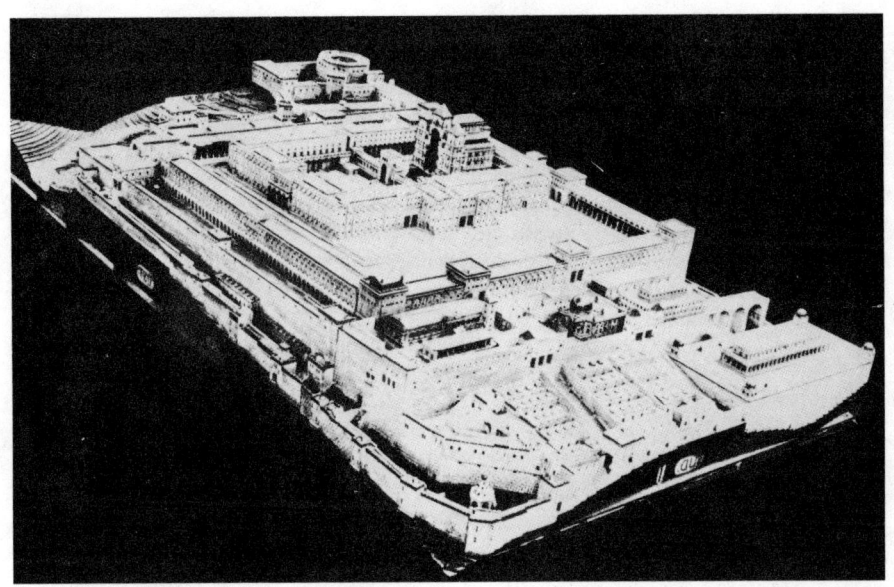

So könnte der von König Salomo erbaute Tempel in Jerusalem ausgesehen haben (Modell Dr. Schick).

wird ihm traditionell zugeschrieben. Wenn er auch nur einen Teil der Psalmen verfaßt hat, so sichern ihm diese den Ruf eines der größten religiösen Dichter.

Adonia, ein anderer Sohn Davids, war mit der Wahl Salomos zum Nachfolger seines Vaters nicht einverstanden und beanspruchte selbst die Krone. Der Aufruhrversuch wurde aber unterdrückt, und nach Davids Tod trat Salomo ungestört seine lange friedliche Herrschaft an (970-928 v.). Durch die Einteilung des Landes in Verwaltungsbezirke, setzte er das Bestreben seines Vaters fort, die alte Teilung in Stämme zu schwächen. Obwohl die Wahrung des Friedens sein Hauptbestreben war, vernachlässigte er nicht die Stärkung der militärischen Macht. Er baute eine Streitmacht von Reitern und Kriegswagen auf und befestigte strategisch wichtige Plätze. In seiner ausländischen Politik wandte er lieber Diplomatie als Waffengewalt an. Er sicherte sich Ägyptens Freundschaft, indem er die Tochter des regierenden Pharao (wahrscheinlich Pesubkhenno II, der 21. Dynastie) heiratete. Mit Hiram, König von Tyrus, und mit anderen Königen benachbarter Staaten unterhielt er freundschaftliche Beziehungen. Er förderte den internationalen Handel, der seinem Lande Reichtum einbrachte und das kulturelle Niveau der Bevölkerung hob. Sein Ruf als ein weiser und mächtiger Herrscher verbreitete sich weithin, wie der Besuch der Königin von Saba in Jerusalem beweist. Jerusalem schmückte er mit öffentlichen Gebäuden. Für sich und seine zahlreichen Frauen baute er Paläste. Aber sein unsterblicher Verdienst war die Erbauung des Tempels von Jerusalem, bei der er die kostbarsten Baumaterialien großzügig verwandte.

Um seinen prunkhaften Hofstaat aufrechtzuerhalten und die Kosten seiner Prachtbauten zu decken, mußte Salomo natürlich seinem Volke schwere Steuern auferlegen, was in weiten Kreisen Unzufriedenheit erregte. In den letzten Jahren seiner Regierung hatte Salomo einige Aufstände zu unterdrücken, und nach seinem Tode führte die Unzufriedenheit mit der Steuerlast zur Spaltung des Königreichs, ein Unglück, das nie wieder gutgemacht werden konnte.

Salomos Verschwendungssucht, die so traurige Folgen hatte, beurteilt die Geschichte streng. Aber in der jüdischen Sage und im Volksmund anderer Völker (insbesondere der Araber) erscheint Salomo als die Verkörperung der Weisheit, der Gerechtigkeit und der Gottesfurcht. Die Tradition schreibt ihm einige der biblischen Bücher zu, nämlich das Buch der Sprüche, das Buch Prediger (hebräisch Koheleth) und das Hohe Lied, sowie einige Apokryphen (Bücher, die nicht in den biblischen Kanon aufgenommen wurden).

DIE REICHSTRENNUNG -
DAS KÖNIGREICH ISRAEL

Nach Salomos Tod, im Jahre 928 v., folgte ihm sein Sohn Rehabeam auf dem Thron. Aber in den nördlichen Stämmen herrschte Unruhe. Sie verlangten Erleichterung der von Salomo auferlegten Steuerlast und der Zwangsarbeit. Als nun der neue König sich weigerte, dem Wunsche des Volkes stattzugeben, rissen sich die zehn nördlichen Stämme, die den Großteil des Staates bildeten, los und gründeten ein gesondertes Königreich, das Königreich Israel. Zu ihrem ersten König wählten sie Jerobeam, den Sohn Nabals, einen früheren Beamten Salomos, der sich gegen

Samaria (heute Sebastieh). Hier war die Hauptstadt Israels von den Tagen Königs Omri (882-871 v. Chr.) bis zum Niedergang des Königreichs (722 v. Chr.).

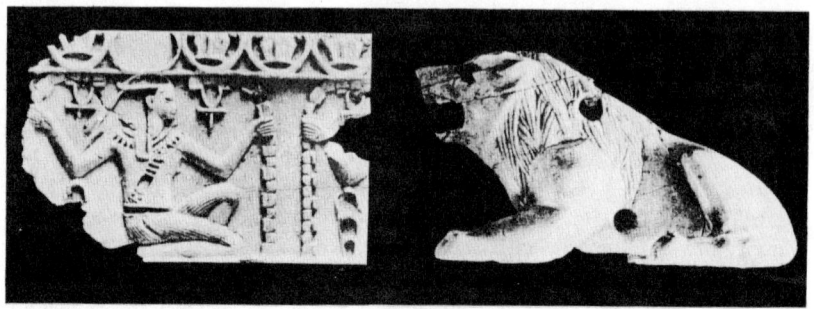

Elfenbeinschnitzereien aus den Ruinen Samarias. Sie stammen wahrscheinlich von dem in der Bibel erwähnten Elfenbeinpalast des Königs Ahab (871-851 v. Chr.) Links: eine sitzende Figur, vielleicht der ägyptische Gott Osiris. Rechts: ein Löwe.

ihn empört und dann einige Jahre im Exil in Ägypten verbracht hatte. Die südlichen Stämme Juda und Benjamin blieben dagegen der davidischen Dynastie treu und bildeten von nun an das Königreich Juda.

Rehabeams Versuch, mit Waffengewalt die Einheit des Reiches wiederherzustellen, blieb erfolglos. Von nun an führten zwei hebräische Königreiche nebeneinander ein gesondertes Dasein: Das Königreich Israel im Norden, mit der Hauptstadt Samaria, die ungefähr fünfzig Jahre nach der Reichstrennung vom König Omri erbaut wurde, und das Königreich Juda im Süden, dessen Hauptstadt Jerusalem, und dessen religiöser Mittelpunkt der salomonische Tempel blieb. Um seinem jungen Königreich auch in religiöser Hinsicht die Unabhängigkeit von Juda zu sichern, verbot Jerobeam die bis dahin üblich gewesenen Wallfahrten nach Jerusalem und gründete zwei königliche Heiligtümer in Dan, nahe der nördlichen Grenze des Landes, und in Bethel, ca. 17 km nördlich von Jerusalem, auf dem Wege nach Sichem. In beiden Heiligtümern stellte er goldene Kälber als Symbole des Gottes Israels auf.

Das nördliche Königreich war nicht nur größer als das südliche, sondern auch wirtschaftlich stärker und politisch bedeutender. Es litt jedoch an einem grundlegenden Nachteil. Keines der Königshäuser, die nach ihm nacheinander zur Macht kamen, hatte die mystische Anziehungskraft der davidischen Dynastie. Daher kam keine innere Stetigkeit zustande, und die gewaltsamen Regierungswechsel waren im Königreich Israel eine häufige Erscheinung. Während der ungefähr zweihundert Jahre seines Bestandes herrschten in Israel neun Königshäuser, einige von ihnen nur ganz kurze Zeit. Die zwei Dynastien die länger als alle anderen standhielten, waren die Dynastie Omris (882-842 v.) und die Dynastie Jehus (842-747 v.).

Omri hatte Samaria aufgebaut und die Residenz von Tirza nach der neuen Stadt überführt. Bei den in unserem Jahrhundert ausgeführten Ausgrabungen in Samaria wurden unter anderem die Ruinen des königlichen Palastes Omris und seines Sohnes Ahab freigelegt, die von der Pracht am Hofe Samarias zeugen. Besonderes Interesse erweckten die Reste der Elfenbeinschnitzereien, die die biblische Angabe bestätigten, Ahab habe sich einen "Palast von Elfenbein" gebaut (das erste Buch der Könige 22, 39).

Die Könige der Dynastie Omris waren kriegerische Herrscher, die Schutz- und

Trutzkriege gegen die Aramäer und die Moabiter führten. Den Versuch Meschas, des Königs von Moab, nach Ahabs Tod seine Unabhängigkeit wiederzugewinnen, beschreibt in lebhaften Worten die Mescha-Inschrift (in moabitischer Schrift und Sprache), die 1869 in Dibon (im Ostjordanland) entdeckt wurde und sich jetzt im Louvre in Paris befindet. Meschas Aufstand und die darauf folgenden Ereignisse beschreibt das zweite Buch der Könige 3, 4-26.

Zur Zeit der Dynastie Omris besserten sich die ursprünglich feindlichen Beziehungen zwischen Israel und Juda so weit, daß die beiden Königshäuser sich verschwägerten. Josafat, König von Juda, verheiratete seinen Sohn Joram mit Athalija, der Tochter Ahabs.

Das erste Buch der Könige, Kap. 16-22, beschreibt die Regierung Ahabs

Der Schriftstein Meschas, des Königs von Moab. In Dibbar (dem biblischen Dibon) in Jordanien entdeckt, befindet sich der Stein jetzt im Louvre, Paris. Hier rühmt sich Mescha seines Aufstandes gegen Israel (zweites Buch der Könige 3, 4- 5) und anderer Taten. Die Inschrift ist in moabitischer Sprache, die der alten hebräischen Sprache nahe verwandt war.

39

(871-851 v.), mit großer Ausführlichkeit und weist auf den schlechten Einfluß hin, den seine Frau Isebel, eine Tochter des Phönizierkönigs Ethbaal, auf ihn ausübte. Das Buch beschreibt auch die Beziehungen zwischen dem König und dem Propheten Elia (hebräisch Elijahu), dem unbeugsamen Vorkämpfer des Glaubens an den einen Gott Israels und der traditionellen moralischen Werte. Elia widersetzte sich der nachgiebigen Haltung des Königs gegenüber dem von seiner phönizischen Frau eingeführten Baalkult. Furchtlos brandmarkte er einen auf Anstiftung der Königin begangenen Justizmord. Um die überragende Gestalt dieses Propheten rankten sich unzählige Sagen. Die Bibel erzählt, daß er nicht starb, sondern vor den Augen seines Schülers Elisa auf einem Feuerwagen mit Feuerrossen im Sturm gen Himmel fuhr. In der jüdischen Sage lebt Elias weiter, ist im Laufe der Geschichte so manchem erschienen und wohnt auch heute als "Engel des Bundes" jeder Beschneidungszeremonie bei. Verschiedene Synagogen wurden nach ihm benannt, weil er sich dort den Gläubigen zu zeigen pflegte. Beim Pessahmahl, welches den Auszug aus Ägypten feiert, ist er bis heute in jedem jüdischen Haus ein unsichtbarer, aber willkommener Gast. Nach der jüdischen Sage wird er am Ende der Tage als Vorläufer des Messias wiederkommen.

Während das Königreich Israel einen großen Teil seiner Kraft und seiner Mittel in ständigen Kriegen mit seinen Nachbarn, besonders mit dem aramäischen Königreich von Damaskus, verbrauchte, tauchte im Norden eine andere, größere Gefahr auf, die Großmacht Assyrien. Jehu, der König von Israel, der im Jahre 842 v. der Dynastie Omris ein grausames Ende bereitet hatte, war im nächstfolgenden Jahre genötigt, Salmanassar III., dem König von Assyrien, Tribut zu leisten. Die Bibel erwähnt das nicht, aber der Vorgang ist dargestellt auf dem sogenannten "schwarzen Obelisk" Salmanassars, der sich jetzt im Britischen Museum befindet. Die auf dem Obelisk dargestellte, vor dem Assyrerkönig kniende Figur, ist das

Das Siegel des "Schema, des Dieners Jerobeams", welches bei den Ausgrabungen in Megiddo gefunden wurde. Es gehörte vermutlich einem der Minister Jerobeams II, Königs von Israel (789-748). Das Siegel ist ein schönes Beispiel von Können und Geschmack isrealischer Künstler in der Blütezeit des Königreichs.

Nach jüdischer Sage lebt der Prophet
Elia (erste Hälfte des 9. Jahrhunderts
v. Chr.) weiter und ist bei jeder
Beschneidungszeremonie zugegen.
Neben dem Stuhl des Paten steht
immer ein Stuhl für ihn bereit. In alten
Synagogen gibt es noch heute
künstlerisch bestickte Elia-Stühle.
Dieser Stuhl steht in der Synagoge von
Carpentras in Südfrankreich.

Sargon II, König von Assyrien (722-
705 v. Chr.). Er zerstörte Samaria,
machte dem Königreich Israel ein
Ende und verschleppte einen Teil der
Bevölkerung in entfernte Provinzen
des assyrischen Reiches. Detail eines
Reliefs aus Khorsabad (Irak).

früheste Porträt eines Hebräers. Trotzdem das Haus Omris bereits ausgerottet war, war das Ansehen Omris in den Augen der Assyrer immer noch so groß, daß die Inschrift auf dem Obelisk ironischerweise Jehu "den Sohn Omris" nennt.

Zur Zeit Jerobeams II. (789-748), des Urenkels Jehus und des vierten Königs der Jehu-Dynastie, gab es eine zeitweilige Pause in dem Expansionsdrang Assyriens. Handel und Wandel blühten in Israel. Der Reichtum wuchs und mit ihm kam eine üppige Lebensweise auf, die von den Propheten in strengen Worten verurteilt wurde. Nach Jerobeams II. Tod aber, trat ein unaufhaltsamer Verfall ein. In rascher Folge rissen Usurpatoren nacheinander die Macht an sich, von denen einige versuchten, sich der assyrischen Vorherrschaft zu widersetzen. Das erste Vorzeichen des baldigen Endes war der Einfall Tiglath-Pilesers III., Königs von Assyrien, in das Ostjordanland, aus welchem er große Teile der Stämme Ruben, Gad und Manasse in Gefangenschaft nach Assyrien führte. Hosea, der letzte König Israels, lernte nicht aus den Erfahrungen seiner Vorgänger und ließ sich auf Intrigen gegen Assyrien ein. Daraufhin belagerte Sargon II, König von Assyrien, Samaria drei Jahre lang, eroberte die Stadt im Jahre 722 v. und zerstörte sie bis auf den Grund. Nach assyrischem Brauch wurde ein großer Teil der Einwohner Israels nach entfernten Provinzen des assyrischen Reiches verschleppt. Über das weitere Schicksal der Verbannten ist nichts bekannt. Ein Teil wird sich wohl assimiliert haben und in der Einwohnerschaft der Verbannungsländer aufgegangen sein. Ein anderer Teil mag sich den Verbannten des Königreichs Juda angeschlossen haben, die später nach Babylon verschleppt wurden und dann die große jüdische Diaspora im persischen Weltreich bildeten. In der jüdischen Sage leben die Verbannten des Königreichs Israel als "die zehn verlorenen Stämme Israels" weiter, die irgendwo jenseits des Flusses Sambation ein selbständiges Dasein führen und auf die Wiedervereinigung mit ihrem Volke in den Tagen des Messias warten.

Im verwüsteten Gebiet des Königreichs Israel siedelten die Assyrer Militärkolonien an, um die Ordnung aufrechtzuerhalten. Die restliche Bevölkerung des Landes verschwägerte sich bald mit den Kolonisten und bekehrte sie zum Glauben an den Gott Israels. Von dieser Mischbevölkerung stammen die Samariter, heute eine kleine jüdische Sekte in Israel, die nur die fünf Bücher Moses und das Buch Josua als heilige Schriften anerkennt und alle anderen biblischen Bücher verwirft. Die Hälfte der ca. 500 Samariter lebt in Sichem (arabisch Nablus), am Fuße des ihnen heiligen Berges Gerisim. Die andere Hälfte lebt in Holon bei Tel Aviv, wallfahrtet aber jedes Jahr zum Pessah-Fest nach Sichem, um auf dem Berge Gerisim das Pessachlamm zu opfern.

DAS KÖNIGREICH JUDA

Weniger reich und politisch weniger wichtig als das Königreich Israel, hatte das Königreich Juda, vielleicht aus eben diesem Grunde, eine viel ruhigere Geschichte. Es hatte diejenige innere Stabilität, die dem nördlichen Königreich fehlte. Von Beginn bis Ende saßen Könige aus der davidischen Dynastie auf dem Thron. Und so groß war die Anhänglichkeit des Volkes an diese Dynastie, daß es auch nach dem Fall des Königreichs nie die Hoffnung verlor, daß ein Messias aus dem Hause Davids einst erscheinen und das Reich unter seinem Zepter wiederherstellen wird.

In der äußeren Politik war das Königreich Juda nicht mehr erfolgreich. Fünf Jahre nach der Reichstrennung fiel Scheschonk I., König von Ägypten (in der Bibel Schischak), in Juda ein. Eine Inschrift auf dem Portal des von Scheschonk errichteten Tempels von Karnak in Oberägypten berichtet ausführlich über diesen Feldzug und zählt die eroberten Städte auf. Jerusalem war offenbar nicht unter ihnen, aber Rehabeam war genötigt, dem Pharao einen ansehnlichen Tribut zu leisten, den er aus den von seinem Vater angehäuften Schätzen des Tempels und des königlichen Palastes deckte.

Obgleich der Tempel von Jerusalem den Mittelpunkt des religiösen Lebens bildete, lebten noch Überreste der alten kanaanitischen Volksreligion fort. Auch fremde Einflüsse brachten heidnische Bräuche und Kulte. Könige, die unter dem Einfluß heidnischer Mütter oder Frauen standen, förderten manchmal diese fremden Kulte. Die "Kulthöhen", auf denen man dem alten Landesgott Baal opferte, waren nicht verschwunden, und im Tal Ben Hinnom, in unmittelbarer Nähe Jerusalems, stand noch das Heiligtum Molochs, der "Topheth" (d.h. die Feuerstätte), in welchem Kinderopfer dargebracht wurden. Dieser Zustand erregte den heftigen Unwillen der Propheten, die immer wieder ihre Stimme erhoben, um gegen die fremden Einflüße zu protestieren, die die Grundlagen des religiösen und moralischen Lebens des Volkes gefährdeten. Die Propheten verlangten unermüdlich die Rückkehr zum strengen Monotheismus und zu den damit verbundenen sittlichen Grundsätzen.

Zwischen dem nördlichen und dem südlichen Königreich bestanden feindliche Beziehungen unter den ersten Königen Judas, Rehabeam (928-911 v. Chr.), Abija (911-908 v. Chr.) und Asa (908-867 v. Chr.). Aber als Omri in Israel die Macht ergriff (882 v. Chr.), gestalteten sich die Beziehungen freundlich. Josafat, König von Juda (867-846 v. Chr.) schloß einen Bund mit Ahab, König von Israel, und sein Sohn Joram heiratete Athalija, die Tochter Ahabs und Isebels. Allerdings brachte dieser Bund dem Königreich Juda wenig Vorteil, und für die davidische Dynastie war er verhängnisvoll. In dem Bündnis spielte das militärisch stärkere Königreich Israel die Hauptrolle. Judas Teilnahme an den Kriegen Israels gegen die Aramäer und die Moabiter schwächten seine eigene Kraft, so daß es nicht verhindern konnte, daß der Vasallenstaat Edom seine Unabhängigkeit wiedergewann. Unter dem Einfluß Athalijas, die, ebenso wie ihre Mutter eine fanatische Anhängerin des Baalkultes war, wuchs das religiöse Chaos in Juda. Als ihr Sohn Ahasja zusammen mit den

Mitgliedern des Hauses Omri in dem Aufstand Jehus sein Ende fand (842 v. Chr.), riß Athalija die Macht an sich und rottete das ganze Königsgeschlecht aus. Nur der jüngste Sohn Ahasjas, ein Säugling, entkam dem Blutbad. Seine Tante versteckte ihn im Tempel, wo er sechs Jahre lang unter der Obhut des Hohepriesters Jojada aufwuchs. Im Jahre 836 v. Chr., als der Junge Joas sieben Jahre alt war, wurde er von der Priesterschaft und der Armee auf den Thron gesetzt. Athalija wurde verhaftet und hingerichtet.

Der Prophet Jesaja, Berater und Warner der Könige und des Volkes von Juda in der zweiten Hälfte des achten vorchristlichen Jahrhunderts. Wandgemälde von Michelangelo in der Sixtinischen Kapelle in Rom.

Der moralische Verfall, der den Bund mit Israel prägte, nahm auch weiterhin seinen tragischen Verlauf. Zwar blieb das Volk dem Hause Davids treu, und niemand versuchte einen Dynastiewechsel, aber sowohl Joas als auch sein Sohn Amazja starben von Mörderhand. In diesen Königsmorden kam die Entrüstung fanatischer Patrioten über die von Juda erlittenen Erniedrigungen zum Ausdruck. Joas hatte Hasael, dem König von Damaskus, das ganze Gold des Tempels und des Palastes abliefern müssen, um ihn zu bewegen, von Jerusalem abzuziehen. Und Amazja, der mutwilligerweise Joas, dem König Israels, Krieg erklärt hatte, war besiegt worden und in Gefangenschaft gefallen. Joas riß damals einen Teil der Stadtmauer Jerusalems nieder und plünderte die Schätze des Tempels und des Palastes.

Nach einer langen friedlichen Atempause (785-743 v.) während der Regierungszei-

Eine im Jahr 1931 im russischen Kloster auf dem Ölberg bei Jerusalem gefundene Inschrift. Sie bezeichnete den Ort, nach welchem die Überreste des Königs Asarja (auch Usja genannt) in der Zeit des zweiten Tempels überführt worden waren.

ten der Könige Asarja (in der Bibel auch Usja genannt) und Jotham, die mit der Regierung Jerobeams II. in Israel zusammenfiel, wurde Juda in die politische Unrast hineingezogen, die der Expansionsdrang Assyriens nach dem Westen zur Folge hatte.

Während die Könige von Israel durch ihren sinnlosen Kampf gegen Assyrien ihr Land zugrunderichteten, fand es Ahas von Juda (743- 727 v. Chr.) für vernünftiger, sich freiwillig zu unterwerfen und Tiglath Pileser III. Tribut darzubringen. Um in den Augen Assyriens Gefallen zu finden, ging er sogar so weit, daß er im Tempel von Jerusalem einen neuen Altar errichten ließ, genau nach dem Modell des Altars, den er in Damaskus gesehen hatte, als er dort seinem assyrischen Oberherrn huldigte. Möglicherweise war es Ahas, der im Tempel die dem assyrischen Sonnengott Schamasch geweihten Sonnenrosse aufstellte.

Unter seinem Sohn, dem tugendhaften und gottesfürchtigen König Hiskia (727-698 v. Chr.), dessen treuer Berater der Prophet Jesaja war, schien Juda nahe daran zu sein, wegen der wankelmütigen Politik des Königs das traurige Schicksal des Königreichs Israel zu teilen. In Vorbereitung auf eine mögliche Belagerung Jerusalems durch die Assyrer, ließ Hiskia einen Tunnel graben, der das Wasser der Gichonquelle in den Siloa-Teich innerhalb der Stadtmauern brachte (das zweite Buch der Könige XX. 20). Der Tunnel wurde 1880 wiederentdeckt, und die darin befindliche Inschrift, die den glücklichen Abschluß der Arbeit beschreibt, wurde in das Archäologische Museum von Istanbul überführt.

Die befürchtete Krise trat im Jahre 701 ein, als König Sanherib von Assyrien in Juda einfiel und die feste Stadt Lachisch, südwestlich von Jerusalem, nach einer längeren Belagerung einnahm. Bei den Ausgrabungen in Lachisch wurden die Überreste von ca. 2000 Erschlagenen gefunden, deren Leichen damals in eine Grabkam-

Die Siloa-Inschrift, die 1880 im Siloa-Tunnel entdeckt wurde und sich jetzt im Archäologischen Museum von Istanbul befindet. Sie beschreibt, wie die Arbeiter von beiden Seiten gleichzeitig gruben und wie sie zum Schluß "Axt gegen Axt schlugen und das Wasser von der Quelle in das Becken ging." Die Inschrift ist in biblisch-hebräischer Sprache und in althebräischer Schrift.

Der Siloa-Tunnel, der das Wasser der außerhalb der Stadtmauern liegenden Gichon-Quelle zum innerhalb der Stadtmauern befindlichen Siloa-Teich brachte. Die Grabungen des Tunnels auf Veranlassung des Königs Hiskia ist in der Bibel im zweiten Buche der Könige (20, 20) erwähnt. Die Länge des Tunnels beträgt ca. 500 m, seine Höhe ca. 1,80m.

mer durch ein Loch in der Decke geworfen worden waren.

Nach der Eroberung Lachischs begannen die Assyrer mit der Belagerung Jerusalems. Doch diese wurde plötzlich aufgehoben, wahrscheinlich zufolge einer mörderischen Seuche, die im assyrischen Lager ausbrach. Natürlich sahen der König und das Volk in dieser unerwarteten günstigen Wendung die Hand Gottes.

Hiskias Nachfolger, Manasse (698-642) und Amon (641-640), griffen wieder auf

*Sanherib, König von Assyrien (705-681 v. Chr.) sitzt auf dem Thron, während ihm
die Beute der eroberten Stadt Lachisch vorgeführt wird. Detail aus dem großen
Relief vom Königspalast in Ninive, das sich jetzt im Britischen Museum in London
befindet.*

die Politik der friedlichen Unterwerfung unter assyrischer Oberherrschaft zurück.
Einerseits brachte diese Politik dem Königreiche fünfzig Jahre ungestörten Friedens, andererseits aber führte sie zu einer Verstärkung des kulturellen Einflusses
Assyriens, der, nach Ansicht der konservativen Kreise, den Bestand der traditionellen religiösen Werte und Bräuche bedrohte. Die Reaktion gegen diesen Einfluß kam
im Jahre 640, als Amon ermordet und sein achtjähriger Sohn Josia auf den Thron
gesetzt wurde. Priesterliche und prophetische Kreise überwachten die Erziehung des
jungen Königs, und er erwies sich als ein begeisterter Schüler. Als im Jahre 622 das
fünfte Buch Moses im Tempel wiedergefunden wurde, erhob er das Gesetz Moses
zum Staatsgesetz. Alle Kulthöhen wurden zerstört und alle Überbleibsel des Hei-
dentums ausgerottet. Der Opferdienst wurde ausschließlich im Tempel von Jerusalem konzentriert. So tiefgreifend war diese Reform, daß der Opferdienst mit dem
Tempel unzertrennlich verbunden blieb, und nach seiner Zerstörung nie legitimer-
weise anderswo wieder aufgenommen wurde.
Unterdessen war die assyrische Gefahr durch eine andere ersetzt worden. Der neue
Feind war das wiederauferstandene Babylonische Reich. Zeitweilig war Juda das

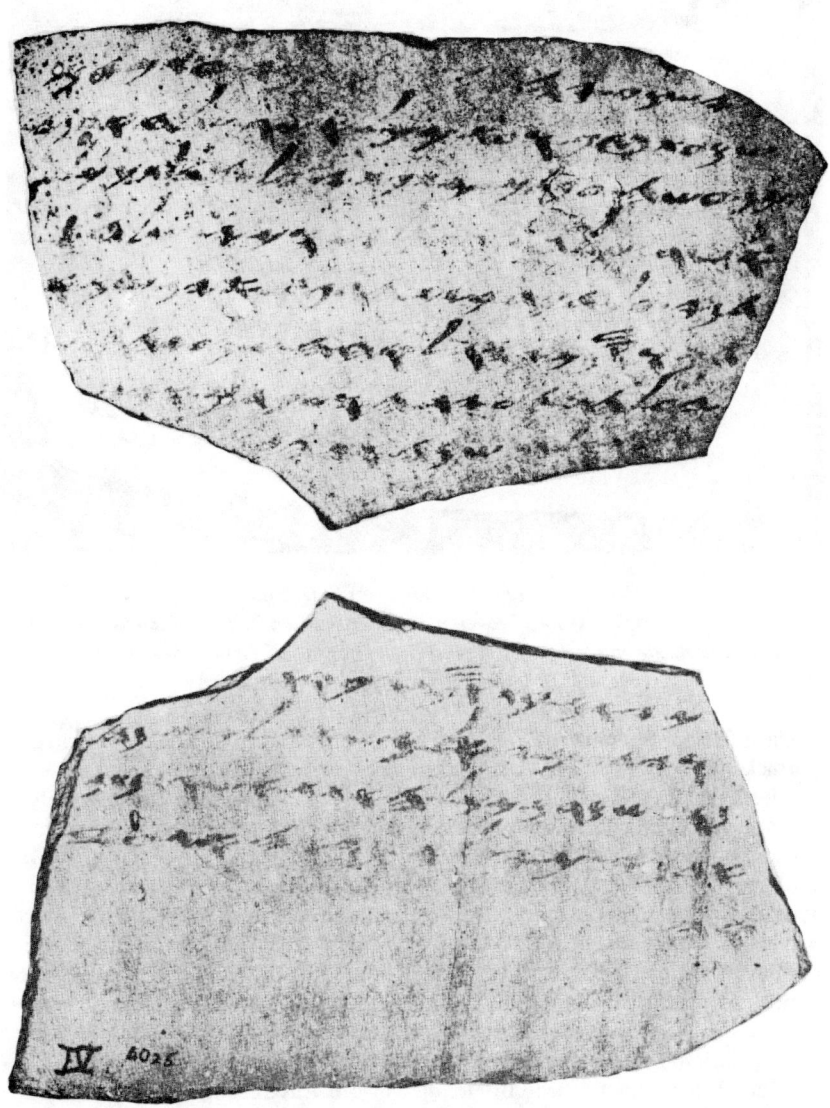

Einer der berühmten, auf Tonscherben geschriebenen Lachisch- Briefe. Dieser Brief (No. 4), der auf beiden Seiten der Tonscherbe geschrieben ist, ist von Hoschajahu, dem Befehlshaber eines Vorpostens, an Jeusch, den Militärkommandanten von Lachisch, gerichtet. Hoschajahu berichtet darin, daß er zwar die Lichtsignale von Lachisch sieht, daß aber die Lichtsignal- Verbindung mit Aseka unterbrochen ist. Die Lachisch-Briefe stammen aus der Zeit des zweiten Feldzuges Nebukadnezars gegen Juda (588-586 v. Chr.).

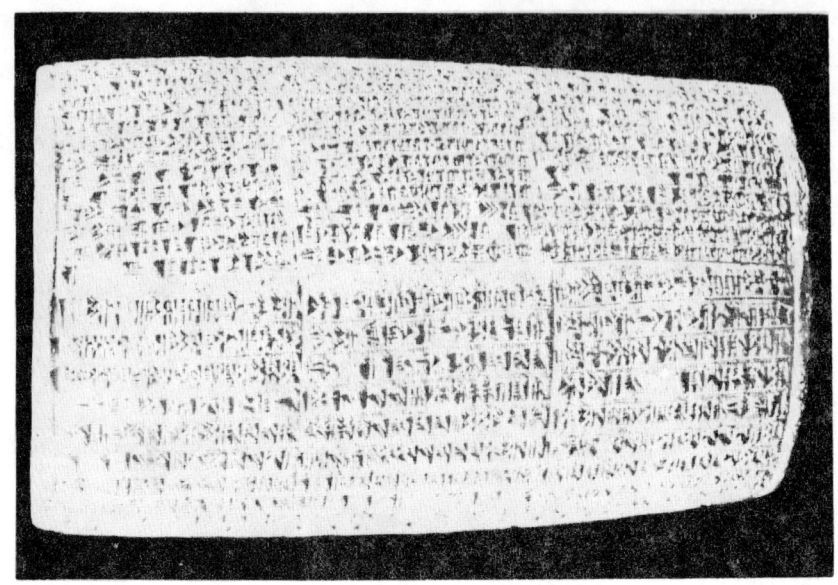

Eine Bauinschrift Nebukadnezars II, Königs von Babylonien (604-562 v.), auf einem Tonzylinder. Solche beschrifteten Zylinder wurden in den Fundamenten der von Nebukadnezar wiederhergestellten Tempel begraben. Nebukadnezar, der Zerstörer Jerusalems, war in seinem Reiche ein großer Bauherr.

Schlachtfeld für Streitmächte vom Süden und vom Norden. In einem Versuch, das Vorrücken Königs Necho II. von Ägypten, der Assyrien zu Hilfe eilte, aufzuhalten, fiel Josia in der Schlacht von Megiddo (609 v. Chr.). Seinen Sohn und Nachfolger Joahas setzte Necho nach drei Monaten ab und machte an seinerstatt Jojakim, einen andern Sohn Josias zum König (608- 598).

Im Jahre 598 fiel Nebukadnezar, König von Babylon, zum ersten Mal in Juda ein. Jojakim war gerade gestorben. Sein Sohn Jojachin, der sich freiwillig unterwarf, wurde gefangengenommen. Mit dem König führte Nebukadnezar auch einen Teil der Bevölkerung in die Verbannung nach Babylonien. Auf den Thron Judas setzte er Zedekia, den jüngsten Sohn Josias (597-586). Als aber Zedekia Unabhängigkeitsgelüste an den Tag legte, marschierte Nebukadnezar zum zweiten Male in Juda ein. Aus der Zeit dieses Feldzuges (588-586) stammen die sogenannten Lachischbriefe, auf Tonscherben geschriebene Briefe, die bei den Ausgrabungen in Lachisch entdeckt wurden. Diese Briefe enthalten die Berichte des Befehlshabers eines Vorpostens an seinen Vorgesetzten in Lachisch. Sie gehören zu den ältesten historischen Dokumenten in hebräischer Sprache.

Den Widerstand Judas überwand Nebukadnezar ohne besondere Schwierigkeit. Im Winter 587-586 begann die Belagerung Jerusalems, und im folgenden Sommer wurde die Stadt erobert. Der König wurde gefangengenommen und geblendet, nachdem vorher seine Söhne vor seinen Augen hingerichtet worden waren. Der Großteil der Einwohner wurde nach Babylonien verschleppt. Der Tempel wurde zerstört und seine Geräte nach Babylon gebracht. Die Tragödie Judas vom Tode Josias bis zum bitteren Ende spiegelt sich in den Reden des Propheten Jeremia wieder. In den nächsten fünfzig Jahren war Juda praktisch wüst und leer. Der Tag der Zerstörung Jeru-

Der Prophet Jeremia, der den Fall Jerusalems voraussagte und dann selbst Zeuge jener Katastrophe war. Wandgemälde von Michelangelo in der Sixtinischen Kapelle in Rom.

salems, der neunte Aw, ist bis heute ein Fasttag, an welchem die Juden des nationalen Unglücks in Klageliedern gedenken, die die Überlieferung dem Propheten Jeremia zuschreibt. Der Versuch Nebukadnezars, den Rest der Bevölkerung Judas unter einem judäischen Statthalter, Gedalia, dem Sohne Ahikams, zu organisieren, schlug fehl. Gedalia wurde von Extremisten, die in ihm einen Diener des verhaßten Feindes sahen, ermordet, und viele flohen nun aus Angst vor den Repressalien der Babylonier nach Ägypten.

DAS BABYLONISCHE EXIL

Die Verbannten in Babylonien befanden sich nunmehr in einem Land, das von ihrer Heimat grundverschieden war. Anstatt der Berge und Täler des Landes Juda, der trockenen Flußbetten und der ausgedörrten Erde im Negev, im Süden, lag vor ihnen eine unendliche, bewässerte und unglaublich fruchtbare Ebene, ein reiches Land mit großen Städten, in welchen Handel und Handwerk blühten. Das hochentwickelte Wirtschaftsleben des babylonischen Reiches bot dem Unternehmungsgeist der Verbannten unzählige Möglichkeiten. Außer der Deportation und der Zerstreuung wurden ihnen keine besonderen Beschränkungen auferlegt. Es scheint, daß es ihnen frei stand, am Handel und an anderen Berufen teilzunehmen und sich sogar zu Gemeinden zu organisieren.

Nebukadnezars Nachfolger, Ewil-Merodach, befreite König Jojachim von Juda aus dem Gefängnis, in welchem er seit 597 v. Chr. saß, und erwies ihm besondere Gnade. Die Bibel (das zweite Buch der Könige 25, 29-30) berichtet, daß Jojachim sich dauernder Versorgung erfreute, solange er lebte. Keilschriftliche Verwaltungsurkunden, die in neuester Zeit entdeckt wurden, bestätigen diese Nachricht. Unter den Verbannten waren natürlich unversöhnliche Nationalisten, die die erlittene Niederlage nicht vergessen konnten und von Rache träumten. Deren Gefühle kommen im Psalm 137 zum Ausdruck, der mit den klagenden Worten beginnt: "An den Strömen Babylons, da saßen wir und weinten, wenn wir Zions gedachten" und mit dem wilden Ruf nach Rache schließt: "Tochter Babels, du Verwüsterin, heil dem, der dir heimzahlt das Tun, das du an uns getan hast. Heil dem, der deine Kinder packt und am Felsen zerschmeißt". Aber der Großteil der Verbannten ordnete sich in der neuen Umgebung ein, und viele gelangten zu Reichtum. Daß sie unter diesen Umständen in der hohen, geistigen und materiellen Kultur Babyloniens nicht vollständig aufgingen, ist hauptsächlich der Verdienst der unter ihnen lebenden und fortwirkenden Propheten.

Der größte der Propheten im babylonischen Exil war Ezechiel (hebräisch Jecheske'el), der Sohn Busis, aus priesterlichem Geschlecht, der im Jahre 597 v. Chr. mit der ersten Deportation nach Babylon kam. Durch die eindrucksvolle Beschreibung seiner mystischen Gedichte, durch seine strenge Verurteilung religiöser Verirrungen und durch seine Prophezeiungen der nationalen Wiedergeburt nährte er die Treue der Verbannten zum Glauben an den einen Gott und zu den traditionellen moralischen Werten sowie deren Hoffnung auf die Rückkehr in die Heimat und die Wiederherstellung eines unabhängigen Staatswesens.

Weniger ist uns über die Voraussagen des Propheten Daniel bekannt, der anscheinend ein jüngerer Zeitgenosse Ezechiels war und die Eroberung Babylons durch die Perser miterlebte. Erst in späterer Zeit wandte man seinen rätselhaften Visionen mehr Aufmerksamkeit zu und legte sie unterschiedlich aus.

Einen der bedeutendsten Propheten des Exils kennen wir nicht mit Namen. Da seine Prophezeiungen uns im Anhang an die Prophezeiungen Jesajas erhalten sind (in den Kapiteln XL-LV des Buches Jesaja), nennt ihn die Bibelwissenschaft Deutero-

*Das Ischtar-Tor, eines der Tore der Stadt Babylon, wahrscheinlich zur Zeit
Nebukadnezars gebaut (Wiederherstellung in den Staatlichen Museen Berlins).*

jesaja, das heißt den zweiten Jesaja. Seine Tätigkeit fällt in die Zeit des Aufstieges
der persischen Macht unter König Cyrus. Er sah den Niedergang Babylons voraus,
beobachtete mit Begeisterung den Siegeslauf des Perserkönigs und begrüßte ihn als
den künftigen Befreier der Verbannten.

Dank des Wirkens dieser und anderer Propheten hielten die Verbannten zusammen
und bewahrten ihren Glauben an den einen Gott, den Gott Israels, der sein sündiges
Volk bestraft hat, aber versprach, ihm seine Gnade wieder zuzuwenden und es ins
Land der Väter zurückzuführen.

Im Jahre 538 fiel das babylonische Reich vor der aufsteigenden Macht der Perser,
die ein neues hochkultiviertes Weltreich errichteten.

*Die Zerstörung Jerusalems durch Nebukadnezar und die Deportation der Judäer,
die einen entscheidenden Wendepunkt in der Geschichte des jüdischen Volkes
bildeten, waren in den Augen der Babylonier offenbar nicht Ereignisse, die einer
Verewigung auf Denkmälern würdig gewesen wären. Aber ein Relief aus der Zeit
Assurbanipals, des Königs von Assyrien (669-631 v. Chr.), jetzt im Louvre, Paris,
vermittelt einen Eindruck der assyrisch-babylonischen Praxis, ganze Bevölke-
rungsgruppen aus der Heimat in entfernte Provinzen zu deportieren.*

DIE RÜCKKEHR AUS DEM EXIL

Cyrus, König von Persien, der sich nunmehr des großen babylonischen Reiches bemächtigt hatte, übte, im Gegensatz zu der assyrisch-babylonischen Praxis, eine Politik der Versöhnung und Befriedung der vielen in seinem Reiche lebenden Nationalitäten. Er förderte eine dezentralisierte Verwaltung und wirkte hin auf die Wiederherstellung der nationalen Kulte in den zahlreichen Provinzen seines ausgebreiteten Reiches. Er gab den früher von den Babyloniern unterdrückten Völkern die nach Babylon verschleppten Götterbilder zurück und erlaubte deportierten Volksgruppen, in ihre Heimat zurückzukehren. Eine der ersten Handlungen des Eroberers nach dem Fall Babylons war die Veröffentlichung eines Dekrets, welches den verbannten Judäern gestattete, nach Juda zurückzukehren und den zerstörten Tempel in Jerusalem wiederaufzubauen.

Das Dekret erweckte zwar große Begeisterung unter den Verbannten, doch sein Ergebnis war keineswegs ein allgemeiner Auszug aus Babylonien. Viele hatten

Die Ruinen von Persepolis, der Hauptstadt des persischen Reiches. Die Stadt wurde von Darius I. (521-486 v. Chr.) gegründet und von Alexander dem Großen im Jahre 330 v. Chr. zerstört.

*Eine Samaritische Torarolle. Sie enthält die fünf Bücher Mose, welche die
Samaritaner als einzig heilige Schrift anerkennen - in althebräischer Schrift, die
bis heute von den Samaritanern verwendet wird, während der Rest der Juden
wahrscheinlich im fünften vorchristlichen Jahrhundert an ihrer Stelle die
sogenannte Quadratschrift angenommen hat.*

Detail aus der Behistun-Inschrift Darius I., auf einem Felsen in der Nähe der heutigen Stadt Hamadan (der alten Stadt Ekbatana). Die Inschrift ist eine dreisprachige Lebensbeschreibung des Großkönigs Darius (auf persisch, elamitisch und babylonisch). Über der Inschrift ist Darius als Bezwinger seiner Feinde dargestellt. Über ihm schwebt der Gott Ahura Mazda.

sich inzwischen in dem neuen Lande eingelebt und konnten sich schwer entschließen, alles wieder aufzugeben. Wie uns das zweite Kapitel des Buches Esra berichtet, umfaßte die erste Auswanderungswelle, die von Mesopotamien nach Juda zog, ca. 50.000 Mann, die ersten unter der Führung Scheschbazzars, der anscheinend ein Prinz aus dem Hause Davids war, die weiteren unter der Führung Serubabels, ebenfalls aus dem königlichen Hause. Beide waren nacheinander von der persischen Regierung ernannte Statthalter Judas. Die in Babylonien zurückgebliebenen Judäer bewiesen ihre Anhänglichkeit an das Ideal der nationalen Wiedergeburt durch reichliche Spenden von Gold, Silber und Lasttieren. Dann begann ein ständiger Zustrom von Geldbeiträgen, Besuchern und individuellen Einwanderern, der jahrhundertelang andauerte.

Die Wiederansiedlung in Juda und die Organisierung der Einwanderer war ein langsamer und schwieriger Vorgang. Zuerst legten die Einwanderer den Grundstein zum Wiederaufbau des Tempels und errichteten einen Altar, um den Opferdienst von neuem aufzunehmen. Ihre Tätigkeit erweckte aber das Mißtrauen der persischen Provinzverwaltung, welches von den Führern der samaritischen Gemeinde eifrig geschürt wurde.

Wie bereits vorher erwähnt, waren die Samariter die Abkömmlinge der restlichen Bevölkerung des Königreichs Israel, die die Assyrer nicht verschleppt hatten, und der von den Assyrern ins Land gebrachten fremden Ansiedler, die sich im Laufe

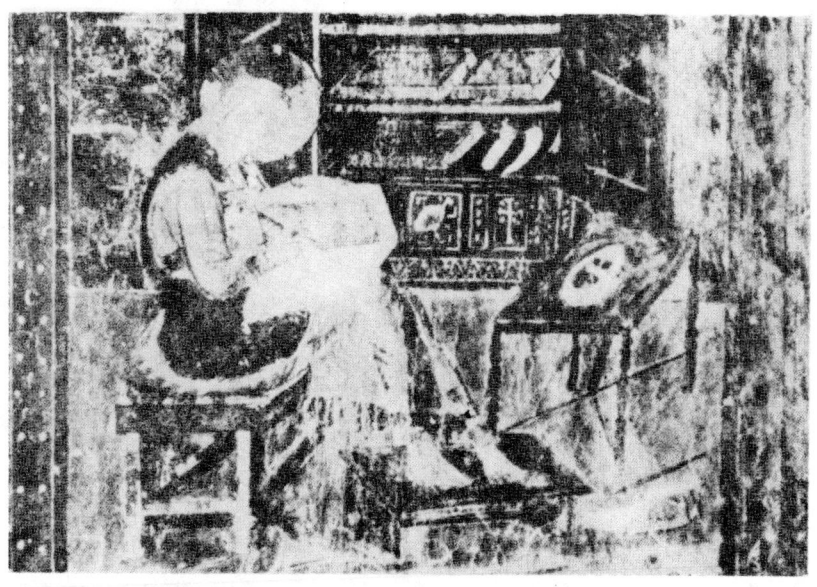

Esra, "ein Schriftgelehrter, kundig im Gesetz des Mose, richtete sein Herz darauf, das Gesetz des Herrn zu erforschen und danach zu tun." In der Regierungszeit Artaxerxes I., des Königs von Persien, kam er nach Jerusalem mit dem offiziellen Auftrag, "Satzung und Recht in Israel zu lehren." (Buch Esra 7, 1-10). Miniatur im Codex Amiatinus, Laurentinische Bibliothek, Florenz.

der Zeit miteinander vermengt hatten. Anfänglich erboten sich die Samariter, am Tempelbau mitzuarbeiten. Aber die Rückkehrer schlugen das Angebot ab, weil die Samariter in ihren Augen keine echten Juden waren. Dies bedeutete für viele Jahrhunderte den endgültigen Bruch zwischen den Samaritern und dem jüdischen Volk. Erst in unserer Zeit, im Staate Israel, schlossen sich die Überreste der Samariter, wenn nicht religiös, so doch national, dem jüdischen Volke wieder an.

Als Folge mannigfacher Schwierigkeiten verzögerte sich der Tempelbau über Gebühr. Die mit der Verzögerung unzufriedenen Propheten Haggai und Sacharja beschuldigten das Volk mangelnden Eifers im Dienste Gottes und drängten auf die Vollendung des Unternehmens. Eine Wendung trat ein, als im Jahre 521 König Darius I. den persischen Thron bestieg und, auf Anfrage des zuständigen Satrapen, das Dekret des Königs Cyrus erneut bestätigte. Im Jahre 516, mehr als zwanzig Jahre nach der Rückkehr, wurde der zweite Tempel endlich eingeweiht. Im Vergleich mit dem salomonischen Tempel war dies ein einfacher Bau. Zwar wurde er im Laufe der Zeit noch ausgebaut, aber erst Ende des ersten vorchristlichen Jahrhunderts wurde er von König Herodes durch jenen Prachtbau ersetzt, der die Zeitgenossen mit Begeisterung erfüllte.

Mit der Tempelweihe waren die Schwierigkeiten der Neuansiedler noch lange nicht zu Ende. Mischehen mit den heidnischen Nachbarn schufen religiöse und gesellschaftliche Probleme. Dazu kam eine schwere wirtschaftliche Notlage. Weite Kreise der Bevölkerung wurden nach und nach finanziell von den reichen Landbesitzern abhängig, und diese beuteten sie mitleidslos aus. In dieser schwierigen Lage kam Hilfe von der babylonischen Judenschaft, die zu diesem Zwecke die den Juden gegenüber günstige Einstellung des persischen Hofes in Anspruch nahm. Um die Mitte des fünften Jahrhunderts kam nach Jerusalem Esra, "ein Gelehrter im Gesetze des Gottes des Himmels" aus priesterlichem Geschlecht, an der Spitze einer zahlreichen Gruppe neuer Einwanderer. Er kam im Auftrage des Königs Artaxerxes I, mit Vollmacht, die Verhältnisse in Judäa gemäß dem Gesetze Moses

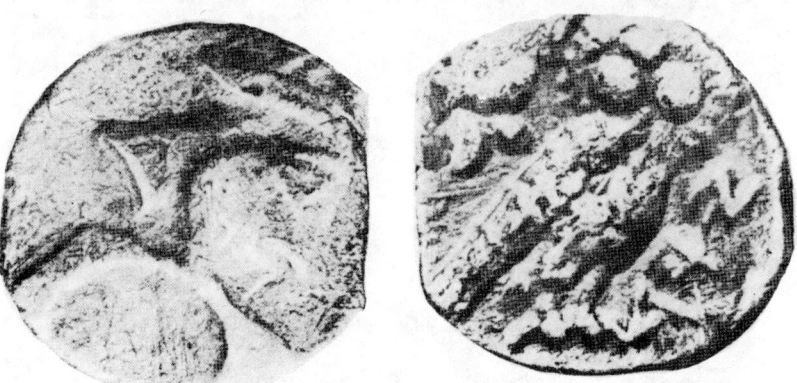

Judäische Münze aus der persischen Zeit. Auf der Kehrseite trägt sie, neben der Eule, die Aufschrift "Jehud" in althebräischen Buchstaben. Die Münze zeugt für den Status Judäas als autonome Provinz unter persischer Oberherrschaft.

Ein Purimteller aus dem 18. Jahrhundert, Cluny-Museum, Paris.

Xerxes I., König von Persien (485-465 v. Chr). Detail eines Reliefs von Persepolis. Nach der Ansicht einiger Bibelforscher ist er der König Ahasveros des Buches Esther.

Das Buch Esther wird traditionell zum Zwecke der Vorlesung in der Synagoge am Purimfest auf Pergamentrollen geschrieben. Diese Rollen wurden oft mit Miniaturen geschmückt. Dies ist ein Teil einer Rolle aus Südfrankreich, ungefähr aus dem Jahre 1600 (Sammlung Roth).

zu ordnen. Einige Jahre später wurde ein anderer Jude, der königliche Mundschenk Nehemia, zum Statthalter von Judäa ernannt. Dank der Zusammenarbeit Esras und Nehemias fanden die verschiedenen Probleme ihre Lösung. Die Mauern Jerusalems wurden wieder aufgerichtet, so daß die Einwohner sich in Sicherheit fühlten, und das Gesetz Moses wurde feierlich zum bindenden Gesetz des neuen Gemeinwesens erklärt.

Von da an stand der jeweilige Hohepriester an der Spitze der jüdischen Bevölkerung Judäas, der persischen Provinz "Jehud", wie das Land auf Münzen jener Zeit heißt. Während des folgenden Jahrhunderts genoß das Land, von einigen Zwischenfällen abgesehen, ein ruhiges Dasein unter persischer Oberherrschaft, bis Alexander der Große im Jahre 333 v. Chr. das persische Reich überwältigte und damit der griechischen Kultur auch den Weg nach Judäa öffnete.

Die persische Reichsverwaltung war im allgemeinen tolerant, so daß die Juden im ganzen Reiche ungestört leben konnten. Aber das Dasein einer ethnischen und religiösen Minderheit schließt immer ein Element von Unsicherheit ein, und dramatische Zusammenstöße sind unvermeidlich. Das Buch Ester berichtet uns über den Versuch des judenfeindlichen Ministers Haman, mit Zustimmung eines launenhaften Königs, der in der Bibel Achaschwerosch heißt, die Juden Persiens auszurotten. Der Anschlag wurde von dem Juden Mordechai, dem Vetter der jüdischen Königin Ester, entdeckt und mit ihrer Hilfe vereitelt.

Die Nilinsel Elephantine, gegenüber Assuan. Auf ihr befand sich im sechsten und fünften Jahrhundert v. Chr. eine jüdische Militärkolonie.

Die Historizität des Buches Ester ist umstritten, und es ist schwer, den persischen König zu identifizieren, der im Buche Achaschwerosch genannt wird. Für die Juden war das Buch aber eine Mahnung, vor den Gefahren des Daseins in der Zerstreuung stets auf der Hut zu sein, und das Purim-Fest, das zum Andenken an die wunderbare Errettung der persischen Judenschaft eingeführt wurde, wird seither von den Juden in der ganzen Welt gefeiert.

Außer den Juden, die in Babylonien zurückgeblieben waren, gab es in Ägypten eine große jüdische Gemeinde. Aus den auf der Nilinsel Elephantine im Jahre 1905 entdeckten Papyri erfahren wir von einer jüdischen Militärkolonie, die lange Zeit auf dieser Insel, gegenüber Syene (heute Assuan), nahe dem ersten Nilkatarakt, ansässig war. Die Kolonisten sprachen aramäisch und hatten ihren eigenen Tempel. Wahrscheinlich wurden sie zu Beginn des sechsten vorchristlichen Jahrhunderts von König Psammetich II, dort angesiedelt. Jüdische Flüchtlinge, die 586 v. Chr. nach Gedaljas Ermordung nach Ägypten kamen, mögen sich der Kolonie angeschlossen haben. Als Kambyses, Cyrus Sohn und Nachfolger, im Jahre 525 v. Chr. Ägypten eroberte, zerstörte er angeblich alle ägyptischen Tempel, schonte aber den jüdischen Tempel auf Elephantine.

Aus den erwähnten Papyri geht hervor, daß die Kolonie in wirtschaftlicher Blüthe stand und daß dort auch ein reges literarisches Interesse herrschte. Gegen Ende des fünften Jahrhunderts, in den Tagen des Perserkönigs Darius II., nutzten ägyptische Fanatiker die Abwesenheit des persischen Statthalters aus und zerstörten den Tempel. Daraufhin wandten sich die Kolonisten an den Hohepriester in Jerusalem und an den Statthalter Judäas mit der Bitte um Hilfe zum Wiederaufbau ihres Heiligtums. Die Antwort des Statthalters war zwar günstig, aber es ist uns nicht bekannt, ob der Tempel je wiederaufgebaut wurde und was das fernere Schicksal dieses isolierten Vorpostens des jüdischen Volkes war.

DER HASMONÄER-AUFSTAND

Die Eroberungen Alexanders des Großen und sein entscheidender Sieg über die persische Weltmacht in der Schlacht bei Issos (333 v. Chr.) hatten eine grundlegende Änderung der Verhältnisse im Mittleren Osten zur Folge. Nach der Schlacht bei Issos wandte sich Alexander südwärts, um Ägypten zu erobern. Auf dem Wege nach Ägypten besetzte er auch Judäa. Die Juden leisteten dem Machtwechsel kei-

Die Schlacht bei Issos, in der Alexander der Große den Perserkönig Darius III. Kodomanus im Jahre 333 v. Chr. vernichtend schlug. Wandgemälde aus Pompei, jetzt im Nationalmuseum von Neapel. Diese Schlacht besiegelte das Schicksal des persischen Reiches und brachte unter anderem auch Judäa unter die Herrschaft Alexanders.

*Eine der hellenischen Städte in dem von den Ptolemäern beherrschten
Ostjordanland war Philadelphia, so benannt nach ihrem Begründer Ptolemäus II.
Philadelphos. Sie wurde auf der Stelle erbaut, auf der früher die in der Bibel
erwähnte Stadt Rabbath-Ammon stand. Heute heißt die Stadt Amman und ist die
Hauptstadt des Königreichs Jordanien. Die Ruinen Philadelphias zeugen bis heute
von der einstigen Pracht.*

nen Widerstand. An der Spitze einer Delegation zog der Hohepriester Simon der
Gerechte Alexander entgegen, um den Eroberer zu begrüßen. Eine im Talmud auf-
bewahrte Legende erzählt, Alexander sei von seinem Wagen ausgestiegen und habe
sich vor dem Hohepriester ehrfurchtsvoll gebeugt. Als seine Generäle ihn über den
Grund seines merkwürdigen Betragens befragten, habe ihnen Alexander geantwortet, die Gestalt dieses alten Mannes sei ihm vor der Schlacht erschienen und habe
ihn zum Siege geführt. Der jüdische Historiker Josephus Flavius behauptet, Alexander sei nach Jerusalem gekommen und habe im Tempel Opfer darbringen lassen. Wie dem auch sei, er erlaubte den Juden jedenfalls, nach ihrem Gesetze wei-
terzuleben und gewährte ihnen Steuerbefreiung in den Sabbatjahren (das heißt
jedes siebente Jahr), in welchen die landwirtschaftlichen Arbeiten verboten waren.

Trotzdem machte sich die Änderung in der Umwelt auch in Judäa sehr bald bemerkbar. Das Eindringen der Griechischen Kultur beeinflußte die Lebensweise. Der glänzende Siegeslauf Alexanders kam rasch zum Abschluß. Im Jahre 323, kaum 10 Jahre nach der Schlacht bei Issos, starb Alexander, und sein Reich überlebte ihn nicht. Nach blutigen Kämpfen zwischen seinen ehrgeizigen Generälen, gelang es einem von ihnen, Ptolemäus, sich die Herrschaft über Ägypten zu sichern, während ein anderer, Seleukus, sich Syriens und der anderen von Alexander eroberten asiatischen Gebiete bemächtigte. Mehr als ein Jahrhundert lang stand Judäa unter ägyptischer Herrschaft. Im allgemeinen hatten die Ptolemäer ihren jüdischen Untertanen gegenüber eine wohlwollende Haltung. Die fortlaufende enge Berührung zwischen Juden und Griechen übte unvermeidlicherweise einen merklichen Einfluß auf die Bewohner Judäas aus. Die hellenistische Denkweise verbreitete sich in den oberen Schichten der Gesellschaft, in den Kreisen der priesterlichen Aristokratie, der reichen Steuerpächter und Kaufleute. Die Juden lernten die griechische Sprache, begannen an den sportlichen Übungen in griechischen Gymnasien teilzunehmen, griechische Theater zu besuchen und griechische Literatur und Philosophie kennen und schätzen zu lernen. Das alles schwächte die Innehaltung des religiösen Brauches und der sich verbreitende Skeptizismus bedrohte die Treue zum überlieferten Glauben.

Natürlich gab es auch Kreise, die sich dieser Entwicklung entschieden widersetzten. Zu ihnen gehörten die sogenannten Chassidim ("die Frommen") und die hohepriesterliche Familie der Oniaden, der Nachkommen Onias I., des Sohnes Jadduas, der Ende des vierten vorchristlichen Jahrhunderts amtierte, des letzten in der Bibel erwähnten Hohenpriesters. Aber die Aufsicht über die weltlichen Angelegenheiten ging nach und nach aus den Händen der Hohenpriester in die Hände der helle-

Wiederherstellung des nördlichen Eingangs zum Palast der Tobiaden in Arak el Amir im Ostjordanland. Der Palast stammt aus dem dritten oder zweiten Jahrhundert v. Chr.

Eine Seite aus dem Codex Sinaiticus (Britisches Museum), einer Handschrift der griechischen Bibelübersetzung aus dem 4. Jahrhundert christlicher Zeitrechnung. Die Handschrift wurde Mitte des vorigen Jahrhunderts im Sankt-Katharina-Kloster auf der Halbinsel Sinai entdeckt. Daher der Name "Sinaiticus".

nisierten Familie der Tobiaden über. Diese waren die Nachkommen eines Mannes, der seinerzeit zu den Gegnern Nehemias gehörte, und den das Buch Nehemias unter dem Namen "Tobija, der ammonitische Knecht" brandmarkt. Diese Familie war durch Steuerpacht sehr reich geworden, hatte großen politischen Einfluß und unterhielt enge Beziehungen, zuerst zum ägyptischen Hof, und später, als Judäa unter syrische Herrschaft kam, zum syrischen Hof. In Arak- el-Amir, im Ostjordanland, sind noch die eindrucksvollen Ruinen des Tobiadenpalastes zu sehen. Interessante Einzelheiten über diese Zeit und über die Familie der Tobiaden kamen in den sogenannten Zenon-Papyri zutage, einem ägyptischen Archiv, das im Jahre 1915 in der Provinz Fajum entdeckt wurde.

Die judenfreundlichen Ptolemäer sahen auch die Ansiedlung von Juden in Ägypten gern und beschäftigten sie in ihrem Heer, in welchem Juden bis zum höchsten Rang gelangten. Die jüdische Gemeinde in Alexandrien wuchs in raschem Tempo und baute eine Synagoge, von deren Pracht der Talmud erzählt.

Die Ptolemäer zeigten auch Interesse an jüdischer Kultur. Auf Wunsch Ptolemäus II. Philadelphos (285-246 v.) begann man in Alexandrien die Bibel ins Griechische zu übersetzen. Diese Übersetzung ist unter dem lateinischen Namen Septuaginta, das heißt die Siebziger-Übersetzung, bekannt. Eigentlich sollte sie aber die Zweiundsiebziger-Übersetzung heißen. Wie das griechische Apokryphon "Der Aristeasbrief" und auch der Talmud berichten, sandte der Hohepriester Eleasar auf Wunsch des Königs zweiundsiebzig Älteste von Jerusalem nach Alexandrien, um das "heilige Gesetz", das heißt die fünf Bücher Mose, zu übersetzen.

Von Anfang an beanstandete die in Syrien regierende seleukidische Dynastie das Anrecht Ägyptens auf Judäa. Aber erst im Jahre 218 v. setzte Antiochus III. den seleukidischen Anspruch in die Tat um. Nach einem längeren Krieg, in dessen Verlauf er einmal von den Ägyptern in der Schlacht von Raphia (unweit Gaza) geschlagen wurde, errang Antiochus einen glänzenden Sieg in der Schlacht bei Paneas an den Jordanquellen und im Jahre 198 v. Chr. zog er in Jerusalem ein. Der Übergang von der ägyptischen zur syrischen Oberherrschaft ging friedlich vonstatten, da Antiochus sich seinen neuen jüdischen Untertanen günstig erwies. Der syrische Hof förderte aber den Hellenisierungsprozess eifriger als dies die toleranten Ptolemäer getan hatten. Die Folge war, daß die zum Hellenismus neigenden Kreise jetzt die Oberhand gewannen und daß die Kluft zwischen ihnen und den überlieferungstreuen Chassidim sich bedeutend erweiterte.

Nach dem Tode Antiochus III., im Jahre 187 v. Chr., kam das idyllische Verhältnis

Eine Münze Antiochus III., des Königs von Syrien (223-187 v. Chr.). Auf der Kehrseite ein Elefant, eine der Waffen der syrischen Armee. Die Syrer benutzten den Elefanten in ihrem Kampfe gegen die Hasmonäer, obgleich ihnen dies von den Römern nach der Schlacht bei Magnesia (190 v. Chr.) verboten worden war.

zwischen dem syrischen Hof und seinen jüdischen Untertanen zum Ende. Sein Nachfolger, Seleukus IV., machte einen Versuch, die Hand auf den Tempelschatz in Jerusalem zu legen, doch sein Schatzmeister Heliodoros kehrte unverrichteter Dinge zurück. Laut einer Sage, die im zweiten Buche der Makkabäer (Kap. 3) erhalten ist, erschienen im Tempel zwei Jünglinge, offenbar Engel, und geiselten den Gesandten des Königs, bis er in Ohnmacht fiel. Einige Jahre später bestieg Antiochus IV. Epiphanes den syrischen Thron und in seinen Tagen wurde die Lage kritisch. Der neue Herrscher, der ein fanatischer Hellenist war, versuchte, in seinem ganzen Königreich den Hellenismus auf allen Gebieten aufzuzwingen, auch auf religiösem Gebiet. In das religiöse Leben der Juden mischte er sich ein, indem er Hohepriester absetzte und ernannte und den Tempelschatz, diesmal ungehindert, plünderte. Der rechtsgültige Hohepriester Onias III. wurde ermordet und sein Sohn, Onias IV. floh nach Ägypten. Dort baute er in Leontopolis einen Tempel nach dem Muster des Tempels von Jerusalem, und zweieinhalb Jahrhunderte lang wurden dort, im Widerspruch zu den Bestimmungen des fünften Buches Mose, Opfer dargebracht. In den Augen der jerusalemer Priesterschaft galten dieser Tempel und der darin geübte Opferdienst als ungesetzlich.

Die radikalen Hellenisten hatten nun die Oberhand in Jerusalem und scheuten keine Mittel, die jüdische Religion zu "modernisieren" und sie den Wünschen des Königs gemäß zu gestalten. Ihre Bereitwilligkeit ermutigte den König zum letzten entscheidenden Schritt. Er errichtete im Jahre 168 im Tempel von Jerusalem einen Altar zu Ehren des Olympischen Zeus und verbat die Ausübung des jüdischen Kultes.

Diese Entweihung des Tempels war der Funke, der die Flamme des Aufruhrs entzündete. An der Spitze des Aufruhrs stand der in Modiin, westlich von Lydda, ansässige greise Mattathias, ein Priester aus dem Geschlechte der Hasmonäer. Nachdem er einen Abgesandten des Königs und einen Juden, der auf dessen

Eine Münze des Königs Antiochus VII. Sidetes (139-129 v. Chr.). In seinen Tagen herrschten die Hasmonäer Simon und Jochanan Hyrkanos in Judäa.

Das Andenken an die Reinigung und Wiedereinweihung des Tempels in Jerusalem durch Juda Makkabi im Jahre 165 v. Chr. wird alljährlich im Monat Kislew (in der Regel Dezember) am Chanukka- Fest gefeiert. Acht Tage lang werden Lichter angezündet, am ersten Tage eins, am zweiten zwei, und so weiter. Der Chanukka-Leuchter, die Menora, wurde ein beliebter Gegenstand jüdischer Kunst. Oben eine Bronze-Menora aus Südfrankreich, 14. oder 15. Jahrhundert (Sammlung Roth). Unten: Bronze-Menora des Jahres 1574, von Meir Heieperin in Deutschland hergestellt. (Israel- Museum, Jerusalem).

Geheiß bereit war, den Göttern zu opfern, eigenhändig getötet hatte, zog sich Mattathias mit seinen fünf Söhnen und mit den Gesinnungsgenossen, die sich ihm angeschlossen hatten, ins Gebirge zurück. Von dort aus unternahm er Streifzüge, griff abtrünnige Juden an, zerstörte heidnische Altäre und beschnitt jüdische Kinder, die die Eltern aus Angst vor den Häschern des Königs nicht beschnitten hatten. Die syrische Regierung schritt nun gegen die Aufrührer ein. Anfänglich ging Mattathias in der strengen Beachtung des Gesetzes so weit, daß er seinen Leuten untersagte, am Sabbat die Waffen zu ergreifen, sogar wenn es um Selbstverteidigung ging. Die Syrer nutzten das aus und griffen besonders am Sabbat an, weil sie am heiligen Tage den Rebellen gefahrlos schwere Verluste zufügen konnten. Notgedrungen änderte Mattathias seine Politik und erlaubte seinen Leuten, sich zu jeder Zeit zu verteidigen.

Kaum ein Jahr nach dem Ausbruch des Aufstandes, starb Mattathias. Vor seinem Tode empfahl er seinen Anhängern, seinen dritten Sohn, Juda (hebräisch Jehuda), dem seine Zeitgenossen den Zunamen "Makkabi" beilegten, zum Führer zu wählen. Die Bedeutung des Zunamens ist unsicher, doch wird er gewöhnlich als "der Hammerschläger" ausgelegt. Nach ihm werden die Hasmonäer auch Makkabäer genannt. Der Empfehlung seines Vaters gemäß, übernahm Juda Makkabi die militärische Führung und errang in den wenigen Jahren seiner Führerschaft unsterblichen Ruhm. Mit bescheidenen Kräften vernichtete er unvergleichlich größere syrische Armeen in den Schlachten bei Beth-Horon (nordwestlich von Jerusalem) und bei Emmaus (in der Nähe von Latrun). Nach diesen Siegen zog er in Jerusalem ein und reinigte den entweihten Tempel. Am 25. des Monates Kislew (im Dezember) 165 v. Chr. wurde der Tempel wieder eingeweiht, und zum Andenken an das Ereignis wurde das Chanukka- Fest eingeführt, das bis heute von den Juden in der ganzen Welt als frohes Fest gefeiert wird. Nach einer im Talmud bewahrten Sage, fanden die Befreier Jerusalems im Tempel nur einen einzigen kleinen unentweihten Ölkrug, der für den goldenen siebenarmigen Leuchter des Tempels nur für einen Tag reichte. Wunderbarerweise brannte aber dieses Öl während der ganzen acht Tage der Einweihungsfestlichkeiten. Daher der Brauch, während der acht Chanukkatage in besonders dafür bestimmten Leuchtern, die hebräisch "Menora" oder "Chanukkia" heißen, Lichter anzuzünden.

Die Einnahme Jerusalems war aber noch lange nicht der endgültige Sieg. Juda Makkabi war genötigt, auch mit Nachbarvölkern zu kämpfen, die auf Seiten der Syrer standen. Inzwischen hatte Antiochus V. Eupator den Thron Antiochus IV. geerbt. Auch er schickte ein Heer nach Judäa. Diesem brachte Juda in der Schlacht bei Beth Sacharja (südlich von Jerusalem, auf dem Wege nach Beth Zur) eine entscheidende Niederlage bei. In dieser Schlacht machten die Syrer von Elefanten Gebrauch. Eleasar, einer der Brüder Judas, kroch unter einen Elefanten, durchbohrte ihn von unten mit seiner Lanze und fand den Heldentod unter dem gewaltigen Tier, das über ihm zusammenbrach.

Im Jahre 161 saß in Syrien wieder ein neuer Herrscher, Demetrius I. Soter, auf dem Thron. Dieser schickte ein gewaltiges Heer unter der Führung seines fähigsten Generals Nikanor nach Judäa. Auch über dieses Heer errang Judas überlegene Taktik in der Schlacht bei Beth Choron den Sieg. Dies war der glänzendste, aber auch der letzte Sieg Judas. Einige Monate später fiel er am gleichen Orte im Kampf, als er sich mit einer winzigen Schar von 800 Kämpfern einem syrischen Heer entgegenstellte, das ausgeschickt worden war, Nikanors Niederlage zu rächen. Nach

Judas Tod übernahm sein Bruder Jonathan die Führung. Demetrius I., der die Aussichtslosigkeit des Kampfes gegen die Rebellen schließlich einsah, gelangte zu einer Verständigung mit Jonathan und gestattete ihm, in Jerusalem einzuziehen.

Die Geschichte Judiths in Miniaturen des Gebetbuches von Mainz (Cod. 37 Hebr. der Hamburger Bibliothek). Oben: Judith schneidet dem trunkenen Holofernes den Kopf ab. Unten: Judith kehrt mit dem Kopfe Holofernes in die Stadt Bethulia zurück.

Sein Nachfolger, Alexander Balas, ging sogar weiter und erkannte ihn als den Hohenpriester an. Teils mit diplomatischen Mitteln, teils mit Waffengewalt, erweiterte Jonathan nach und nach das unter seiner Herrschaft stehende Gebiet. Durch die Eroberung der Stadt Jaffa sicherte er sich den Zugang zum Meer. Er schloß Freundschaftsbündnisse mit Sparta und mit Rom. Aber seine Erfolge erregten das Mißfallen der Syrer. Jonathan wurde mit seinen Söhnen verräterisch gefangengenommen und ermordet.

Nunmehr ging die Führung auf Simon, den ältesten Sohn Mattathias, über. Vom Jahre 142 v. Chr. bis zum Jahre 135 v. Chr. stand er an der Spitze des Volkes, von den Syrern als Hohepriester, als Fürst und militärischer Befehlshaber des jüdischen Volkes anerkannt. Ihm gelang es, die Festung Akra zu erobern, die Jerusalem beherrschte und von der aus die Syrer bis zu seiner Zeit die Stadt bedrohten.

Diese dramatischen Vorgänge ließen im Gedächtnis des jüdischen Volkes tiefe Eindrücke zurück und gaben zu Sagen Anlaß. Die Geschichte von Judith, der mutigen Frau, die ihre Stadt rettete, indem sie den feindlichen Heerführer Holofernes in seinem Zelte ermordete, spiegelt wahrscheinlich Ereignisse aus dieser Zeit in sagenhaftem Licht wieder. Sie ist der Gegenstand eines der Apokryphen.

Simon begnügte sich nicht mit der Eroberung von Gegenden mit rein jüdischer Bevölkerung, und es gibt Anzeichen dafür, daß seine Eroberungen der örtlichen Bevölkerung nicht immer willkommen waren. In den Ruinen der Stadt Geser, die er eroberte und seinem Regierungsgebiet anschloß, wurde eine auf einer Mauer eingeritzte Inschrift entdeckt, in welcher ein unzufriedener Einwohner das himmlische Feuer auf das Haus Simons herabbeschwört.

In einer Schlacht bei Jabne fügten Simons Söhne, einem von Antiochus VII. gesandten Heer, dessen Ziel es war, Simon zum Verzicht auf seine Eroberungen jenseits der Grenzen Judäas zu nötigen, eine schwere Niederlage zu. Aber zum Schluß wurde Simon von seinem eigenen Schwiegersohn meuchlerisch ermordet. Seine Stelle als Hohepriester und Volksfürst nahm sein Sohn Jochanan Hyrkanus ein.

DAS HASMONÄISCHE KÖNIGREICH

Wie seine Vorgänger, hatte auch Jochanan Hyrkanus (auch kurz Hyrkanus I. genannt) syrische Angriffe zurückzuweisen. König Antiochus VII. Sidetes übernahm persönlich den Befehl über seine Armee, fiel in Judäa ein und belagerte Jerusalem. Zwar gelang es den Syrern nicht, die Stadt zu erobern, aber der Hunger zwang Hyrkanus, um Frieden zu bitten und harte Bedingungen anzunehmen. Doch als nach dem Tode Antiochus VII. in Syrien Unruhen ausbrachen, hielt sich Hyrkanus nicht mehr an die ihm auferlegten Bedingungen, sondern begann eine Reihe erfolgreicher Feldzüge gegen seine Nachbarn. Es heißt, daß er Davids Grab öffnete und die darin gefundenen Schätze zur Deckung der mit seinem kriegerischen Unternehmen verbundenen Ausgaben verwendete. Durch seine militärischen Erfolge erweiterte Hyrkanus das Gebiet des jüdischen Staates nach allen Richtungen bis zu den alten Grenzen aus der biblischen Zeit. Das neue Gefühl der erkämpften Unabhängigkeit kommt in den in dieser Zeit geprägten Münzen zum Ausdruck, die traditionelle jüdische Symbole tragen. In den eroberten Gebieten wurde die Einwohnerschaft genötigt, den jüdischen Glauben anzunehmen.

Unter Hyrkanus kam es zum ersten Mal zum offenen Bruch zwischen den zwei Richtungen der Sadduzäer und der Pharisäer. Die Sadduzäer, größtenteils Mitglieder der priesterlichen Aristokratie, waren konservativ im religiösen Bereich, aber opportunistisch auf dem Gebiete der Politik. Ihrer Ansicht nach waren Religion und Politik vollkommen verschiedene Angelegenheiten. Die Pharisäer dagegen, eine von Gesetzeslehrern geleitete Volkspartei, vertraten die Ansicht, daß Religion und Politik nicht voneinander getrennt werden könnten und daß das geoffenbarte und überlieferte Gesetz alle Gebiete des Lebens beherrschen müsse. Beide Richtungen waren im Sanhedrin, dem aus 71 Mitgliedern bestehenden höchsten Rat, vertreten, der dem hasmonäischen Fürsten in politischen und religiösen Angelegenheiten zur Seite stand. Aber da die Pharisäer seiner Politik entgegentraten, verließ sich Jochanan Hyrkanus vor allem auf die Sadduzäer, und diese gewannen die Oberhand im Sanhedrin und am Hofe.

Inschrift in der Stadt Geser aus der hasmonäischen Zeit. Die Inschrift, in hebräischer Sprache, lautet: "Stadtgrenze Gesers". Es wird angenommen, daß die Inschrift die Sabbatgrenze bezeichnet, daß heißt die Grenze, bis zu welcher die Einwohner der Stadt am Sabbat gehen durften.

Jochanan Hyrkanus' Nachfolger, Juda Aristobulus (104-103) war der erste Hasmonäer, der sich den Königstitel zulegte. Die Tatsache, daß sein Vater und er griechische Namen trugen, und daß griechische Historiker Aristobulus einen Philhellenen (das heißt einen Griechenfreund) nannten, weist auf eine merkwürdige, aber nicht seltene Entwicklung hin, die im Laufe der Zeit stattgefunden hatte. Die Hasmonäer waren ursprünglich die Vorkämpfer im Widerstand gegen den Hellenismus, und hatten ihren Ruf nicht nur dank ihrer Tapferkeit, sondern auch dank ihrer unbedingten Treue zum jüdischen Glauben und den überlieferten Werten erworben. Und dieselben Hasmonäer waren inzwischen selbst hellenisiert worden. Nach dem Tode Aristobulus folgte ihm sein Bruder Alexander Jannai (103-76) auf dem Thron, der

Bronzemünze aus der Zeit Jochanan Hyrkanus. Die Aufschrift auf der Vorderseite lautet: "Jochanan der Hohepriester und die Gemeinde der Juden. Die Kehrseite zeigt ein doppeltes Füllhorn und eine Mohnknospe in der Mitte.

gemäß jüdischem Gesetz die Witwe seines Bruders heiratete, nachdem Aristobulus kinderlos gestorben war. Alexander Jannai war ebenso kriegerisch gesinnt wie sein Vater, hatte aber nicht immer das Glück seines Vaters in seinen militärischen Unternehmungen. Trotzdem gelang es auch ihm, das Gebiet seines Königreichs zu erweitern. Aber seine kostspieligen Feldzüge und seine despotische Regierungsweise erregten die Unzufriedenheit seiner Untertanen, und die Pharisäer empörten sich gegen ihn. Nur durch Anwendung grausamer Maßregeln gegen die Aufständischen, gelang es Alexander Jannai, seinen Thron zu bewahren. Nach siebenundzwanzigjähriger Regierung starb der König an Wechselfieber, während er eine Festung im Gebiete der Dekapolis, im Ostjordanland, belagerte.
Nach seinem Tode herrschte seine Witwe, Salome Alexandra, neun Jahre lang (76-67 v.) mit Umsicht und Tatkraft. In der inneren Politik schlug sie einen neuen Kurs ein und begünstigte die im Volke beliebten Pharisäer. In der Außenpolitik war sie auf Wahrung des Friedens und der Sicherheit ihres Königreiches bedacht. Der Talmud gedenkt ihrer wenigen Regierungsjahre als einer Zeit des Friedens und des Wohlstandes.
Nach ihrem Tode stritten ihre zwei Söhne, Hyrkanus und Aristobulus, um die

74

Das sogenannte "Grabmal Absaloms" im Kidrontal bei Jerusalem, zu Füßen des Ölberges. Der viereckige Unterbau ist aus dem Felsen ausgehauen. Das Grabmal ist wahrscheinlich aus dem Beginn des ersten Jahrhunderts n. Chr. (Zeichnung von J. Böhm, 1924).

Eines der aus dem Felsen gehauenen Grabdenkmäler in Petra, der Hauptstadt der Nabatäer. Der Nabatäerkönig Aretas III. unterstützte Hyrkanos II. in seinem Kampfe gegen seinen Bruder Aristobulos.

Nachfolge. Zuerst siegte Aristobulus, und Hyrkanus war genötigt, seinen Anspruch auf den Thron zugunsten seines Bruders aufzugeben. Bald bereute aber Hyrkanus den Verzicht auf seine Rechte, und er flüchtete nach Petra im Ostjordanland an den Hof des Nabatäerkönigs Aretas III. Es gelang Hyrkanus, Aretas für sich zu gewinnen und ihn zu bewegen, Aristobulus in Jerusalem anzugreifen. Nach einer langen ergebnislosen Belagerung appellierten beide Brüder an den römischen Befehlshaber Pompeius, der soeben Syrien erobert hatte und sich in Damaskus befand. Wie zu erwarten war, löste Pompeius das ihm vorgelegte Problem, indem er Judäa zu einer römischen Provinz machte (63 v. Chr.). Er nahm Jerusalem ein, schickte Aristobulus gefangen nach Rom und bestätigte Hyrkanus zwar nicht als König, aber als Ethnarch (Volkshaupt) und Hohepriester.

Das war das traurige Ende eines Jahrhunderts hasmonäischer Freiheitskämpfe und Unabhängigkeit. Das Jahrhundert, das stolz und tapfer begonnen hatte, endete ruhmlos.

Pompeius, der römische Befehlshaber, welcher der Unabhängigkeit des hasmonäischen Königreichs ein Ende machte und im Jahre 63 v. Chr. Judäa zu einer römischen Provinz erklärte.

UNTER RÖMISCHEM JOCH

Mit kurzen Unterbrechungen standen nunmehr Judäa, dem Pompeius die von den Hasmonäern dazueroberten Gebiete größtenteils abnahm, und die anderen Teile des biblischen Landes Israel, also ganz Palästina, wie es jetzt im Munde der Griechen und Römer hieß, unter römischer Herrschaft (in der zweiten Hälfte dieser Zeitspanne unter oströmischer, das heißt byzantinischer Herrschaft). Die Form der Herrschaft wechselte im Laufe der Zeit, aber sie war und blieb jederzeit erdrückend. Pompeius hatte zwar Hyrkanus den Titel eines Ethnarchen verliehen, aber in Wirklichkeit stand Judäa unter der Gerichtsbarkeit des Prokonsuls von Syrien. Hyrkanus war eigentlich nur eine Marionette in der Hand seines den Römern genehmen allmächtigen Beraters und Ministers Antipater, des Abkömmlings einer idumäischen Proselytenfamilie.

Im Jahre 57 v. war Hyrkanus genötigt, römische Hilfe in Anspruch zu nehmen, um

Massada. Diesen fast unzugänglichen Felsen am Toten Meer baute Herodes als sein Refugium aus. Im Krieg gegen die Römer hielten jüdische Kämpfer hier nach der Zerstörung Jerusalems im Jahre 70 noch drei Jahre stand, und machten Massada zu einem Symbol des Widerstandes gegen die Fremdherrschaft.

sich gegen Alexander, den Sohn seines Bruders Aristobulus, zu verteidigen, der aus römischer Gefangenschaft entkommen war und nun die Hohepriesterwürde forderte. Ein Jahr später entfloh Aristobulus selbst aus Rom und versuchte, ebenfalls ergebnislos, Hyrkanus zu verdrängen. Zum Schluß belagerte Antigonus, der zweite Sohn Aristobulus, Jerusalem im Jahre 40 v. und eroberte die Stadt mit Hilfe der Parther, die in Palästina eingefallen waren. Hyrkanus ließ er die Ohren abschneiden, um ihn für das Hohepriesteramt ungeeignet zu machen, und schickte ihn gefangen nach Parthien. Drei Jahre zuvor war Hyrkanus Berater Antipater

Korinthisches Kapitell in einem der Paläste des Herodes in der Bergfeste Massada.

Griechische Inschrift aus dem herodianischen Tempel in Jerusalem. Sie bezeichnet die Grenze im Tempelbezirk, jenseits derer Fremden der Zutritt unter Todesstrafe verboten war. Die Inschrift befindet sich im Archäologischen Museum von Istanbul.

ermordet worden, und seine Stelle nahm sein Sohn Herodes ein, der ebenfalls das Vertrauen der Römer genoß. Um seine Stellung zu festigen, hatte er die schöne Mariamne, eine Enkelin Hyrkanus, zur Frau genommen. Bei der Einnahme Jerusalems entkam Herodes, brachte seine Familie in der Bergfeste Massada in Sicherheit und eilte nach Rom, um Hilfe zu verlangen.

Antigonus setzte sich nun auf den hasmonäischen Thron und regierte vier Jahre lang als König und Hohepriester. Auf den von ihm geprägten Münzen trägt er als Hohepriester den hebräischen Namen Mattathias.

Im Rom war Herodes großer Erfolg beschieden. Der Senat verlieh ihm den Königstitel und erlaubte ihm, seinen Thron zu erobern. Im Jahre 39 kehrte er von Rom zurück, sammelte ein Heer und kämpfte zwei Jahre lang mit den Anhängern des Königs Antigonus. Mit römischer Hilfe gelang es ihm schließlich im Jahre 37, Jerusalem einzunehmen. Antigonus wurde den Römern übergeben und von ihnen hingerichtet. Dreiunddreißig Jahre lang (37-34) herrschte Herodes in Judäa. Er war ein energischer, in jeder Hinsicht fähiger, weitblickender Herrscher, der es verstand, das Staatsschiff mit Geschick durch die Stürme der römischen Bürgerkriege zu lenken. Es gelang ihm, sich immer wieder im geeigneten Augenblick auf die Seite des Siegers zu stellen. Seine Außenpolitik war friedlich. Mit Zustimmung Roms schloß er Idumäa im Süden, Samaria und Galiläa im Norden sowie auch große Gebiete im Ostjordanland seinem Königreich an. Er ließ im gesamten Land Prachtbauten und Städte in römischem Stil errichten. Auf dem fast unzugänglichen Felsen Massada am Toten Meer baute er einen befestigten Palast, der die ganze Umgebung beherrschte. An der Küste des Mittelländischen Meeres, nördlich von Jaffa, baute er eine Hafenstadt, die er Cäsarea benannte.

Diese Stadt wetteiferte im Laufe der Zeit mit Alexandrien als Hafen und mit Jerusalem als Mittelpunkt des politischen und kulturellen Lebens. Samaria verwandelte er in eine prächtige griechisch-römische Stadt, die er zu Ehren Augustus Sebaste (die griechische Übersetzung von Augustus) benannte.

Sein Hauptwerk auf dem Gebiete der Bautätigkeit war aber der Umbau des Tempels von Jerusalem. Die Pracht des neuen Baues war so eindrucksvoll, daß es im Talmud heißt: "Wer den Bau des Herodes nicht gesehen hat, hat nie etwas Schönes gesehen". Die sogenannte Klagemauer (auf hebräisch heißt sie "die westliche" Mauer") ist der einzige heute noch stehende Rest des herodianischen Tempels. In einem Punkt hatte Herodes jedoch keinen Erfolg. Es gelang ihm nicht, die Liebe des jüdischen Volkes zu erwerben, welches in ihm nur einen Usurpator und einen Diener Roms sah. Sein düsterer Charakter und sein Mißtrauen allen gegenüber, seine Furcht vor Anschlägen und Komplotten, die zum Teil Ausgeburten seiner Einbildung waren, führten zu furchtbaren Tragödien im Kreise seiner Familie, denen nacheinander seine Frau Mariamne, ihr Bruder Alexander, ihr Großvater Hyrkanus und drei der eigenen Söhne Herodes zum Opfer fielen. So bewahrte die Geschichte Herodes Andenken als das eines skrupellosen, blutdürstigen Tyrannen. Nach seinem Tod im Jahre 4 v. Chr., machten die Römer der judäischen Monarchie ein Ende und teilten das Land unter den drei zurückgebliebenen Söhnen Herodes. Archelaus erhielt Judäa, Samaria und Idumäa, mußte sich aber statt des Königstitels mit dem Ethnarchentitel begnügen. Antipas erhielt Galiläa und Philippus die Gebiete östlich des Jordans, beide als Tetrarchen (wörtlich "Gebieter eines Viertels"). Das war ein Titel, den die Römer manchmal fremden Fürsten kleiner Gebiete erteilten.

Die Verhältnisse in Palästina unter den Nachfolgern des Herodes werden zum Teil in den Erzählungen des Neuen Testaments geschildert.

Von Anfang an waren die Beziehungen zwischen Archelaus und seinen Untertanen sehr gespannt. Zehn Jahre lang ertrugen sie seine tyrannische Herrschaft. Dann protestierten sie gegen ihn in Rom, woraufhin ihn Kaiser Augustus absetzte und im Jahre 6 christlicher Zeitrechnung nach Gallien verbannte.

Antipas herrschte in Galiläa während der Regierungszeiten der Kaiser Augustus und Tiberius. Gleich seinem Vater, war auch er ein eifriger Bauherr. Er baute sich eine Hauptstadt am Ufer des Kinneret-Sees (der im Neuen Testament "der See von Genezareth" heißt) und benannte sie Tiberias, zu Ehren des regierenden römischen Kaisers. Als aber Gaius Caligula in Rom auf den Kaiserthron stieg, bemühte sich Antipas, von ihm den Königstitel zu erwerben. Dadurch erweckte er das Mißtrauen des Kaisers, und im Jahre 37 wurde auch er, wie sein Bruder Archelaus vor ihm, nach Gallien verbannt.

Philippus war der einzige, dem bis zu seinem Tod im Jahre 34 eine friedliche Herrschaft gegönnt war. Auch er baute sich eine Hauptstadt in hellenistisch-römischen Stil, die Stadt Cäsarea Philippi, nahe den Jordanquellen und einer dem Gotte Pan geweihten Grotte. Vorher stand dort die Stadt Panea, an deren Namen heute das verlassene arabische Dorf Banijas erinnert.

Nach der Verbannung Archelaus übernahmen die Römer Judäa und verwalteten es durch Prokuratoren. Besonders bekannt ist der Prokurator Pontius Pilatus (26-36), unter dem, laut den Evangelien, Jesus von Nazareth gekreuzigt wurde. Sein Vorgänger, Valerius Gratus, hatte bereits durch Mißbrauch seiner Befugnisse und durch Einmischung in die Ernennung des Hohenpriesters tiefe Unzufriedenheit in

Die Klagemauer, eigentlich: "die westliche Mauer", einziges Relikt des Tempels von Jerusalem. Sie gilt den Juden als heiliger Ort, zu welchem sie bis heute aus allen Ecken der Welt wallfahren.

der jüdischen Bevölkerung erweckt. Pilatus übertraf ihn noch an Taktlosigkeit und Mangel an staatsmännischer Fähigkeit. Er verpaßte keine Gelegenheit, die Empfindlichkeit der Juden in religiösen Angelegenheiten zu verletzen. Und wenn es ihm gelungen war, einen Aufruhr zu verursachen, unterdrückte er ihn mit äußerster Strenge und Grausamkeit. Selbst Rom fand, daß er seine Machtbefugnisse überschritt, und rief Pilatus zurück.

Eine neue Krise trat ein, als Kaiser Caligula versuchte, den Juden den Kaiserkult aufzuerlegen und sein Standbild zu diesem Zweck im Tempel von Jerusalem aufstellen zu lassen. Der berühmte jüdische Philosoph Philo von Alexandrien fuhr damals nach Rom, um den Kaiser von seinem Ansinnen abzubringen und sich über die Ausschreitungen gegen die Juden Alexandriens zu beschweren. Die Lösung der Krise kam mit der Ermordung Caligulas im Jahre 41.

Zwischen den Jahren 37 und 44 trat eine kurze Pause in der direkten Herrschaft Roms über Judäa ein. Nach dem Tode des Philippus gewährte Rom seinem Neffen Herodes Agrippa I., einem Enkel des Herodes, den Königstitel. Außer den Gebieten im Ostjordanland, die er von seinem Onkel geerbt hatte, wurde ihm nach der Absetzung des Antipas auch Galiläa zugeteilt sowie Judäa und Samaria, so daß sein Regierungsbereich beinahe das ganze Gebiet des Königreichs seines Großvaters Herodes umfaßte. Er achtete darauf, wenigstens im Kreise seines Volkes und öffentlich, jüdischen religiösen Brauch peinlich zu befolgen, und war daher bei seinen Untertanen sehr beliebt.

Nach seinem Tode kam das Land wieder unter die Herrschaft römischer Prokuratoren. Seinen Sohn, Agrippa II., fand Rom mit dem Titel eines "Königs von Chalkis" ab (was ihn zu einem Leben im Libanongebirge verdammte). Einige Jahre später wurden ihm auch die Gebiete im Ostjordanland übertragen, in denen sein Vater seine Herrschaft begonnen hatte. Außerdem hatte er die Oberaufsicht über den Tempel in Jerusalem und das Recht, den Hohepriester zu ernennen.

Inschrift des Prokurators Pontius Pilatus, die 1964 in Cäsarea entdeckt wurde.

Porträt-Münze des Königs Herodes Agrippa I. (37-44)

DER GROSSE AUFSTAND

Seit Mitte des ersten Jahrhunderts wurde die Herrschaft der römischen Prokuratoren zunehmend rauh und bedrückend. Der Übergang von der scheinbaren Autonomie in den Tagen Herodes Agrippas I. zu erneuter direkter römischer Verwaltung durch Prokuratoren erweckte Widerstand in weiten Kreisen des jüdischen Volkes. Selbst ehrliche, fähige und wohlmeinende Prokuratoren hätten

Römische Büste, angeblich ein Porträt des Josephus Flavius (Ny Carlsberg Glyptothek, Kopenhagen). Als militärischer Führer im Aufstand der Juden gegen Rom versagte er, erwarb aber dann hohen Verdienst als Historiker seines Volkes.

Eine Spalte aus der Rolle "Der Krieg der Söhne des Lichtes gegen die Söhne der Finsternis", eine der Handschriften, die 1947 in einer Höhle am Toten Meer entdeckt wurden. Die Rolle enthält einen Plan für den Krieg, den Israel vor der Errichtung des Gottesreiches gegen die Mächte der Finsternis zu führen haben wird.

die Erfüllung ihrer Aufgabe sehr schwer gefunden. Unglücklicherweise war die Auswahl der Prokuratoren eine denkbar schlechte. Sie waren rohe und käufliche Beamte, die nur auf Bereicherung bedacht waren und nicht die geringste Rücksicht auf die religiöse Empfindlichkeit des Volkes nahmen. Unter diesen Umständen war es unvermeidlich, daß die Beziehungen zwischen Juden und Römern sich rasch verschlechterten und daß die Lage sich unaufhaltsam der Endkatastrophe zuneigte. Der jüdische Historiker Josephus Flavius, der in dieser Zeit lebte, am politischen Leben in Jerusalem und auch am Aufstand bis zu einem gewissen Punkte tätigen Anteil nahm, hat den Gang der Ereignisse in seinen zwei griechisch geschriebenen Büchern "Die Jüdischen Altertümer" und "Der Jüdische Krieg" als Augenzeuge beschrieben. Obgleich seine Schilderung nicht immer objektiv und unparteiisch ist,

85

sind seine Bücher bis heute vom größtem historischen und menschlichen Interesse. Nach Angabe Josephus bestanden im jüdischen Volk "drei philosophische Sekten". Diesen Ausdruck benutzte er, um den griechisch-römischen Lesern, für die seine Bücher bestimmt waren, die Art der religiösen Richtungen im jüdischen Volk näherzubringen. In Wirklichkeit waren diese "philosophischen Sekten" Gruppen, die das Judentum verschieden auslegten und sich im gesellschaftlichen Brauch und in ihren politischen Ansichten und Tätigkeiten voneinander stark unterschieden.

Von den Pharisäern und den Sadduzäern als einander entgegengesetzte Parteien zur Zeit der hasmonäischen Herrscher war bereits die Rede. Die Sadduzäer, zu denen die priesterliche Aristokratie und die reichen Kreise gehörten, waren der Ansicht, Gott kümmere sich nicht um die Taten der Menschen in dieser Welt und jeder könne infolgedessen nach seinem Gutdünken handeln (Der Jüdische Krieg II, 8, 14). Sie teilten nicht die Hoffnung der Pharisäer auf das Kommen des Messias und konzentrierten sich auf politische Betätigung und weltlichen Erfolg. Überdies verwarfen sie alle Satzungen, die nicht in der schriftlichen Lehre, das heißt in den fünf Büchern Mose, enthalten waren. Die Satzungen und Bräuche, die die Pharisäer für überliefert hielten, waren in ihren Augen nicht rechtskräftig (Jüdische Altertümer XIII, 10, 6). Da für sie die Behauptung ihrer eigenen Stellung das Wichtigste war, fanden sie sich bereit, sich mit den Römern, selbst auf Kosten des nationalen Interesses, zu verständigen.

Dagegen vertraten die Pharisäer, die nach Angabe Josephus "die Menge auf ihrer Seite hatten", die Idee des Fortschrittes und der religiösen Demokratie. Sie glaubten, daß die Lehre Gottes alle Gebiete des Lebens durchdringen und heiligen müsse, und bemühten sich daher, die Kenntnis des Gesetzes in den Volksmassen zu verbreiten. Sie hatten ferner das Prinzip der dynamischen Entwicklung der schriftlichen Lehre angenommen. Sie führten ein einfaches, geisterfülltes Leben, welches mit dem Wohle des Volkes als ein Ganzes eng verbunden war. Sie hofften auf das Kommen des Messias und waren im allgemeinen gegen einen bewaffneten Zusammenstoß mit der römischen Macht. Sie hatten das Gefühl, die Zeit sei noch nicht reif für das Kommen des Messias, und ein Konflikt mit Rom könne zu einem nationalen Unglück führen. Als das Unglück wirklich geschah und der zweite Tempel zerstört wurde, verschwanden die Sadduzäer als Partei und überließen den Pharisäern die Aufgabe, für das Überleben des jüdischen Volkes und für die Formung seines Charakters zu sorgen. Diese Aufgabe erfüllten die Pharisäer in der Tat und bewiesen dadurch ihre bleibende historische Bedeutung.

Die dritte Gruppe, die Essäer, erwähnt Josephus zuerst in der Zeit Jonathans und dann in der Zeit des Königs Herodes. Vom Bestreben beseelt, sich in Erwartung des Messias zur höchsten Stufe der Heiligkeit zu erheben, formten sie eine Gesellschaft, die, in Josephus Worten, "nicht in einer bestimmten Stadt ihren Sitz hatte, sondern von deren Mitgliedern viele in jeder Stadt wohnten" (Der Jüdische Krieg II, 8, 4). Sie teilten ihren Besitz miteinander, übten Frömmigkeit und erwiesen Freundlichkeit nicht nur ihren Brüdern, sondern auch Fremden. Sie befaßten sich mit dem Studium der heiligen Schriften, reinigten sich oft durch häufige Tauchbäder und verdienten ihr Brot mit der Arbeit ihrer Hände. Die Essäer pflegten nicht zu heiraten. Die Aufnahme in ihre Gemeinde und die Einführung in die Geheimlehre erfolgten nur nach einer längeren Probezeit. Möglicherweise war die Sekte, deren Schriften in jüngster Zeit in den Höhlen von Wadi Qumran entdeckt wurden, ein Abkömmling der Essäer. - Josephus erwähnt ferner eine "vierte Sekte jüdischer Philosophie", die, seiner Angabe nach, von Juda dem Galiläer Anfang des ersten Jahrhunderts gegründet wurde. Das waren die sogenannten Zeloten oder Sikarier. Von ihnen berichtet Josephus: "Diese Leute sind in allen Dingen mit der pharisäischen Lehre einverstanden, haben aber eine unverbrüchliche Liebe zur Freiheit" (Jüdische Altertümer XVIII, 1, 6). Für ihre Überzeugung, "daß Gott der einzige Herr und Herrscher im Reiche Gottes", dessen Errichtung unmittelbar bevorsteht, sein müsse, und nicht das heidnische Rom, waren sie bereit, tapfer in den Tod zu gehen. Einige Forscher haben diese Zeloten mit der oben erwähnten Qumran-Sekte identifiziert.

Nachdem das römische Joch immer schwerer lastete und keine Erleichterung abzusehen war, kamen viele zur Ansicht, diese Leiden seien die "Leiden der messianischen Zeit", die dem Kommen des Messias, nach jüdischer Überlieferung vorangehen müssen. Um das Kommen des Messias zu beschleunigen, sannen sie auf die Zerstörung des gottlosen römischen Reiches. In der messianischen Bewegung sahen die Römer natürlich Aufruhr gegen ihre Herrschaft, und sie zögerten nicht, sie mit fester Hand zu unterdrücken. Zu offenem bewaffneten Aufstand kam es aber erst im Jahre 66, als Gessius Florus, der letzte Prokurator, der käuflichste und skrupelloseste von allen, in seinen Erpressungen und in seiner Mißwirtschaft so weit ging, daß die Einwohner Jerusalems sich empörten und die römische Garnison aus der Stadt vertrieben. Um den Aufstand zu unterdrücken, marschierte der Legat von Syrien, G. Cestius Gallus, an der Spitze einer großen Streitkraft in Palästina ein, rückte bis Jerusalem vor, entschloß sich aber plötzlich, den Rückmarsch anzutreten. Auf dem Rückzug wurde er von den Aufständischen angegriffen und in der Bergschlucht von Beth Horon, dem historischen Schlachtfeld aus der hasmonäischen Zeit, vernichtend geschlagen. Dieser glänzende Erfolg schien bereits die Morgenröte der messianischen Zeit zu verkünden. In Jerusalem bildete sich eine revolutionäre Regierung und diese übernahm die Verwaltung des ganzen Landes. Sie prägte auch eigene Münzen, zum ersten Mal auch Silbermünzen. Das Land wurde in Distrikte eingeteilt und für die Verteidigung organisiert. Einer der wichtigsten Distrikte war Galiläa. Mit dem Militärkommando dieses Distriktes wurde der vorher erwähnte Joseph, der Sohn Mattathias, ein Mann aus vornehmer priesterlicher Familie, betraut, der später als Historiker unter dem Namen Josephus Flavius berühmt wurde.

Nach der Niederlage des Legaten von Syrien, beauftragte Kaiser Nero einen seiner fähigsten Generäle, Flavius Vespasian, mit der Leitung der militärischen Operationen in Palästina. Im Frühling des Jahres 67 fiel Vespasian in Galiläa ein. Der jüdische Widerstand in diesem nördlichen Bezirk, der von entscheidender Bedeutung war, brach rasch zusammen. Die Hauptschuld daran trug der Verrat des Militärkommandanten Joseph, der zum Feinde überging. Er wohnte dann im römischem Lager dem ganzen Krieg bei, ließ sich nach dem Kriege in Rom als ein Schützling der kaiserlichen Familie der Flavier nieder und schrieb die Geschichte dieses Krieges, in welchem er eine so unrühmliche Rolle gespielt hatte.

Die unerwartete Niederlage in Galiläa erschütterte das Vertrauen des Volkes zu der aus gemäßigten aristokratischen Elementen bestehenden revolutionären Regierung. Nunmehr kamen Leute zur Macht, deren Meinungen über die Mittel, das Kommen des Messias durch den Sieg über das verruchte heidnische Rom zu beschleunigen, weit radikaler waren. Die Extremisten waren aber untereinander nicht einig. Sehr bald entbrannte in Jerusalem ein Kampf um die Obergewalt zwischen den Führern der verschiedenen Parteien: Jochanan von Giskala, Eleasar ben Simon und Simon bar Giora. Die drei bewaffneten Parteien bekämpften einander in der Stadt. Besonders bitter war der Kampf zwischen Jochanan von Giskala und Simon bar Giora. Es ging hier nicht um Persönlichkeiten, sondern um Ideologien. Jede Partei hatte ihr eigenes gesellschaftliches und religiöses Programm und glaubte fest daran, daß nur dessen Verwirklichung zum Siege führen könne. Unterdessen hatte Vespasian fast das ganze Land erobert und Jerusalem von der Außenwelt

Jüdische Münzen aus den Jahren des großen Aufstandes (66-70):

Silber-Halbschekel aus dem ersten Jahr. Auf der Vorderseite: ein Becher und die Aufschrift: "Ein halber Schekel - I" (das heißt "das erste Jahr"). Auf der Kehrseite: drei Granatäpfel und die Aufschrift: "das heilige Jerusalem".

Bronzemünze aus dem zweiten Revolutionsjahr. Auf der Vorderseite: eine Amphore und die Aufschrift: "das zweite Jahr". Auf der Kehrseite: eine Weinranke mit Blatt und die Aufschrift: "Zions Erlösung".

.

Bronzemünze aus dem dritten Revolutionsjahr. Auf der Vorderseite: eine Amphore und die Aufschrift: "das dritte Jahr". Auf der Kehrseite eine Weinranke mit Blatt und die Aufschrift: "Zions Erlösung".

Links: Silberschekel aus dem vierten Revolutionsjahr. Auf der Vorderseite: ein Becher und die Aufschrift: "Schekel von Israel - das vierte Jahr." Bronze-Halbschekel aus dem vierten Revolutionsjahr. Auf der Vorderseite: ein Palmbaum und zwei Fruchtkörbe. Die Aufschrift lautet: "Zions Erlösung."

abgeschnitten. Doch wartete er mit dem Angriff auf die Stadt selbst, in der Hoffnung, daß die inneren Kämpfe zwischen den Verteidigern ihm die Arbeit erleichtern würden. Außerdem zögerte er wegen der Unruhen, die nach Neros Tod in Rom ausgebrochen waren. Als Vespasian schließlich zum Kaiser gewählt wurde und nach Rom ging, übergab er den Oberbefehl in Judäa seinem Sohn Titus. Erst als Titus im Frühling des Jahres 70 zur Belagerung Jerusalems schritt, schlossen sich alle Parteien zur gemeinsamen Verteidigung der Stadt zusammen.

Der Kampf um Jerusalem, den Josephus in seiner Geschichte des jüdischen Krieges sehr ausführlich beschreibt, war eine der klassischen Schlachten der alten Geschichte. Es wurden Angriffe und Gegenangriffe gemacht. Kriegsmaschinen wurden verwendet. Sturmböcke hämmerten an den Mauern. Katapulte schleuderten

Relief vom Titusbogen in Rom. Unter den Tempelgeräten, die im Triumphzug zur Schau getragen werden, ist der siebenarmige goldene Leuchter zu sehen.

gewaltige Steinkugeln und Bolzen in die Stadt. - Außer dem Kampfe an den Mauern, wütete der Hunger in der Stadt und forderte zahlreiche Opfer unter den Einwohnern Jerusalems und den vielen Wallfahrern, die zum Passah-Fest gekommen waren. Vom Hunger geschwächt, waren die Verteidiger, trotz aller Tapferkeit, nicht imstande, die Stadt lange zu halten. Als es den Römern schließlich gelang, in die Stadtmauer eine Bresche zu schlagen, war das Ende nicht mehr weit. Im August, beinahe noch an dem Tag, an welchem 656 Jahre früher Nebukadnezar den ersten Tempel zerstört hatte, ging der zweite Tempel in Flammen auf. Der Fasttag des neunten Aw war von nun an der Gedenktag für die Zerstörung beider Tempel. Ob der Tempel auf Anweisung Titus oder gegen seinen Befehl in Brand gesteckt wurde, ist unsicher. Jedenfalls heißt Titus, den die römischen Historiker als "den beliebtesten und köstlichsten aller Menschen" preisen, im Andenken des jüdischen Volkes "Titus der Ruchlose". Die Oberstadt, die von Jochanan von Giskala und von Simon bar Giora verteidigt wurde, widerstand noch einige Wochen. Aber noch bevor der Herbst eintrat, hatte der Widerstand überall aufgehört, außer in Herodes Bergfeste Massada am Toten Meer. Dort widerstand eine Handvoll Zeloten unter Führung Eleasar ben Jajirs, eines Nachkommens Judas des Galiläers, des Begründers der Zelotenpartei, weitere drei Jahre. Im Frühling des Jahres 73 starben die Verteidiger von eigener Hand, anstatt sich dem verhaßten Feinde zu ergeben.

Zwei Jahre vorher hatten Vespasian und Titus bereits in Rom den Triumph gefeiert. Im Triumphzug wurden die aus Jerusalem mitgebrachten Tempelgeräte zur Schau getragen. Unter den Gefangenen waren Simon bar Giora, den man nach Beendigung des Triumphzuges hinrichtete, sowie Jochanan von Giskala, der zu lebenslänglichem Gefängnis verurteilt wurde. Am Forum wurde kurz darauf der Titusbogen errichtet, auf welchem der Triumphzug und die Tempelgeräte dargestellt

Römische Münze, geprägt zum Andenken an den Sieg über die Juden. Die Aufschrift lautet: "Judaea capta" (das eroberte Judäa).

Massada, der Felsen am Toten Meer, auf welchem Herodes einen befestigten Palast erbaute. Nach dem Falle Jerusalems besetzten ihn die Zeloten und widerstanden hier den Römern weitere drei Jahre. (Flugbild des Dr. Benno Rutenberg.)

sind. - Judäa war nunmehr eine kaiserliche Provinz, unter einem Legaten, der seinen Sitz in Caesarea hatte. In den Ruinen Jerusalems und in der Umgebung der Stadt lagerte eine römische Legion (die Legio X Fretensis). Die Tempelsteuer, die die Juden seit jeher freiwillig an den Tempel von Jerusalem bezahlten, wurde in eine Zwangssteuer, den sogenannten "Fiscus Judaicus", verwandelt, die nunmehr an den Tempel des Jupiter Capitolinus in Rom ging. Der Kaiser prägte Münzen, auf welchen Judäa in Gestalt einer trauernden, unter einer Palme sitzenden Frau dargestellt ist. Die Aufschrift lautet "Judaea capta" oder "Judaea devicta" ("das besiegte Judäa").

Römische Münze mit dem Porträtkopf Titus, des Eroberers Jerusalems. In der jüdischen Überlieferung wird seiner als "Titus der Ruchlose" gedacht.

NACH DER ZERSTÖRUNG JERUSALEMS

Nach der Zerstörung Jerusalems und des Tempels führten die Römer ein strengeres Regiment im Lande ein. Im Volke dauerte die Unruhe fort, und sie verbreitete sich auch in der Diaspora, die mit Erschütterung die Nachricht von dem Untergang ihres Heimatlandes und ihres religiösen Zentrums vernommen hatte. Flüchtlinge aus Judäa erregten messianische Bewegungen unter den Juden Ägyptens, wo der ca. 250 Jahre zuvor erbaute Tempel des Onias in Leontopolis nunmehr von den Römern geschlossen wurde - ähnlich geschah es in Syrien und in Kyrenaika. Sie wiegelten zum Aufruhr gegen Rom auf, und die römischen Behörden gingen gegen sie mit strenger Hand vor. Unter der tyrannischen Regierung des Kaiser Domitian (81- 96),

Büste des Kaisers Hadrian (117-138), der den Aufstand Bar Kochbas niederwarf.

95

des zweiten Sohnes Vespasians, wurde der "Fiscus Judaicus" von Juden und sogar auch von Proselyten mit besonderer Schärfe eingetrieben, und dies trug zur weitverbreiteten Verbitterung nicht wenig bei.

Obgleich sich unter Kaiser Nerva (96-98) und in den ersten sechzehn Regierungsjahren Trajans (98-117) die Verhältnisse einigermaßen besserten, dauerte die Unruhe unter der Oberfläche an. Im Jahre 115, als Trajan an der östlichen Grenze des Reiches gegen die Parther kämpfte, brach der Sturm in Ägypten, Kyrenaika und Zypern plötzlich los. Die Juden dieser Länder erhoben sich gleichzeitig gegen die römische Herrschaft, und in einem kurzen Augenblick schien diese ernstlich bedroht. Der Plan mag ein gemeinsamer Angriff auf die Römer in Palästina gewesen sein, um das Vaterland den Händen des ruchlosen Bedrückers zu entwinden. In Kyrenaika stand an der Spitze der aufständischen Juden ein heldenhafter Führer namens Andreas (nach einer anderen Quelle war sein Name Lukuas), den seine Anhänger als messianischen König anerkannten. Inschriften in Kyrenaika erzählen von der Restauration öffentlicher Gebäude, die von den Juden während des Aufstandes zerstört oder beschädigt worden waren. In Zypern verheerten die Juden die blühende Stadt Salamis. Römische Historiker berichten über die große Zahl von Griechen und Römern, die die Juden angeblich getötet haben, und über jüdische Greueltaten. Aber diese Angaben sind höchstwahrscheinlich arg übertrieben.

Jedenfalls war die Lage für Rom sehr ernst, umsomehr als Trajan im Osten auch mit den Juden Mesopotamiens, die sich auf Seiten der Parther stellten und die römische Armee im Rücken bedrohten, große Schwierigkeiten hatte. Trajan war infolgedessen genötigt, sofortige Schritte zur Unterdrückung des Aufstandes zu unternehmen. Zwei seiner fähigsten Generäle wurden mit dieser Aufgabe betraut. Lusius Quetus warf den Aufstand in Mesopotamien nieder und richtete ein großes Gemetzel unter der jüdischen Bevölkerung an. In Ägypten, Kyrenaika und Zypern führte Marcius Turbo einen Vernichtungskrieg gegen die Aufständischen. In Zypern wurde die ganze jüdische Bevölkerung ausgerottet, und ein besonderes Gesetz verbot den Juden, sich je wieder auf der Insel anzusiedeln.

Während die Juden in der Diaspora kämpften, herrschte in Palästina selbst gespannte Stille. Aber fünfzehn Jahre später, im Jahre 132, unter der Herrschaft Kaiser Hadrians (117-138), des Nachfolgers Trajans, brach auch hier ein allgemeiner Aufstand aus, der in kurzer Zeit bemerkenswerte Erfolge errang. Den Anlaß zum Aufstand bildeten zwei Dekrete, die die Juden als eine unerträgliche Beleidigung ihrer religiösen Gefühle empfanden. Das eine verbot die Beschneidung unter Todesstrafe. Das andere befahl den Wiederaufbau Jerusalems als eine römische Stadt und die Errichtung eines Tempels zu Ehren des römischen Gottes Jupiter Capitolinus an Stelle des zerstörten Tempels des Gottes Israels.

Der Aufstand trug messianischen Charakter. Ihr Führer, Simon bar Koseba (was entweder "der Sohn Kosebas" oder "der Mann aus Koseba", einem in der Bibel im ersten Buch der Chronik 4, 22, erwähnten Ort, bedeutet), wurde Bar Kochba, der Sternensohn, genannt, unter Anspielung auf die Prophezeiung im vierten Buche Mose 24, 17: "Es geht ein Stern aus Jakob auf". Er besiegte die römischen Streitkräfte im Süden des Landes und befreite Jerusalem. Seinen Sieg feierte er durch die Prägung von Silber- und Bronzemünzen, die zu den schönsten Beispielen jüdischer Kunstfertigkeit zählen. Auf der einen Seite tragen sie die Aufschrift: "Erstes (oder zweites) Jahr der Erlösung Israels" oder "Zur Freiheit Jerusalems", und auf der anderen Seite den Namen des Führers: "Simon, der Fürst Israels" oder den Namen seines aus dem Talmud bekannten Onkels: "Eleasar der Priester". Die Aufschrift ist in althebräischer Schrift, nicht in Quadratschrift, ebenfalls ein Zeichen des intensiven nationalen Gefühls und der messianischen Hoffnungen, die der Aufstand ausgelöst hatte.

Jüdische Münzen aus der Zeit des Bar Kochba- Aufstandes.

Auf der Vorderseite eine Tempelfassade und die Aufschrift „Simon". Auf der Kehrseite die Aufschrift: „Zur Freiheit Jerusalems."

Bronzemünze. Auf der Vorderseite, im Kranze, die Aufschrift: „Simon, Fürst Israels." Auf der Kehrseite eine Amphore und die Aufschrift: „Das erste Jahr der Erlösung Israels."

Bronzemünze. Auf der Vorderseite eine Weintraube und die Aufschrift: „Das erste Jahr der Erlösung Israels." Auf der Kehrseite ein Palmbaum und die Aufschrift: „Eleasar der Priester."

Ein Denarius. Auf der Vorderseite, in einem Kranz, der Name „Simon." Auf der Kehrseite die Aufschrift: „Zur Freiheit Jerusalems."

In jüngster Zeit wurden in Höhlen am Toten Meer Teile des Verwaltungsarchivs Bar Kosebas entdeckt. Es sind darunter persönliche Briefe, die auf seine kraftvolle Persönlichkeit und auf seinen Charakter als Oberhaupt ein interessantes Licht werfen.

Zuletzt sammelte Rom eine große Streitkraft unter dem Kommando des glänzendsten Generals seiner Zeit, Julius Severus, den Kaiser Hadrian zu diesem Zwecke aus Britannien abberufen hatte. Nach langen und bitteren Kämpfen, in welchen die Römer eine Festung nach der anderen einnahmen, blieb nur noch die Bergfeste Betar, ca. 10 km südwestlich von Jerusalem in den Händen der Juden. Dort leistete Bar Koseba heldenhaften Widerstand, bis die Stadt im August 135 durch Verrat in die Hände der Römer fiel. Dies geschah nach jüdischer Überlieferung am neunten Tage des Monates Aw, am Tage der Zerstörung des ersten und des zweiten Tempels. Bar Koseba fiel im Kampfe. Die Verteidiger wurden samt und sonders niedergemetzelt, und lange Zeit verboten die Römer, die Toten zu begraben.

Ein Bündel Papyrus-Dokumente aus der Zeit des Bar Kochba Aufstandes, das in einer Höhle am Toten Meer gefunden wurde.

Das Unheil und die Verwüstung waren unermeßlich. Ca. 600.000 Juden sollen in den Kämpfen gefallen sein, außer denen, die vor Hunger oder Krankheit umkamen. Von den Überlebenden wurden so viele in die Sklaverei verkauft, daß der Preis fiel und ein jüdischer Sklave nicht mehr wert war als ein Pferd. Das Land war verwüstet und die jüdischen Siedlungen waren größtenteils zerstört. Die Mauern Betars, deren Reste noch zu sehen sind, wurden niedergerissen, um das letzte Symbol des jüdischen Freiheitskampfes auszutilgen.

Nach dem Falle Betars dauerte der Widerstand noch in den Bergen und Höhlen am Toten Meer, südlich von Engedi, fort. In den Höhlen, die die Römer nicht

Auf Papyrus geschriebener Brief des Simon bar Koseba (Bar Kochba) an den Befehlshaber von Engedi.

Betar, die letzte Festung Bar Kochbas, bei deren Einnahme durch die Römer er im Kampfe fiel.

Relief von der Synagoge von Kapernaum (hebräisch Kfar Nachum), am Kinnereth-See, aus dem zweiten Jahrhundert. Das Relief stellt die Bundeslade dar.

einnehmen konnten, hungerten sie die Verteidiger aus. Beweise dieser grausamen Taktik sind bei den in letzter Zeit unternommenen Erforschungen dieser Höhlen zutage gekommen.

Aber nicht nur die Verluste der Juden waren groß, sondern auch die der Römer. So schwer waren diese Verluste, daß Hadrian es ratsam fand, in seinem Siegesbericht an den Senat in Rom die übliche Eingangsformel: "Ich und die Armee befinden uns wohl" auszulassen.

Nach der Niederwerfung des Aufstandes bauten die Römer auf den Trümmern Jerusalems eine heidnische Stadt, die zu Ehren des Kaisers Hadrian, dessen Familienname Aelius war, und zu Ehren des Jupiter Capitolinus, des Schutzgottes Roms, Aelia Capitolina benannt wurde. Auf den Ruinen des Tempels wurde ein Tempel zu Ehren Jupiters errichtet. Den Juden wurde bei Todesstrafe verboten, die Stadt zu betreten. Aber am Fasttag des neunten Aw, an welchem sie nun auch den Fall Betars betrauerten, pflegten die Juden die römischen Wachen zu bestechen, um an der Klagemauer weinen und beten zu dürfen. Der Kirchenvater Hieronymus (4.-5. Jhdt.) schreibt: "Sie erkauften mit Geld die Gunst, auf den Ruinen ihrer Stadt ihre Tränen zu vergießen".

Eine der Höhlen in den Bergen am Toten Meer, in welchen jüdische Patrioten auch nach dem Falle Betars und dem Tode Bar Kochbas den Widerstand gegen die Römer fortsetzten. (Photo D. Harris - W. Braun, Jerusalem)

DAS ZEITALTER DER MISCHNA UND DES PALÄSTINENSISCHEN TALMUDS

In der Regierungszeit Herodes wurde ein aus Babylonien eingewanderter Gesetzeslehrer namens Hillel (der im Talmud den Beinamen "der Alte" trägt) zum Vorsitzenden des Sanhedrins gewählt. Nach jüdischer Überlieferung, stammte er aus der königlichen Familie Davids. Er war nicht nur wegen seiner Gelehrsamkeit angesehen, sondern auch wegen seiner Bescheidenheit und Milde sehr beliebt. Als Vorsizender des Sanhedrins trug er den Titel Nassi (Fürst). Das Amt und der Titel blieben in Hillels Familie auch nach dem Falle Jerusalems erblich.

Einer der hervorragendsten Schüler Hillels war Rabban Jochanan ben Sakkai (Rabban, d.h. unser Lehrer, ist ein Ehrentitel, der besonders großen Gesetzeslehrern beigelegt wurde). Noch vor Ausbruch des Aufstandes gegen Rom war er ein einflußreiches Mitglied des Sanhedrins. Als der Aufstand ausbrach, gehörte er zu der Partei, die gegen einen bewaffneten Zusammenstoß mit Rom war. Und als der Zusammenstoß unvermeidlich wurde, gab er sich keinen Illusionen über den Ausgang hin. Von nun an sah er seinen Lebenszweck darin, das geistige Überleben seines Volkes auch nach dem bevorstehenden nationalen Unglück zu sichern. Es gelang ihm, die belagerte Stadt heimlich zu verlassen und von Vespasian die Erlaubnis zu bekommen, sich mit seinen Schülern in Jabne (einer

Detail vom Mosaikfußboden der Synagoge von Maon, bei Nirim, im westlichen Negev. Diese Synagoge ist aus byzantinischer Zeit, wahrscheinlich aus dem sechsten Jahrhundert. Aber wir haben Zeugnisse dafür, daß auch ältere Synagogen, wenigstens seit dem vierten Jahrhundert, Mosaikfußböden mit figurativen Dekorationen hatten.

Küstenstadt zwischen Jaffa und Aschdod) niederzulassen und dort ein Lehrhaus zu eröffnen. Dort legten zuerst Jochanan ben Sakkai und nach ihm Rabban Gamliel II, ein Urenkel Hillels, die geistige Grundlage für das Überleben des jüdischen Volkes trotz der tragischen Verhältnisse, die der Aufstand und die Niederlage geschaffen hatten. In Jabne wurde der Sanhedrin als höchste geistige, dann auch weltliche Behörde des jüdischen Volkes wiederhergestellt, und in ihm saßen die bedeutendsten Gesetzeslehrer der Zeit.

In Jabne wurde der Kanon der als autoritativ anerkannten biblischen Bücher festgesetzt. Dies sind die von der christlichen Kirche später mit dem Sammelnamen "das Alte Testament" bezeichneten vierundzwanzig Bücher der jüdischen Bibel: die fünf Bücher Mose, die vier Bücher der ersten Propheten (Josua, Richter, Samuel, Könige), die vier Bücher der späteren Propheten (Jesaja, Jeremias, Ezechiel und das Zwölfprophetenbuch), die drei poetischen Bücher (Psalmen, Sprüche, Hiob), die fünf Rollen (Hoheslied, Rut, die Klagelieder, der Prediger und Ester), ferner die Bücher Daniel, Esra-Nehemia und die Chronik.

Die Synagoge von Kapernaum, am Nordufer des Kinnerethsees (See von Genezareth). Sie stammt aus dem zweiten Jahrhundert.

Andere Bücher, wie die Makkabäer-Bücher, Judit, Tobias, die Sprüche Sirachs usw. wurden nicht als normativ anerkannt und galten von da an als Apokryphen. Ein Teil von ihnen wurde später von der christlichen Kirche als "deuterokanonisch" in ihre Bibel aufgenommen.

Nach der Zerstörung Jerusalems erkannten die römischen Behörden den Nassi, das heißt den Vorsitzenden des Sanhedrins, als den offiziellen Vertreter des jüdischen Volkes an.

Die Mitglieder des Sanhedrins waren jetzt alle Pharisäer, die größtenteils zu friedlichen Beziehungen mit den römischen Behörden neigten. Es gab aber auch Ausnahmen. So z.B. Rabbi Akiba, der Bar Kochba als den messianischen König anerkannte, und mit seinen Schülern an dem Aufstand tätigen Anteil nahm. Er wurde im Jahre 135 von den Römern verhaftet und starb als Märtyrer. Das gleiche Schicksal erlitten auch andere Gesetzeslehrer. Eine liturgische Dichtung, die am Fasttage des Jom Kippur rezitiert wird, bewahrt das Andenken der "zehn Märtyrer". Einer der großen Patrioten, Rabbi Simon bar Jochai, überlebte das tragische Ende des Bar-Kochba-Aufstandes, doch blieb er bis zu seinem Lebensende der unversöhnliche Feind Roms.

Nach dem Bar-Kochba-Aufstand waren die Gesetzeslehrer den messianischen Bewegungen und Versuche, die Erlösung zu beschleunigen, im allgemeinen abhold. Sie versöhnten sich mit der Wirklichkeit und sorgten für die Wiedergesundung des Volkes nach dem schweren Schlag, den es erlitten hatte.

Eine Folge des Bar-Kochba-Aufstandes war, daß die Hauptmasse der jüdischen Bevölkerung Palästinas und mit ihr das Sanhedrin nicht mehr in Judäa, sondern in Galiläa ihren Sitz hatte. Zahlreiche Reste alter Synagogen aus dieser Zeit sind bis heute an verschiedenen Orten in Galiläa zu sehen. Zu den bekanntesten zählen die von Kapernaum, Meron und Chorasin. In Beth Alpha und an anderen Orten wurden Mosaikfußböden alter Synagogen entdeckt, welche beweisen, daß trotz des Verbotes von Bildwerken, figurative Dekorationen in den Synagogen jener Zeit gang und gäbe waren.

Im Laufe der Generationen hatten sich die Ergebnisse der Verhandlungen der Gesetzeslehrer und die von ihnen getroffenen Bestimmungen angesammelt und bildeten die sogenannte "mündliche Lehre", welche die "schriftliche Lehre" der fünf Bücher Mose auslegte, erweiterte und den geänderten Verhältnissen anpasste. Um das Jahr 200 unternahm der größte der Patriarchen (Patriarch war der römische Titel des Nassi), Rabbi Jehuda ha-Nassi, der auch kurz "Rabbi" oder "unser heiliger Rabbi" genannt wurde, die Aufgabe, die ganze mündliche Lehre, die bis dahin im Gedächtnis der Gesetzeslehrer bewahrt wurde, systematisch zu ordnen und schriftlich niederzulegen. Sein Werk, das die Lehren aller "Tannaim" (Lehrer) bis zu seiner Zeit enthält, ist unter dem Namen "Mischna" (die Lehre) bekannt. In den folgenden Generationen bildete die Mischna in den Lehrhäusern Palästinas und Babyloniens die Grundlage für weitere Diskussionen, die den Stoff der sogenannten "Gemara" (auf aramäisch "Lehre") bilden. Die Mischna und die Gemara bilden zusammen das unter dem Namen "Talmud" bekannte Werk. Eigentlich sind es zwei Werke, der palästinensische oder jerusalemitische Talmud, der in Palästina und der babylonische, der in Babylonien redigiert wurde.

In Beth Schearim, nicht weit von Haifa ist ein Komplex von Katakomben entdeckt worden, in welchem viele Gesetzeslehrer dieser Zeit, gewiß auch Rabbi Jehuda ha-Nassi, beigesetzt wurden. Auch in späterer Zeit brachte man in diese Katakomben

Oben: Eine Seite aus der Mischnahandschrift Codex Kaufmann (Bibliothek der Ungarischen Akademie, Budapest).
Vorherige Seite: Detail vom Mosaikfußboden der Synagoge von Beth alpha in der Jesreel Ebene, nicht weit von Beth Schean. Der Mosaikfußboden ist, laut einer Inschrift, aus der Regierungszeit Justins I. (518–527), aber die Synagoge selbst ist wahrscheinlich viel älter.

Grabkammer in den Katakomben von Beth Schearim. Beth Schearim war der Sitz des Sanhedrins zu Lebzeiten des Rabbi Jehuda ha-Nassi. Da die großen Gesetzeslehrer und wahrscheinlich auch Rabbi Jehuda selbst dort begraben sind, wurden diese Katakomben zu einem heiligen Friedhof. Fromme Juden, selbst aus fernen Ländern, befahlen daher oft vor ihrem Tod, daß ihre Gebeine später nach Beth Schearim gebracht werden sollten, um in der Nähe der verehrten Lehrer zu liegen.

Eine Seite aus einer Handschrift der fünf Bücher Mose aus dem 10. Jahrhundert (Britisches Museum, Or. Ms. 4445). Zwischen den drei Textkolonnen und am seitlichen Rand sieht man die sogenannte „kleine Masora" und oberhalb und unterhalb des Textes die sogenannte „große Masora." Masora (Überlieferung) ist der Sammelname für die textkritischen Anmerkungen zur Bibel, die die Masoreten in Tiberias zusammenstellten.

Meron, bei Safed (hebräisch Zefat). Hier ist das Grab des Rabbi Simon bar Jochai, dem - fälschlicherweise - das Buch "Sohar" zugeschrieben wird.

die Gebeine von Juden aus der Diaspora, die verlangten, in der Nähe dieser verehrten Lehrer begraben zu werden.

Jahrhunderte nach der Abfassung der Mischna dauerte jüdisches geistiges Schaffen in Palästina an. Eines der geistigen Zentren war die Stadt Tiberias, wo Jose ben Jose, vielleicht auch Eleasar ha-Kalir, ihre liturgischen Dichtungen verfaßten und sogenannte "Midraschim", homiletische Auslegungen biblischer Bücher, gesammelt wurden. In Tiberias wurde auch das philologische Studium des Bibeltextes gepflegt. Aharon ben Moses ben Ascher fixierte dort in der ersten Hälfte des zehnten Jahrhunderts definitiv den sogenannten "massoretischen" Bibeltext. Seine mit Vokalzeichen und Akzenten versehene Bibelhandschrift ist bis heute der allgemein angenommene Standard-Bibeltext. In Tiberias wurde das bis heute gebräuchliche Vokalisationssystem des hebräischen Konsonantentextes entwickelt, welches frühere, weniger befriedigende Systeme verdrängte. Im Lehrhause von Tiberias wurde der palästinensische Talmud ausgearbeitet und erhielt Anfang des fünften Jahrhunderts seine definitive Form. Die Lehrer, die die Lehren der Tannaim in der Gemara diskutierten, wurden "Amoraim" (Sprecher) genannt.

Laut jüdischer Überlieferung wurde in Galiläa auch das klassische Grundwerk jüdischer Mystik (der Kabbala), das Buch "Sohar", verfaßt. In Wirklichkeit entstand das Buch in Spanien im dreizehnten Jahrhundert, aber die Überlieferung schreibt es Rabbi Simon bar Jochai und seinen Schülern im zweiten Jahrhundert

Das Grab Rabbi Simons in Meron, ein vielbesuchter Wallfahrtsort. Die Wallfahrer zünden Kerzen an und beten am Grabe. Am Tag „Lag ba-Omer", dem Jahrestag des Todes Simon bar Jochais, wird in Meron ein großes Fest gefeiert.

zu. Simons Grab in Meron, in der Nähe von Safed, ist ein Wallfahrtsort. Der Gedenktag seines Todes, am 18. Tage des Monates Ijar, wird in Meron alljährlich mit Freudenfeuer und ekstatischen Tänzen gefeiert. Der Tag heißt hebräisch "Lag ba-Omer", der 33. Tag der Periode von fünfzig Tagen zwischen Pessach und dem Wochenfest.

Als in der ersten Hälfte des vierten Jahrhunderts das Christentum zur Staatsreligion des römischen Reiches erklärt wurde, traten sehr bald antijüdische Gesetze in Kraft. Palästina füllte sich mit Kirchen und Klöstern. Unter den neuen Verhältnissen verschlechterte sich die Lage der Juden in ihrem Lande zusehends. Der christliche Staat konnte auch die letzten Reste jüdischer Autonomie nicht dulden, insbesondere in Palästina, das nunmehr das Heilige Land der Christen war. Im Jahre 425 schaffte Kaiser Theodosius II. die jüdische Patriarchenwürde ab. Damit hörte Palästina auf, das Hauptzentrum und die geistige Autorität des jüdischen Lebens zu sein. Die jüdische Bevölkerung nahm immer mehr ab. Aber nie verließen die Juden ihr Vaterland völlig. Im Dorfe Pekiin in Obergaliläa lebten zum Beispiel jüdische Ackerbauer ununterbrochen von den ältesten Zeiten bis in unsere Tage. Es gibt dort Reste einer Synagoge aus dem 3. Jahrhundert, und in einer Höhle neben der Synagoge verbrachten, laut einer jüdischen Sage, Simon bar Jochai und sein Sohn Eleasar dreizehn Jahre, um der Verfolgung durch die Römer zu entgehen.

DAS ZEITALTER
DES BABYLONISCHEN TALMUDS

Ein großer Teil der von Nebukadnezar im Jahre 586 nach Babylonien verbannten Juden war auch nach dem Edikt des Königs Cyrus in Mesopotamien geblieben. Sie hatten dort Fuß gefaßt und konnten sich nicht leicht entschließen, in das verarmte Vaterland zurückzukehren. Aber sie hielten an den nationalen und religiösen Traditionen ihres Volkes fest, leisteten den Rückkehrern materielle und moralische Hilfe und blieben in enger Verbindung mit der neugegründeten jüdischen Gemeinde in Palästina. Männer, die aus Babylonien - das heißt jetzt: aus dem persischen Reich - kamen, wie Esra und Nehemia, übten einen entscheidenden Einfluß auf die materielle und politische Lage und auf die geistige Gestaltung dieser Gemeinde aus. Nach der anfänglichen Masseneinwanderung setzte sich die individuelle Einwanderung babylonischer Juden ins Heimatland jahrhundertelang fort. Wie bereits oben erwähnt, war Hillel der Alte, der Stammvater der jüdischen

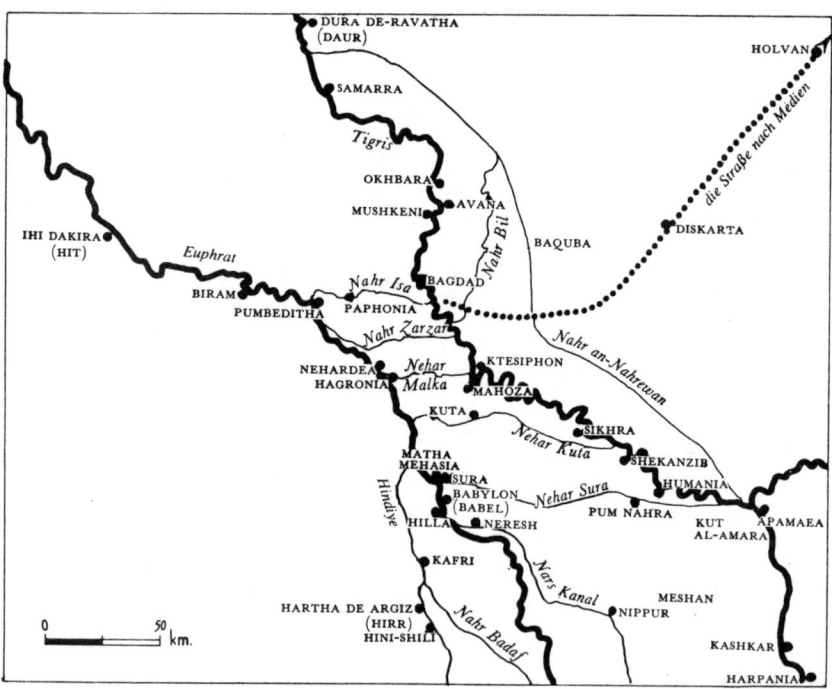

Jüdische Siedlungen in Babylonien im Zeitalter des Talmuds.

Wandgemälde im hellenistischen Stil in der Synagoge von Dura Europos. Moses kommt mit der Gesetzesrolle (eigentlich Gesetzestafeln!) in der Hand vom Berg Sinai.

Patriarchenfamilie, in Babylonien gebürtig. Von dort kamen auch viele andere berühmte Gesetzeslehrer, die sich als Tannaim, und nach der Redaktion der Mischna als Amoraim in den palästinensischen Lehrschulen hervortaten. Von Zeit zu Zeit trat allerdings auch eine Bewegung in umgekehrter Richtung ein. Nach der Zerstörung Jerusalems durch Titus im Jahre 70 und nach der Niederwerfung des Bar-Kochba-Aufstandes im Jahre 135 nahm die babylonische Diaspora viele Flüchtlinge aus Palästina auf. Aber sooft sich die Lage beruhigte, setzte der Einwandererstrom wieder ein.

Nach der Eroberung des persischen Reiches durch Alexander den Großen, lebten die babylonischen Juden eine Zeitlang unter griechischer Herrschaft. Aber Mitte des dritten vorchristlichen Jahrhunderts wurde Mesopotamien ein Teil des neuen parthischen Reiches, das auf den Trümmern des persischen Reiches erstanden war. Unter der toleranten Dynastie der Arsakiden genossen die Juden eine ziemlich weitgehende örtliche und nationale Autonomie. Einige Städte, wie zum Beispiel Nehardea am Euphrat, hatten eine rein jüdische Einwohnerschaft. Andere, wie zum Beispiel Sura und Pumbeditha, hatten sehr große jüdische Gemeinden. An verschiedenen Orten wurden Lehrhäuser errichtet, welche mit der Zeit zu großer Berühmtheit gelangten. In den Städten waren die Juden im Handel und in allerlei Berufen tätig. Aber der Großteil der babylonischen Juden lebte auf dem Lande und befaßte sich mit Ackerbau.

Wie in Palästina, so auch in Babylonien, bewiesen die Juden ihren Kunstsinn im Schmuck ihrer Synagogen. Sie scheuten sich nicht vor der Ausschmückung ihrer Gebetshäuser mit figurativen Wandmalereien. Die Entdeckung der bemerkenswerten Fresken in der Synagoge von Dura Europos am Euphrat haben überkommene Ansichten über die Anfänge der jüdischen Kunst umgeworfen.

An der Spitze der babylonischen Judenschaft stand der Exilarch (auf aramäisch Resch Galutha, d.h. das Haupt der Verbannten). Laut Überlieferung waren die

Wandgemälde in der Synagoge von Dura Europos. Das Gemälde stellt die Geschichte von Mordechai und der Königin Esther dar. Links: Haman führt das Pferd, auf welchem Mordechai reitet. Rechts: König Achaschwerosch und Königin Esther auf dem Königsthron.

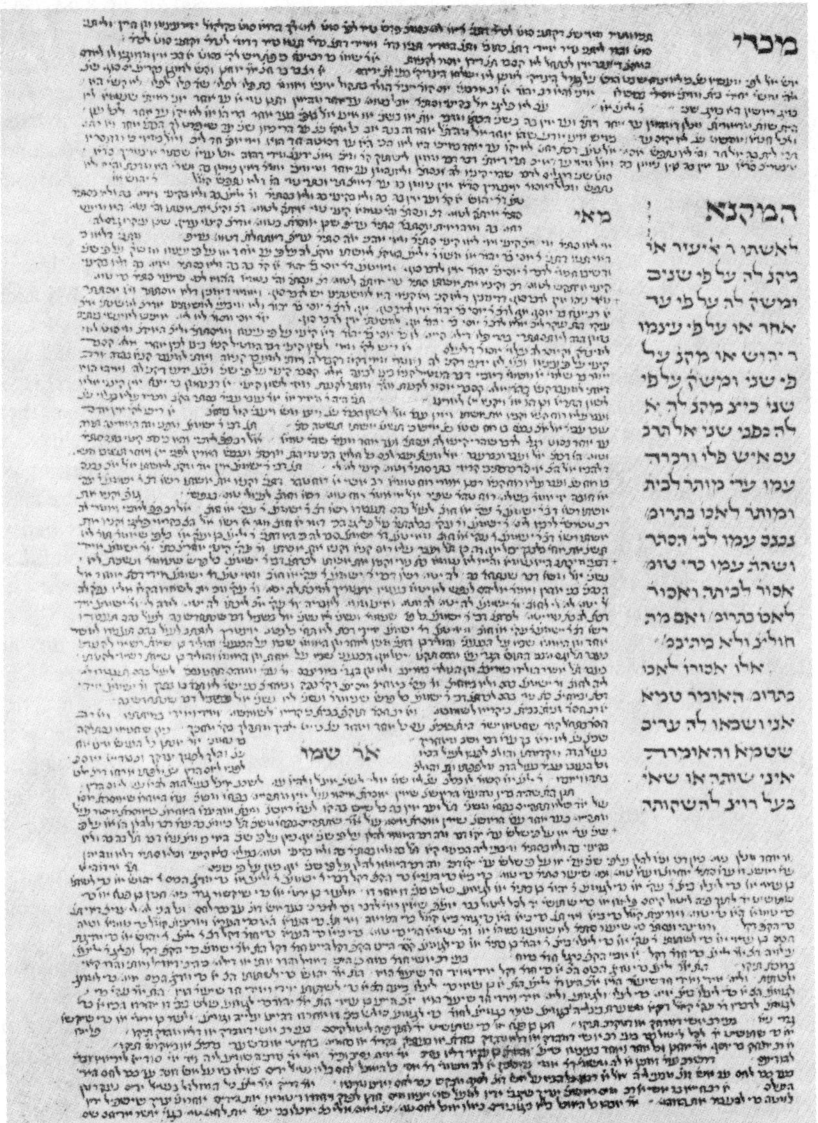
מכרי
המקנא
לאשתו ר' אליעזר או' מקנ' לה על פי שנים ומשק' לה על פי עד אחד או על פי עצמו ר' יהוש' או' מקנ' על פי שני' ומשק' על פי שני' כיצ' מקנ' לה א' לה בפני שני' אל תדב' עם איש פלו' ודבר' עמו עדי' מותר' לבית' ומותר' לאכו' בתרומ' נכנס' עמו לבי' הסתר ושהת' עמו כדי טומ' אסור' לבית' ואסור' לאכו' בתרומ' ואם מת חולצ' ולא מתיבמ'
אלו אסורו' לאכו' בתרומ' האומר' טמא' אני ושבאו לה עדים שטמא' והאומר' איני שות' או שאי' בעל רוצ' להשקות'
מאי
אר שמו

Exilarchen Abkömmlinge des letzten Königs von Juda. Sie erfreuten sich großen Ansehens, nicht nur unter den Juden, sondern auch am parthischen Königshof.

Die günstigen Bedingungen, in denen die babylonischen Juden lebten, änderten sich auch dann nicht, als Anfang des dritten Jahrhunderts christlicher Zeitrechnung Mesopotamien unter die Herrschaft der persischen Sassanidendynastie kam. Nach einer kurzen Zeitspanne religiöser Unduldsamkeit, stellten die sassanidischen Könige die Ordnung im Lande wieder her und setzten die unter ihren Vorgängern üblich gewesene tolerante Einstellung gegenüber ihren jüdischen Untertanen fort. Nach dem Rückgang der jüdischen Bevölkerung Palästinas im zweiten Jahrhundert, bildeten die babylonischen Juden die bedeutendste jüdische Gemeinde der Welt. Die babylonischen Lehrhäuser blühten, und vom dritten Jahrhundert an übertrafen sie an Glanz und Bedeutung die palästinensischen Lehrhäuser. Zwei angesehene Gesetzeslehrer, Abba Aricha (kurz Raw genannt) und Schemuel Jarchinaa (kurz als Mar Schemuel bekannt), beide Schüler des Patriarchen Jehuda ha-Nassi, waren Anfang des dritten Jahrhunderts aus Palästina nach Babylonien zurückgekehrt und hatten die Lehrhäuser von Sura und Nehardea gegründet. In diesen und anderen Lehrschulen (Pumbeditha, Mechosa und andere) verhandelten Gesetzeslehrer dreihundert Jahre lang über die in der Mischna niedergelegte mündliche Lehre. Diese Verhandlungen bilden den Gegenstand des babylonischen Talmuds, der Ende des fünften Jahrhunderts von den babylonischen Amoraim Raw Aschi und Rawina II. redigiert und im sechsten Jahrhundert von den sogenannten Saboräern (den Nachdenkenden) vervollständigt wurde. Von den zahlreichen babylonischen Amoraim, deren Lehrmeinungen die babylonische Gemara wiedergibt, verdienen Abbaje (280-339) und Rawa (299-352) besondere Erwähnung. Die geistvollen und spitzfindigen Auseinandersetzungen zwischen ihnen nehmen viel Platz in der Gemara ein.

Außer den das religiöse Gesetz (hebräisch Halacha) behandelnden Teilen, die die Durchdringung aller Lebensgebiete mit dem Geiste des offenbarten Gesetzes (der Tora) zum Zweck hatten, enthalten sowohl der babylonische als auch der palästinensische Talmud sehr viel Haggada (oder Aggada), das heißt homiletische Auslegungen von Bibelstellen, historische und legendäre Überlieferungen, profanes Wissen und Folklore. Auch die Haggada diente der Einprägung religiöser Werte und der Vertiefung des jüdischen Bewußtseins. Dem modernen Leser mag so manches im Talmud unwesentlich erscheinen. Die Redaktoren des Talmuds waren aber der Meinung, daß alles, was irgendwie das Judentum berührte, von Wichtigkeit sei und künftigen Geschlechtern bei der Lösung neu aufkommender Probleme von Nutzen sein könne.

Der babylonische Talmud übertrifft den palästinensischen nicht nur an Volumen, sondern auch in der ausführlicheren Durcharbeitung des Stoffes. Daher erfreut er sich einer größeren Autorität und hat auf die Entwicklung des Judentums den größeren Einfluß ausgeübt. Nach seiner Redaktion und Verbreitung beherrschte der babylonische Talmud das jüdische Leben in allen Ländern und schuf ein einheitliches Judentum in der ganzen Diaspora. Das Talmudstudium wurde eine religiöse Pflicht und ein Charakteristikum des jüdischen Lebens, trotz aller

Vorhergehende Seite: Eine Seite aus der Münchener Talmudhandschrift (Cod. Hebr. 95). Im Jahre 1344 geschrieben, ist dies die einzige fast vollständige Handschrift des babylonischen Talmuds.

wiederholten Versuche der christlichen Behörden, den Talmud durch Zensur oder Verbrennung zu zerstören.

Eine Seite aus dem babylonischen Talmud, Ausgabe Daniel Bomberg, Venedig 1520-1523. Bombergs Paginierung des talmudischen Textes ist für alle späteren Ausgaben bis zu unserer Zeit vorbildlich geworden. Die mittlere Kolonne in Quadratschrift ist der Talmudtext. Am inneren Rand (hier rechts) begleitet ihn der Kommentar des Rabbi Schelomo ben Jitzchak (kurz Raschi genannt) aus dem 11. Jahrhundert und am äußeren Rand (hier links) ein weiterer Kommentar, die Tosafot (Zusätze, von verschiedenen Rabbinern des zwölften und dreizehnten Jahrhunderts verfaßt). Beide Kommentare sind in einer Kursivschrift, der sogenannten Raschi-Schrift, gedruckt.

DIE BILDUNG DER DIASPORA

Noch vor Beginn der christlichen Ära hatten sich Juden in den mittleren und westlichen Teilen des römischen Reiches niedergelassen.
Es gibt literarische Zeugnisse für die Anwesenheit von Juden in Italien zur Zeit der römischen Republik. Außer freiwilligen Auswanderern aus Palästina kamen zur Zeit der Kriege unter Pompeius im ersten vorchristlichen Jahrhundert und dann zur Zeit der Kaiser Titus und Hadrian, im ersten und zweiten Jahrhundert christlicher Zeitrechnung, zahlreiche Juden als Kriegsgefangene und Sklaven hierher. Diese wurden im Laufe der Zeit von ihren Herren befreit oder von ihren Volksgenossen freigekauft. Der größte Teil der in Italien ansässigen Juden wohnte in Rom. Aber auch in den anderen größeren Städten Nord- und Süditaliens sowie auch auf den Inseln Sizilien und Sardinien gab es jüdische Gemeinden. In Ostia, dem Hafen des

Grabnische in der jüdischen Katakombe von Valla Torlonia in Rom. Das Wandgemälde stellt die Bundeslade zwischen zwei siebenarmigen Leuchtern dar. Rechts ist ein Ethrog zu sehen (eine zitronenartige Frucht, die zu dem für das Sukkotfest, das heißt für das Hüttenfest, vorgeschriebenen Feststrauß gehört). Neben dem Ethrog ist ein Beschneidungsmesser. Links ein Palmzweig und ein Granatapfel.

alten Rom, wurden in jüngster Zeit die Reste einer Synagoge vom Beginn der kaiserlichen Periode ausgegraben.

Das eindrucksvollste Zeugnis für die Anwesenheit der Juden in Rom sind die verschiedenen Katakomben (unterirdische Friedhöfe) aus der klassischen Zeit, in denen manche Gräber mit schönen Grabsteinen und Wandmalereien geschmückt sind. Jede Katakombe gehörte einer bestimmten Synagogengemeinde. Die in den Katakomben entdeckten Inschriften sind größtenteils in griechischer oder lateinischer Sprache, wobei hier und da hebräische Formeln mit eingeflochten sind. Einige der Steinsarkophage sind schöne Bildhauerarbeiten, in denen jüdische Motive mit klassischen Motiven kombiniert erscheinen.

Auch außerhalb Roms sind jüdische Katakomben entdeckt worden, so auch in Sizilien, Sardinien und in Städten Süditaliens. Besonders interessant ist die Katakombe von Venosa, der Geburtsstadt des Dichters Horaz. In Süditalien haben sich auch jüdische Grabinschriften in lateinischer Sprache erhalten.

Im ersten Jahrhundert christlicher Zeitrechnung saßen bereits Juden in Spanien, die vielleicht noch im ersten vorchristlichen Jahrhundert eingewandert waren. Aus der

Relief eines jüdischen Marmosarkophags, der in der Villa Rondanini, Rom, gefunden wurde. Der siebenarmige Leuchter, ein typisch jüdisches Symbol, wird von zwei Genien getragen. Eine interessante Verknüpfung jüdischer und römischer Motive.

119

Zeit der westgotischen Herrschaft in Spanien (aus dem fünften Jahrhundert) sind jüdische Grabsteine mit lateinischen Inschriften erhalten.

In Gallien saßen Juden bereits zur Zeit der römischen Republik, insbesondere in Hafenstädten am Mittelmeer. Mit der Zeit nahm ihre Zahl zu, und sie gründeten auch im Inland blühende Gemeinden. Es gibt jüdische Grabsteine mit lateinischen Inschriften aus der Zeit der Merowinger (aus dem siebenten Jahrhundert).

Auch in Germanien sollen, nach gewissen Berichten, Juden schon vor Beginn der christlichen Zeitrechnung gewohnt haben. Es ist aber wahrscheinlicher, daß sie im ersten Jahrhundert, im Gefolge der Eroberung Westgermaniens durch die römischen Legionen, hinkamen. Es wird sogar angenommen, daß Juden in den Legionen dienten, die die römische Besatzungsarmee in Germanien bildeten. Einige Grabsteine von Legionären, die in Mainz entdeckt wurden, dürften in diesem Falle die ersten identifizierbaren jüdischen Porträts darstellen. Ein Erlaß des Kaisers Konstantin vom Jahre 321, an die Stadt Köln gerichtet, bestimmt die Pflichten und Rechte der jüdischen Gemeinde. Dies beweist, daß es im Rheinland, wahrscheinlich auch in anderen Gegenden, bereits organisierte, vom Staate anerkannte jüdische Gemeinden gab.

Wahrscheinlich von Ägypten kommend, verbreiteten sich Juden in der ganzen Küstengegend Nordafrikas. Jüdische Katakomben aus römischer Zeit sind in Kyrene (Lybien) und in der Nähe von Karthago (in Tunesien) entdeckt worden.

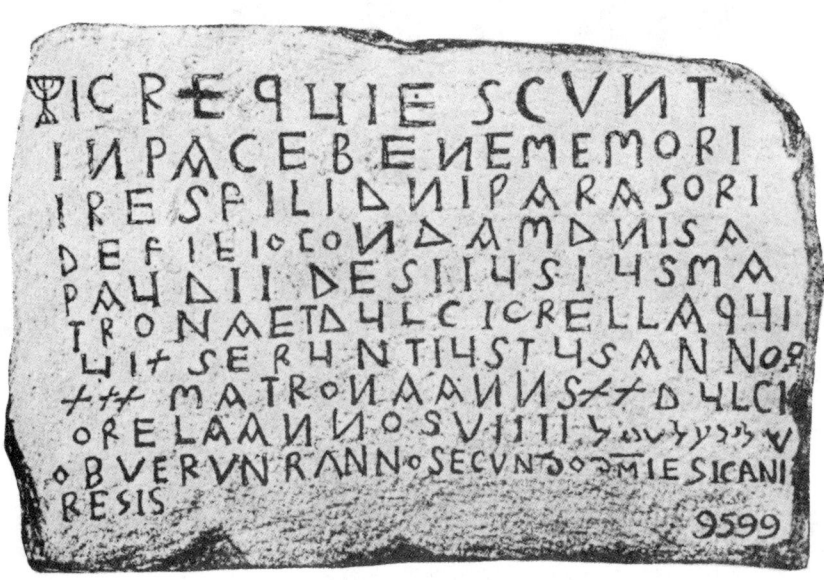

Lateinische Inschrift auf einem jüdischen Grabstein von Narbonne (Südfrankreich), aus dem zweiten Jahre des westgotischen Königs Egica (689). Zu Beginn der Inschrift ein siebenarmiger Leuchter. In der vorletzten Zeile die hebräische Formel „Frieden über Israel" in hebräischer Schrift.

120

Reste einer Synagoge mit reichgeschmücktem Mosaikfußboden, wie die der palästinensischen Synagogen, wurden in Naro, in der Nähe von Hammam-Lif in Tunesien, an den Tag gebracht.

In Griechenland und den griechischen Städten Kleinasiens und der Balkanhalbinsel gab es schon seit dem ersten vorchristlichen Jahrhundert jüdische Gemeinden. An

Grabsteine römischer Legionäre aus der ituräischen Kohorte, die in Mainz gefunden wurden. Ituräa, im Norden Palästinas war seinerzeit von dem hasmonäischen König Aristobulos (104 v.Chr.) erobert worden. Die Einwohner wurden zum Judentum bekehrt. Es wird deshalb angenommen, daß die Legionäre aus Ituräa Juden waren.

vielen Orten im östlichen Teil des römischen Reiches sind Reste alter Synagogen entdeckt worden, die für die Anwesenheit geordneter Gemeinden zeugen. So in Milet und Priene (Kleinasien), in Stobi (Jugoslawien), auf den Inseln Ägina und Delos (im Ägäischen Meer). Eine Synagoge, die wahrscheinlich älter als die anderen ist, wurde in Sardis (Kleinasien) entdeckt.

Die Juden pflegten überall nahe beieinander, in gesonderten jüdischen Vierteln, zu wohnen, und waren untereinander durch die gemeinsame, von den Lehren des Gesetzes und der rabbinischen Auslegung derselben beherrschte Lebensweise eng verbunden. Die gemeinsamen Bräuche und Feierlichkeiten, der Rhythmus des allwöchentlichen Sabbaths und der alljährlichen Feier- und Fasttage, das einheitliche Gesetz und die allen gemeinsame Tafel moralischer Werte, die Hoffnung auf das Kommen des Messias und nach der Zerstörung des Tempels die Hoffnung auf die Wiederherstellung eines jüdischen Staatswesens im alten Heimatland, all das prägte dem jüdischen Leben in der Diaspora einen besonderen Charakter auf. Es gab dem Leben Bedeutung und Zweck, bildete das geistige Band, das die in der ganzen Welt zerstreuten Gemeinden zusammenhielt, und stärkte die Bereitschaft, Leiden und Verfolgungen geduldig zu ertragen, um das Fortleben des Judentums, allem zum Trotz, für immer zu sichern.

Wo immer sie sich ansiedelten, bauten die Juden Synagogen und Schulen, in welchen das Gesetz, die Tora, gelehrt wurde. Sie bildeten geordnete Gemeinden und kamen ihren ärmeren und notleidenden Brüdern bereitwillig zu Hilfe.

Bis zur Zerstörung des Tempels im Jahre 70, pflegten sie alljährlich die traditionelle Kopfsteuer von einem halben Schekel nach Jerusalem zu schicken. Nach der Zerstörung des Tempels unterhielten sie das palästinensische Patriarchat mit freiwilligen Spenden.

Ihre heidnischen Nachbarn waren meistenteils judenfeindlich eingestellt. Berühmte

Mosaikfußboden der alten Synagoge von Naro, bei Hammam-Lif in Tunesien, aus dem 4. Jahrhundert.

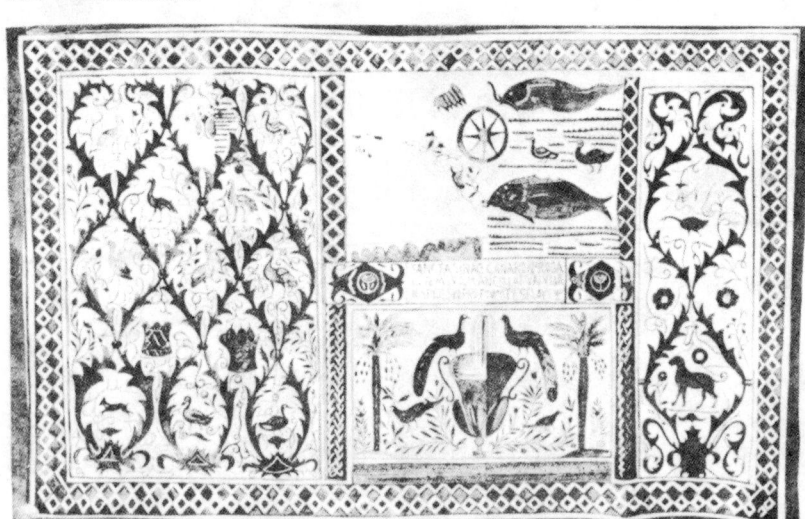

römische Autoren scheuten sich nicht, ihren Haß oder ihre Verachtung für die Juden offen auszusprechen. Aber die römischen Behörden waren in der Regel tolerant und gewährten den Juden sogar, aus Rücksicht auf deren religiösen Bräuche, gewisse Vorrechte. So wurden Juden zum Beispiel von militärischem Dienstzwang und von der Pflicht des Kaiserkultes befreit.

Wie in Palästina, so auch in der Diaspora, verschlechterte sich die Lage der Juden im vierten Jahrhundert, als das Christentum zur Staatsreligion des römischen Reiches erhoben wurde. Die Kaiser nahmen mit der Zeit die Ansicht der Kirche an, daß den Juden ihre Rechte entzogen und daß sie selbst aus der nunmehr christlichen Gesellschaft ausgeschlossen werden müssen.

Oben links: Alter jüdischer Grabstein aus Süditalien mit hebräischer Inschrift und einem primitiv eingeritzten siebenarmigen Leuchter (Archäologisches Museum von Bari). Ober rechts: Marmorrelief des siebenarmigen Leuchters von der Synagoge von Priene (jetzt Samsun), an der ägägischen Küste Kleinasiens. Rechts: ein Schofar (das aus einem Widderhorn gefertigte Blasinstrument, das am Neujahrstag und bei anderen Gelegenheiten in der Synagoge geblasen wird) und ein Lulaw (ein Feststrauß für das Hüttenfest). Links, ein Ethrog (siehe Seite 117). Die zwei Rollen auf dem Fuß des Leuchters mögen Torarollen darstellen.

DAS ZEITALTER DER GAONEN

Die Eroberung Mesopotamiens durch die Araber in der ersten Hälfte des siebenten Jahrhunderts hatte keinen wesentlichen Einfluß auf die Lage der dortigen Juden. Gegen Bezahlung einer besonderen Steuer, die allen "Ungläubigen" auferlegt wurde, erfreuten sie sich auch weiterhin religiöser Freiheit und gemeindlicher Autonomie. In dieser Zeit konzentrierte sich die jüdische Bevölkerung immer mehr in den Städten. In Bagdad, der von dem Kalifen Al-Mansur, dem zweiten Kalifen der Abbassidischen Dynastie, im Jahre 762 gegründeten neuen Hauptstadt, bildete sich sehr bald eine große jüdische Gemeinde, die größte nicht nur in Mesopotamien (das nunmehr Irak hieß), sondern in der ganzen damaligen jüdischen Welt. Generationenlang behielt die Gemeinde von Bagdad ihre Vorrangstellung. In Bagdad hatte der Exilarch seinen Sitz und er wurde von den arabischen Behörden als das Oberhaupt der mesopotamischen Judenschaft offiziell anerkannt. Bostanai, der jugendliche Abkömmling der aus dem Hause Davids stammenden Exilarchenfamilie, wurde vom Kalifen Omar im Jahre 634 in seinem Amt bestätigt, und seine Nachkommen verwalteten das Exilarchenamt bis Mitte des elften Jahrhunderts.

Unter arabischer Herrschaft gelangte das Exilarchat zu seinem höchsten Glanz. Nathan ha-Babli, ein babylonischer Gesetzeslehrer, der im zehnten Jahrhundert nach Nordafrika auswanderte, hat uns eine eindrucksvolle Beschreibung der Lebensweise der Exilarchen, der stattlichen Einsetzungszeremonie, der Beziehungen zwischen ihnen und den Kalifen und der Ehre, die ihnen am Hofe zuteil wurde, hinterlassen.

Im geistigen Bereich standen aber an erster Stelle die Häupter der beiden großen Lehrhäuser von Sura und Pumbeditha, die mit dem Titel Gaon ("Exzellenz") beehrt wurden, und die als höchste Autorität in religiösen Angelegenheiten und in Fragen des jüdischen Rechts nicht nur in Mesopotamien, sondern in der ganzen jüdischen Welt anerkannt waren. Aus allen Ecken der Diaspora wandten sich Gemeinden und individuelle Gesetzeslehrer an sie um Rat und Führung, und sahen in ihnen die verläßlichste Quelle jüdischer Überlieferung. Die erhaltenen Antworten auf solche Fragen bilden eine umfangreiche Literatur, einen wesentlichen Teil der sogenannten Responsen-Literatur (hebräisch "Scheelot u-Techuwot", das heißt Fragen und Antworten). In ihren Antworten erklärten die Gaonen die praktische Anwendungsweise der talmudischen Tradition auf Fragen rechtlicher und religiöser Natur, und verbreiteten in der ganzen Diaspora den Geist des babylonischen Talmuds, der dank ihrem Einfluß überall das jüdische Leben beherrschte.

Die Gaonen und ihre Schüler waren die ersten, die den Versuch machten, das talmudische Recht systematisch zu kodifizieren. Sie kommentierten die Bibel und den Talmud, verfaßten das erste Wörterbuch zum Talmud und bestimmten die Ordnung des jüdischen Gottesdienstes, in welchem sie auch liturgische Dichtungen

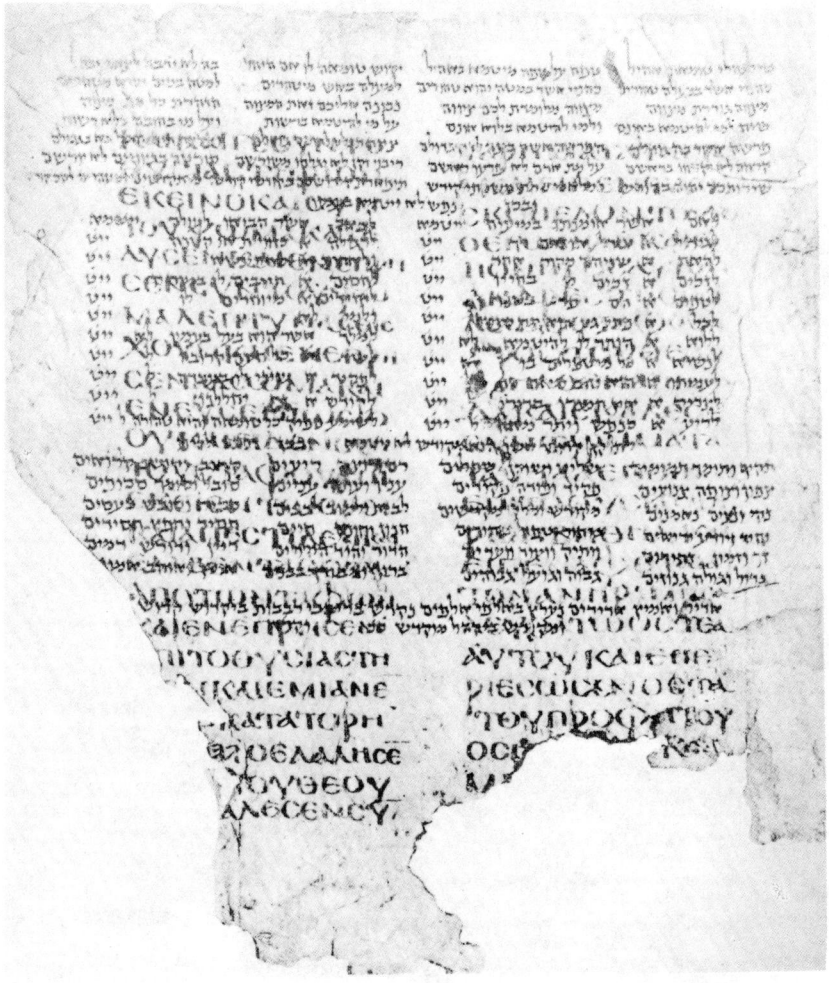

Eine berühmte Handschrift aus der Kairo Genisa. Eines der wenigen Fragmente der griechischen Bibelübersetzung Aquilas des Proselyten, aus dem zweiten Jahrhundert (eine wörtliche Übersetzung, die in jüdischen Kreisen die Septuaginta zu verdrängen suchte). Der griechische Text ist ausradiert worden, um das Pergament für eine Abschrift der liturgischen Dichtungen des palästinensischen Dichters Jannai aus dem 6. Jahrhundert neu zu benutzen. Glücklicherweise ist die Ausradierung jedoch nicht vollständig, so daß der griechische Text, wenn auch mit Schwierigkeiten, noch lesbar ist. Das Dokument befindet sich in der Univeristätsbibliothek Cambridge.

(hebräisch Pijutim) aufnahmen. Saadija ben Joseph, der Gaon von Sura in der ersten Hälfte des zehnten Jahrhunderts, übersetzte die Bibel ins Arabische und verfaßte das Buch "Glauben und Wissen", die erste systematische Darstellung jüdischer Philosophie. Scherira, der Gaon von Pumbeditha in der zweiten Hälfte des gleichen Jahrhunderts, schrieb die erste Geschichte der mündlichen Überlieferung. Durch ihre Lehrtätigkeit und ihre Antworten stärkten die Gaonen den Zusammenhalt und die Lebenskraft des jüdischen Volkes zu einer Zeit, in welcher beunruhigende neue Probleme und Ereignisse seine Einheit gefährdeten.

Die Responsa der Gaonen und die zahlreichen Dokumente, die Ende des vorigen Jahrhunderts in der Genisa (dem versteckten Aufbewahrungsort) der Esra-Synagoge von Alt-Kairo (aus dem siebenten Jahrhundert) entdeckt wurden, haben viel Licht auf ein Zeitalter geworfen, das sonst wenig bekannt war. In diese Genisa wurden jahrhundertelang unbrauchbar gewordene Bücher und Schriftstücke hineingeworfen. Nach Entdeckung der Genisa sind die Funde in den Besitz verschiedener Bibliotheken gelangt: Cambridge und Oxford, Leningrad, die Bibliothek des Jewish Theological Seminary in New York, die des Dropsie College in Philadelphia und andere. Ein großer Teil ist in den letzten Jahrzehnten wissenschaftlich durchgearbeitet und veröffentlicht worden, wodurch sich unsere Kenntnisse über dieses bezeichnende Zeitalter wesentlich bereichert haben.

Das Zeitalter der Gaonen endet Mitte des elften Jahrhunderts. Zwistigkeiten zwischen den Gaonen von Sura und Pumbeditha, die untereinander um den Vorrang kämpften, und Reibungen zwischen den Gaonen und den Exilarchen, schädigten das Ansehen des Gaonates. Überdies hatte sich das Talmudstudium in der Zwischenzeit in der ganzen Diaspora verbreitet. Nicht nur in Palästina, sondern auch in Nordafrika bestanden bereits Talmud-Schulen, die sich von der Bevormundung durch die babylonischen Lehrschulen freigemacht hatten, und nicht mehr das Bedürfnis fühlten, die Autorität der Gaonen als eine höhere Instanz anzuerkennen. Der Titel Gaon wurde nun vom Haupte der Lehrschule von Bagdad übernommen, und dort folgten auch weiterhin Gaonen aufeinander, bis Ende des dreizehnten Jahrhunderts, lange nach Schließung der Lehrschulen von Sura und Pumbeditha (Mitte des 11. Jhds.). Aber die Bagdader Gaonen erfreuten sich meist nur örtlichen Ansehens.

Auch das Exilarchenamt dauerte bis zum Jahre 1258 fort, in welchem die Mongolen Mesopotamien überrannten und Bagdad plünderten.

DIE KARÄER

Gerade in der Blütezeit der Gaonen, im achten Jahrhundert, erschien im babylonischen Judentum eine Sekte, die die im Talmud verkörperte rabbinische Tradition ablehnte, nur die Bibel als autoritativ anerkannte und nur die in der Bibel selbst enthaltenen Gebote und Verbote befolgte. Das war die Sekte der Karäer, deren Namen von dem hebräischen Verbum "kara" abgeleitet ist, welches "lesen" (das heißt in diesem Falle "die Bibel studieren") bedeutet. Die Karäer selbst nannten sich "Baale Mikra" oder "Bne Mikra", das heißt soviel wie "Verehrer der Bibel". Im Laufe der Zeit erwies es sich, daß das Prinzip, das Judentum nur auf dem schriftlichen Gesetze der Bibel zu gründen, nicht konsequent durchführbar war.

Der Begründer der Sekte war Anan ben David, ein Mitglied der Exilarchenfamilie. Nach alten Quellen war beleidigter Stolz der Anlaß zu Anans Abfall vom traditionellen Judentum. Im Jahre 765, bei der Neuwahl eines Exilarchen, zogen nämlich die Gaonen seinen jüngeren Bruder vor, obgleich er durch sein höheres Alter und seine anerkannte Gelehrsamkeit einen größeren Anspruch auf die Exilarchenwürde hatte. Möglicherweise übergingen ihn die Gaonen, weil ihnen seine heterodoxen Ansichten bereits bekannt waren.

Als Führer der neuen Bewegung, deren Grundsätze er in seinem Buche "Sefer ha-Mitzwot" ("Das Buch der Gebote") niederlegte, gruppierte Anan um sich die Anhänger früher entstandener Sekten, deren gemeinsamer Nenner, bei allen Verschiedenheiten zwischen ihnen, die Treue zur Bibel und die Ablehnung der mündlichen Lehre war. Das war eine Anschauung, die zur Zeit des zweiten Tempels den Sadduzäern eigen war. Trotzdem nach Zerstörung des Tempels die Pharisäer die weitere Entwicklung des Judentums bestimmten, lebten im Untergrund hie und da auch sadduzäische Anschauungen fort. Unter Einfluß der religiösen Gärung in der islamischen Umgebung, kamen diese jetzt an den Tag. Die Ablehnung der Sunna (der islamischen mündlichen Überlieferung) als gleichwertig mit dem Koran durch die Sekte der Schiiten mag bei der Bildung antitalmudischer Sekten mitbestimmend gewesen sein.

Die Anhänger Anans lehnten, wie gesagt, die rabbinische Auslegung der Bibel ab. Sie hielten sich an den wörtlichen Sinn des Bibeltextes und legten sich strenge Befolgung der darin enthaltenen Gebote auf. So heißt es zum Beispiel im zweiten Buche Mose XXXV, 3: "Am Sabbattage dürfet ihr kein Feuer brennen in allen euren Wohnungen". Nach karäischer Auffassung bedeutet dies nicht nur, daß man am Sabbat kein Feuer anzünden, sondern auch daß man vorher angezündetes Feuer nicht weiterbrennen lassen dürfe. Im gleichen Buch 16, 29 heißt es: "So bleibe jeder an seiner Stelle; ausgehen soll niemand von seinem Orte am siebenten Tag". Die Karäer legten das als Verbot aus, das Haus am Sabbat zu verlassen. Zufolge der wörtlichen Auslegung der Bibel, nahm das Leben der Karäer einen strengen, asketischen Charakter an. Die Karäer hatten auch ihren eigenen Kalender, der nicht immer mit dem des traditionellen Judentums zusammenfiel. Es wäre aber falsch, anzunehmen, daß die Praxis der Karäer sich in Wirklichkeit nur auf dem Wortsinn

Seite aus einem handschriftlichen karäischen Gebetbuch, geschrieben in Luzk, Polen, im Jahre 1729. Die karäischen Gebete bestehen fast ausschließlich aus Bibelversen.

der Bibel gründete. Notwendigerweise bildete sich in der karäischen Bewegung selbst im Laufe der Zeit eine mündliche Tradition der Bibelauslegung, wobei auch manche der rabbinischen Auslegungsregeln übernommen wurden.

Besonders stark war in der karäischen Bewegung die messianische Erwartung und

Karäischer Friedhof auf der Krimhalbinsel, wo Karäer schon früh angesiedelt waren. Im achtzehnten Jahrhundert wurde die Krim das geistige Zentrum der Sekte.

der Glaube an die Wiedererbauung Zions. Viele Karäer gingen von Babylonien nach Palästina. Nach karäischer Überlieferung tat das auch Anan selbst, und er gründete eine karäische Synagoge in Jerusalem. In Palästina, und vor allem in Jerusalem, führten die Karäer ein besonders asketisches Leben, und nannten sich "Awele Zion", d.h. "die um Zion Trauernden". In dieser Beziehung dienten sie auch anderen traditionstreuen Juden als Beispiel.

Nach Anans Tod spaltete sich die Sekte in viele Richtungen. Von den Führern der verschiedenen Richtungen verdienen besondere Erwähnung Benjamin al-Nahawendi (erste Hälfte des neunten Jahrhunderts), der erste karäische Gelehrte der hebräisch schrieb (im Gegensatz zu Anan, dessen Buch aramäisch geschrieben war), und Daniel al-Kumisi (zweite Hälfte des neunten Jahrhunderts), Verfasser eines Kommentars zu den zwölf kleinen Prophetenbüchern, welche viele Ausfälle gegen den Talmud und die Rabbaniten, das heißt das talmudtreue Judentum, enthält. Benjamin al-Nahawendi, der ein abgeschlossenes System der karäischen Lehre schuf, wurde von den Karäern als Mitbegründer ihrer Sekte verehrt.

Das zehnte und elfte Jahrhundert waren die Blütezeit der karäischen Literatur. Auf den Gebieten der Theologie, der Bibelauslegung, der hebräischen Lexikographie und Grammatik sowie auch auf dem Gebiete der Kodifizierung der karäischen Lehre, haben karäische Gelehrte Hervorragendes geleistet und wichtige Werke verfaßt.

Trotz der inneren Spaltungen verbreitete sich das Karäertum in Palästina, Syrien und Ägypten, einerseits, weil im Osten im allgemeinen eine Neigung zur Sektenbildung bestand, andererseits weil die Rabbaniten in der ersten Zeit nicht das Bedürfnis empfanden, die Angriffe der Karäer auf das traditionelle Judentum energisch zurückzuweisen.

Ein großer Gegner erstand dem Karäertum in der ersten Hälfte des zehnten Jahrhunderts. Es war dies der bereits erwähnte Gaon von Sura Saadija ben Joseph, einer der großen Geister der jüdischen Geschichte. Um den Karäern auf den von ihnen gepflegten Gebieten zu begegnen, verfaßte er Bücher über hebräische Grammatik und Lexikographie, die talmudische Methodologie, den jüdischen Kalender und die synagogale Liturgie. Sein philosophisches Werk "Glauben und Wissen" haben wir bereits früher erwähnt. Er übersetzte die Bibel ins Arabische und verfaßte Kommentare zu vielen der biblischen Bücher. Neben diesen Werken, deren Zweck war, die herrschende Unwissenheit zu zerstreuen, die die Verbreitung des Karäertums ermöglichte, verfaßte Saadija polemische Abhandlungen gegen die Karäer, in denen er das rabbanitische Judentum kräftig verteidigte. Die Karäer sahen in Saadija ihren Erzfeind und sparten auch nach seinem Tode nicht mit Angriffen und Anprangerungen.

Historische Umstände führten dazu, daß der Mittelpunkt der karäischen Sekte im Laufe der Zeit von Land zu Land übersiedelte: von Babylonien nach Palästina, von dort nach Ägypten und im zwölften Jahrhundert nach Konstantinopel, wo hervorragende Gelehrte zwischen dem zwölften und sechzehnten Jahrhundert lebten und eine reiche vielseitige Literatur schufen. Vom sechzehnten Jahrhundert an taten sich die karäischen Gemeinden in Litauen und Polen hervor, und die Stadt Troki wurde ein Zentrum literarischer Betätigung. Im achtzehnten Jahrhundert, ging die geistige Führung auf die karäischen Gemeinden in der Krim-Halbinsel über. Von den ca. 14.000 Karäern jener Zeit lebten in der Krim ca. 10.000.

Im zaristischen Rußland erfreuten sich die Karäer des Vorzugs, nicht als Juden betrachtet zu werden, so daß die den Juden auferlegten Beschränkungen sie nicht betrafen. Als jedoch im zweiten Weltkrieg die deutsche Armee die Krim-Halbinsel eroberte, schaffte sie die Unterscheidung ab, und viele Karäer teilten das den russischen Juden bescherte tragische Geschick. Angeblich leben noch ca. 6.000 Karäer in Sowjetrußland. Im Orient waren die Karäer nach dem zweiten Weltkrieg hauptsächlich in Ägypten konzentriert. Dort lebten sie in Eintracht mit den rabbanitischen Juden, und viele waren sogar in der zionistischen Bewegung tätig. Kleine Gemeinden bestanden auch in Syrien und Irak. In der Altstadt Jerusalems bestand zwar noch die alte karäische Synagoge, aber schon seit langer Zeit war es nicht mehr möglich, die erforderliche Zahl von zehn Männern für den öffentlichen Gottesdienst zusammenzubekommen. Als die Altstadt in die Hände der Arabischen Legion fiel (1948), waren dort nur noch drei Karäer.

Nach Errichtung des Staates Israel wanderten die Karäer aus den arabischen Nachbarländern ein. Ihre Zahl beträgt zur Zeit etwas über 10.000. Sie haben Gemeinden in verschiedenen Städten und zwei eigene Kooperativ-Siedlungen. Sie sind vollberechtigte Mitglieder des jüdischen Volkes, pflegen aber weiterhin ihre besonderen religiösen Bräuche. Sie haben in Israel auch Bücher aus ihrer alten Literatur neu gedruckt und geben eine Monatsschrift heraus. In der Jugend machen sich jedoch Neigungen zur Assimilation an die Lebensweise der jüdischen Majorität bemerkbar.

Abraham ben Samuel Firkowicz (1785-1874), der berühmteste geistige Führer der krimäischen Karäer. Er reiste viel und sammelte samaritainische und karäische Handschriften. Seine Sammlung befindet sich jetzt in der Bibliothek von Leningrad. In seinen Schriften versuchte er zu beweisen, daß die Karäer Abkömmlinge der zehn verlorenen Stämme Israels sind und sich noch vor Beginn der christlichen Zeitrechnung in der Krim niedergelassen haben.

DAS ZEITALTER DES ISLAM

Die Eroberungszüge der Araber im siebten Jahrhundert brachten nicht nur die Judenschaft Mesopotamiens und Palästinas, sondern auch alle anderen Gemeinden im Mittleren Osten unter die Herrschaft des Islam. Dies verursachte tiefgehende Änderungen im jüdischen Leben in einem großen Teil des Mittelmeerbeckens. Innerhalb einer einzigen Generation, zwischen den Jahren 640 und 670,

Eine Chasarenversammlung. Die Chasaren waren ein Tatarenstamm, der sich in Südrußland niedergelassen hatte und im achten Jahrhundert zum Judentum überging. Ihre Wohn- und Versammlungsräume waren runde Zelte, von den Tataren "Kibitka" genannt.

überrannten die arabischen Armeen zuerst Ägypten und Libyen, dann den ganzen Maghreb, das heißt die westliche Hälfte der nordafrikanischen Küstenländer bis zum Atlantischen Ozean. Hier bestanden überall alte jüdische Gemeinden. Die Juden waren nunmehr genötigt, die arabische Sprache zu lernen und sich der arabischen Kultur anzupassen.

Marokko hatte eine ansehnliche jüdische Bevölkerung. Dort hatten sich auch viele Berberstämme zum Judentum bekehrt. Unter arabischer Herrschaft wurde Marokko ein wichtiges Zentrum jüdischen Lebens.

In Ifrikija (jetzt Tunis) war die Stadt Kairuan jahrhundertelang ein geistiger Mittelpunkt des Judentums. Die nordafrikanischen Gemeinden unterstützten die babylonischen Lehrschulen von Sura und Pumbeditha und unterhielten einen lebhaften Briefwechsel mit den Gaonen über religiöse und rechtliche Angelegenheiten. Viele der uns erhaltenen gaonäischen Responsa sind an Fragesteller in Nordafrika gerichtet. Als Ende des neunten Jahrhunderts in Nordafrika ein seltsamer Weltreisender erschien, er sich Eldad ha-Dani (das heißt aus dem Stamme Dan) nannte und phantastische Nachrichten über die verlorenen zehn Stämme Israels verbreitete, wandte sich die Gemeinde von Kairuan an Raw Zemach, den Gaon von Sura, um Rat. Auch der Brief des Gaons Scherira von Pumbeditha (ca. 990), der den frühesten Versuch einer jüdischen Literaturgeschichte darstellt, beantwortete eine Anfrage aus Nordafrika, nämlich die Anfrage Jakobs ben Nissim aus Kairuan über die Entwicklung der mündlichen Lehre.

Inzwischen war aber Nordafrika bereits auf dem Wege zur Selbständigkeit auf dem Gebiete der talmudischen Gelehrsamkeit. Ein babylonischer Gesetzeslehrer, Chuschiel ben Elchanan, von dem die Sage erzählt, er sei von Seeräubern gefangengenommen und von den Juden Kairuans losgekauft worden, gründete Ende des zehnten Jahrhunderts in jener Stadt eine Lehrschule, die in kurzer Zeit zu großer Bedeutung gelangte. Sein Sohn, Chananel ben Chuschiel, war einer der ersten Kommentatoren des Talmuds.

Jüdische geistige Tätigkeit blühte im Maghreb bis Mitte des zwölften Jahrhunderts, als die fanatische mohammedanische Sekte der Almohaden Nordafrika eroberte und allen Ungläubigen unbarmherzigen Krieg erklärte. Den Juden wurde die Wahl gestellt, sich zum Islam zu bekehren oder das Land zu verlassen. Viele Juden bekehrten sich damals zum Islam, um ihr Leben zu retten, fuhren aber im Geheimen fort, an ihrem Judentum festzuhalten.

Anfang des achten Jahrhunderts, nach Beendigung der Eroberung des Maghreb, fielen die Araber in Spanien ein. Innerhalb kurzer Zeit unterwarfen sie fast die ganze iberische Halbinsel, angeblich mit Hilfe der dortigen Juden, die unter den Verfolgungen der westgotischen Könige litten und die Araber als Befreier betrachteten. Mit den Arabern kamen auch nordafrikanische Juden. Ein Teil von ihnen diente sogar im arabischen Heer und nahm an der Eroberung tätigen Anteil. Das zehnte Jahrhundert, insbesondere die Regierungszeit Abdurrachmans III. (912-961), war die Glanzzeit des mohammedanischen Spanien. Dies war auch der Anfang "des goldenen Zeitalters" des spanischen Judentums, dessen Mittelpunkt die Gemeinde von Cordoba war.

Chasdai ibn Schaprut, eine der hervorragendsten jüdischen Persönlichkeiten jener Zeit, war der Leibarzt und Minister Abdurrachmans III., der seine Dienste in wichtigen diplomatischen Angelegenheiten in Anspruch nahm. Dieser einflußreiche Mann war das anerkannte Haupt des spanischen Judentums, und er tat sehr viel für die Förderung der Gelehrsamkeit und des geistigen Schaffens in den Kreisen seiner Volksgenossen. In seinen Tagen begann die eifrige Betätigung auf dem Gebiete der hebräischen Grammatik und die Blütezeit der hebräischen Dichtung. Zu seinen Schützlingen gehörten die Dichter und Grammatiker Menachem ben Saruk und Dunasch ben Labrat. Unter seiner Obhut stand die talmudische Lehrschule, die Moses ben Chanoch gegründet hatte, ein babylonischer Gesetzeslehrer, der, laut der bereits erwähnten Sage, zusammen mit Chuschiel ben Elchanan von Seeräubern gefangengenommen und von den Juden von Cordoba losgekauft wurde. Chasdai selbst war ein gelehrter Mann. Er übersetzte die Schriften des griechischen Arztes Dioskorides (aus dem ersten Jahrhundert christlicher Zeitrechnung) ins Arabische.

Eine ergreifende Episode in Chasdais Leben war sein Briefwechsel mit Joseph,

Seite aus einer reichverzierten orientalischen Bibelhandschrift (Ägypten, elftes Jahrhundert) in der Leningrader Bibliothek.

dem König der Chasaren. Die Chasaren waren ein tatarischer Stamm, der sich in Südrußland niedergelassen und Mitte des achten Jahrhunderts zum Judentum bekehrt hatte. Als Chasdai erfuhr, daß im Osten ein selbständiger jüdischer Staat bestand, richtete er einen Brief an den König der Chasaren, beschrieb darin die Lage der Juden in Spanien und gab seiner Sehnsucht nach politischer Unabhängigkeit für sich selbst und sein Volk Ausdruck. König Joseph erwiderte mit einer Einladung an Chasdai, zu ihm zu kommen und sein Minister zu sein. Aber einige Jahre später machte der Kiewsche Russenfürst Swjatoslaw dem unabhängigen Chasarenreich ein Ende.

Wie in Nordafrika, so auch in Spanien, wurde die arabische Sprache eines der Ausdrucksmittel der jüdischen Geisteskultur. Sie war ihnen beinahe eine zweite heilige Sprache. Der Umstand, daß die spanischen Juden neben ihrer hebräischen Sprache auch das Arabische beherrschten und oft auch der romanischen Sprachen ihrer Umgebung kundig waren, machte es ihnen möglich, als Übersetzer eine wichtige geistige Vermittlerrolle zu spielen.

Nicht nur auf die Sprache, sondern auch auf andere Bereiche ihrer Kultur erstreckte sich der Arabisierungsprozess der spanischen Juden. Sie trugen arabische Namen und kleideten sich wie die Araber. In der Bauweise ihrer Synagogen und in deren Ausschmückung kommt die Anpassung an den arabischen Stil klar zum Ausdruck, und dies sogar nach der allmählichen Verdrängung der arabischen Herrschaft, in der Zeit der christlich-spanischen Wiedereroberung Spaniens.

Nach der Eroberung und Plünderung Cordobas durch die Berber im Jahre 1013, zerstreute sich die dortige jüdische Gemeinde. Ihre Mitglieder fanden Zuflucht in Granada, Toledo, Malaga und Saragossa. Das mohammedanische Spanien bestand zu der Zeit aus vielen Kleinstaaten, deren Herrscherhöfe untereinander an Glanz wetteiferten, ungefähr wie in Italien zur Zeit der Renaissance. An einigen dieser Höfe spielten Juden eine wichtige Rolle. Zu den hervorragendsten jüdischen Persönlichkeiten des elften Jahrhunderts gehörte Samuel ibn Nagdela, auch als Samuel ha-Naggid (der Fürst) bekannt. Viele Jahre lang war er der Wesir des Königreichs Granada. Er verwaltete das Königreich und führte sein Heer ins Feld. Neben seiner Tätigkeit als Staatsmann und Feldherr, fand Samuel auch Zeit für die religiösen und weltlichen Angelegenheiten der jüdischen Gemeinde des Königreichs, als deren Haupt er anerkannt wurde. Dabei war er ein vielseitiger Schriftsteller und Dichter. Er verfaßte eine "Einleitung in den Talmud" und besang seine Abenteuer und Siege in kunstvollen Versen. Überdies war er ein freigebiger Gönner der Gelehrten und Künstler seines Volkes. Auch an der Baukunst war er interessiert. Angeblich nahm er persönlich an dem Bau des Löwenhofes in der Alhambra von Granada teil. Salomo ibn Gabirol, der in seinem kurzen Leben (kaum 37 Jahre) unsterblichen Ruhm als Dichter und Denker erwarb, war eine Zeitlang sein Schützling. Er beweinte Samuels Tod in einer gefühlvollen Elegie.

In dieser Zeit herrschte auch in Saragossa eine rege geistige Tätigkeit. Jona ibn Dschanach, der größte hebräische Sprachforscher, verfaßte dort seine bahnbrechende Grammatik und ein Wörterbuch der hebräischen Sprache. Bachja ibn Pakuda schrieb sein Buch "Die Herzenspflichten", eine der einflußreichsten Erbauungsschriften der jüdischen religiösen Literatur. Das Buch war allerdings arabisch geschrieben, und wurde erst später ins Hebräische übersetzt.

Nach dem Tode Samuels ibn Nagdela erbte sein Sohn Joseph seine Stellung als

Wesir des Königreichs Granada. Aber seine Neigung, Juden bei der Besetzung hoher Stellen den Vorzug zu geben, erregte den Haß der Mohammedaner gegen ihn. Im Jahre 1066 überfiel eine wütende Menge die jüdische Bevölkerung Granadas. Joseph wurde ermordet. Ca. 4000 Juden wurden niedergemetzelt. Die anderen retteten sich durch Flucht.

Trotz alledem blühte jüdisches Leben auch weiterhin im mohammedanischen Spanien. In der ersten Hälfte des zwölften Jahrhunderts besang Jehuda Halevi in feurigen Versen seine Sehnsucht nach Zion. Er war aber nicht nur ein hervorragender Dichter, sondern auch ein tiefsinniger Denker. Sein philosophisches Werk "Kusari", ein Dialog zwischen dem König der Chasaren und je einem christlichen, mohammedanischen und jüdischen Weisen, die ihn zu ihrem Glauben zu bekehren suchen, ist ein Meisterwerk der Apologie des Judentums. Im Alter von sechzig Jahren entschloß sich Jehuda Halevi, seinen Traum zu verwirklichen und nach dem Heiligen Lande zu ziehen. Niemand weiß, ob er sein Ziel erreichte. Er hielt sich eine Zeitlang in Ägypten auf, aber die Fortsetzung seiner Reise ist in Dunkel gehüllt. Eine Legende erzählt, er sei von einem arabischen Ritter zu Tode getrampelt worden, während er beim Anblick Jerusalems kniend eines seiner Zionslieder rezitierte.

Von den Zeitgenossen Jehudas sind zu erwähnen Moses ibn Esra, bekannt geworden als religiöser und weltlicher Dichter sowie als Philosoph und Literaturhistoriker, und neben ihm Abraham ibn Esra, der nicht nur ein großer Dichter, sondern auch ein tiefgründiger Bibelkommentator war.

Um die Mitte des zwölften Jahrhunderts erhielt die Judenschaft im mohammedanischen Spanien einen schweren Schlag. Die bereits früher erwähnten fanatischen Almohaden gewannen die Oberhand auch in Spanien und stellten die Juden vor die gleiche Wahl wie in Nordafrika: Bekehrung zum Islam oder Auswanderung. Von nun an konzentrierte sich das jüdische Leben in Spanien in dem nördlichen Teil der Halbinsel, von wo aus christliche Fürsten ihren Herrschaftsbereich immer weiter südwärts erweiterten, in der Absicht, die Araber aus Spanien ganz zu vertreiben. Der Mann der als der größte Philosoph des jüdischen Mittelalters verehrt wird, und der als Verfasser eines der wichtigsten Religionskompendien unsterblichen Ruhm gewonnen hat, der Mann den die dankbare Nachwelt "den großen Adler" benannt hat, Moses ben Maimon (auch kurz Maimonides und in einer hebräischen akrostichischen Abkürzung Rambam benannt), war knapp dreizehn Jahre alt, als die Almohaden seine Heimatstadt Cordoba plünderten. Seine Familie war gezwungen, ein neues Heim zu suchen, und erreichte schließlich im Jahre 1160 die Stadt Fez in Marokko. Obgleich die mohammedanische Unduldsamkeit den Juden in Marokko das Leben schwer machte, weilte der junge Moses ben Maimon eine Zeitlang dort und widmete sich verschiedenen literarischen Arbeiten. In seiner "Epistel über die Abtrünnigkeit" verteidigte er die Juden, die unter Zwang den Islam angenommen hatten, aber im Geheimen am jüdischen Glauben und Brauch festhielten, gegen die jüdischen Fanatiker, die in ihrem Abfall eine unverzeihbare Sünde sahen. Während seines

Vorhergehende Seite: Der Löwenhof in der Alhambra von Granada. Es wird angenommen, daß Samuel ha-Naggid (990-1055), Wesir des Königreichs Granada seit 1027, an der Planung dieses ältesten Teiles der Alhambra teil hatte. Salomo ibn Gabirol Avicebron gedenkt des Löwenbrunnens in einem seiner Gedichte.

Mose ben Maimon (auch als Maimonides bekannt, 1135-1204), der größte jüdische Philosoph des Mittelalters. Ein Bronzemedaillon, wahrscheinlich aus der Renaissance.

Aufenthaltes in Marokko begann Moses ben Maimon seinen großen, in arabischer Sprache verfaßten Kommentar zur Mischna. Als er aber die bedrückende Atmosphäre in Marokko nicht länger aushalten konnte, zog er 1165 zuerst nach Palästina und von da nach Ägypten. Dort ließ er sich als Arzt in Fostat bei Kairo nieder, wo seit dem achten Jahrhundert eine blühende jüdische Gemeinde bestand, und wurde zum Leibarzt des Sultans von Ägypten ernannt. Von Juden und Mohammedanern hoch verehrt, beendete er in Fostat den Mischnakommentar und verfaßte den großen Religionskodex "Mischne Tora", der den ganzen Stoff des Talmuds systematisch geordnet darbietet. Dort entstand auch sein philosophisches Hauptwerk, "Der Führer der Schwankenden", in dem er zu den höchsten philosophischen Problemen Stellung nahm. Sein Ruhm verbreitete sich weithin.

Seite aus dem Religionskodex „Mischne Tora." Spanische Handschrift des fünfzehnten Jahrhunderts, Britisches Museum (Ms. Harl. 5698).

Sogar die weltabgeschiedenen Gemeinden Jemens erkannten seine Autorität an. In seiner "Epistel an Jemen" warnte er die jemenitischen Juden vor einem dort erschienenen Pseudo-Messias und ermahnte sie zu geduldiger Erwartung der göttlichen Erlösung. Moses ben Maimon starb im Jahre 1204. Seine Leiche wurde nach Palästina überführt und in Tiberias begraben. Sein Grab ist bis heute ein vielbesuchter Wallfahrtsort.

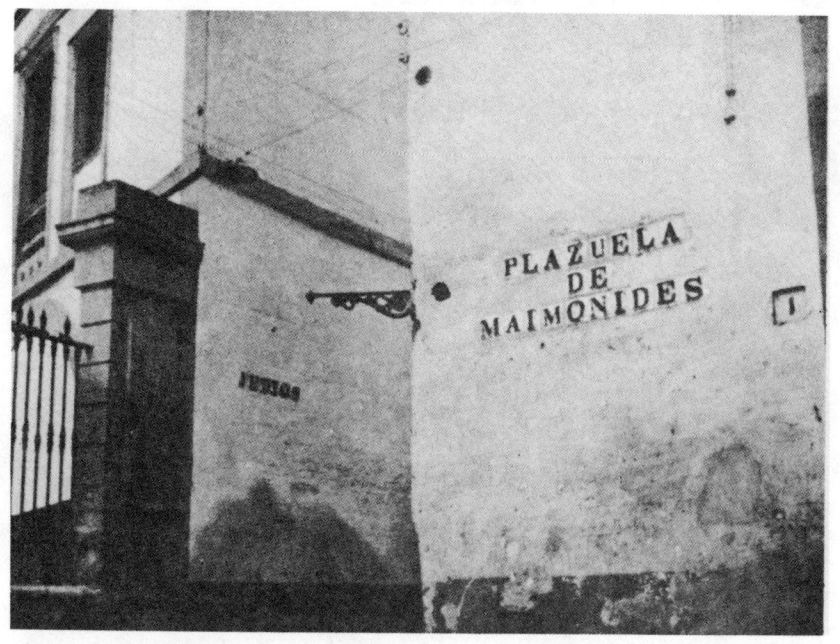

Der Maimonides-Platz im alten jüdischen Viertel von Cordoba.

DAS FRÜHE MITTELALTER

Die Lage der Juden in Westeuropa nach dem Untergang des römischen Reiches ist in Dunkel gehüllt. Als das Christentum im vierten Jahrhundert Staatsreligion des römischen Reiches wurde, ereigneten sich überall gewalttätige Angriffe auf jüdische Gemeinden und einzelne Juden. Zahlreiche Juden nahmen das Christentum an, um ihr Leben zu retten, und gingen dann allmählich in der umgebenden Bevölkerung auf. Aber andere überstanden die Verfolgungen und blieben dem Glauben und der Überlieferung ihres Volkes treu.

In den von den Arabern im achten Jahrhundert eroberten Gebieten nahmen die Juden die arabische Sprache an und bauten zusammen mit den Arabern die jüdisch-arabische Kultur auf, von der im vorigen Kapitel die Rede war. Aber auch außerhalb der von den Arabern eroberten Gebiete, hatte das veränderte Weltbild einen großen Einfluß auf das jüdische Leben. Die östlichen und südlichen Küstenländer des Mittelmeeres waren nunmehr von den westlichen römischen Zivilisationen abgeschnitten. Den Juden, die im Handel besonders eifrig tätig waren, bot diese Lage neue Gelegenheiten, ihre internationalen Beziehungen auszunutzen.

In gewissem Sinne waren die Juden überall zu Hause. Sie hatten eine gemeinsame Sprache und Kultur und ein Gefühl der Solidarität über alle politischen Grenzen

Handelskarawane auf dem Wege nach China. Aus dem Katalanischen Atlas (Nationalbibliothek von Paris), der von Abraham und Jehuda Kreskas in den Jahren 1336/37 erstellt wurde.

hinweg. So entstand in jener Zeit eine Klasse jüdischer internationaler Handelsleute, die die teuren, vielverlangten Produkte des Ostens gegen die Rohmaterialien und Erzeugnisse des Westens austauschten. Juden aus Asien und Afrika kamen nach Mittel- und Westeuropa, gingen ihren Geschäften nach und stärkten nebenbei die jüdischen Gemeinden, die sie besuchten. Arabische Schriftsteller aus dem neunten Jahrhundert erwähnen jüdische Kaufleute, die sie "Radaniten" nennen. Der Ursprung und die genaue Bedeutung dieser Bezeichnung sind unbekannt. Diese Kaufleute spielten eine bedeutende Rolle im internationalen Handelsverkehr. Sie beherrschten mehrere Sprachen und reisten über Land und

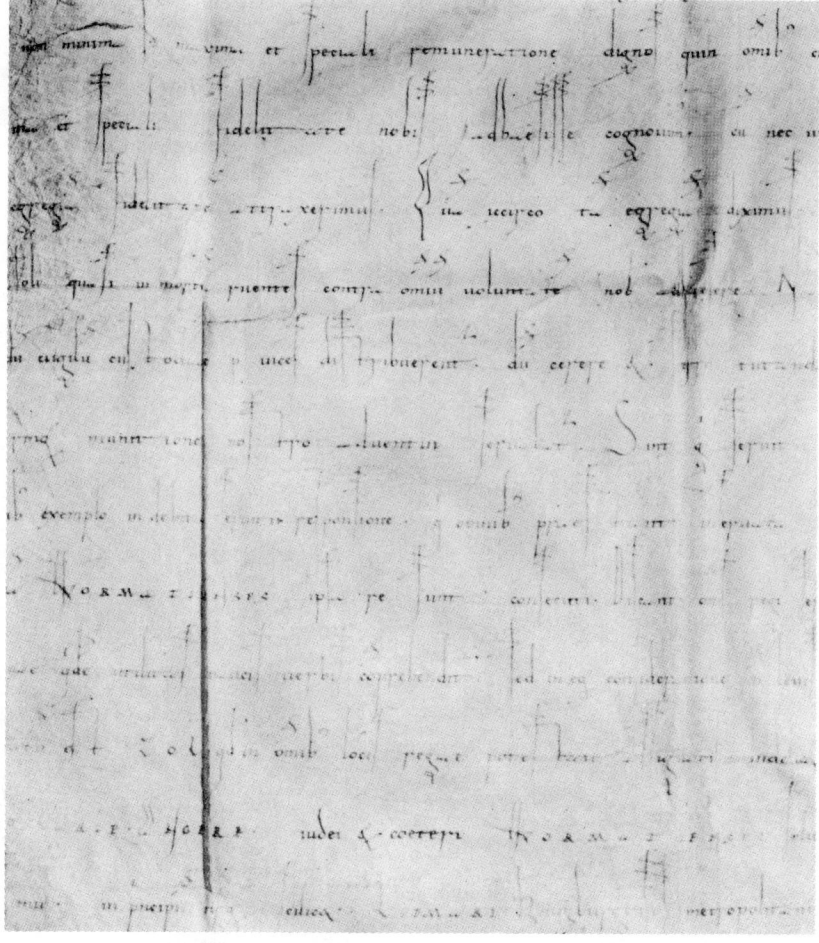

Privileg Kaisers Heinrich IV. (1056-1106), im Jahr 1074 der Stadt Worms erteilt. In Anerkennung ihrer Treue dem Kaiser gegenüber werden „den Juden und den andern Bürgern der Stadt Worms" gewisse Steuern erlassen.

Meer zwischen Mitteleuropa und Indien. Unterwegs besuchten sie viele Häfen und Märkte, kauften und verkauften.

Die Karolinger, Karl der Große und seine Nachfolger, scheinen die jüdische Handelstätigkeit ganz besonders begünstigt zu haben, nachdem sie der Wirtschaft ihres Staates erheblichen Nutzen brachte. Es sind Dokumente erhalten, die von ihrer wohlwollenden Einstellung zeugen. Außerdem erzählen jüdische Sagen von Gunstbezeugungen karolingischer Herrscher jüdischen Gemeindehäuptern und Gesetzeslehrern gegenüber. Nach einer Sage gestattete Karl der Große dem Haupte der Gemeinde von Narbonne als Lohn für treue Dienste, freien Grundbesitz zu erwerben, und bestätigte seine beinahe autonome Autorität über seine Glaubensgenossen. Bis zum dreizehnten Jahrhundert trug das Haupt der Gemeinde von Narbonne den Titel "Judenkönig" (ihr hebräischer Titel war Nassi, das heißt Fürst).

Die gleiche wohlwollende Haltung hatten anscheinend auch die sächsischen Kaiser des zehnten Jahrhunderts jüdischen Kaufleuten und Gelehrten gegenüber. Einer jüdischen Überlieferung nach, belohnt Kaiser Otto II. die ihm geleisteten treuen Dienste eines italienischen Juden namens Kalonymus, indem er ihn mit seiner

Die Stadt Worms. Wandgemälde in einer alten Holzsynagoge in Kapust be Mohilew (Weißrußland). Worms war in der ganzen Diaspora als der Sitz jüdischer Gelehrsamkeit und als das Symbol jüdischen Märtyrertums berühmt.

Das Fenster des sogenannten Kalonymus-Hauses in Mainz. Die Kalonymusfamilie, die bedeutende Talmudisten, Mystiker und Dichter hervorbrachte, stammte aus Italien und übersiedelte im frühen Mittelalter in das Rheinland, wie es heißt, auf Veranlassung des Kaisers Otto II.

Familie aus seiner Vaterstadt, Lucca in Norditalien, nach Mainz brachte. Dieser Familie entsprangen im Laufe der Zeit berühmte Talmudgelehrte, Mystiker und Dichter, die in Mainz und in anderen Städten des Rheinlandes, wie Worms und Speyer, wirkten.

Einen späten Widerhall der Weltreisen jüdischer Kaufleute bildet die Tätigkeit der jüdischen Kartographen auf Majorca, die den Katalanischen Atlas hervorbrachten. Dieser Atlas behält das Andenken an Handelswege von den Mittelmeerländern bis ins Innere Asiens und tief in die Saharawüste hinein, die später viele Generationen lang vergessen waren.

Natürlich waren nicht alle Juden Westeuropas im frühen Mittelalter Kaufleute. Es gab jüdische Handwerker. Diese konzentrierten sich hauptsächlich auf fortschrittliche Techniken, wie Seidenweberei, Färberei, Glasbläserei und ähnliches. Außerdem gab es noch in ganz Europa jüdische landwirtschaftliche Niederlassungen. Ortsnamen wie Judendorf, Villejuif und andere bewahren ihr Andenken bis heute. In Frankreich und in der Rheingegend befaßten sich zahlreiche Juden mit Weinbau und Weinerzeugung. Zahlreich waren auch die jüdischen Pferde-, Vieh- und Geflügelhändler.

Im Nordosten Frankreichs, wo damals die großen internationalen Messen stattfanden, bestanden zahlreiche bedeutende jüdische Gemeinden. Kein Wunder, daß dort im elften Jahrhundert große rabbinische Lehrhäuser erstanden. Die hervorragendste Persönlichkeit der Zeit war Rabbi Gerschom ben Jehuda, der mit dem Beinamen "die Leuchte der Diaspora" beehrt wurde. Er war aus Frankreich

145

Das Innere der Raschi-Kapelle in Worms, die 1938 von den Nazis zerstört wurde. An der Wand der Raschi-Stuhl.

gebürtig, verbrachte aber den größten Teil seines Lebens in Mainz als Haupt des dortigen talmudischen Lehrhauses. Seine Autorität war weit und breit anerkannt. Er war es, der die Polygamie, die ohnehin bei den europäischen Juden nur noch theoretisch bestand, durch eine seiner Verordnungen abschuf. Wichtig war auch eine andere seiner Verordnungen, die die Wahrung des Briefgeheimnisses unter Bannandrohung sicherte. In seinen Tagen verursachte die Bekehrung eines Priesters zum Judentum einen gewalttätigen Ausbruch gegen die Juden in Mainz. Zusammen mit anderen Juden wurde auch Rabbi Gerschoms Sohn zwangsweise getauft, und er starb, bevor Kaiser Heinrich II. den getauften Juden erlaubte, zu ihrem Glauben zurückzukehren.

Eine andere große Persönlichkeit war Rabbi Salomo ben Isaak (bei den Juden unter dem akrostisch gekürzten Namen Raschi bekannt). Er war 1040 in Troyes, in Nordfrankreich, geboren, studierte in Worms und Mainz, lehrte auch eine Zeitlang in Worms, kehrte aber dann in seine Vaterstadt zurück, gründete sein eigenes Lehrhaus und starb dort im Jahre 1105. Weltweiten Ruhm erwarb er durch seine Kommentare zur Bibel und zum Talmud. Sein Bibelkommentar, welcher fast alle Bücher der Bibel umfaßt, zeichnet sich aus durch die Knappheit des Stils, durch die Klarheit der Wort- und Sacherklärungen und durch den sicheren Geschmack in

Äußere Ansicht der Raschi-Kapelle.

der Wahl haggadischer Zitate. Er ist bis zum heutigen Tage der beliebteste und meistbenutzte Bibelkommentar. Kein Wunder, daß es das erste hebräische Buch war, das 1475 in Reggio im Druck erschien. Was den Talmudkommentar anbelangt, so ist dieser allgemein als ein pädagogisches Meisterwerk anerkannt. Raschi versteht die Kunst, schwierigste Textstellen in wenigen Worten deutlich zu erklären. Sein Kommentar begleitet den Talmudtext in allen Drucken. Sein größtes Lob ist, daß Raschis Zeitgenossen behaupteten, er habe durch seinen Kommentar den Talmud vor der Vergessenheit bewahrt.

Mit besonderer Liebe pflegte die Gemeinde Worms das Andenken des großen Kommentators, der dort eine Zeitlang lehrte. Dort stand die sogenannte Raschi-Kapelle, in der auch sein Lehrstuhl aufbewahrt wurde. Die Kapelle ist von den Nazis zerstört und nach dem Kriege wiederaufgebaut worden. Viele Mitglieder der Familie Raschis zeichneten sich als Talmudgelehrte aus. Die bedeutendsten von ihnen waren Rabbi Samuel ben Meir, ein Enkel Raschis, der ebenfalls Bibelkommentare schrieb und den Talmudkommentar seines Großvaters ergänzte, und sein Bruder Jakob ben Meir Tam, der eine weithin anerkannte Autorität in religiösen Angelegenheiten war. Rabbenu Tam und seine vielen Schüler verfaßten zahlreiche Glossen zum Talmudtext und zu Raschis Talmudkommentar. Diese

Grabsteine der Ratsherren (Darnissim), der Gemeinde Worms, die 1096 von den Kreuzfahrern ermordet wurden.

Handschrift des Raschi-Kommentars zur Bibel, aus dem Jahr 1250, Nationalbibliothek, Paris.

Glossen bilden die sogenannten "Tossafot" ("Zusätze"), die meist zusammen mit dem Talmudtext und Raschis Kommentar gedruckt werden. Die Gelehrten, die im zwölften und dreizehnten Jahrhundert daran gearbeitet hatten, sind als die "Tossafisten" bekannt. Zu ihrer Zeit brachen, im Gefolge der Kreuzzüge, große Judenverfolgungen aus, und einige von ihnen starben als Märtyrer.

DIE KREUZZÜGE

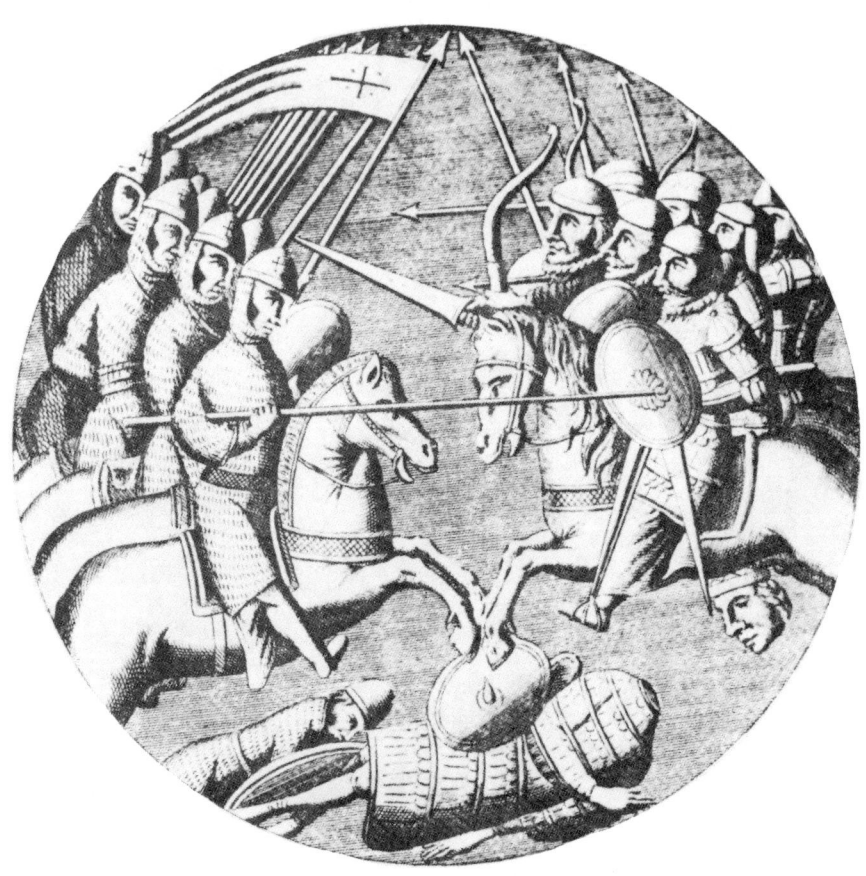

Kampf zwischen Kreuzfahrern und Sarazenen. Detail von einem nicht mehr bestehenden Fenster in der Abtei St. Denis, Paris (Lassine & Parmentier, Album Historique).

Die Kreuzzüge bilden einen Markstein in der jüdischen Geschichte. Judenverfolgungen hat es in Westeuropa auch vor ihnen gegeben. Aber diese waren sporadische Ausbrüche. Von nun an wurden sie eine bleibende Erscheinung. Gegen Ende des elften Jahrhunderts überbrachten Pilger, die aus dem Heiligen Lande zurückkehrten, Erzählungen über Entweihung heiliger Stätten und Mißhandlung christlicher Wallfahrer durch die Mohammedaner. Fanatiker

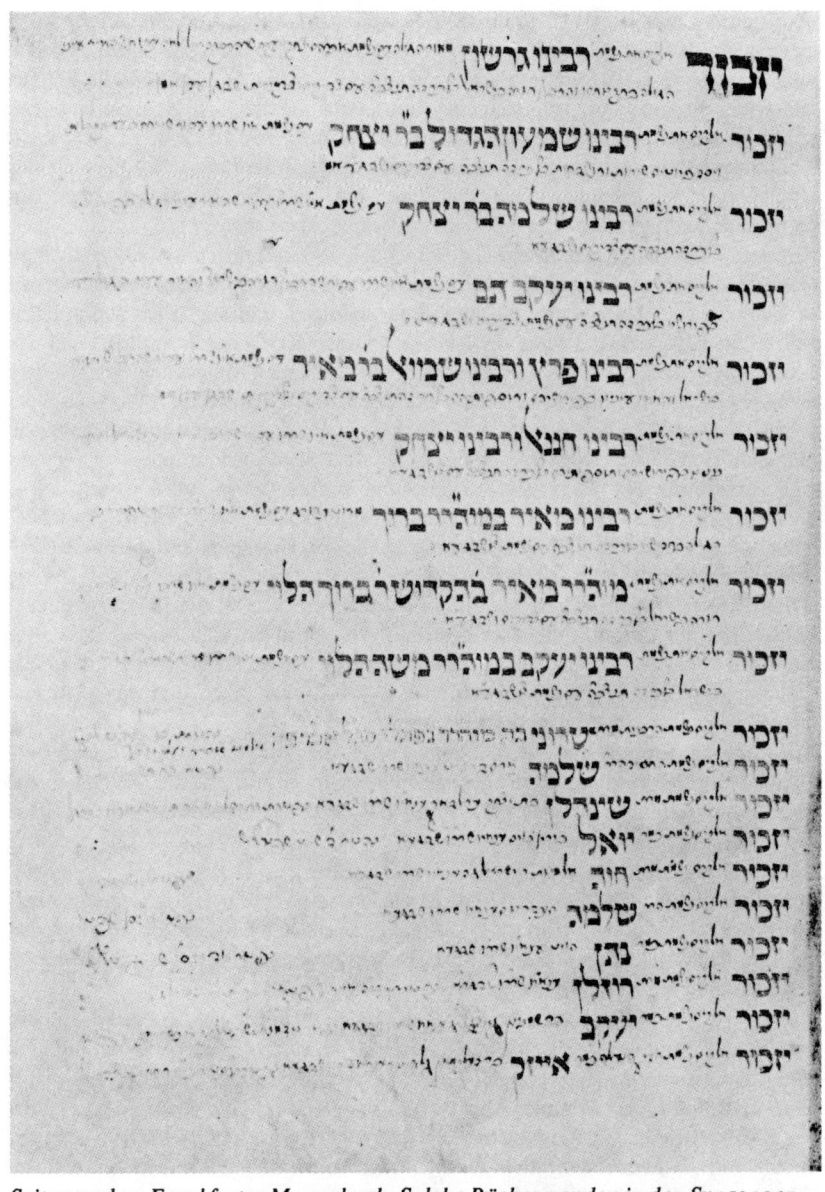

Seite aus dem Frankfurter Memorbuch. Solche Bücher wurden in den Synagogen bei Seelenandachtsfeiern verlesen. Sie enthalten Verzeichnisse von Märtyrern, von Wohltätern der Gemeinde und von hervorragenden jüdischen Persönlichkeiten, für deren Seelenheil gebetet wurde. Die hier abgebildete Seite erwähnt unter anderem Rabbi Gershom, „die Leuchte der Diaspora", Rabbi Salomo ben Isaak (Raschi), Rabbi Jakob Tam, Rabbi Meir von Rothenburg u.a. (Universitätsbibliothek Jerusalem).

übertrieben diese Berichte, schürten Entrüstung in Europa und verbreiteten den Gedanken, daß das Heilige Land vom Joche der Ungläubigen befreit werden müsse. Im Jahre 1095 forderte Papst Urban II. im Konzil von Clermont die Fürsten und Ritter Europas auf, zur Befreiung Jerusalems auszuziehen. Sein Aufruf fand einen mächtigen Widerhall. Im Frühling des Jahres 1096 marschierte schon ein Kreuzfahrerheer nach dem Osten, um das Heilige Grab aus den Händen der Ungläubigen zu entreißen. Außer Rittern, die aus aufrichtiger religiöser Begeisterung auszogen, umfaßte das Heer zahlreiche Abenteurer.

Auf dem Wege durch das Rheinland fiel es den Kreuzfahrern ein, daß sie auch zu Hause Ungläubige hatten, die nicht weniger abscheulich waren als die fernen Mohammedaner. Dies waren die arglosen, wehrlosen und angeblich steinreichen Juden. So begannen die Kreuzfahrer den heiligen Krieg durch Angriffe auf die Juden. Wo immer die Kreuzfahrer hinkamen, wurden die Juden gezwungen, zwischen Taufe und Tod zu wählen. Die meisten zogen den Tod vor. Wer sich nicht selbst das Leben nahm, wurde von den Kreuzfahrern grausam ermordet. Ganze blühende Gemeinden, wie Trier, Worms, Mainz, Speyer und Köln, wurden so gut wie ausgelöscht. In Metz und Regensburg wurden viele Juden zwangsweise getauft. Jüdische Siedlungen, deren Namen die Geschichte früher nie verzeichnet hatte, wurden durch das Blutbad, das die Kreuzfahrer in ihnen anrichteten, traurig bekannt. Es ist tröstlich, zu erfahren, daß wenigstens an einem Orte in Böhmen die Juden zu den Waffen griffen und die mörderischen Ritter in die Flucht schlugen. Leider gibt die Chronik, die über diesen Vorfall berichtet, den Namen des Ortes nicht an. Die Zahl der jüdischen Opfer des ersten Kreuzzuges wird auf zwölftausend geschätzt. Die Beute wurde unter den Kreuzfahrern und den örtlichen kirchlichen und weltlichen Behörden verteilt.

Nach diesen Ereignissen erschien eine neue Gattung jüdischer Literatur, die Gattung der "Memorbücher" der jüdischen Gemeinden, welche das Andenken der Märtyrer bewahrten. An gewissen Tagen des Seelengedächtnisses wurden diese Memorbücher in den Synagogen verlesen.

Als die Kreuzfahrer letzten Endes im Jahre 1099 das Heilige Land erreichten, tilgten sie die jüdische Gemeinde von Jerusalem, die seit der Eroberung Palästinas durch die Araber dort in Frieden gelebt hatte, aus. Die Synagoge, in die die Juden sich geflüchtet hatten, wurde in Brand gesteckt, und die ganze Gemeinde kam in den Flammen um.

Auch die weiteren Kreuzzüge waren in der Regel mit Judenverfolgungen in Europa verbunden. Fünfzig Jahre nach dem ersten Kreuzzug war das Königreich Jerusalem, das die Ritter gegründet hatten, in einer so schwierigen Lage, daß Papst Eugen III. und der fromme Abt Bernhard von Clairvaux zu einem zweiten Kreuzzug aufriefen. Fanatische Mönche in Frankreich und Deutschland taten ihr Bestes, um die Kreuzfahrer auch diesmal gegen die Ungläubigen in ihren eigenen Ländern aufzuwiegeln. König Ludwig VII. von Frankreich und der deutsche Kaiser Konrad III. begnügten sich mit einem finanziellen Schlag gegen die Juden, indem sie alle Kreuzfahrer von ihren Verpflichtungen gegenüber jüdischen Geldverleihern befreiten, gewährten den Juden aber einen gewissen Schutz vor Gewalttätigkeiten. Auch Bernhard von Clairvaux machte von seinem hohen Ansehen Gebrauch, um die Kreuzfahrer einigermaßen in Zaum zu halten. Trotz alledem wurden in Frankreich und Deutschland zahlreiche Juden ermordet. In Ramerupt (Frankreich) entkam der berühmte Tossafist Rabbenu Tam mit knapper Not dem Märtyrertod,

Der Clifford-Turm, York. Hierher flüchteten die Juden von York im Jahre 1190 und brachten sich gegenseitig um, als sie sahen, daß weiterer Widerstand aussichtslos war.

dank dem Dazwischentreten eines ihm freundlich gesinnten Ritters. - Auch der zweite Kreuzzug rettete nicht das Königreich Jerusalem, das 1187 von Saladin, dem Sultan von Ägypten, erobert wurde. Im Jahre 1189 wurde ein dritter Kreuzzug organisiert, um Jerusalem von neuem zu befreien. Diesmal erreichte das religiöse Fieber auch England, und König Richard Löwenherz nahm das Kreuz. Selbstverständlich hatten die Juden diesmal auch hier zu leiden. Am Großen Sabbat (dem Sabbat vor dem Pessahfest) des Jahres 1190, welcher mit dem christlichen Heiligen Samstag zusammenfiel, erreichte das Geschick die jüdische Gemeinde von York. Hier hatten sich die Juden in einen Turm des königlichen Schlosses geflüchtet, wo sie einige Tage lang widerstanden. Als sie einsahen, daß gar keine Hoffnung auf Rettung bestand, beschlossen sie, sich selbst umzubringen, um nicht der wütenden

Folgende Seite: Die Ruinen des Kreuzfahrer-Schlosses von Athlit. Die letzte Festung der Kreuzfahrer auf palästinensischem Boden. Ihre Räumung im Jahre 1291 bezeichnete den Endsieg der Mohammedaner in Palästina, die das Land dann mehr als sechshundert Jahre lang beherrschten.

Menge in die Hand zu fallen. Vor ihrem Tode verbrannten sie ihre ganze Habe. Gewalttätige Angriffe auf Juden ereigneten sich auch in Norwich, Stanford, Lynn und anderen Orten, doch erreichten sie nicht das grausige Ausmaß der Tragödie von York.

Weniger siegreich als im Kampfe mit den Juden, waren die Kreuzfahrer in ihren Kämpfen mit den Sarazenen. Es gelang ihnen nicht, Jerusalem zu befreien. Der vierte Kreuzzug in den Jahren 1202-1204, der fünfte in den Jahren 1217-1221 und der sechste in den Jahren 1228-1229, verliefen resultatlos, soweit es das Heilige Land anbetrifft, und auch in Europa waren sie nicht mit besonderen fanatischen Ausbrüchen gegen die Juden verbunden. Aber die ersten drei Kreuzzüge hatten die Beziehungen zwischen Juden und Christen grundlegend geändert. Sie hatten blinden Haß gegen die Juden gesät, und dieser charakterisierte die Einstellung der Christen den Juden gegenüber während des ganzen Mittelalters. Andererseits entfremdeten sich die Juden vollständig von ihrer christlichen Umgebung. Der Mystizismus fand fruchtbaren Boden in ihren schwerverwundeten Seelen. In ihrer religiösen Dichtung gaben sie den Leiden der Zeit ergreifenden Ausdruck.

BLUTBESCHULDIGUNGEN

Nachdem der Blutdurst einmal geweckt war, ließ er sich nicht mehr leicht ausmerzen. Bald genug war der Vorwand eines Kreuzzuges nicht mehr erforderlich, um über die Juden herzufallen. Um die Überfälle zu rechtferigen,

Der Ritualmord von Trient (1475), nach einem zeitgenössischen Stich. Es wurde behauptet, daß die Juden Christenblut zum Backen der ungesäuerten Pessachbrote, der Mazzot, verwenden.

begann man schreckliche Anklagen gegen sie vorzubringen. Sie wurden zum Beispiel angeklagt, daß sie zur Zeit des Pessachfestes oder der christlichen Ostern, die oft zusammenfielen, in höhnischer Wiederholung der Jesus zugefügten Leiden Christenkinder "opferten". Später kam die Behauptung hinzu, daß sie Christenblut beim Backen der ungesäuerten Pessachbrote und bei anderen Pessachzeremonien verwenden. Diese Anklagen hatten stets verheerende Folgen. Zum ersten Mal wurde die Blutbeschuldigung in England erhoben. Es war der Fall des "heiligen" William von Norwich, im Jahre 1144. Die Juden der Stadt Norwich wurden von ihren christlichen Mitbürgern wegen ihres Wohlstandes beneidet und gehaßt. Als Ende März 1144 die Leiche eines zwölfjährigen Jungen in einem Wald bei Norwich gefunden wurde, beschuldigten fanatische Mönche die Juden, sie hätten den Jungen am Pessachvorabend für rituelle Zwecke zu Tode gemartert. Die Behörden schenkten der Beschuldigung keinen Glauben, aber das Volk glaubte daran. Der Junge wurde als Märtyrer heiliggesprochen, und man erzählte von Wundern, die an seinem Grabe geschehen. Ähnliche Blutbeschuldigen wurden 1168 gegen die Juden von Gloucester und gegen die Juden von Bury St. Edmunds erhoben.

Der von den englischen Mönchen ausgestreute Samen fiel auf dem europäischen Festland auf fruchtbaren Boden. Der berüchtigste Fall von Blutbeschuldigung ereignete sich 1171 in der französischen Stadt Blois. Hier wurde die ganze Gemeinde, 21 Männer und 17 Frauen, unter der Beschuldigung, ein Christenkind ermordet zu haben, ins Gefängnis geworfen. Der einzige Zeuge war ein Pferdeknecht, der der Wasserprobe unterworfen wurde. Als der mit Weihwasser

Ein mittelalterliches jüdisches Haus und die Synagoge in Steep Hill, Lincoln.

Das Grab des „kleinen Heiligen Hugh" in der Kathedrale von Lincoln, der
angeblich 1255 von Juden gekreuzigt worden war.

gefüllte Kahn, in welchem der Zeuge saß, nicht unterging, war der Richter von der
Wahrheit der Anklage überzeugt und verurteilte die Juden zum Feuertod. Die
Verurteilten wiesen den Vorschlag zurück, ihr Leben durch die Taufe zu retten, und
bestiegen gemeinsam den Scheiterhaufen. Der Tag der Verbrennung, der 20. Siwan
nach dem jüdischen Kalender, wurde lange Zeit von den Juden Frankreichs und des
Rheinlandes als ein Fasttag begangen.

Es würde zu weit führen, sämtliche Fälle von Blutbeschuldigung hier aufzuzählen.
Aber wenigstens noch zwei dürfen nicht unerwähnt bleiben. Im Jahre 1255
verschwand in Lincoln ein achtjähriger Christenjunge namens Hugh. Sein
Leichnam wurde im Hofe eines jüdischen Hauses gefunden und die Juden wurden
beschuldigt, den Jungen "gekreuzigt" zu haben. Der Leichnam des "Märtyrers"
wurde feierlich in der Kathedrale beigesetzt und die 92 Mitglieder der jüdischen

Gemeinde wurden nach London geschickt, um dort vor Gericht zu stehen. Achtzehn von ihnen wurden gehängt. Die übrigen durften sich um einen hohen Preis loskaufen. Der Vorfall wurde in französischen und englischen Balladen besungen, und auch Chaucer erwähnt in seinen Canterbury Tales den Fall des "kleinen Heiligen Hugh".

Der andere Fall, den wir noch erwähnen wollen, ereignete sich mehr als zweihundert Jahre später. Am ersten Pessachtage des Jahres 1475 verschwand in Trient (Oberitalien) ein dreijähriger Christenjunge namens Simon. Es scheint, daß ein Christ, der einen Prozeß gegen einen Juden verloren und daraufhin geschworen hatte, sich dafür zu rächen, das Kind ermordet hat, um die Schuld auf die Juden zu schieben. Natürlich wurden die Juden des Ritualmordes beschuldigt und verhaftet. Sie wurden schrecklich gefoltert, um ihnen ein Geständnis zu entlocken. Nach monatelangen Qualen wurden sechs von ihnen lebendig verbrannt. Zwei nahmen die Taufe an, woraufhin ihre Strafe erleichtert wurde. Anstatt verbrannt zu werden, wurden sie nur geköpft. Der neunte Jude starb im Gefängnis und sein Leichnam wurde verbrannt. Papst Sixtus IV. widersetzte sich in diesem Falle der Ritualmordanklage und versuchte vergebens, die unschuldigen Opfer zu retten. Nachdem ihm dies nicht gelungen war, lehnte er wenigstens den dringenden Wunsch der Trienter Priesterschaft ab, den kleinen Simon heiligzusprechen. Seine Heiligsprechung erfolgte erst 100 Jahre später durch Papst Gregor XIII. In der Sankt Peterskirche in Trient gibt es eine nach ihm benannte Kapelle. Erst nach dem

Judenverbrennung. Ein häufiger Anblick im Mittelalter. Aus Schedels "Liber Chronicorum", Nürnberg (1493).

zweiten Vatikan-Konzil (1962-1965) wurde der Gottesdienst zu Ehren des kleinen "Heiligen" in dieser Kapelle unterbrochen.

Die Blutbeschuldigungen, die in Norwich begonnen hatten, setzten sich bis zu unserem zwanzigsten Jahrhundert fort und hatten überall tragische Folgen, besonders in Deutschland, wo diese Beschuldigungen endemisch waren. Vergeblich erhoben sich Könige, Kaiser und Päpste dagegen und erklärten die Ritualmordbeschuldigungen öffentlich als Lügenmärchen.

Das Dogma der Transsubstantiation, welches die katholische Kirche im Jahre 1215 proklamierte, bot einen neuen willkommenen Anlaß zu Ausschreitungen gegen die Juden. Die Juden wurden nunmehr auch der Hostienschändung beschuldigt. Durch die Mißhandlung der Hostie, die ja den Leib Christi verkörperte, wiederholten sie angeblich symbolisch die seinerzeit Jesu auferlegten Leiden. Der erste Fall einer solchen Beschuldigung ereignete sich 1247 in Beelitz bei Berlin. Jedesmal forderten diese Anklagen jüdische Opfer.

Im Jahre 1290 wurde in Paris ein jüdisches Ehepaar zum Feuertod verurteilt. Die Beschuldigung war, die beiden hätten eine Hostie zerstochen. Nach einem zeitgenössischen Bericht strömte Blut aus der zerstochenen Hostie. Die Kirche in der Rue de Billettes, in welcher die geschändete Hostie zur Schau gestellt war, wurde ein berühmter Wallfahrtsort.

Grabstein einer jungen jüdischen Frau, die als Märtyrerin starb. Speyer, zweite Hälfte des dreizehnten Jahrhunderts.

Deutsches Flugblatt aus dem fünfzehnten Jahrhundert, welches die Hostienschändung von Passau aus dem Jahre 1478 beschreibt. Die der Hostienschändung angeklagten Juden wurden zum Feuertod verurteilt, die anderen Juden aus der Stadt vertrieben, mit Ausnahme derer, die bereit waren sich taufen zu lassen. Die Synagoge wurde niedergerissen, an ihrer Stelle wurde die Erlöserkirche gebaut.

In Deggendorf, Bayern, wurden die örtlichen Juden im Jahre 1337 der Hostienschändung beschuldigt. Die ganze Gemeinde wurde niedergemetzelt. Die Leichen der toten Juden wurden verbrannt und ihre Habe wurde unter den Mördern verteilt. Nach dem Gemetzel in Deggendorf verbreiteten sich die Judenverfolgungen über ganz Bayern, Böhmen, Mähren und Österreich und forderten zahlreiche Opfer. Im Jahre 1410 wurden in Segovia, Spanien, Juden wegen Hostienschändung gefoltert, und im Jahre 1420 wurden sämtliche Juden Österreichs unter der gleichen Anklage ins Gefängnis geworfen. Viele begingen Selbstmord im Gefängnis. Mehr als hundert wurden bei lebendigem Leibe verbrannt. Die übrigen wurden aus Österreich ausgewiesen.

Es wird heute angenommen, daß ein farbstoffbildender Pilz, der Bacillus prodigiosus, die roten Flecken auf den Hostien hervorrief, die unwissende und böswillige Fanatiker für Blutflecken hielten, welche die Mißhandlung der Hostien durch Juden bewiesen.

Es wird heute angenommen, daß ein farbstoffbildender Pilz, der Bacillus prodigiosus, die roten Flecken auf den Hostien hervorrief, die unwissende und böswillige Fanatiker für Blutflecken hielten, welche die Mißhandlung der Hostien durch Juden bewiesen.

Eine noch lächerlichere, aber nicht weniger tragische Anklage wurde im Jahre 1321 gegen die Juden Frankreichs erhoben. Sie wurden beschuldigt, die Aussätzigen, die damals sehr zahlreich waren, aufgewiegelt zu haben, die Brunnen und Flüsse zu vergiften. Angeblich taten sie dies auf Veranlassung der Maurenkönige von Granada und Tunis. Auch diese Anklage führte zu mörderischen Überfällen auf Juden. Ganze Gemeinden wurden hingemordet. In Chinon wurde in einer Grube ein Scheiterhaufen angezündet, und hundertfünfzig Juden wurden in die Flammen geworfen. Außerdem wurde den jüdischen Gemeinden Frankreichs eine schwere Geldstrafe auferlegt.

Brunnenvergiftung war eine immer wiederkehrende Anklage gegen die Juden in den Jahren 1347-1350, als der Schwarze Tod in Europa wütete. Natürlich litten auch die Juden unter der Seuche, aber trotzdem wurden sie dafür verantwortlich gemacht. Das Resultat war eine Welle beispielloser Gewalttätigkeiten gegen die Juden in Deutschland und anderen Ländern. Hunderte von Gemeinden wurden vernichtet (dreihundert in Deutschland allein). Zehntausende von Juden wurden hingemetzelt.

WIRTSCHAFTLICHE UNTERDRÜCKUNG

Gleichzeitig mit den Verfolgungen, die die Blutbeschuldigungen nach sich zogen, vollzog sich ein Prozess wirtschaftlicher Unterdrückung der Juden. Während sie im frühen Mittelalter Welthandel trieben oder als geschickte Handwerker eine Stellung in der Gesellschaft hatten, wurden sie jetzt aus diesen Siedlungen verdrängt. In den meisten Ländern, besonders aber in Deutschland und Frankreich, schlossen sich die christlichen Handwerker zu Zünften zusammen, welche die verschiedenen Zweige

Ich bitt euch jud leicht mir zů hand/ Was eüch gebürt gebt mir verstand/
Bar gelt auff bürgen oder pfand/

Jüdischer Geldverleiher und deutscher Bauer. Holzschnitt aus Ciceros "De Officiis", Augsburg 1931.

des Handwerks beherrschten. Die Zünfte hatten in gewissem Sinne einen konfessionellen Charakter. Jede Zunft hatte ihren Schutzheiligen und pflegte an gewissen kirchlichen Zeremonien teilzunehmen. Dies machte den Zutritt Andersgläubiger unmöglich. In Deutschland durften jüdische Handwerker nur im jüdischen Viertel arbeiten und ihre Erzeugnisse nur jüdischen Kunden verkaufen. Auch im Handel organisierten sich die christlichen Kaufleute zu Gilden, welche die verschiedenen Handelszweige beherrschten, oder sogar monopolisierten. Um so leichter war es ihnen, die Juden aus dem Handel zu verdrängen, als die Handelsreisen für Juden mit immer größeren Gefahren verbunden waren. All dies vollzog sich gerade zur Zeit der Kreuzzüge, die die Verbindung mit dem Osten wiederherstellten und den Handel zwischen Ost und West wesentlich förderten. Die großen italienischen Handelsrepubliken, besonders Venedig und Genua, welche sich in dieser Zeit zu großer Blüte entwickelten, ließen nichts unversucht, um ihre jüdischen Konkurrenten aus dem Felde zu treiben. Religiöser Eifer diente als offizielle Maske für ihre Geldgier.

Die feudale Gesellschaftsordnung und die zunehmende Unsicherheit machten den jüdischen landwirtschaftlichen Siedlungen, die noch in vielen Gegenden bestanden, bald ein Ende. Aus der Landwirtschaft, dem Handel und dem Handwerk so gut wie ausgeschlossen, blieb den Juden eine einzige Beschäftigung offen, das Geldverleihen. Das dritte Lateran-Konzil (1179) hatte versucht, den Wuchergeschäften zwischen Christen ein Ende zu machen, ein idealistischer

Ein jüdischer Geldwechsler. Holzschnitt aus Breydenbachs „Die Heiligen Reisen gen Jerusalem", Straßburg 1487.

Mittelalterliche Karikatur englischer Juden (Isaak von Norwich und seine Familie). Exchequer Issue Roll 1233 (Public Record Office, London).

Versuch, der sich aber als praktisch undurchführbar erwies. Den Juden erlaubte die Kirche jedoch, Geld auf Zinsen zu verleihen, und so die Gesellschaft vor den verheerenden Folgen der kirchlichen wirtschaftlichen Doktrin zu bewahren.

Zwar hinderte der angedrohte Kirchenbann die italienischen Bankiers (die sogenannten "Lombarden") nicht, ihre Wuchergeschäfte in großem Stil weiterzutreiben, aber auch den Juden stand jetzt ein weites Tätigkeitsfeld offen, in welches sie geradezu, nach ihrem Ausschluß aus Handel und Handwerk, hineingedrängt wurden. Die Juden wurden nunmehr die typischen Geldverleiher, offiziell als solche anerkannt und sogar angespornt, sich auf Geldgeschäfte zu konzentrieren. Dies war insbesondere in England der Fall, in etwas geringerem Ausmaße in Deutschland und Frankreich, viel weniger aber in Italien und Spanien. In Nord- und Westeuropa wurde das Wort "Jude" ein Synonym für Geldverleiher. Von ihren christlichen Nachbarn wurden alle Juden für steinreich gehalten, während sie in Wirklichkeit ihren Reichtum, sofern er überhaupt da war, gewöhnlich nur kurze Zeit genießen durften. Ihre Kunden mußten freundlich und schmeichlerisch sein, wenn sie Geld brauchten, zeigten sich aber haßerfüllt, wenn sie zur Rückzahlung der Anleihe aufgefordert wurden, und beklagten sich, von ihren jüdischen Gläubigern ruiniert worden zu sein. Zum Judenhaß aus religiösen Gründen trat nun der Judenhaß aus wirtschaftlich-gesellschaftlichen Gründen hinzu, der ebenfalls Anlaß zu gewalttätigen Ausschreitungen gegen die Juden war.

Den Königen und Fürsten war die Entwicklung des jüdischen Geldhandels in ihren Ländern willkommen. Für den Schutz, den die Herrscher ihnen gewährten, mußten die jüdischen Kapitalisten hohe Steuern bezahlen. Außerdem waren sie verpflichtet, den Herrschern mit Anleihen auszuhelfen, sooft sie Geld brauchten. Mit der Zeit wurden die Herrscher sozusagen stille Partner in den jüdischen Geldgeschäften. Öffentlich verunglimpften sie die jüdischen Geldverleiher, aber unter der Hand scheuten sie sich nicht, ihnen einen großen Teil, oft den größten Teil ihres Nutzens durch räuberische Besteuerung abzunehmen. Man hat die Judenschaft des Mittelalters trefflich einen "finanziellen Schwamm" genannt, der das freie Geld des Landes aufsaugte, um dann von Zeit zu Zeit in den Staatsschatz ausgepresst zu werden. Wenn der Schwamm nicht mehr von Nutzen war, wurde er rücksichtslos weggeworfen.

In England wurde ein staatlicher Apparat für die Organisierung und Überwachung der jüdischen Geldgeschäfte aufgestellt. Eigentlich führten die Juden ihre Geschäfte zum Nutzen der Staatskasse. Man kann sogar sagen, daß das Geldverleihen in England zu einem Staatsmonopol wurde. Nach dem Judengemetzel in York, welches im Kapitel über die Kreuzzüge erwähnt wurde, vernichtete der Pöbel alle jüdischen Schuldbücher und verbrannte die Schuldscheine christlicher Schuldner, die in den dortigen Kirchen zur Sicherheit hinterlegt waren. Dies stellte für die Staatskasse einen schweren Verlust dar. Um solche Verluste in Zukunft zu verhindern, richtete Richard Löwenherz den sogenannten "Exchequer of the Jews" ("das Schatzamt der Juden") ein, unter der Obhut von besonderen "Judenrichtern", die ihren Sitz in Westminster hatten. Alle jüdischen Geldgeschäfte mußten dort eingetragen werden, und Kopien der Schuldscheine wurden in Sicherheitskassen aufbewahrt. Wenn die Schuld bezahlt war, wurden die Schuldscheine auf hebräisch quittiert. Hunderte derartiger Dokumente sind bis heute erhalten. Die englische Sprache bereicherte sich dabei mit einem neuen Wort. Sie übernahm die talmudische Bezeichnung für Schuldschein - "schetar" - zuerst in der latinisierten Form "starrum" und dann kurz als "starr".

Eine ähnliche Organisation bildete König Philipp-August von Frankreich im Jahre 1198. Sie hieß "Produit des Juifs" ("das jüdische Einkommen").

Die sichersten jüdischen Geldgeschäfte waren Anleihen gegen Hypotheken auf Grundbesitz. Dies hatte in einigen Ländern letzten Endes zur Folge, daß der feudale Grundbesitz sich in den Händen der reichen hohen Adligen konzentrierte, die die ausstehenden Forderungen von den Juden aufkauften.

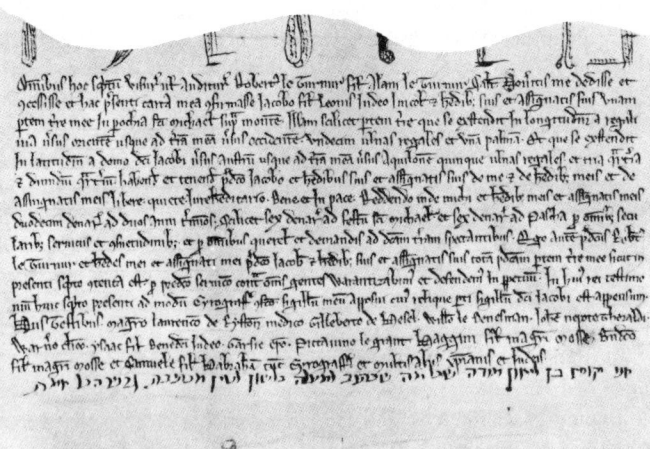

Finanzieller Vertrag, auf Lateinisch abgefaßt und vom jüdischen Geldverleiher auf Hebräisch bestätigt. Dies ist ein typisch englisch-jüdischer "starr" (Public Record Office, London).

DIE LATERAN-KONZILIEN

Auch in anderen Beziehungen hatte sich die Lage der Juden im Laufe des zwölften Jahrhunderts verschlechtert. Die katholische Kirche machte damals eine ernste Krisis durch, da sie gegen häretische Sekten, insbesondere gegen die Albigenser, schwer zu kämpfen hatte. Einige der Ketzer predigten die Rückkehr zum Alten Testament und übten gewisse jüdische rituelle Bräuche. Bei der Reaktion der Kirche gegen diese Sekten, die ihre Einheit bedrohten, hatten natürlich auch die Juden zu leiden. Die Kirche war der Meinung, die Juden, die Erzungläubigen seit jeher, seien für die Bildung häretischer Sekten verantwortlich. Dies war eine neue

Papst Innozenz III., der das vierte Lateran-Konzil im Jahre 1215 einberief und drastische antijüdische Vorschriften erließ.

167

falsche Beschuldigung gegen die Juden. Sofern sie einen winzigen Wahrheitskern barg, lag das darin, daß Sektierer sich beim Studium des Alten Testaments hie und da an Juden um Belehrung wandten. Der Kirche kam es auch verdächtig vor, daß albigensische Adlige in Südfrankreich keine Bedenken hatten, Juden in ihren Diensten zu halten.

Die kirchliche Disziplin gestaltete sich nun strenger, und die antijüdischen Vorschriften der Kirche wurden systematisch zur Geltung gebracht. Der Orden der Dominikaner, der besonders zur Bekämpfung und Bekehrung der Ketzer gegründet wurde, machte sich auch die Offensive gegen Juden und Judentum zur Aufgabe. Papst Alexander III. (1159-1181) persönlich war keineswegs ein Judenfeind. Er verurteilte sogar Gewalttätigkeiten und Zwangstaufen. Trotzdem erneuerte das von ihm einberufene dritte Laterankonzil (1179) alte kirchliche Maßregeln gegen die Juden. Das Konzil verbot Juden, in christlicher Nachbarschaft zu wohnen, damit sie ihre christlichen Nachbarn nicht beeinflussten. Den Juden wurde verboten, christliche Dienstleute zu beschäftigen. Auch durften sie keine neuen Synagogen bauen oder alte renovieren.

Eine noch strengere Politik schlug die Kirche ein, als Papst Innozenz III. (1198-1216) seine Regierung antrat. Dieser von der Kirche als ein großer Papst gefeierte

Juden mit Judenabzeichen auf ihren Mänteln und mit gehörnten Hüten. Stich in Pierre Comestors "Historiale" 1499.

Mann war nämlich ein grimmiger Judenhasser. Das vierte Lateran-Konzil, das 1215 unter seinem Vorsitz zusammentrat, verordnete drastische Maßregeln, deren Zweck auch diesmal war, den eventuellen Einfluß der Juden auf ihre christlichen Nachbarn nach Möglichkeit zu verhindern und die untergeordnete Stellung der Juden in der Gesellschaft deutlich zum Ausdruck zu bringen. Jüdische Geldverleiher wurden gewarnt, daß man ihnen Geldgeschäfte mit Christen überhaupt verbieten würde, falls sie hohe Zinsen forderten. Juden, die christlichen Grundbesitz erworben hatten, wurden verpflichtet, die Kirchensteuern zu entrichten, die den früheren christlichen Besitzern oblagen. Juden mußten von nun an ein Abzeichen tragen, das sie von ihrer christlichen Umgebung deutlich unterschied. Der Zweck des Judenabzeichens war, die Juden von ihren christlichen Nachbarn zu isolieren, und vor allem die unverzeihliche Sünde unwissentlichen geschlechtlichen Verkehrs zwischen Juden und Christen unmöglich zu machen. Das Konzil verbot Juden, öffentliche Ämter zu bekleiden. Getauften Juden gegenüber durfte Zwang angewendet werden, um zu vermeiden, daß sie zum Judentum zurückkehrten oder insgeheim jüdische Bräuche übten.

Die grausamste und demütigendste Maßregel, die das vierte Lateran-Konzil traf, war die Einführung des Judenabzeichens, das als Schandmal gedacht war, und den Juden Europas jahrhundertelang das Leben verbitterte. Nicht immer und nicht überall wurde die Verordnung sofort streng durchgeführt. In manchen Fällen war es den Juden möglich, eine zeitliche Aufhebung zu erkaufen. Einzelne Juden erwirkten persönliche Befreiung von dem Zwang, das Judenabzeichen zu tragen. Aber im Laufe der Zeit fügten sich die weltlichen Behörden den Forderungen der

Das Judenabzeichen in Frankreich und Spanien, nach Miniaturen aus dem 14. Jahrhundert.

Kirche, und das Tragen des Judenabzeichens wurde die allgemeine Regel. - Das Konzil hatte das Prinzip aufgestellt, daß die Ungläubigen nach ihrer Kleidung kenntlich sein müssen, ohne aber die Form des Kennzeichens näher festzusetzen. Dies wurde späterer Bestimmung überlassen. In der Regel war das Kennzeichen ein gelber Ring, "rouelle" oder "rotella" ("Rädchen") genannt. Manchmal war das ein runder gelber Fleck. In manchen Gegenden war der runde Fleck nur teilweise gelb gefärbt. In England hatte das Judenabzeichen die Form der zwei Gesetzestafeln, gewöhnlich in safrangelber Farbe. Das sogenannte "Davidschild", der sechszackige Stern, der von den Nazis in unserem Jahrhundert als Judenabzeichen verwendet wurde, war im Mittelalter nicht üblich. In einigen Gegenden wurden die Juden überdies genötigt, eine besondere Kopfbedeckung, den sogenannten "gehörnten Hut", zu tragen.

Diese Kennzeichen sonderten die Juden von dem Rest der Gesellschaft ab, als eine von den Mitmenschen verschiedene, niedrigere Rasse, gegen welche Beleidigungen und gewalttätige Ausschreitungen gestattet waren.

In den Städten wurde es immer mehr Brauch, die Juden in besonderen jüdischen Vierteln zusammenzupferchen. Manchmal wurden auch die Häuser, die jüdischer Besitz waren, deutlich als solche gekennzeichnet. Dies alles trug zur Isolierung der Juden und zu ihrer Brandmarkung in den Augen ihrer christlichen Mitbürger bei.

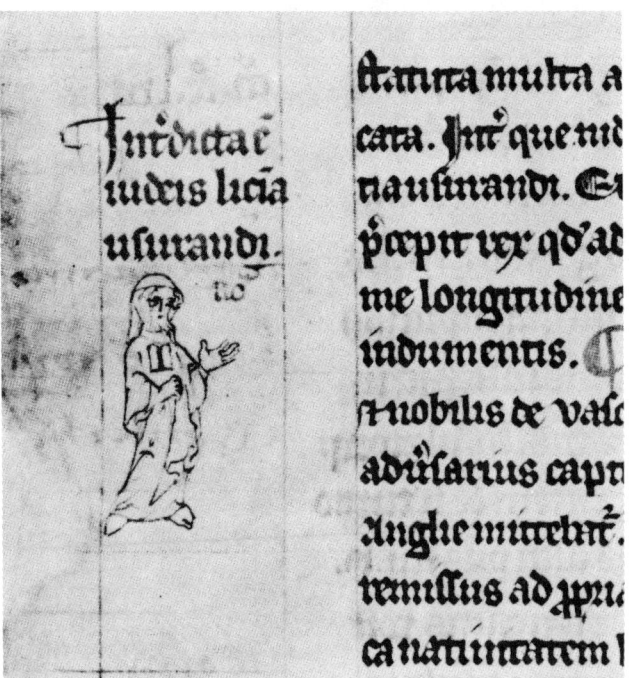

Ein englischer Jude mit dem Judenabzeichen in der Form der zwei Gesetzestafeln. Miniatur in einer Handschrift aus dem 14. Jahrhundert, in der Cotton-Sammlung, Britisches Museum, London.

DIE JUDEN IM SPÄTEREN MITTELALTER

So nahmen die mittelalterlichen jüdischen Gemeinden in Nord- und Westeuropa ihre typische Gestalt an. Um ihren Geschäften bequemer nachgehen zu können, wohnten Juden nicht nur beisammen in den größeren Städten, sondern auch verstreut in hunderten von kleinen Ortschaften, die wir heute wahrscheinlich als Dörfer ansehen würden. Infolgedessen waren die Gemeinden im allgemeinen klein und umfaßten meist nicht mehr als hundert Seelen. Nur in seltenen Fällen zählte eine Gemeinde mehr als tausend Mitglieder.

Die Juden neigten dazu, in ihrem eigenen Viertel beieinander zu wohnen. Sie taten dies nicht nur, um den kirchlichen Einschränkungen zu entsprechen, sondern auch aus einem freiwilligen Drang zur Absonderung. Einerseits wollten sie in dieser Weise die Kundgebungen der feindlichen Gefühle ihrer christlichen Mitbürger von sich fernhalten. Andererseits trieb sie dazu das zwischen ihnen bestehende

Die Synagoge von Fürth. Das Gebäude rechts ist die sogenannte "Alte Schul" aus dem 14. Jahrhundert. (Ein Stich aus dem Jahre 1705).

Solidaritätsgefühl und die Anforderungen einer organisierten Gemeinde. Bis zum heutigen Tage sind an vielen Orten die alten Judenviertel noch kenntlich und tragen Namen wie "Jewry", "Rue des Juifs", "Judengasse", "Via dei Giudei", "Giudecca" oder "Juderia".

In Wirklichkeit wohnten aber im Judenviertel nicht ausschließlich Juden, und andererseits wohnten nicht alle Juden immer nur im Judenviertel. Immerhin war in einigen Städten Spaniens die "Juderia", das Judenviertel, ebenso wie die "Moreria", das Maurenviertel, ein für sich bestehendes, von Mauern umgebenes Quartier, das man durch Tore abschließen und im Notfall in eine Festung verwandeln konnte.

Der Mittelpunkt des jüdischen Viertels war natürlich die Synagoge, in der sich das religiöse und gemeindliche Leben konzentrierte. Gewöhnlich war das ein kleines, nicht besonders eindrucksvolles Gebäude, manchmal nicht mehr als ein Raum im Hause eines der reichen Gemeindemitglieder. Aber hie und da war die Synagoge ein stattliches Gebäude, im Baustil der Gegend ausgeführt. In den größeren Gemeinden war neben der Synagoge auch ein Hospiz für Fremde und Kranke und eine Festhalle für Hochzeiten und andere Festlichkeiten. In Nordeuropa war das Geldgeschäft die hauptsächliche wirtschaftliche Betätigung der Juden. Geldverleiher pflegten Wertsachen als Pfand zu nehmen, wurden Kenner in solchen Dingen und nahmen mit der Zeit den Juwelenhandel auf. Aber sie handelten auch mit anderen Waren, die sie aus dem Ausland einführten. Außerdem waren im Judenviertel auch jüdische Goldschmiede und Metallarbeiter. Einige Juden verdienten ihr Brot als Spielleute. In Spanien hören wir sogar von jüdischen Löwenbändigern. Jüdische Musiker waren überall zu finden. Jüdische Dichter schrieben in der Landessprache. Mindestens einer der Minnesänger, Süßkind von Trimberg (im dreizehnten Jahrhundert), war ein Jude.

In Südeuropa war der Geldhandel unter den Juden weniger verbreitet. Hier waren die Juden meist Handwerker. Sie arbeiteten größtenteils in den ihnen von alters her eigenen Fächern, wie Weberei, besonders Seidenweberei, Färberei und Gerberei. In Spanien waren die Apotheker meistens Juden, die in maurischen Schulen gelernt hatten. Jüdische Ärzte waren überall wegen ihres Wissens und ihrer Hingebung in der Behandlung ihrer Patienten hoch geschätzt. Vergeblich gab sich die Kirche Mühe, die Christen zu überzeugen, keine jüdischen Ärzte in Anspruch zu nehmen. Könige, Bischöfe und sogar Päpste nahmen keine Rücksicht auf kirchliche Bestimmungen, wenn ihr Leben auf dem Spiel stand, und wandten sich an jüdische Ärzte. Viele Juden, die, besonders in Spanien und Portugal, zu hohen Stellen an den Königshöfen gelangten, begannen ihre Karriere als Leibärzte.

Äußerlich unterschieden sich die Juden kaum von ihren christlichen Nachbarn. Eben deswegen hielt die Kirche das Tragen des Judenabzeichens für notwendig. Lange Bärte und Schläfenlocken, wie sie später bei den Juden üblich wurden, waren damals noch nicht die Mode. In einzelnen Gegenden ließen die Juden den Bart überhaupt nicht wachsen. Außerhalb der Gottesdienste gab es auch keine besondere jüdische Tracht. Nur der gehörnte Hut wurde zufolge der kirchlichen Verfügungen ein Charakteristikum der jüdischen Erscheinung, besonders in Nordeuropa. Die zeitgenössischen Miniaturisten konnten sich Juden ohne gehörnte Hüte überhaupt nicht vorstellen und setzten sie in ihren Miniaturen auch biblischen Persönlichkeiten auf.

Während des ganzen Mittelalters war es üblich, Juden in allen möglichen Weisen zu demütigen. An Kathedralen wurden Statuen angebracht, die die Synagoge als

Süßkind von Trimberg, der jüdische Minnesänger (zweite Hälfte des 13. Jahr-
hunderts). Sechs seiner Gedichte in mittelhochdeutscher Sprache sind in der
Manessischen Handschrift aus dem 14. Jahrhundert (in der Heidelberger
Universitätsbibliothek) erhalten. In der Miniatur in dieser Handschrift ist Süßkind
als ein bärtiger Jude dargestellt, der den jüdischen gehörnten Hut trägt.

eine verächtliche Figur darstellten, die sich vor der strahlenden, aufrechtstehenden Figur der Kirche demütig neigt. Oft wurde die Synagoge in Reliefs auf Kirchenfassaden, besonders in Deutschland, als "die Judensau" dargestellt. Das Bild war meist von entsprechenden beleidigenden Inschriften begleitet.

Zu den Demütigungen, die den Juden zugedacht wurden, gehörte auch die, daß sie an manchen Orten als Scharfrichter dienen mußten. War ein Jude selbst zum Tode

Juden bei der "Taschlich"-Zeremonie. Holzstich im Buche "Der ganze Jüdisch Glaub", Augsburg 1531, des Apostaten und antijüdischen Polemisten Antonius Margaritha. Die "Taschlich"- Zeremonie findet am Abend des ersten Neujahrstages statt. Die Juden gehen an das Ufer eines Flußes oder Sees und schütteln ihre Kleider, als ob sie gleichsam ihre Sünde ins Wasser schütten. Dieser Holzschnitt stellt die Kleidung gegen Ende des Mittelalters dar.

verurteilt, so wurde er an den Füßen aufgehängt und rang in dieser Stellung tagelang mit dem Tode.

Wenn sie vor Gerichtshöfen erschienen, waren die Juden verpflichtet, den Eid "more judaico" ("nach jüdischer Sitte") abzulegen, was mit demütigenden Handlungen und Formeln verbunden war.

Dabei übte die Kirche ständigen Druck auf die Juden aus, in der Hoffnung, daß sie letzten Endes ihre Irrlehre aufgeben und sich dem wahren Glauben anschließen werden. Die neugegründeten Bettlerorden, besonders der Orden der Dominikaner, befaßten sich eifrig mit der Judenmission. Im dreizehnten Jahrhundert begannen die großen öffentlichen Religionsgespräche, bei denen Vertreter des jüdischen Volkes gezwungen waren, ihren Glauben gegen böswillige Angriffe zu verteidigen. Das Traurige bei der Sache war, daß in der Regel abtrünnige Juden in solchen Disputationen als Ankläger ihrer früheren Glaubensgenossen auftraten.

Im Religionsgespräch, das 1240 in Paris stattfand, unternahm der Apostat Nikolaus Donin die Aufgabe, der Öffentlichkeit zu beweisen, daß der Talmud verleumderische Aussagen über die Person Jesu, Angriffe auf den christlichen Glauben und gotteslästerliche und unmoralische Vorschriften enthält. Vergeblich bemühte sich die jüdische Delegation, unter dem Vorsitz Rabbi Jechiels von Paris und Rabbi Moses von Coucy, beide anerkannte rabbinische Autoritäten, mit

Gelehrsamkeit und Geschick die Grundlosigkeit der Anklagen Donins zu beweisen. Das Resultat des Religionsgespräches war, daß der Talmud als ein gottloses und schädliches Buch erklärt und zu öffentlicher Verbrennung verurteilt wurde. Alle Talmudhandschriften, auf welche die Mönche die Hand legen konnten, wurden beschlagnahmt. Vierundzwanzig Wagenladungen wurden in Paris im Jahre 1242 den Flammen übergeben. Der Mangel an Talmudexemplaren führte zum Niedergang der bis dahin berühmten Pariser Talmudschule. Rabbi Jechiel von Paris verließ seine unwirtliche Heimat und wanderte nach Palästina aus.

Ein anderer Apostat, Pablo Christiani, war der Hauptankläger im Religionsgespräch, das im Jahre 1263 in Barcelona stattfand. Dieses Gespräch wurde im königlichen Palast, in Anwesenheit des Königs Jaime I. von Aragon abgehalten. Pablo Christiani prunkte mit seiner Geschicklichkeit, aufgrund von biblischen und talmudischen Texten die Wahrheit der christlichen Dogmen von der Messianität Jesu und seiner göttlichen Natur und der kirchlichen Doktrin von der Abschaffung des jüdischen Gesetzes nach Erscheinung des Erlösers zu beweisen.

Der jüdische Wortführer bei diesem Religionsgespräch war Rabbi Moses ben Nachman von Gerona (bei den Juden kurz als Ramban bekannt), der berühmteste Talmudist und Bibelkommentator seiner Zeit. Vier Tage lang widerstand er mutig den Angriffen des Apostaten, wobei er von der ihm vom König zugesagten Redefreiheit weitgehenden Gebrauch machte. Obgleich Rabbi Moses ben Nachman die Argumente des Anklägers mit großen Geschick und viel Ironie

Vorhergehende Seite: Miniaturen aus dem Leipziger Machsor Gebetbuch für die hohen Feiertage, eine Handschrift aus dem 14. Jahrhundert in der Leipziger Universitätsbibliothek, Cod. V. 1102. Die Miniaturen zeigen die jüdische Tracht im mittelalterlichen Deutschland. Oben: Juden beim Gebet in der Synagoge. Alle tragen den gehörnten Hut.

176

Symbolische Darstellungen der Kirche und der Synagoge an der Liebfrauenkirche von Trier. Im Gegensatz zu der aufrechtstehenden Gestalt der Kirche, wird die Synagoge als eine Frau mit verbundenen Augen dargestellt, die den Kopf demütig neigt, und der die Krone vom Kopf fällt. In den Händen trägt sie ein zerbrochenes Szepter und die auf den Kopf gestellten Gesetztafeln .

Der Eid "more judaico". Holzschnitt aus Tenglers "Laienspiegel", aus dem Jahre 1509. Juden die vor den Gerichtshöfen erschienen, mußten den Eid in dieser demütigenden Form ablegen. Die Einzelheiten waren, je nach dem Ort und der Zeit, verschieden. Aber jederzeit und überall war der Zweck, die Juden zu demütigen. In einigen Ländern war der Judeneid bis zum neunzehnten Jahrhundert Brauch.

widerlegte, behaupteten die Mönche nachträglich, die jüdische Delegation habe den Kampf aufgegeben, weil sie unfähig gewesen sei, ihre Sache zu verteidigen. Als Rabbi Moses ben Nachman seinen Bericht über das Religionsgespräch veröffentlichte, um eine Verdrehung der Tatsachen zu verhindern, wurde er zu zweijähriger Verbannung verurteilt. Daraufhin beschloß er, sein Land für immer zu verlassen. Trotz seines hohen Alters unternahm er die lange Reise nach Palästina. Dort baute er die Jerusalemer Gemeinde wieder auf, die unter dem Einfall der Tataren im Jahre 1244 und unter dem Angriff der Mongolen im Jahre 1260 schwer

Religionsgespräch zwischen christlichen und jüdischen Gelehrten. Deutscher Holzschnitt aus dem sechzehnten Jahrhundert. Juden wurden im Mittelalter gezwungen, an solchen Religionsgesprächen teilzunehmen, bei welchen gewöhnlich Apostaten als Ankläger figurierten, die im religiösen Schrifttum ihres früheren Glaubens mehr oder weniger bewandert waren.

gelitten hatte. - Das als Schauspiel eindrucksvollste Religionsgespräch war das von Tortosa (Spanien), welches in den Jahren 1413-1414 stattfand. Diesem Gespräche saß der Gegenpapst Benedikt XIII. persönlich vor, um die Vertreter der jüdischen Gemeinden des Königreichs Aragon einzuschüchtern. Auch in diesem Falle war der Ankläger ein Apostat, der Talmudist Josua von Lorca, der nach seiner Taufe den Namen Geronimo de Santa Fé angenommen hatte. Unter den Vertretern der Judenschaft waren Persönlichkeiten wie Vidal Benveniste, das Haupt der Gemeinde von Saragossa, ein gelehrter Mann, der die lateinische Sprache beherrschte, und der Philosoph Joseph Albo, der Verfasser des berühmten Buches "Ikkarim" ("Prinzipien") über die Grundlagen des jüdischen Glaubens. Die Disputation begann im Februar 1413 und dauerte, mit kürzeren und längeren Unterbrechungen, bis zum Herbst des Jahres 1414. Immer wieder versuchte

Inneres der Ramban-Synagoge in der Altstadt Jerusalems, die angeglich von Rabbi Mose ben Nachmann, der 1263 nach Palästina kam und die zerüttete Jerusalemer Gemeinde wiederherstellte, restauriert worden ist. Die Synagoge wurde von den Jordaniern nach Eroberung der Altstadt (1948) zerstört und ist in letzter Zeit neu erbaut worden.

Geronimo de Santa Fé, aus der Bibel und dem Talmud die Wahrheit der christlichen Dogmen zu beweisen. Die Juden verteidigten ihre Stellung mutig, trotz des auf sie ausgeübten Druckes. Das Resultat aber war fatal. Der erboste Gegenpapst verordnete zum Schluß die Vernichtung aller Talmudexemplare und aller anderen Bücher, die als dem christlichen Glauben feindlich gesinnt befunden wurden.

Ein jüdischer Arzt und sein Patient. Holzschnitt aus Schobsers "Plenarium". Augsburg 1487.

JÜDISCHES GEISTESLEBEN IM MITTELALTER

Das Hauptinteresse der mittelalterlichen Juden war das Studium ihres heiligen Schrifttums. In Nordfrankreich, im Rheinland, in England und auch sonst, widmeten die von ihren christlichen Nachbarn als geldgierige Wucherer dargestellten Juden ihre ganze Freizeit diesem Studium. Insbesondere vertieften sie sich, an Hand des Raschi-Kommentars, in das "Meer des Talmuds". Das war eine erbauliche Tätigkeit, die den geistigen Horizont der Juden erweiterte und sie ununterbrochen mit den Problemen des jüdischen Lebens in Berührung hielt. Talmudische Autoritäten in Frankreich und Deutschland arbeiteten während des zwölften und dreizehnten Jahrhunderts eifrig daran, den Raschi-Kommentar zu vervollständigen und über noch ungelöste Schwierigkeiten im Talmudtext erklärende Glossen zu verfassen. So entstand als Frucht gemeinsamer Arbeit der bereits erwähnte Tossafot-Kommentar, den Daniel Bomberg der ersten Ausgabe des babylonischen Talmuds, die in den Jahren 1520-1523 erschien, beigab, und der seither den Talmudtext ständig begleitet. Die Verfasser dieses Kommentars, die sogenannten Tossafisten, waren über ganz Frankreich und Deutschland verstreut. Viele von ihnen lebten und wirkten in kleinen, sonst unbedeutenden Orten, die nur dank ihnen in der jüdischen Geschichte zu Berühmtheit gelangten.

In Südeuropa, besonders in Spanien, wirkte die humanistische Atmosphäre der Umgebung auch auf die Juden, und sie widmeten sich neben dem Talmudstudium auch der Dichtung und der Philosophie, der Sprachforschung und den Wissenschaften.

Da sie, zufolge ihrer vielseitigeren geistigen Interessen weniger Zeit als ihre Volksgenossen in Nord- und Westeuropa für das Talmudstudium hatten, wurden hier die ersten Kompendien verfaßt, die die Vorschriften des jüdischen religiösen Brauches in handlicher Form kodifizierten. Im elften Jahrhundert vefaßte Isaak ben Jakob Alfassi, ein aus Nordafrika stammender Gelehrter, der in Lucena, in der Nähe von Cordoba, eine Talmudschule errichtet hatte, das Talmudkompendium "Halachot" ("Gesetzliche Entscheidungen"). Das Buch ist ein gekürzter Talmud, in welchem das ganze haggadische Material und die langen Diskussionen weggelassen sind. Es enthält also nur den halachischen Teil des Talmuds, besonders die für den praktischen Gebrauch notwendigen Entscheidungen. Das Buch, das auch "der kleine Talmud" genannt wird, wurde sehr beliebt und viel studiert.

Die spanische Neigung zur Kodifizierung war es auch, die Moses ben Maimon antrieb, seinen großen Kodex "Mischne Tora" ("Wiederholung der Tora") zu verfassen. Während Alfassis Talmudkompendium noch der Reihenfolge der talmudischen Traktate treu blieb, ordnete Moses ben Maimon den ganzen gesetzlichen und rituellen Stoff systematisch in vierzehn Büchern, von denen jedes ein besonderes Stoffgebiet behandelt.

Im vierzehnten Jahrhundert verfaßte Rabbi Ascher ben Jechiel, der aus

Deutschland nach Spanien kam und sich zuerst in Barcelona, dann in Toledo niederließ, einen andern Kodex "Halachot", der auch unter dem Namen "Piskei Rosch" ("Roschs Entscheidungen") bekannt ist (Rosch ist die hebräische akrostichische Abkürzung des Namens Rabbenu Ascher). Rabbi Ascher bringt den Stoff in der gleichen Reihenfolge wie Alfassi, doch berücksichtigt er in großem

Jüdische Schule im Mittelalter. Miniatur in einer aus Deutschland stammenden Handschrift der fünf Bücher Mose, der fünf Rollen (Hoheslied, Rut, Klagelieder, Prediger und Ester) und der Haftarot (Vorlesungen aus den Prophetenbüchern) aus dem 14. Jahrhundert (Britisches Museum Add.19776). Die Peitsche in der Hand des Lehrers ist bis zum neunzehnten Jahrhundert in Osteuropa das Wahrzeichen des jüdischen Schullehrers geblieben. Aber mehr als die Furcht vor der Peitsche, trieb die Liebe zum Buche die jüdischen Kinder zum Lernen an.

החבור הנחל מהלכות הגדונות לרב רבינו
יצחק אלפאסי עם חידושי הרב רבינו נסים
ברבי ראובן ופסקן הרב המרדכי זכר
צדיק לברכה חדשים לברכה

Die erste Seite des talmudischen Kompendiums "Halachot" des Rabbi Isaak Alfassi, Konstantinopel 1509. Der dekorative Rahmen wurde im Buchdruck zum ersten Mal in Hijär, Spanien, vor der Vertreibung der Juden, verwendet.

Maße die Entscheidungen der deutschen und französischen talmudischen Autoritäten, insbesondere diese der Tossafisten. Außerdem bringt er auch seine eigenen selbständigen Entscheidungen in vielen Fragen.

Der letzte in Spanien verfaßte Religionskodex, der im Hinblick auf weitere Entwicklungen von größter Bedeutung wurde, war das Werk Rabbi Jakobs ben Ascher, des Sohnes Rabbi Aschers. Sein Buch ist unter dem Namen "Arbaa Turim" ("Die vier Reihen" - gemeint sind die vier Reihen von Edelsteinen auf dem Brustschild des Hohepriesters), bekannt. Es ist so benannt, weil es aus vier Teilen besteht. Rabbi Jakob ben Ascher ließ alle diejenigen Bestimmungen weg, die sich auf das jüdische Leben in Palästina in der Vergangenheit bezogen, und ordnete die für seine Zeitgenossen praktisch in Frage kommenden, allgemein geltenden halachischen Bestimmungen systematisch in vier Büchern; die er "Turim" ("Reihen") benannte: das Buch "Orach Chajim" ("Der Weg zum Leben") behandelt das Gebet, den Sabbat, die Feiertage und Ähnliches. Das Buch "Jore Dea" ("Lehrer der Erkenntnis") enthält die Speisegesetze, Fragen des Familienlebens und verschiedene Bräuche. Das Buch "Ewen Ha-Eser" ("Stein der Hilfe") behandelt die Ehegesetze, und das Buch "Choschen ha-Mischpat" ("Das Brustschild des Rechts") das Zivil- und Kriminalrecht. Diese Einteilung des Stoffes wurde allgemein angenommen, besonders nachdem Rabbi Joseph Karo im sechzehnten Jahrhundert sie für seinen Religionskodex "Schulchan Aruch" ("Der gedeckte Tisch"), der bis heute als autoritativ angesehen wird, verwendete.

Nicht weniger wichtig als das Kodifizierungswerk war eine andere Funktion, die die Juden in Südeuropa, und in den Mittelmeergegenden im allgemeinen, verrichteten. Da sie meist sowohl die arabische Sprache als die romanischen Sprachen ihrer Umgebung beherrschten, dienten sie als Vermittler zwischen den Kulturen des Ostens und des Westens. In Spanien, in der Provence und in Süditalien beschäftigten sich Juden mit der Übersetzung der wissenschaftlichen arabischen Literatur ins Lateinische. Da nun viele arabische Werke Übersetzungen altgriechischer Autoren waren, wurden diese auf dem Umweg über das Arabische, dank den jüdischen Übersetzern, den europäischen Gelehrten zugänglich gemacht. Dies trug zum Aufstieg der Renaissance entscheidend bei. Gewöhnlich wurden die arabischen Werke von den jüdischen Übersetzern ins Hebräische, zum Nutzen ihrer eigenen Volksgenossen, übersetzt. Dann wurden die Werke aus dem Hebräischen ins Lateinische übertragen. Aber natürlich gab es auch direkte Übersetzungen aus dem Arabischen ins Lateinische. Die Übersetzungsarbeiten wurden meist unter dem Patronat christlicher Herrscher, die wissenschaftlich interessiert waren, ausgeführt. Der Hohenstaufenkaiser Friedrich II. berief an seinen Hof in Sizilien jüdische Gelehrte aus Spanien und aus der Provence und überwachte persönlich die von ihnen ausgeführten Übersetzungen. König Karl I. von Neapel beschäftigte als Übersetzer den gelehrten jüdischen Arzt Faradsch ben Salem aus Girgenti (Sizilien). Besondere Aufmerksamkeit wurde der philosophischen arabischen Literatur geschenkt. So wurden die Werke des arabischen Philosophen Ibn Ruschid (lateinisch Averroes) aus dem zwölften Jahrhundert, und die des großen Arztes und Philosophen Ibn Sina (lateinisch Avicenna), aus dem elften Jahrhundert, übersetzt.

Natürlich befaßten sich jüdische Übersetzer auch mit der Übersetzung von Werken jüdischer Autoren, die im mohammedanischen Spanien und in anderen mohammedanischen Ländern arabisch geschrieben hatten. Besonderen Verdienst erwarben sich Mitglieder der Familie Ibn Tibbon in Lunel (Südfrankreich), die

*Seite aus dem Religionskodex "Arbaa Turim" des Rabbi Jakob ben Ascher,
gedruckt von Salomo ben Moses Soncino in Soncino Italien, im Jahre 1490.*

186

Oben: *Faradsch ben Salem aus Girgenti (Sizilien) übergibt seinem Patron, Karl von Anjou, König von Neapel (1265-1285), die Übersetzung arabischer medizinischer Werke. Miniatur in der Handschrift Latin 6292 der National-bibliothek, Paris.*

Folgende Seite: Das Titelblatt einer mit Miniaturen geschmückten Handschrift der fünf Bücher Mose. Die Handschrift ist französischen oder deutschen Ursprungs und befindet sich in Jerusalem. Die schönen Miniaturen stellen biblische Szenen dar.

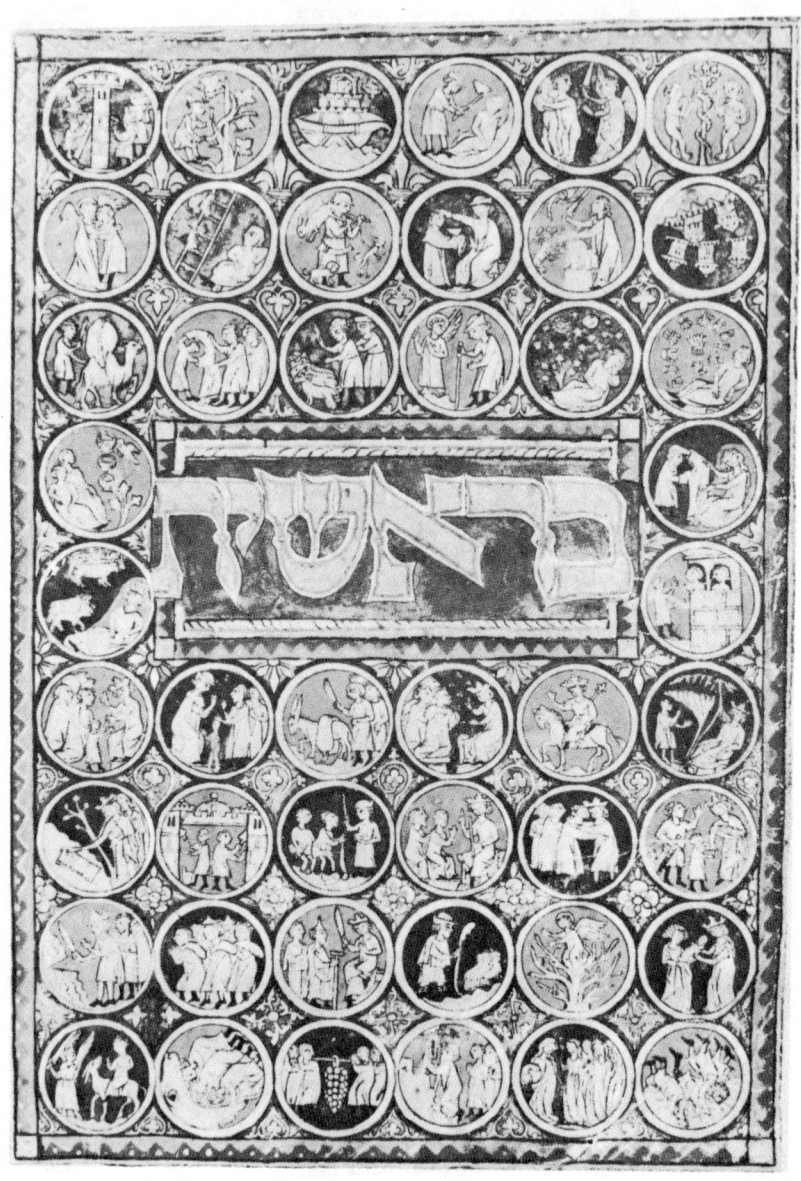

*Seite aus der sogenannten "zweiten Nürnberger Pessach-Haggada", aus dem
15. Jahrhundert stammend, in der Schocken-Bücherei in Jerusalem. Die Miniatur
stellt Pharao an der Spitze seines Heeres dar, der versucht, die aus Ägypten
ausgezogenen Juden einzuholen.*

Saadijas "Glauben und Wissen", Bachjas ibn Pakudas "Herzenspflichten", Jehuda Halevis "Kusari", Maimonides' "Führer der Schwankenden" und andere Werke ins Hebräische übersetzten und dadurch den Juden in den christlichen Ländern, denen das Arabische fremd war, zugänglich machten.

Eine andere bedeutende jüdische Gelehrtenfamilien in Südfrankreich war die der Kimchis in Narbonne, die nicht nur als Übersetzer, sondern auch als Sprachforscher tätig waren, ein hebräisches Wörterbuch und grammatische Abhandlungen verfaßten, die später ins Lateinische übersetzt wurden und den christlichen Hebraisten der Renaissance die Erlernung der hebräischen Sprache ermöglichten. Ein besonders berühmtes Mitglied dieser Familie war David Kimchi (1160-1235), dessen Bibelkommentar bis heute weit verbreitet ist und viel studiert wird.

Nicht nur als Übersetzer waren die Juden tätig. Jüdische Gelehrte trugen wesentlich zur Bereicherung der mittelalterlichen Wissenschaft bei. Isaak Israeli

Ein aus Spanien stammender Astrolab aus dem 15. Jahrhundert mit hebräischen Inschriften. Er ist offenbar das Werk eines jüdischen Instrumentenbauers und war für den Gebrauch eines jüdischen Astronomen bestimmt. (Sammlung Kugel, Paris.)

*Detail einer Miniatur in der Alba Bibel. Oben: Ritter des Ordens von Calatrava
nähren, bekleiden, pflegen und begraben Arme. Unten: Der Übersetzer Moses
Arragel übergibt seine Bibelübersetzung dem Großmeister Don Luiz de Guzman*

von Kairuan war im zehnten Jahrhundert einer der bedeutendsten Autoren auf dem
Gebiete der Medizin. Seine arabisch verfaßten Werke wurden ins Hebräische, ins
Lateinische und Spanische übersetzt und waren während des ganzen Mittelalters
sehr geschätzt. Wie groß ihr Ansehen war, geht daraus hervor, daß sie im Jahre
1515 in Lyon von neuem veröffentlicht wurden.

Es ist bereits erwähnt worden, daß Moses ben Maimon nicht nur ein jüdischer
Religionsphilosoph, sondern auch ein bedeutender Arzt war. Seine medizinischen
Schriften waren in lateinischer Übersetzung in ganz Europa verbreitet und wurden
eifrig studiert.

Auch in der Astronomie waren Juden tätig. Natürlich auch in der Astrologie, die
im Mittelalter für eine Wissenschaft galt, obgleich Moses ben Maimon sie
ausdrücklich als einen Aberglauben brandmarkte. Ein Jude hatte das große
astronomische Werk des griechischen Gelehrten Claudius Ptolemaeus (zweites

*Folgende Seite: Seite aus der Alba Bibel, der spanischen Bibelübersetzung, die
Moses Arragel in den Jahren 1422-1430 im Auftrage Doin Luiz de Guzman, des
Großmeisters des Ordens von Calatrava, ausführte. Die Handschrift ist mit vielen
Miniaturen geschmückt. Die Miniaturen auf dieser Seite stellen die Geschichte
von Kain und Abel dar.*

Az donde fue tomado: e defterro a
adam: e affeentolo fuera del payfo deleytofo
el angel cherubin cõ la flam̃ante efpada pr
q guardafe el camino del arbol de la vida:

Adam cognofcho a eua fu muger
conuçe faber durmio con ella
e cõcabio e pario a cayn e d̃
xo ella cobre barõ de dios
e torno a cõcabir alt pario
a fu bermano abel el qual e
abel paftor de ouejas fue e cayn agricola cõ
uiene faber faente enlas labores de la trã
e acabo de dias trevo cayn del fructo de la
trã prefente a dios e abel effo melmo trovo
delos primos gentos de las ouejas e de las
mejores dellos e acepto el feñor a abel e a fu
prefente e cayn e a fu prefente non acepto

lo qual a cayn mucho pelo e cuerõ le le la
fazes e dixo el feñor a cayn por razon qual
efto an pelo e por que te fazes te caperon:
por cierto fi tu bien blares perden aueras
como la tu faz alçes e fi bien blar non quifi
eres ala puerta tienes el tu pecad e contra ti
cerol fu apetitu e tu le noxas onel dixo cayn
a abel fu bermano del yla lar mencion non fi
ze e aun ne affi q ellos eã campo eftauã teñ
to cayn contra el fu bermano abel e matol:
dixo el feñor a cayn do es abel tu bermano
el qual refpondio yo non lle como leñer llo yo
guardor del tu bermano: e el feñor refpon
diole e dixo que as fecho q la boz delas fangres
del tu bermano llamañ mi dela trã
agora por aquefte melmo fecho tu maldito fe
ras fobre la trã q abrio fu boca pa refcebir
las fangres del tu bermano por tu mano e quan
to la trã labrares non tornam a dar la fu fuer

Jahrhundert) ins Arabische übersetzt, und ein anderer übersetzte es ins Hebräische. Die Araber nannten das Buch "Almagest", nach dem griechischen Worte "megisti", "das Größte", und es blieb bis auf Kopernikus die Grundlage der Astronomie. Juden arbeiteten astronomische Tafeln aus, welche unter anderen auch Dante benutzte, und sie vervollkommneten den Astrolab, ein für die damalige Zeit wichtiges astronomisches Instrument. Abraham bar Chija aus Barcelona und sein Zeitgenosse, der weitgereiste Abraham ibn Esra, den wir bereits als Dichter und Bibelkommentator erwähnt haben, waren beide wichtige Wissenschaftler. Der jüdische Philosoph und Bibelkommentator Levi ben Gerschon aus Bagnols (Südfrankreich), der im vierzehnten Jahrhundert lebte, erfand den sogenannten "Jakobstab", ein einfaches Instrument zur Messung von Sehwinkeln. Von Juden erfundene oder vervollkommnete Instrumente fanden in der Seefahrt Verwendung. In Mallorca waren geschickte jüdische Kartographen ansässig. Die berühmtesten von ihnen sind Abraham und Juda Kreskas, die den bereits früher erwähnten Katalanischen Atlas verfertigten, der sich jetzt in der Nationalbibliothek von Paris befindet.

Juden trugen auch zur Literatur in den Landessprachen ihrer Wohnländer bei. In der Provence gab es jüdische Troubadure. Zum Kreise um Dante in Florenz gehörte auch ein Jude, Manuel da Gubbio, der in der hebräischen Literatur unter dem Namen Immanuel ben Salomo Romi bekannt ist. Sein hebräisches Hauptwerk "Machberot" ("Sammlungen") enthält hebräische Gedichte in italienischen Versformen und kurze Erzählungen, die manchmal an Boccaccios Decamerone erinnern. Von Immanuels italienischen Dichtungen ist leider nicht viel erhalten geblieben. Den jüdischen Minnesänger Süßkind von Trimberg, dessen mittelhochdeutsche Gedichte und dessen Porträt uns die Manessische Handschrift bewahrt hat, haben wir bereits erwähnt. In Spanien dichteten Juda Bonsenyor und Santob de Carrion in der Landessprache. Der letztere ist auch als hebräischer liturgischer Dichter unter dem Namen Schemtow ibn Ardutiel bekannt. Auf Spanisch schrieb er für König Pedro von Kastilien das vielgelesene Buch "Proverbios Morales". Ebenfalls in Spanien übersetzte der Jude Moses Arragel in den Jahren 1422- 1430 für den Großmeister des Ordens von Calatrava die Bibel ins Spanische. Die Handschrift dieser Übersetzung, die sogenannte "Alba Bibel", enthält auch einen kurzen Kommentar und ist mit über dreihundert Miniaturen geschmückt.

Die Miniaturen der Alba Bibel, die deutlich von jüdischem Einfluß zeugen, beweisen nebenbei, daß künstlerische Betätigung den Juden des Mittelalters nicht fremd war. Verfolgungen und Bücherschützungen haben viel frühes Material zerstört. Aber vom dreizehnten Jahrhundert an haben sich Handschriften erhalten, deren Miniaturen höchstwahrscheinlich von jüdischen Künstlern ausgeführt sind. Sie beweisen großes technisches Können und einen erlesenen künstlerischen Geschmack.

DIE AUSWEISUNG DER JUDEN AUS ENGLAND UND FRANKREICH

Der gefährliche Teufelskreis, in dem die Juden eingeschlossen waren, wurde immer enger und drohender. Die Geschäfte der jüdischen Geldverleiher stärkten die gegen die Juden bestehenden Vorurteile, nährten den Judenhaß und führten immer wieder zu Ausschreitungen gegen sie. Zu den Gewälttätigkeiten des Pöbels kam die unersättliche Geldgier der Könige hinzu. Diese sahen in den jüdischen Geldgeschäften eine willkommene Einnahmequelle und preßten aus den Geldverleihern den größten Teil ihres Besitzes aus. Um ja kein Einkommen zu verlieren, zwangen sie die Geldverleiher, ihre Forderungen streng einzutreiben, und dies verstärkte natürlich den ohnehin bestehenden Judenhaß.

In England hatten die Juden kaum Zeit, sich von den Ausschreitungen, die den dritten Kreuzzug begleiteten, zu erholen, als König John "Ohneland" (1199-1216) eine Ausbeutungspolitik einschlug, die mit noch nicht dagewesener Grausamkeit durchgeführt wurde. Ein jüdischer Finanzmann, Abraham von Bristol, weigerte sich, die ihm auferlegte ungewöhnlich hohe Steuer zu zahlen. Möglicherweise war er dazu gar nicht in der Lage. Der König ließ ihn festnehmen und befahl, daß ihm jeden Tag ein Zahn gezogen werde. Nach der siebenten Extraktion kam Abraham der Forderung des Königs nach. Die königliche Ausbeutungspolitik und die Mißhandlung der Juden durch die Barone und den Pöbel setzten sich auch unter der Regierung des Nachfolgers Königs John, des Königs Heinrich III., unverändert fort. Der Judenzoll ("tallage") wurde immer wieder erhöht. Desgleichen auch die anderen, den Juden von Zeit zu Zeit auferlegten, besonderen Steuern. Oft wurde ihre Habe beschlagnahmt. Die Beschlüsse des vierten Laterankonzils wurden jetzt in England streng ausgeführt. Dies galt auch der Verpflichtung, das Judenzeichen zu tragen. Immer wieder wurden Massenprozesse gegen jüdische Gemeinden inszeniert. Im Jahre 1230 wurden die Juden von Norwich beschuldigt, ein Christenkind beschnitten zu haben. Im Jahre 1244 fand in London ein Ritualmordprozeß statt. Der Prozeß in Lincoln, in Zusammenhang mit der angeblichen Ermordung des "kleinen heiligen Hugh", im Jahre 1255, ist bereits früher erwähnt worden. Unter diesen Umständen dachten viele englische Juden daran, dieses unwirtliche Land zu verlassen. Der König war aber nicht bereit, diese gewinnbringenden Untertanen entkommen zu lassen, und die Auswanderung der Juden wurde streng verboten.

In der zweiten Hälfte des dreizehnten Jahrhunderts weiteten die italienischen Bankiers ihren Tätigkeitsbereich auf Nordeuropa und England aus. Ihre finanziellen Operationen in großem Stil, welche meist unter dem Patronat des Papstes und des Königs standen, verringerten nach und nach die Bedeutung der jüdischen Geldgeschäfte in den Augen des Schatzamtes. Als man zur Ansicht gelangte, daß es möglich sei, auf die Dienste der Juden zu verzichten, wurden sie rücksichtslos ausgewiesen. Zuerst versetzte König Eduard I. den Juden im Jahre 1275 einen schweren Schlag, indem er ihnen alle Geldgeschäfte verbot, die bereits abgeschlossenen Geschäfte annullierte und alle Anleihen als zinsfrei erklärte. Dann kam 1290 der zweite Schlag, die Vertreibung aller Juden aus England. Der größte Teil ihres Vermögens wurde zugunsten der Krone beschlagnahmt. Dies war die erste Vertreibung der Juden aus einem ganzen Lande.

Die Vertriebenen fanden größtenteils in Frankreich Zuflucht. Bald erwies es sich aber, daß dies nur ein kurzfristiger Unterschlupf war. Auch in Frankreich hatte sich die Lage seit der Regierung des fanatisch frommen Königs Ludwig IX. ("des Heiligen" - 1226- 1270) nach und nach verschlechtert. Die Beschlüsse des vierten Lateran-Konzils wurden streng ausgeführt. Die Juden waren allen möglichen Schikanen ausgesetzt, besonders seitens der Inquisition, die sie beschuldigte, getaufte Juden zur Rückkehr zum väterlichen Glauben zu überreden. Im Jahre 1283 wurde ihnen verboten, auf dem flachen Lande zu wohnen und mit den unwissenden Bauern in Berührung zu kommen, weil sie diese zu Irrlehren verleiten könnten. König Philipp der Schöne (1285-1314), der ein eifriger Judenhasser, aber

König Eduard I. von England (1272-1307), der die Juden aus England vertrieb, nachdem er sie zuerst finanziell ruinierte. Das Vertreibungsdekret wurde am 18. Juli 1290 bekanntgegeben, welches mit dem Datum des Fasttage vom neunten Aw, dem Gedenktage der Zerstörung Jerusalems, zusammenfiel.

auch ein schlauer Geschäftsmann war, fand Mittel und Wege, seinen jüdischen Untertanen erhebliche Geldsummen abzunehmen.

Trotz ihrer unsicheren Lage fanden die französischen Juden Zeit zu heftigen ideologischen Streitigkeiten. Eine Gruppe streng konservativer Talmudisten, an deren Spitze der gelehrte Salomo ben Abraham von Montpellier stand, verhängte im Jahre 1231 den Bann gegen diejenigen, die sich mit profanen Wissenschaften und mit Philosophie befaßten. Der Angriff war eigentlich gegen die rationalistische Philosophie des Rabbi Moses ben Maimon gerichtet. Als die Anhänger der in Bann gelegten Philosophie, die Maimonisten, gegen ihre Gegner von der gleichen Waffe Gebrauch machten, begingen diese den verhängnisvollen Fehler, sie den Dominikanern als Häretiker und Atheisten zu denunzieren. Die Folge war, daß die Schriften Moses ben Maimons beschlagnahmt und in Montpellier und Paris öffentlich verbrannt wurden. Selbst die eifrigsten Gegner der Philosophie waren tief beschämt, und eine Zeitlang ruhte der Streit. Aber ca. siebzig Jahre später, entbrannte der Zwiespalt von neuem. Rabbi Abba Mari ben Moses von Lunel, der Führer der Konservativen, mobilisierte den Beistand spanischer talmudischer Autoritäten, wie Rabbi Salomo ben Adret aus Barcelona und andere, für den Kampf gegen den Rationalismus. Wieder schleuderten beide Parteien den Bannstrahl gegeneinander. Dies ging einige Jahre fort, bis ein gemeinsames Unglück Feind und Freund unterschiedslos traf, und so dem Streit ein Ende bereitete.

Im Jahre 1306, als König Philipp der Schöne in größter Geldverlegenheit war, beschloß er, die leeren Schatzkammern durch einen radikalen Schlag gegen seine Juden neu aufzufüllen. Er verordnete die Ausweisung der Juden aus seinem Herrschaftsgebiet und die Beschlagnahme ihres Vermögens. Die Juden waren gezwungen, das Land innerhalb eines Monats zu verlassen und durften nur ihre Werktagskleidung und einen geringen Barbetrag zur Deckung ihrer sofortigen Bedürfnisse mitnehmen.

Die Ausweisung der Juden wirkte sich aber ungünstig auf das Wirtschaftsleben Frankreichs aus, so daß Philipps Nachfolger, Ludwig X. (1314-1316), sie einlud, wieder ins Land zu kommen. Die Verordnung, welche die Rechte und Pflichten der rückkehrenden Juden festlegte, beschränkte ihr Wohnrecht auf zwölf Jahre. Trotzdem kehrte ein Teil der Vertriebenen zurück, mußten aber noch vor Ablauf der oben genannten Frist Frankreich erneut verlassen. Der fanatische Pöbel machte ihnen das Leben unerträglich, und die Erscheinung der "Pastorellen", die sogenannten "Hirtenzüge", führten zu schrecklichen Judengemetzeln in Toulon, Bordeaux, Albi und an anderen Orten. Die Juden wurden 1321 beschuldigt, die Brunnen und Flüsse vergiftet zu haben, was wieder zahlreiche jüdische Opfer forderte. Infolgedessen beschlossen die Juden, Frankreich zu verlassen. Nach dem Jahre 1322 lebte lange Zeit kein Jude mehr in Frankreich.

Im Jahre 1361 war die französische Staatskasse wieder leer, und König Karl V. beschloß, die Juden zurückzurufen. Diesmal kam nur eine beschränkte Zahl von Finanzleuten, aber wieder einmal erwies sich der König unfähig oder vielleicht unwillig, die Juden vor Mißhandlung durch den Pöbel und Verfolgung durch die Kirche zu schützen. Und so wurden die Juden im Jahre 1394 von König Karl VI. endgültig vertrieben. Nur in den südfranzösischen Gegenden, die den Grafen der Provence unterstanden, durften die Juden vorläufig weiter wohnen. Als jedoch die Provence im Jahre 1482 Frankreich angegliedert wurde, mußten die Juden bald

darauf auch diese Gegend verlassen. - Die einzigen jüdischen Gemeinden, die auf französischem Boden bestehen blieben, waren die von Avignon und der Grafschaft Comtat Venaissin, wo sie unter päpstlichem Schutz standen.
Ein Teil der aus Frankreich ausgewiesenen Juden ließ sich in Norditalien nieder. Die drei Gemeinden von Ast, Fossano und Moncalvo haben fast bis in unsere Tage die in Frankreich üblich gewesene Gebetsordnung beibehalten.

Die Synagoge von Cavaillon (Südfrankreich). Zeichnung von Georges Loukomski, aus dem Jahre 1773, welche die Synagoge vor ihrem Umbau darstellt. Wie Avignon und Carpentras, stand auch Cavaillon unter päpstlicher Verwaltung, so daß die Ausweisung der Juden aus Frankreich sich auf diese Gemeinden nicht erstreckte. Diese Städte boten auch einem Teil der aus Frankreich vertriebenen Juden Zuflucht.

ÖRTLICHE AUSWEISUNGEN IN DEUTSCHLAND

Das Schicksal der Juden in Deutschland unterschied sich von dem Schicksal ihrer Brüder in anderen nordeuropäischen Ländern. Der Niedergang der kaiserlichen Autorität im Heiligen Römischen Reiche Deutscher Nation hatte nämlich eine politische Zersplitterung des Landes zur Folge. Judengemetzel kamen von Zeit zu Zeit in verschiedenen Gegenden vor. Ebenso auch regionale Judenvertreibungen. Aber niemals sind die Juden aus ganz Deutschland vertrieben worden, wie es in Frankreich und England geschah. Das merkwürdige Resultat war, daß es kein Land in Europa gibt, mit welchem die Juden dauernder und enger verbunden gewesen sind, obgleich es wohl kein anderes Land gibt, in welchem sie schlechter behandelt wurden.

Die erste örtliche Ausweisung in Deutschland scheint deren Vertreibung aus Mainz

Die Grabsteine des Rabbi Meir von Rothenburg und des Alexander ben Salomo Wimpfen auf dem alten jüdischen Friedhof von Worms. Rabbi Meir von Rothenburg, eine hochangesehene rabbinische Autorität im dreizehnten Jahrhundert, starb im Gefängnis, nachdem er den jüdischen Gemeinden untersagt hatte, das von Kaiser Rudolf von Habsburg verlangte Lösegeld zu zahlen. Vierzehn Jahre später kaufte Alexander Wimpfen seine Gebeine los und erbat sich dafür das Vorrecht, neben ihm begraben zu werden.

198

im Jahre 1012, zu Lebzeiten des Rabbi Gerschom ben Jehuda, "der Leuchte der Diaspora", gewesen zu sein. Ein Jahr später wurde den Vertriebenen gestattet, nach Mainz zurückzukehren. Für den Augenblick war dies ein Einzelfall. Aber es war auch ein böses Vorzeichen kommender Dinge.

Die Judengemetzel in Deutschland zur Zeit der Kreuzzüge, vor allem zur Zeit des ersten Kreuzzuges Ende des elften Jahrhunderts, vernichteten zahlreiche jüdische Gemeinden und ersparten den örtlichen Behörden die Mühe, die Juden auszuweisen. Während des ganzen zwölften Jahrhunderts hielten die Ausschreitungen gegen die Juden in Deutschland an. Nicht immer nützte ihnen der Schutz, den die Kaiser ihren "Kammerknechten", die für sie eine wertvolle Einkommensquelle waren, angedeihen ließen. Manchmal verfielen sogar die Kaiser selbst in unverhüllte Ungerechtigkeiten gegen ihre jüdischen Untertanen. Ein besonders krasser Fall war die Verhaftung des Rabbi Meir von Rothenburg, einer hochangesehenen talmudischen Autorität, im Jahre 1286, auf Befehl des Kaisers Rudolf von Habsburg. Der Kaiser hoffte, für seine Befreiung von den Juden ein hohes Lösegeld zu erpressen. Rabbi Meir verbot aber den jüdischen Gemeinden, das Lösegeld zu bezahlen, um keinen Präzedenzfall zu schaffen. Er starb im Gefängnis im Jahre 1293 und erst vierzehn Jahre nach seinem Tode gelang es den Juden, seine Gebeine loszukaufen, um sie auf dem jüdischen Friedhof von Worms beizusetzen.

Im dreizehnten Jahrhundert, als die Bestimmungen des vierten Lateran-Konzils in Kraft traten und sich gleichzeitig eine Welle von Blutbeschuldigungen erhob, verschlechterte sich die Lage der Juden zusehends. Außer örtlichen Ausschreitungen, bei denen es niemals ohne Blutvergießen abging, kam es auch zu organisierten Judenverfolgungen großen Stils, die ganze Länder umfaßten. Die blutigste Bewegung dieser Art war die, an deren Spitze ein bayerischer Edelmann (nach anderen ein Metzgermeister) namens Rindfleisch stand. Um eine angebliche Hostienschändung zu rächen, scharte Rindfleisch eine Mörderbande um sich. Zunächst metzelte er im Jahre 1298 alle Juden der Stadt Röttingen nieder. Dann zog er mit seiner Bande durch ganz Bayern und Österreich und zerstörte über 140 jüdische Gemeinden. Die Zahl der jüdischen Opfer wird auf über hunderttausend geschätzt.

Eine ähnliche Bewegung begann im Jahre 1336 im Elsaß. Dort bildete sich eine Bande von "Judenschlägern", wie sie selbst sich ungeniert bezeichneten, an deren Spitze ein Schankwirt namens Zimberlin stand. Sie trugen am Arm eine Lederbinde und waren daher unter der Bezeichnung "Armleder" bekannt. Zwei Jahre lang wütete die Bande in Süddeutschland, vom Elsaß bis nach Österreich, mordete Juden und plünderte jüdischen Besitz. Erst im Jahre 1338 machte Kaiser Ludwig ihren Untaten ein Ende. Der "König der Armleder" wurde festgenommen und hingerichtet.

Die Not der Juden erreichte in den Jahren 1348-1349 einen Höhepunkt. In Europa wütete der "Schwarze Tod", und die Juden wurden beschuldigt, ihn durch Vergiftung der Brunnen und Quellen verursacht zu haben, um die Christenheit auszurotten. Überall wurden Juden überfallen und mitleidslos niedergemacht. Selten versuchten die örtlichen Behörden, die Juden vor den blutdürstigen Massen in Schutz zu nehmen. Im Gegenteil, jede Beschuldigung, so unwahrscheinlich und unbewiesen sie auch war, diente als willkommener Anlaß, die Juden aus Städten, oder aus ganzen Provinzen auszuweisen. So wurden die Juden im Jahre 1314 aus

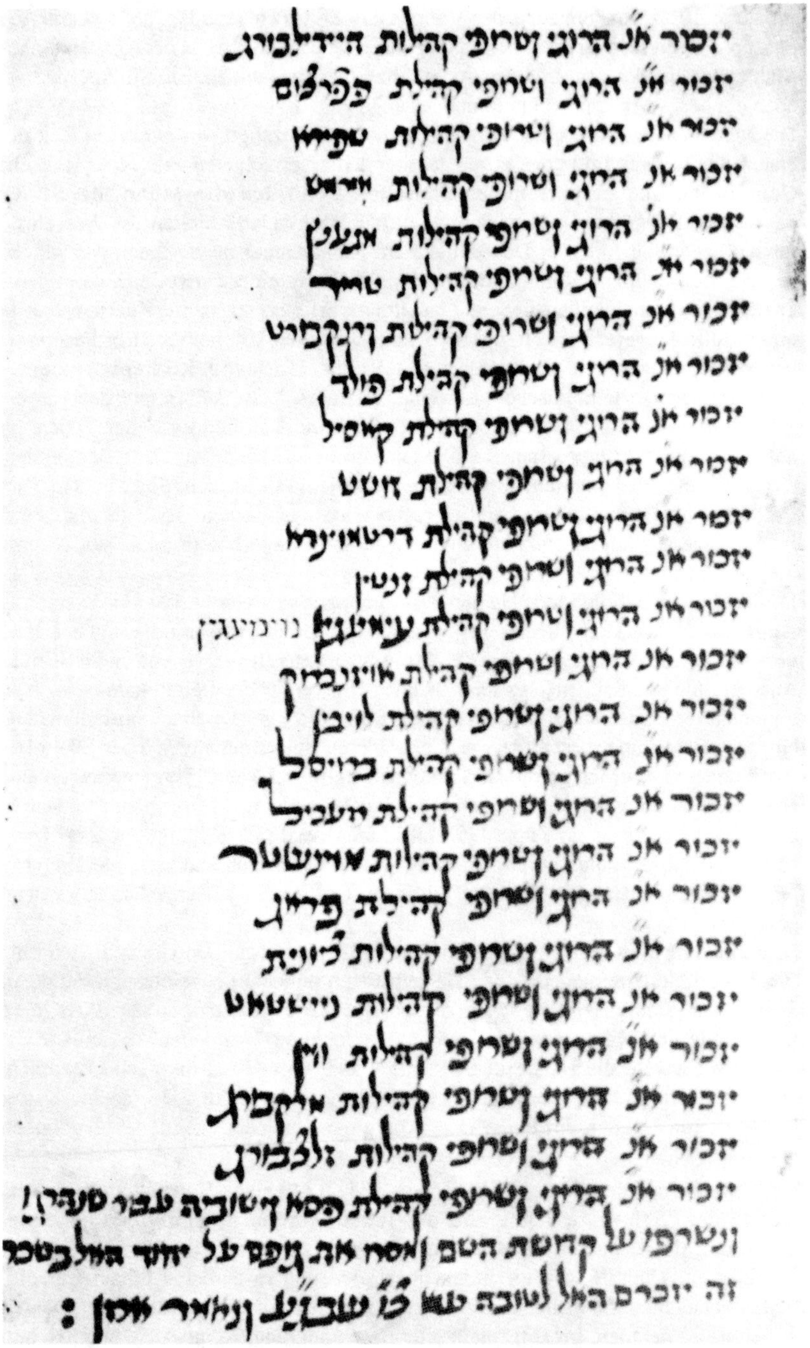

יזכור אל הרוגי ושרופי קהלות היידלבירג
יזכור אל הרוגי ושרופי קהלת בפורצם
יזכור אל הרוגי ושרופי קהלות שפייא
יזכור אל הרוגי ושרופי קהלות וורמש
יזכור אל הרוגי ושרופי קהלות מגענץ
יזכור אל הרוגי ושרופי קהלות טרייר
יזכור אל הרוגי ושרופי קהלת בינקהיים
יזכור אל הרוגי ושרופי קהלת פולד
יזכור אל הרוגי ושרופי קהלת קאסיל
יזכור אל הרוגי ושרופי קהלת העסן
יזכור אל הרוגי ושרופי קהלת דיטואיינא
יזכור אל הרוגי ושרופי קהלת זעסין
יזכור אל הרוגי ושרופי קהלת עיסענך מרמיגן
יזכור אל הרוגי ושרופי קהלת אוזנעברוק
יזכור אל הרוגי ושרופי קהלת לויבן
יזכור אל הרוגי ושרופי קהלת בריסל
יזכור אל הרוגי ושרופי קהלת מעכיל
יזכור אל הרוגי ושרופי קהלות אנטוורפן
יזכור אל הרוגי ושרופי קהלת פריגן
יזכור אל הרוגי ושרופי קהלות לוונץ
יזכור אל הרוגי ושרופי קהלות נייסטאט
יזכור אל הרוגי ושרופי קהלות וין
יזכור אל הרוגי ושרופי קהלות אלקמיר
יזכור אל הרוגי ושרופי קהלות זלצבורג
יזכור אל הרוגי ושרופי קהלת פסא ושובה עבור סערין
ונשרפו על קדושת השם ומסר אות ונפש על יחוד האלבטור
זה יזכרם האל לטובה עם כל שבוע אל ונאמר אמן :

Eine Seite aus dem "Memorbuch" der Gemeinde Koblenz. Sie enthält ein
Verzeichnis von Gemeinden, die in den Jahren 1348-1349 vernichtet wurden.

Bayern vertrieben, im Jahre 1420 aus Österreich, im Jahre 1430 aus Sachsen und im Jahre 1446 aus Brandenburg. Städte wie Trier, Mainz, Köln, Wien, Augsburg und andere vertrieben ihre Juden. Oft wurden die Vertreibungserlässe nach einer gewissen Zeit zurückgezogen. Aus vielen Städten und Gegenden wurden die Juden im Laufe des Mittelalters mehr als einmal vertrieben.

Die innere Zersplitterung des Deutschen Reiches bot den vertriebenen Juden immer wieder Zufluchtsstätten. Gegen entsprechende Bezahlung gewährten ihnen die Herrscher benachbarter Kleinstaaten zeitweilig Unterkunft. Aus Städten vertriebene Juden durften manchmal in der Umgebung dieser Städte wohnen. Die letzte der größeren örtlichen Judenvertreibungen im mittelalterlichen Deutschland war die Ausweisung aus Regensburg im Jahre 1519. In diesem Falle wurde ihnen zwar erlaubt, ihren beweglichen Besitz mitzunehmen, dagegen aber wurden sie verpflichtet, ihre Forderungen gegen christliche Schuldner an die Stadtbehörde zu lächerlichen Preisen abzutreten.

Von den großen historischen Gemeinden, die während des Mittelalters zu besonderer Bedeutung gelangt waren, blieben am Ende des Mittelalters fast nur noch Worms und Frankfurt am Main. Beide Gemeinden hatten viel mitgemacht. Die Wormser Gemeinde war zweimal vernichtet worden, das eine Mal während der Kreuzzüge, das andere Mal zur Zeit des Schwarzen Todes. Auch die Juden in Frankfurt wurden im Jahre 1349 beinahe bis zum letzten Mann hingemetzelt. Als sich Juden von neuem in Frankfurt ansiedelten, wurde ihnen nur zeitlich beschränkter Aufenthalt gestattet. Die Erneuerung der Aufenthaltsbewilligung war immer mit großen finanziellen Opfern verbunden. Hier wurden die Juden unbarmherzig ausgebeutet, einerseits von der städtischen Behörde, andererseits vom Kaiser selbst. Im Laufe war die ihnen auferlegte finanzielle Last unerträglich, so daß viele die Stadt verließen. Zu Beginn des fünfzehnten Jahrhunderts war die Gemeinde auf einige Familien zusammengeschmolzen. Aber trotz aller

Hinrichtung eines Juden im Mittelalter aus einer Handschrift des mittelalterlichen Gesetzbuches "Sachsenspiegel". Die Handschrift befindet sich in der Heidelberger Universitätsbibliothek.

Das Innere der berühmten "Altneuschul"-Synagoge in Prag, die in ihrer jetziger Gestalt aus dem vierzehnten Jahrhundert stammt. Einer Sage nach wurde sie von Flüchtlingen aus Jerusalem im ersten Jahrhundert gegründet, wobei zur Grundsteinlegung Steine benutzt wurden die aus den Ruinen des Jerusalemer Tempels mitgebracht worden waren. Der Name "Altneuschul" wird aus dem hebräischen Ausdruck "al tenai" = "unter der Bedingung" hergeleitet. Die Erklärung ist, daß die Synagoge unter der Bedingung gegründet wurde, zur Zeit des Messias nach Jerusalem überführt zu werden, wo die Grundsteine hingehören.

Schwierigkeiten hielt sich die Gemeinde in Frankfurt am Main, und im Laufe der Zeit entwickelte sie sich zu einem der Mittelpunkte des jüdischen Lebens in Deutschland.

Den wiederholten örtlichen Ausweisungen zum Trotz, waren die Juden in ganz Deutschland verbreitet. Als Zeugnis dafür können unter anderem die zahlreichen illustrierten Flugblätter und Broschüren dienen, die nach Erfindung des Buchdruckes erschienen, und in denen die Juden in gröbstem Stil heftig angegriffen wurden. Es darf ruhig behauptet werden, daß die Karikatur als eine Waffe im Kampfe gegen die Juden eine deutsche Erfindung ist. Die Darstellung der Synagoge in der Gestalt der "Judensau" an deutschen Kathedralen (Magdeburg, Regensburg, Freising, Wittenberg und andere) ist bereits erwähnt worden. Auch eines der ersten deutschen antijüdischen Flugblätter bringt einen Holzschnitt der "Judensau". Vom sechzehnten Jahrhundert an ist die antijüdische Karikatur ein Wahrzeichen der deutschen graphischen Kunst. Von hier aus verbreitete sie sich auf die anderen Länder Europas.

In der östlichen Ecke des Deutschen Reiches konnte die jüdische Gemeinde von Wien auf eine lange Geschichte zurückblicken. Juden lebten in Österreich wahrscheinlich schon zur Zeit des Römischen Reiches, obgleich die ersten geschichtlichen Zeugnisse erst aus dem zehnten Jahrhundert stammen. Sie bildeten dort eine blühende Gemeinde. Während der Kreuzzüge hatten die Juden Österreichs weniger zu leiden als ihre Brüder andernorts. Im dreizehnten Jahrhundert war ihr geistiges Oberhaupte der berühmte Rabbiner Isaak ben Moses (auch Isaak-Or-Sarua genannt, nach dem Namen des von ihm verfaßten großen halachischen Kompendiums). Auch die Juden Österreichs tranken den Leidenskelch in den Jahren des Schwarzen Todes, und im Jahre 1370 mußten sie das Land zeitweise verlassen. Aber der schwere Schlag kam Anfang des fünfzehnten Jahrhunderts. Die Hussitenbewegung in Böhmen, die einen tschechisch-nationalen antideutschen Charakter angenommen hatte, rief in Österreich eine heftige Reaktion hervor. Die Juden wurden verdächtigt, mit den hussitischen Ketzern in Verbindung zu stehen und ihnen Geld und Waffen zu liefern. Das jüdische Viertel in Wien wurde wiederholt überfallen. Im Jahre 1420 wurde ein reicher Jude aus Enns (Oberösterreich) beschuldigt, eine Hostie, die er angeblich von der Frau eines Meßners gekauft hatte, geschändet zu haben. Daraufhin wurden alle Juden Österreichs festgenommen und ihre ganze Habe wurde eingezogen. Das Gerichtsverfahren wurde März 1421 beendet. Zweihundert Juden wurden in Wien auf dem Scheiterhaufen verbrannt. Alle anderen Juden wurden "für immer" des Landes verwiesen. Diese Ereignisse sind in der jüdischen Geschichte als "die Wiener Gesera" bekannt. ("Gesera" ist das hebräische Wort für "Verordnung", wird aber insbesondere für harte Verordnungen und daher auch als Synonym für "Verfolgung" benutzt.) Anfang des sechzehnten Jahrhunderts wurde Juden wieder gestattet, in Wien zu wohnen. Aber die Stadt blieb ein Mittelpunkt heftiger antijüdischer Hetze. Die Juden wurden streng verpflichtet, das Judenzeichen zu tragen, und die Drohung der Ausweisung hing stets über ihren Häuptern wie ein Damoklesschwert.

Auch die bedeutende jüdische Gemeinde von Prag, die vom Mittelalter bis in unsere Zeit standgehalten hat, gehörte bis zur Neuzeit zum deutschen Kulturbereich. Nach den blutigen Ereignissen zur Zeit des ersten Kreuzzuges, waren dieser Gemeinde relativ ruhige Zeiten vergönnt. Zwar fehlten nicht von Zeit von Zeit tätliche Ausschreitungen, aber die Juden genossen gewisse Vorrechte, vor allem das Recht einer autonomen Selbstverwaltung innerhalb der "Judenstadt". Den Mittelpunkt der Judenstadt bildete die berühmte alte Synagoge, die sogenannte "Altneuschul". In ihrer jetzigen Gestalt stammt die Altneuschul aus dem vierzehnten Jahrhundert. Sie soll aber schon im elften Jahrhundert gegründet worden sein. Laut einer Sage wurde sie sogar von Juden, die nach der Zerstörung des Tempels aus Jerusalem hierher flohen, im ersten Jahrhundert gegründet, und ihre Grundsteine stammen aus den Ruinen des Jerusalemer Tempels. Auch im vierzehnten Jahrhundert und zu Beginn des fünfzehnten Jahrhunderts hatten die Prager Juden von Zeit zu Zeit unter Ausschreitungen zu leiden, desgleichen auch unter administrativen Schikanen. Trotzdem dauerte jüdisch- geistige Tätigkeit in Prag ununterbrochen fort, und Gerson ben Salomo Kohen gründete dort im Jahre 1512 die erste hebräische Buchdruckerei in Deutschland.

Die "Altneuschul"-Synagoge in Prag. Hinter der Synagoge ist das Jüdische Rathaus sichtbar, in dessen Turm eine Uhr angebracht ist, auf deren Zifferblatt die Stunden mit hebräischen Buchstaben bezeichnet sind und deren Zeiger in umgekehrter Richtung (von rechts nach links) laufen.

DAS MITTELALTER
IM CHRISTLICHEN SPANIEN

In vielen Beziehungen war die Lage der Juden in den christlichen Teilen Spaniens grundlegend verschieden von der Lage ihrer Brüder in anderen Ländern Europas. Die Herrscher der christlichen Staaten Spaniens, die langsam nach Süden vordrangen und das von den Arabern beherrschte Gebiet immer mehr einengten, beschützten ihre jüdischen Untertanen oder begünstigten sie sogar. Jüdische Flüchtlinge aus dem Süden, die im zwölften Jahrhundert vor den fanatischen Almohaden flohen, fanden in Kastilien und Aragon freundliche Aufnahme. In Barcelona entstand ein jüdisches geistiges Zentrum, das seinen Einfluß auf ganz Spanien ausdehnte. Auch hier fehlten nicht zeitweilige Ausbrüche antijüdischer Gefühle, die insbesondere von der Geistlichkeit geschürt wurden. Zur Zeit der Religionsgespräche war die Spannung oft sehr groß; aber auf die wirtschaftliche Lage der Juden hatte dies vorläufig keinen Einfluß.

Der Prozeß der wirtschaftlichen Herabwürdigung, der die Juden in den Ländern Nordeuropas zwang, sich auf das Geldgeschäft zu konzentrieren, fand in Spanien nicht statt. Zwar gab es auch hier jüdische Finanzleute, aber überwiegend war die Zahl der Kaufleute, und der Großteil der jüdischen Bevölkerung bestand aus

Links: Ein jüdischer Kaufladen in Spanien. Rechts: Das Haus eines jüdischen Geldverleihers in Spanien. Miniaturen in der Handschrift der "Cantigas" Alfons X., "des Weisen", Königs von Kastilien (1252-1284), in der Bibliothek des Escorial.

Der Innenhof des Palastes des Samuel Halevi Abulafia, der zehn Jahre lang als Finanzminister Pedros des Grausamen, Königs von Kastilien (1350-1369), amtierte. Im Jahre 1577 ließ sich der berühmte Maler El Greco in Toledo nieder. erwarb dieses Haus und lebte hier. Früher als der "Judenpalast" bekannt, heißt der Palast heute "das Haus des Greco".

Handwerkern. Es gab jüdische Bauleute und Schmiede. Groß war die Zahl der Weber und auch viele Kaufleute befaßten sich mit dem Textilhandel, einem jüdischen Handelszweig überall bis zum heutigen Tage. An vielen Orten bestanden jüdische Handwerkerzünfte, die ihre eigenen Synagogen hatten und Zunfthallen für den Vertrieb ihrer Erzeugnisse errichteten. Es gab auch jüdische Landwirte und Kaufleute, die landwirtschaftliche Produkte kauften und verkauften. Desgleichen gab es jüdische Reeder, deren Schiffe das Mittelmeer befuhren.

Auch im geistigen Leben Spaniens spielten Juden eine bedeutende Rolle als Ärzte, Mathematiker, Astronomen und Übersetzer.

Alles in allem bildeten die Juden eine wirtschaftlich gefestigte Gemeinde. Aber die Steuerlast war schwer. Unter verschiedenen Namen fand ein großer Teil der Einkünfte der Juden seinen Weg in die königliche Schatzkammer.

Die jüdischen Finanzleute in Spanien waren nicht gewöhnliche Geldverleiher, sondern zogen großzügige finanzielle Operationen vor, wie, zum Beispiel, die Steuerpacht. Die großen Steuerpächter waren einflußreiche Leute am königlichen Hofe. Oft waren sie auch die Schatzmeister des Königs, seine Finanzminister und die Lieferanten seines Heeres. Auch in anderen Angelegenheiten wandte sich der König oft an sie um Rat. Oft beeinflußten sie sogar die königliche Politik. Jüdische Finanzleute dieser Art führten natürlich ein luxuriöses Leben und bauten sich Paläste, die manchmal sogar befestigt waren. Im Kreise ihrer Glaubensbrüder übten sie freigebige Wohltätigkeit und förderten Gelehrte und Künstler. Aber ihre Erfolge erweckten oft den Neid ihrer Rivalen, den Haß der christlichen Umgebung, und auch die Geldgier ihrer Herren. Oft folgte ihrem glänzenden Aufstieg ein tragischer Sturz.

Ein typischer Fall dieser Art war das Schicksal des Samuel Halevi Abulafia, eines der jüdischen Aristokraten von Toledo. Er war der Finanzminister des Königs Pedro IV., "des Grausamen" (1350-1369). Dank seiner Neuregelung des Steuerwesens im Königreiche Kastilien, besserte sich in kurzer Zeit die vorher katastrophale finanzielle Lage des Königreichs. Außer seinem Palast in Toledo, der bis heute als der "Judenpalast" bekannt ist, baute er zahlreiche Synagogen. Die schönste von ihnen war die bis heute bestehende "El Transito" Synagoge, in der Nähe seines Palastes, die nach der Vertreibung der Juden aus Spanien in eine Kirche umgewandelt wurde. Die hebräische Inschrift an der Wand, an der der Toraschrein stand, erwähnt den Namen des Königs Pedro. Es war unvermeidlich, daß Abulafia in die Hofintrigen miteinbezogen wurde, die sich um die Rivalität zwischen König Pedro und seinem Stiefbruder Heinrich von Trastamare spannen. Seine Treue zum König brachte Unheil über die Juden Kastiliens, die unter den Angriffen der Anhänger Heinrichs schwer zu leiden hatten. Beim Überfall auf das Judenviertel von Toledo allein, im Jahre 1355, sollen mehr als 1200 Juden ums Leben gekommen sein. Letzten Endes wurde aber Abulafias Treue mit Undank belohnt. Verleumder beschuldigten Abulafia, daß er sich auf Kosten der Staatskasse bereichere, und der König schenkte diesen Anschuldigungen gerne

Detail der Innendekoration der "El Transito"-Synagoge in Toledo, erbaut von Samuel Halevi Abulafia. Nach Vertreibung der Juden aus Spanien wurde die Synagoge in eine Kirche umgewandelt, aber die hebräischen Inschriften wurden nicht getilgt.

Eine malerische Straße im Judenviertel (der "Juderia") von Cordoba.

Glauben, da er annahm, seinen Finanzminister nicht mehr zu brauchen. Abulafia und seine ganze Familie wurden festgenommen und sein ganzes Vermögen wurde eingezogen. Damit begnügte sich aber der König nicht, sondern er ließ Abulafia grausam foltern, um ihm eine Aussage über Schätze, die er angeblich vergraben hatte, abzuringen. Abulafia kam unter den Händen seiner Folterer zu Tode.

Abgesehen von solchen tragischen Einzelfällen, war das Leben der Juden im christlichen Spanien reicher und bequemer als das Leben ihrer Brüder in anderen Ländern Europas. Die Gemeinden waren größer als andernorts, die Beziehungen zur christlichen Bevölkerung waren im allgemeinen besser als anderswo, und die Haltung der Herrscher gegenüber ihren jüdischen Untertanen war im großen und ganzen gerecht. Als König Ferdinand von Kastilien im Jahre 1248 Sevilla eroberte, überreichten ihm die Juden der Stadt einen silbernen Schlüssel mit der Inschrift "Gott öffnet und der König tritt ein" in hebräischer und spanischer Sprache. Die hebräische Inschrift auf seinem Grabstein in der Kathedrale bezeugt, daß er sich in gleichem Masse als Herrscher über alle in seinem Königreich lebenden Völker fühlte. Auch über dem Stadttor von Medina del Campo ist eine hebräische Inschrift zu lesen.

Die jüdischen Gemeinden erfreuten sich einer weitgehenden Autonomie in Sachen der inneren Verwaltung und Rechtsprechung. Die antijüdischen Verfügungen der Kirche in Bezug auf das Tragen des Judenzeichens und die gesellschaftliche Absonderung der Juden wurden oft ganz übersehen oder milde gehandhabt. In Spanien dauerte es länger als andernorts, bis die antijüdische Einstellung allgemein

208

Hebräische Inschrift aus dem Jahre 1315 in der Synagoge von Cordoba.

Wurzeln schlug. Erst im vierzehnten Jahrhundert vergiftete der Judenhaß den ganzen Lebensbereich und verwandelte das Leben der Juden in einen Alptraum.

Inzwischen lebten die Juden in den Städten Spaniens in geräumigen Judenvierteln, die von Mauern umgeben und zum Teil befestigt waren. Nirgends sonst erreichte die Synagogen-Architektur eine so hohe künstlerische Entwicklung. Nie zuvor stand die Kunst der Miniatur in hebräischen Handschriften in solcher Blüte und spiegelte so getreu den Geist der Umgebung wieder.

Auch in der jüdischen Gelehrsamkeit hatten die Juden des christlichen Spaniens einen Ehrenplatz inne. Rabbinische Autoritäten wie Rabbi Moses ben Nachman, Rabbi Ascher ben Jechiel, seinen Sohn Rabbi Jakob ben Ascher und den Philosophen Josef Albo, die weit jenseits der Grenzen Spaniens bekannt und geehrt wurden, haben wir bereits erwähnt. Im dreizehnten Jahrhundert erschien in Spanien der "Sohar", ein Buch das zum Grundstein der jüdischen mystischen Philosophie, der Kabbala, wurde. Die jüdische Überlieferung schreibt das Buch dem Tannaiten Rabbi Simon bar Jochai (aus dem zweiten Jahrhundert) zu. In Wirklichkeit ist es das Werk des spanischen Kabbalisten Moses de Leon, der aber vielleicht dabei älteres Material benutzte. Das Erscheinen des "Sohar" förderte die Beschäftigung mit der Kabbala, die auch früher bereits einen großen Anhängerkreis in Spanien hatte. Zu deren Anhängern zählte unter anderen auch Rabbi Moses ben Nachman.

Es ist nicht möglich, über die Juden im christlichen Spanien zu berichten, ohne den jüdischen Weltreisenden Benjamin von Tudela zu erwähnen. In den Jahren 1165-1173 unternahm Benjamin weite Reisen, und er hinterließ eine bemerkenswerte Reisebeschreibung. Von Tudela in Nordspanien ausgehend, besuchte er Frankreich, Italien, Griechenland, Konstantinopel, Palästina, Syrien, Mesopotamien, Persien, Indien, Arabien und Ägypten. Überall erkundigte er sich über die Anzahl der dort wohnhaften Juden, deren Beschäftigungen und deren gesellschaftliche und politische Lage. Alles, was ihm interessant erschien, zeichnete er sorgfältig auf. Sein Reisetagebuch gibt uns ein verläßliches und lebhaftes Bild der jüdischen Diaspora in der zweiten Hälfte des zwölften Jahrhunderts.

Miniatur in einer mittelalterlichen spanischen Haggada-Handschrift (MS Or. 1404, Britisches Museum, London). Oben: Der Tod der Erstgeborenen (das Buch Exodus 12, 29-30). Unten: Die Israeliten empfangen von ihren ägyptischen Nachbarn silberne und goldene Geräte und Kleider (das Buch Exodus 12, 35-36).

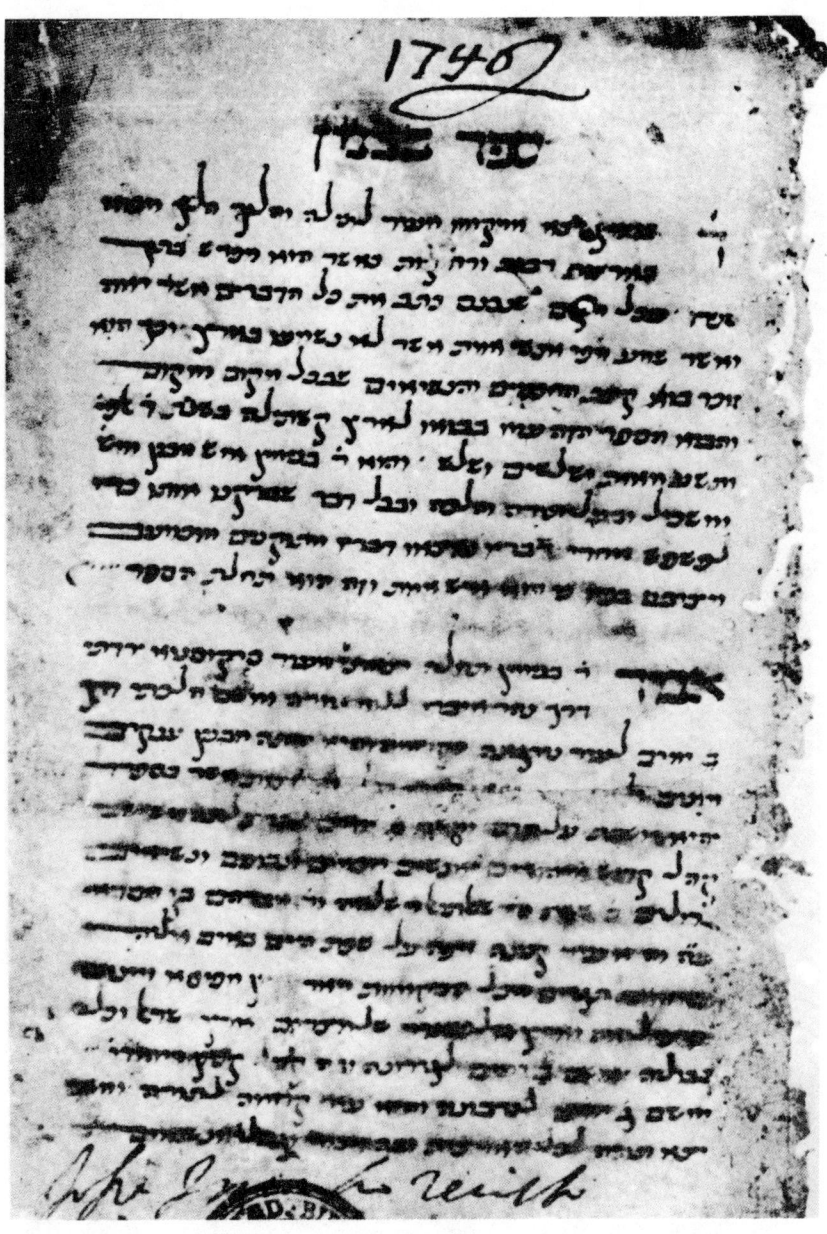

Eine Seite aus einer aus dem 15. Jahrhundert stammenden Handschrift des Reiseberichtes des jüdischen Weltreisenden Benjamin von Tudela (Vatikan Bibliothek). In der zweiten Hälfte des zwölften Jahrhunderts unternahm Benjamin von Tudela eine Reise nach Europa, Asien und Afrika. Er hinterließ eine Reisebeschreibung, die insbesondere Einzelheiten über die jüdischen Gemeinden in den von ihm besuchten Orten enthält.

DAS MITTELALTER IN ITALIEN

Von der klassischen Periode bis zum heutigen Tage waren Juden in Italien
ununterbrochen anwesend. Die jüdische Gemeinde in Rom ist die älteste in
Europa, deren Existenz keine Unterbrechung gekannt hat. Im ersten Jahrhundert
christlicher Zeitrechnung wurde die Zahl der in Rom lebenden Juden auf ca.
dreißigtausend geschätzt. Sie hatten viele Synagogen und ihre eigenen Friedhöfe,
meistens Katakomben, von denen einige durch die in ihnen entdeckten Inschriften,
Wandmalereien und mit Reliefs geschmückten Sarkophage berühmt geworden
sind.

*Die Juden Roms pflegten jedem neugewählten Papst bei seiner Krönung eine
Torarolle darzubieten. Manchmal war diese Zeremonie Anlaß zu abfälligen
Bemerkungen seitens des Papstes (Stich von B. Picart).*

Seit dem sechstem Jahrhundert herrschten in Rom die Päpste. Diese bezeugten ihren jüdischen Untertanen gegenüber im allgemeinen Duldsamkeit und Gerechtigkeit. Es war üblich, daß eine Delegation der jüdischen Gemeinde an der Einsetzungsfeier eines neuen Papstes teilnahm. Die Abgeordneten brachten dem Papst die Huldigung der Gemeinde dar, überreichten ihm eine Torarolle und ersuchten um die Erneuerung ihrer Privilegien.

Vom zehnten Jahrhundert an war das gleiche Zeremoniell üblich, sooft einer der Kaiser des Heiligen Römischen Reiches nach Rom kam. Eine Miniatur in einer Handschrift aus dem vierzehnten Jahrhundert stellt die Huldigung der Juden anläßlich des Besuches Kaiser Heinrichs VII. in Rom, im Jahre 1312, lebhaft dar. Der Kaiser nahm die Huldigung gnädig an und bestätigte die Privilegien der jüdischen Gemeinde.

Allerdings verliefen diese Zeremonien nicht immer friedlich. Im Jahre 1138, als Papst Innozenz II., nach dem Tode seines Widersachers, Anaklets II. (des Urenkels eines zum Christentum bekehrten Juden), in Rom einzog, antwortete er der ihm huldigenden jüdischen Delegation: "Wir ehren die Heilige Schrift, die Gott euren Vätern durch Vermittlung Moses gab, aber wir verabscheuen eure religiösen Bräuche und eure gekünstelte Schriftauslegung". Eine ähnliche beleidigende Behandlung wurde der jüdischen Delegation zuteil, die im Jahre 1295 an der Krönung des Papstes Bonifaz VIII. teilnahm.

Auch tätliche Ausschreitungen gegen die Juden fehlten nicht im päpstlichen Rom.

Die im dreizehnten Jahrhundert erbaute Synagoge von Trapani, Sizilien. Zeichnung von G. Loukomsky (aus der Cecil Roth Sammlung).

*Eine Rolle (hebräisch "Megilla"), die die Erlösung der Juden von Syrakus
(Sizilien) vor einer Verfolgung, die sie Ende des vierzehnten Jahrhunderts bedrohte, beschreibt. Das Ereignis wurde von der Gemeinde bis zu deren Vertreibung aus Sizilien alljährlich durch ein Fest gefeiert, das als der "Purim von
Saragossa" bekannt ist. (Saragossa war der hebräische Name der Stadt Syrakus).*

Im Jahre 1021 überfiel der Pöbel das Trastevere-Viertel, und im Jahre 1268 wurde
der Friedhof der Gemeinde verwüstet. Elias de Pomis, einer der vornehmsten
Mitglieder der jüdischen Gemeinde, wurde 1298 auf Befehl des Papstes Bonifaz
VIII. hingerichtet, und sein Vermögen wurde eingezogen. Im Jahre 1322 gab es
Judenhetzen. Am Wochenfeste dieses Jahres wurden Talmudexemplare öffentlich
verbrannt. Mehrere angesehene Mitglieder der jüdischen Gemeinde wurden
ermordet. Trotz alledem war die jüdische Gemeinde in Rom bis gegen Mitte des
fünfzehnten Jahrhunderts im großen und ganzen in einer besseren Lage als die
meisten Gemeinden in anderen christlichen Ländern. Die Beschlüsse der Lateran-
Konzilien wurden nirgends so lax in die Tat umgesetzt wie im päpstlichen Rom.
Jüdische Ärzte und Gelehrte waren häufige Gäste am päpstlichen Hof. Jüdische
Gelehrsamkeit blühte in Rom. Gleichzeitig zeigten sich aber die römischen Juden
auch der weltlichen Kultur der Umgebung, der Wissenschaft, der Philosophie und
der Dichtung zugänglich.

Außerhalb Roms war die jüdische Bevölkerung hauptsächlich im südlichen Italien
konzentriert. Der südliche Teil der italienischen Halbinsel hieß damals Apulien.
Später (im fünfzehnten Jahrhundert) bildete Apulien einen Teil des "Königreichs
der Zwei Sizilien", welches auch die Insel Sizilien umfaßte. In Süditalien stehen
noch an manchen Orten architektonische Überreste jüdischen Lebens aus dem
Mittelalter. So insbesondere in Trani, einer Stadt die damals ein bedeutender
Mittelmeerhafen war. An verschiedenen Orten wurden jüdische Grabsteine
entdeckt, von denen einige zu den ältesten Zeugnissen hebräischer Dichtkunst in
Europa zählen. Die Hauptbeschäftigungen der Juden in Süditalien waren
Seidenweberei und Färberei. Sie galten als Spezialisten in diesen Fächern. Auch
als die Seidenindustrie im dreizehnten Jahrhundert Staatsmonopol wurde,
beschäftigte sie Juden in leitender Stellung. Außerdem gab es jüdische
Metallarbeiter, Tischler, Schuster und Handwerker aller Art. In Sizilien waren die
Juden auch in den bescheidensten Berufen vertreten. Juden arbeiteten dort als
Fischer, Lastträger, Güterpacker und Hafenarbeiter. Natürlich gab es auch jüdische
Großkaufleute. Aber diese wurden im Laufe der Zeit, hauptsächlich von ihren
christlichen Konkurrenten in Venedig und Genua, aus dem Großhandel verdrängt.
Neben der eifrigen Teilnahme am wirtschaftlichen Leben blühte auch geistige

Der Erlaß Ferdinands des Katholischen, König von Spanien und Neapel (1452-1516), welcher am 21. November 1510 die Ausweisung der Juden aus Neapel verordnete. Die Ausweisung wurde nur teilweise ausgeführt. Die vollständige Vertreibung erfolgte im Jahre 1540 unter Ferdinands Nachfolger, Kaiser Karl V.

Tätigkeit. Die Juden Süditaliens, die sowohl in der arabischen als auch in der lateinischen Kultur zu Hause waren, leisteten erhebliche Dienste in der Übersetzung der klassischen Werke der arabischen Literatur ins Lateinische. Zum großen Teil waren dies arabische Übersetzungen griechischer Werke.

Unter byzantinischer und arabischer Herrschaft erfreuten sich die Juden Süditaliens und Siziliens einer relativ ruhigen Zeit, in der sie sich mehr oder weniger ungestört entwickeln konnten. Auch als die Normannen in der zweiten Hälfte des elften Jahrhunderts diese Gegenden eroberten, trat in der Lage der Juden keine ungünstige Änderung ein. Sie hatten auch weiterhin völlige Freiheit in der Ausübung ihrer Berufe. Auch ihre religiöse und nationale Autonomie blieb unberührt. Der spanische Weltreisende Benjamin von Tudela, den wir im vorigen Kapitel erwähnten, besuchte das normannische Königreich in der zweiten Hälfte des zwölften Jahrhunderts, und aus seinem Reisebericht geht hervor, daß dort zahlreiche blühende Gemeinden bestanden.

Die Lage änderte sich grundlegend Ende des zwölften Jahrhunderts, als Süditalien unter die Herrschaft der deutschen Kaiser aus dem Hause der Hohenstaufen kam. Selbst ein so erleuchteter Herrscher wie Friedrich II., der als Patron der Wissenschaften von jüdischen und arabischen Gelehrten umgeben war, hielt es für notwendig, in Süditalien die von der Kirche vorgeschriebenen antijüdischen Maßregeln in Anwendung zu bringen. Unter anderem wurden die Juden verpflichtet, das Judenabzeichen zu tragen.

Noch weiter verschlechterte sich die Lage der Juden gegen Ende des dreizehnten Jahrhunderts, zuerst unter französischen Einfluß, als Karl von Anjou nach dem Untergang der Hohenstaufen Süditalien und Sizilien eroberte, und dann unter spanischem Einfluß, als die Franzosen im Jahre 1282 aus Sizilien vertrieben wurden und die Insel dem Königreich Aragon angeschlossen wurde.

Das Schicksal der Juden Siziliens glich von nun an dem Schicksal ihrer Glaubensbrüder in Spanien. Als die Juden im Jahre 1492 aus Spanien vertrieben wurden, erstreckte sich der Vertreibungserlaß automatisch auch auf Sizilien und Sardinien. Die Juden mußten beide Inseln für immer verlassen.

Etwas später, im Jahre 1505, dehnte sich die spanische Herrschaft auch auf das Königreich Neapel aus, und im Jahre 1549 wurden die Reste der ohnehin zusammengeschmolzenen jüdischen Gemeinde auch von dort vertrieben. Seit damals und bis zum heutigen Tage sind jüdische Ansässige in Süditalien eine Seltenheit geworden. Jüdische Gemeinden bestanden in Italien nur noch in Rom und weiter nördlich.

Mitte des vierzehnten Jahrhunderts gab es in Norditalien zahlreiche wohlhabende jüdische Gemeinden. Dies war in großem Maße der Ausdehnung der Tätigkeit jüdischer Finanzleute zu verdanken. Meistenteils begannen sie ihre Geschäfte in Rom. Von dort aus dehnten sie ihre Geschäfte nach und nach aus und gründeten Filialen in anderen italienischen Städten, in denen Nachfrage nach Kredit bestand. Die italienischen Finanzleute, die sogenannten Lombarden, die ihre Wuchergeschäfte in ganz Europa betrieben, konzentrierten sich auf finanzielle Operationen großen Stils und überließen gerne den Juden die kleinen Geldverleihgeschäfte und den mit ihnen verbundenen Schimpf. An vielen Orten wurden jüdische Geldverleiher ausdrücklich gebeten, eine Niederlassung zu eröffnen, um den Zinsfuß zu reduzieren, den die italienischen Bankiers in unglaublicher Weise in die Höhe getrieben hatten.

Der jüdische Bankier, eigentlich ein offiziell anerkannter Pfandverleiher größeren

Die Decke der spanischen Synagoge im Ghetto von Venedig.

*Siegel der jüdischen Gemeinde
von Verona. In dieser Stadt waren
Juden seit dem zehnten Jahrhundert, vielleicht sogar früher,
ansässig.
Die Synagoge von Siena, aus dem
vierzehnten Jahrhundert. In Siena
bestand gegen Ende des Mittelalters eine blühende jüdische
Gemeinde.*

Stils, wurde eine allgemein bekannte Gestalt in Italien. Um seine Anstalt bauten sich jüdische Gemeinden auf. So entstanden die Gemeinden in Venedig, Padua, Mantua, Florenz und in den anderen klassischen Städten des italienischen Quatrocento.

An manchen Orten, in Venedig zum Beispiel, beschränkten die Behörden die Tätigkeit der Juden ausschließlich auf finanzielle Operationen, und erlaubten ihnen nicht, sich am Handel zu beteiligen, um ihre eigenen Kaufleute vor der jüdischen Konkurrenz zu schützen. An anderen Orten, zum Beispiel in Mantua und Ferrara, war die Haltung den Juden gegenüber liberaler. Man erlaubte ihnen verschiedene Beschäftigungen, und auch auf geistigem Gebiet war ihr Einfluß bemerkbar.

Obgleich die Lebensbedingungen der Juden in Norditalien im allgemeinen günstiger waren als sonstwo in Europa, fehlten auch hier düstere Zwischenspiele nicht. Im fünfzehnten Jahrhundert erweckten die hetzerischen Predigten der Dominikaner und der Franziskaner eine Welle antijüdischer Gefühle in ganz Norditalien, die im Jahre 1475 im Ritualmordprozeß von Trient (über den wir im Kapitel "Blutbeschuldigungen" berichtet haben) Ausdruck fanden.

Eine charakteristische Episode fand Ende des fünfzehnten Jahrhunderts statt. Als Franz von Gonzaga, Herzog von Mantua, der Jungfrau Maria seinen Dank für den (etwas zweifelhaften) Sieg in der Schlacht von Fornovo (1495) bezeugen wollte, baute er zu ihrer Ehre eine Kirche auf der Stelle, auf der früher das von ihm konfiszierte und niedergerissene Haus des jüdischen Bankiers Daniel Norsa stand. Der Vorwand zur Konfiszierung des Hauses war, daß Norsa ein Heiligenbild von

Gottesdienst in einer italienischen Synagoge. Miniatur in einer Handschrift aus dem fünfzehnten Jahrhundert des Religionskodex "Arbaa Turim" des Rabbi Jakob ben Ascher (Sammlung Rossi No. 555 in der Vatikanbibliothek).

der Wand des Hauses entfernt hatte, was jedoch mit der Zustimmung des Erzbischofs geschehen war. Für diese Kirche malte Mantegna sein großes Bild "Madonna della Vittoria", das sich jetzt im Louvre befindet. Einer der Schüler Mantegnas schmückte die Kirche mit einem Altarbild, welches die Herzogin darstellt, die der Heiligen Jungfrau die Kirche darbietet. Am unteren Rand des Bildes ist Daniel Norsa mit seiner Familie dargestellt. Sie tragen das Judenabzeichen und sehen niedergeschlagen aus. Die Inschrift auf dem Bilde lautet: "Die Unterdrückung der jüdischen Treulosigkeit".

Die Familie des jüdischen Bankiers Daniel Norsa aus Mantua. Detail eines Altarbildes in der Kirche, die Ende des 15. Jahrhunderts an Stelle seines niedergerissenen Hauses erbaut wurde. Die Niederreißung seines Hauses erfolgte als Strafe dafür, daß Norsa (mit Zustimmung des Erzbischofs) ein Madonnenbild von der Außenwand entfernt hatte.

VERSCHLECHTERUNG DER LAGE IN SPANIEN

Im Laufe der Zeit gewann der religiöse Fanatismus in Spanien die Oberhand. Zum Teil war dies die Folge des ununterbrochenen Krieges, den die christlichen Staaten Spaniens gegen die Mauren führten. Die Geistlichkeit und der Adel gelangten zur Einsicht, daß der Kampf gegen die Ungläubigen außerhalb der Grenze durch den Kampf gegen den inneren Feind, gegen die Ungläubigen im Lande selbst, vervollständigt werden müsse. Gegen Ende des vierzehnten Jahrhunderts predigte in Sevilla der Fanatiker Ferrand Martinez und rief das Volk zum Kampfe gegen die Feinde Christi auf. Obgleich der König und der Erzbischof sich der Hetze widersetzten, trugen diese Predigten Früchte. Im Jahre 1391 wurde das Judenviertel von Sevilla in Brand gesteckt und geplündert. Viertausend Juden kamen ums Leben. Andere wurden zur Taufe gezwungen oder an die Araber als

Eine Straße in der Altstadt von Toledo.

Sklaven verkauft. - Dem Überfall auf das Judenviertel von Sevilla folgte eine Welle von Judengemetzeln in ganz Spanien, vom Süden bis zum Norden. In Cordoba wurden zweitausend Juden erschlagen. Dann kam die Reihe an die Gemeinden in Toledo, Burgos, Valencia, Barcelona und in anderen Städten. Tausende von Juden wurden erbarmungslos hingemordet.

Nicht alle Juden hatten den Mut und die Ausdauer, bis zum Ende zu widerstehen. Viele ließen sich taufen, und ihre Synagogen wurden in Kirchen umgewandelt.

Weitere Ausschreitungen erfolgten nunmehr in kurzen Abständen, insbesondere zu Beginn des fünfzehnten Jahrhunderts. Zu der Zeit erschien ein feuriger Prediger, der Dominikanermönch Vincent Ferrer, und predigte den "heiligen Haß" gegen die Ungläubigen. Einen gleichgesinnten Verbündeten fand Ferrer in dem getauften Juden Paul von Burgos. Beide übten ihren Einfluß auf die Königinmutter Katharina aus, die während der Minderjährigkeit ihres Sohnes, Johann II. von Kastilien, regierte, und bewogen sie, im Jahre 1412 einen Erlaß zu veröffentlichen, der die Juden Kastiliens aller Rechte beraubte, sie aus allen öffentlichen Ämtern verstieß, ihnen die Ausübung mancher Berufe untersagte und eine strenge Scheidung zwischen Juden und Christen aufzwang. Die Auswanderung der Juden wurde

Titelblatt des Briefes von Christoph Kolumbus an Gabriel Sanchez, Basel 1493. Die Entdeckungsreise Kolumbus' (der anscheinend jüdischer Abstammung war) wurde durch die Unterstützung hochstehender Marranan ermöglicht.

221

Folterung von Angeklagten vor dem Inquisitionstribunal.

verboten. Nunmehr unternahm Vincent Ferrer einen Feldzug, dessen Zweck es war, die Juden durch Einschüchterung zum Übertritt zum Christentum zu zwingen. Er durchzog das Land und hielt überall Bekehrungspredigten, wobei er sehr oft von einer ungestümen Volksmenge begleitet war. Manchmal drang er zur Gebetszeit in Synagogen ein, vertrieb die Juden und verwandelte die Synagogen auf der Stelle in Kirchen. Seine Erfolge in Kastilien ermutigten Ferrer, seine Tätigkeit auch auf das benachbarte Königreich Aragon auszudehnen. Dort ereigneten sich Überfälle auf Juden, insbesondere zur Zeit des Religionsgesprächs von Tortorsa (1413-1414), in welchem der Gegenpapst Benedikt XIII, die Juden zur Bekehrung zu zwingen suchte, um auf diese Weise die göttliche Anerkennung der Rechtmäßigkeit seiner Ansprüche auf den päpstlichen Thron zu beweisen.

Die strengen Vorschriften des Erlasses vom Jahre 1412 wurden zwei Jahre darauf zum Teil gemildert, aber der Schaden war inzwischen geschehen. Ungefähr zwanzigtausend Juden sollen in diesem kurzen Zeitraum das Christentum angenommen haben. Sie hatten das nur getan, um ihr Leben zu retten und weil die strengen Einschränkungen des barbarischen Erlasses untragbar waren. Das Ergebnis war, daß es von nun an in Spanien, neben den Juden, die trotz allem an ihrem Glauben festhielten, eine große Zahl von sogenannten "Neuchristen" gab. Das waren Juden, die die Taufe angenommen hatten, als Christen lebten, als solche mitunter zu hohen Stellungen in der Politik, in der Finanzwelt, in der Wissenschaft, und sogar in der Geistlichkeit gelangten, aber stets verdächtigt wurden, insgeheim Juden geblieben zu sein, jüdische Bräuche zu pflegen und ihren Kindern und Kindeskindern jüdische Überlieferung zu übermitteln. Sehr oft war dieser Verdacht berechtigt. Diese Neuchristen drangen in alle Schichten der spanischen Gesellschaft ein, und ihnen entsprangen viele Staatsminister und Kirchenfürsten. Neuchristen waren es, die Christoph Kolumbus unterstützten, als alle anderen in

222

Os Io doctor Andres de palacio inquisidor contra la heretica e apostatica prauitat enla ciutate regne de valecia... [blackletter proclamation text, largely illegible]

Proklamation des Inquisitors von Valencia vom Jahre 1512. Die Proklamation fordert alle treuen Söhne der Kirche auf, jeden anzuzeigen, der verdächtigt wird, daß er insgeheim jüdischen (oder mohammedanischen) Brauch pflegt.

ihm nur einen lästigen Träumer sahen. Luis de Santangel und Gabriel Sanchez, beide hohe Würdenträger am Hofe von Aragon und beide jüdischer Abstammung, finanzierten sein Unternehmen, und Luis de Torres, der erste Dolmetscher der Expedition und der erste Europäer, der seinen Fuß auf amerikanischen Boden setzte, war ebenfalls ein getaufter Jude. Zahlreiche Geschichtsforscher sind der Meinung, Christoph Kolumbus selbst sei aus einer neuchristlichen Familie hervorgegangen, die nach Italien ausgewandert war. Die Neuchristen, von denen, wie gesagt, viele insgeheim fortfuhren, jüdischen Brauch zu üben, nannten die Spanier "Conversos" ("Bekehrte"), aber auch "Marranos" ("Schweine").

Unter der Regierung König Johannes II. von Kastilien (1418-1454), war den Juden Spaniens eine kurze Atempause vergönnt. Ihre Rechte wurden ihnen wieder anerkannt, einige von ihnen erreichten hohe Stellungen und die Gemeinden durften sich neu organisieren. Die Kirche war aber mit der liberalen Politik des Königs nicht einverstanden, obgleich sie der Wirtschaft des Königreichs von großem Nutzen war. Ununterbrochen fachte die Geistlichkeit den Haß der Massen gegen die Juden und gegen die der Heuchelei verdächtigten Neuchristen an. Von der Mitte des fünfzehnten Jahrhunderts an begann die Kirche einen intensiven Propagandafeldzug, der insbesondere gegen die Neuchristen gerichtet war. Sie forderte die Einrichtung einer "Inquisition", das heißt eines Gerichtshofes mit Befugnis, verdächtige Neuchristen zur Untersuchung vorzuladen, Rückfällige zu verurteilen und weiteren Abfällen vorzubeugen. Zu den Führern der Bewegung zählte Alonso de Spina, Oberhaupt des Franziskanerordens und Rektor der Universität Salamanca (der selbst angeblich jüdischer Abstammung war). Sein Werk, "Fortalitium Fidei" ("Die Feste des Glaubens"), welches im Jahre 1460 erschien, hatte einen gewaltigen Einfluß auf seine Zeitgenossen. Alonso de Spina wiederholte in seinem Buch alle altbekannten Anschuldigungen gegen die Juden, unter anderem auch die Beschuldigung des Ritualmordes, und forderte die Ausweisung der Juden aus Spanien und die Einrichtung der Inquisition gegen die Neuchristen. Die Hetze verfehlte nicht ihr Ziel. Es folgte eine lange Reihe von Prozessen gegen Neuchristen, die mit Todesurteilen endeten, sowie auch eine Reihe heftiger Ausschreitungen gegen Neuchristen und Juden an verschiedenen Orten und unter verschiedenen Vorwänden. Auf Verlangen des spanischen

Königspaares Isabella von Kastilien und Ferdinand von Aragon genehmigte Papst Sixtus IV. letzten Endes im Jahre 1478 nach langem Zögern die Einrichtung eines Inquisitionstribunals in Spanien, dessen Aufgabe es war, sich mit dem Problem der Neuchristen zu befassen. Die ersten Inquisitoren wurden im Jahre 1480 ernannt, und schon am 6. Februar 1481 fand in Sevilla das erste Auto-da-Fe statt. Damit begann die lange Reihe der Auto-da-Fes, die erst im 19. Jahrhundert endete. Bevor das Jahr 1481 um war, hatten in Sevilla allein mehr als dreihundert Marranen den Scheiterhaufen bestiegen, und eine weit größere Zahl schmachtete in den Kerkern der Inquisition. Das Vermögen der Verurteilten wurde selbstverständlich zugunsten der Staatskasse eingezogen. Der Papst selbst war über diese Mißbräuche entsetzt. Er erklärte, die Habsucht spiele da eine größere Rolle als der Glaubenseifer. Aber sein Protest blieb erfolglos. Im Jahre 1483 wurde der berüchtigte Thomas de Torquemada (der angeblich selbst jüdischer Abkunft war) zum Großinquisitor ernannt, und unter seiner Leitung wütete die Inquisition gegen die Neuchristen mit unglaublicher Grausamkeit. Juden wurden von der Inquisition nicht belästigt, da deren Rechtsbefugnis sich nur auf Mitglieder der Kirche erstreckte. Aber die gesetzlichen Einschränkungen, die das Leben der Juden erschwerten, wurden mit immer wachsender Strenge durchgeführt.

Thomas de Torquemada, fanatischer Juden- und Marranenhasser, wurde 1483 zum Großinquisitor ernannt.
Rechts: Ein Auto-da-Fe unter dem Vorsitz des heiligen Dominic de Guzman (P. Berruguette (1450-1503), Prado Museum, Madrid).

DIE VERTREIBUNG DER JUDEN AUS SPANIEN

Es war der Kirche nicht möglich, mit dem Problem der Marranen fertig zu werden, solange diese mit Juden in Berührung waren, die ihre religiösen Bräuche öffentlich ausüben durften. Daher drängten Torquemada und seine Gesinnungsgenossen bei dem spanischen Königspaar auf drastische Maßnahmen gegen die Juden.

Lange Zeit zögerte das Königspaar. Ferdinand und Isabella sahen ihre Hauptaufgabe in der Eroberung des Königreichs Granada, des letzten Stützpunkts der Mauren auf spanischem Boden, und zu diesem Zwecke brauchten sie noch die Juden als Einnahmequelle und als erfahrene Finanzverwalter. Von Ferdinand selbst wurde behauptet, jüdisches Blut fließe in seinen Adern, und Marranen hatten an seinem Hofe hohe Ämter inne. Die Finanzen seines Königreichs wurden von dem Juden Don Isaak Abravanel verwaltet, dem letzten in der Reihe jüdischer Gelehrter, die sich in Spanien auch auf staatsmännischem Gebiet bewährten. Don Isaak Abravanel war in Lissabon geboren, als Sohn einer vornehmen und reichen jüdischen Familie, die ihren Stammbaum auf König David zurückführte. Er genoß eine auserlesene Erziehung und war sowohl in der jüdischen religiösen Literatur als auch in weltlicher Wissenschaft und Philosophie wohlbewandert. Als Erbe seines Vaters zeichnete er sich in der finanziellen Verwaltung des Königreichs Portugal aus. Im Jahre 1483 wurde er aber angeklagt, an einer Verschwörung teilgenommen zu haben. Sein Vermögen wurde eingezogen, aber ihm gelang es nach Spanien zu entkommen. Hier ließ er sich in Toledo nieder. In kurzer Zeit gelangte er im Dienste der spanischen Krone zu hoher Stellung. Er stand in der Gunst der Königin Isabella und des Königs Ferdinand und war am Hofe sehr einflußreich. Seinen bleibenden Ruf verdankt Abravanel jedoch nicht seinen politischen und finanziellen Tätigkeiten im Dienste der Königreiche Portugal und Spanien, sondern seinem Bibelkommentar und seinen philosophischen Schriften (darunter ein Kommentar zu Maimonides' "Führer der Schwankenden").

So groß Abravanels Einfluß war, reichte er doch nicht aus, die Machenschaften der Kirche, und insbesondere Torquemadas, zu vereiteln. Am 2. Januar 1492, als Ferdinand und Isabella im Triumph in die eroberte Stadt Granada einzogen, und damit den Traum eines geeinten Spaniens unter christlicher Herrschaft verwirklichten, war auch das Schicksal der Juden Spaniens besiegelt. Drei Monate später, am 31. März, unterzeichnete das Königspaar im Löwenhofe der Alhambra das "Generaledikt über die Ausweisung der Juden aus Aragonien und Kastilien". Das Dekret forderte die Juden auf, das Land innerhalb von vier Monaten zu verlassen. Es wurde ihnen gnädigst erlaubt, ihren Besitz in dieser Zeit zu liquidieren, Spanien auf dem Land- oder Seewege zu verlassen und bewegliches Gut mitzunehmen, "ausgenommen Gold- und Silbergegenstände, gemünztes Gold oder andere Gegenstände, deren Ausfuhr verboten sind!" Juden, die nach der Frist von vier Monaten sich noch auf spanischem Boden befanden, sollten die Wahl zwischen Tod und Taufe haben.

Vergeblich flehte Abravanel das Königspaar an, den Beschluß von neuem zu

Gesamtansicht von Toledo. Vom Jahre 1087 bis 1560 war Toledo die Hauptstadt Spaniens. Laut Angabe des Franziskanermönchs Aegidius de Zamora, lebten in Toledo Mitte des 13. Jahrhunderts siebzigtausend Juden. Die Zahl scheint aber übertrieben. Die Angabe Abrahams ben Nathan ha-Jarchi, laut welcher Anfang des 13. Jahrhunderts 12.000 Juden in Toledo wohnten, scheint eher der Wirklichkeit zu entsprechen. Jedenfalls bestand in Toledo von alters her eine wohlhabende, große und stolze jüdische Gemeinde.

überdenken. Sein Angebot, für die Zurückziehung des Dekretes dreißigtausend Golddukaten zu bezahlen, machte einen gewissen Eindruck, und Ferdinand schien beinahe zu schwanken. Doch wird erzählt, daß in jenem Augenblick Torquemada sein Kruzifix zu Füßen des Königs schleuderte und ausrief: "Judas hat seinen Meister um dreißig Silberlinge verkauft und du willst ihn um dreißigtausend Goldstücke verkaufen. Da ist er, verkaufe ihn!"

Die Liquidierung des jüdischen Besitzes war eine offensichtliche Farce. Praktisch verließen die Juden das Land mit leeren Händen. Während der Frist von vier Monaten nützten die Mönche die Niedergeschlagenheit der Juden aus und trieben eifrige Bekehrungstätigkeit, die nicht ganz erfolglos blieb. Insbesondere rühmte sie sich der Bekehrung des wohlhabenden und einflußreichen jüdischen Steuerpächters Abraham Senior, der "Kronrabbiner von Kastilien" war. Bei seiner Taufe standen der König und die Königin Gevatter. Aber die Hauptmasse der Juden widerstand der Versuchung, um den Preis der Taufe das Recht zu erkaufen, weiter in Spanien zu bleiben. Circa zweihunderttausend Juden verließen das Land, in welchem sie seit der Römerzeit ansässig gewesen waren. Ende Juli oder Anfang August 1492 war Spanien "judenrein." - Ein Teil der Vertriebenen fand im benachbarten Portugal eine zeitweilige Zufluchtstätte. Andere zogen nach Nordafrika, Italien, Amsterdam, Hamburg und sogar nach der fernen Türkei. Den meisten war viel Mühsal beschert, bevor sie ein neues Heim fanden.

Don Isaak Abravanel ging zuerst nach Neapel, dann nach Venedig. Dort verbrachte er seine letzten Jahre, die zum Teil politischer, zum Teil schriftstellerischer Tätigkeit gewidmet waren. Er starb im Jahre 1508.

Königin Isabella, die Katholische (1451-1504). Standbild in der Kathedrale von Granada (Zeichnung von Otto Bacher).
König Ferdinand, der Katholische (1452-1516). Standbild in der Kathedrale von Malaga (Zeichnung von Otto Bacher).

DIE VERTREIBUNG DER JUDEN AUS PORTUGAL

Die einzigen benachbarten Länder, in welche die aus Spanien vertriebenen Juden auf dem Landwege flüchten konnten, waren Portugal und das kleine Königreich Navarra in den Pyrenäen.

Eine kleine Anzahl Juden ging in der Tat nach Navarra. Hier bestand von alters her eine recht große jüdische Gemeinde, die in ihrer langen Geschichte gute und schlechte Zeiten gekannt hat. Im Jahre 1328 wurde sie in einem Judengemetzel, welches fast das ganze Land umfaßte, beinahe ausgerottet. Aber sie erholte sich von diesem Schlag, und in der zweiten Hälfte des vierzehnten Jahrhunderts hatte sie eine ruhige Zeit, in welcher sie zu einem gewissen Wohlstand zurückkehrte. Das fünfzehnte Jahrhundert jedoch war eine Zeit des politischen und wirt-schaftlichen Rückganges für das Königreich Navarra, und natürlich litten auch die Juden darunter. Die Flüchtlinge aus Spanien durften dort nur kurze Zeit verweilen, denn König Ferdinand (der später - im Jahre 1511 - Navarra annektierte und dem vereinigten Königreich Spanien anschloß) übte auf den König von Navarra einen Druck aus, dem er nicht lange widerstehen konnte. Im Jahre 1498 hatten auch hier alle Juden zwischen Taufe und Ausweisung zu wählen. Weit größer war die Zahl der Juden, die aus Spanien nach Portugal flüchteten. Dort erwartete sie ein Schicksal, das an eine griechische Tragödie erinnert.

Auch in Portugal bestand eine alte, große und gut organisierte jüdische Gemeinde. Seit dem dreizehnten Jahrhundert stand an ihrer Spitze ein Großrabbiner, dessen Titel "Arrabi-Mor" war. Er war von der Staatsbehörde offiziell als Haupt der jüdischen Gemeinde anerkannt und erfreute sich eines ziemlich großen Einflusses. Aber wie in Spanien, so forderte auch hier die Geistlichkeit und ein Teil des Adels die Einschränkung der Rechte, die die Juden in Portugal noch genossen. Im Laufe der Zeit erreichte ihre Hetze ihr Ziel. Im vierzehnten Jahrhundert traten antijüdische Gesetze in Kraft, und an verschiedenen Orten gab es tätliche Aus-brüche gegen die Juden. Merkwürdigerweise brachte das fünfzehnte Jahrhundert, in welchem sich die Lage der Juden in Spanien in raschem Tempo verschlechterte, eine spürbare Besserung im Lager der jüdischen Gemeinde Portugals. König Juan I. (1385-1433) beschirmte seine jüdischen Untertanen, erlaubte die Einreise von Juden, die vor den Verfolgungen in Spanien flohen, und duldete sogar, daß getaufte Juden in Portugal zu ihrem alten Glauben zurückkehrten. Auch seine Nachfolger setzten die gleiche Politik fort, die sich auf die Wirtschaft des Königreichs nutzbringend auswirkte. Jüdische Familien bereicherten sich durch kaufmännische Operationen großen Stils und Juden gelangten zu hohen Stellungen am Königshofe (wie z.B. Mitglieder der Familie Abravanel). Selbst der angebliche Verrat Don Isaak Abravanels und seine Flucht nach Spanien im Jahre 1483, führte nicht zu einer Verschlechterung der freundlichen Beziehungen, die zwischen dem Königs-hof und der jüdischen Gemeinde bestanden.

Als die Juden im Jahre 1492 aus Spanien ausgewiesen wurden, ging etwa die Hälfte der Ausgewiesenen nach Portugal. Zunächst gewährte ihnen König Juan II.

Links: Straße im früheren Judenviertel von Lissabon.

Rechts: Der "Arrabi-Mor", der Großrabbiner von Portugal. Detail eines Ölbildes von Nuo Gonçaleves (im Nationalmuseum für Alte Kunst, Lissabon).

(1481-1495) gegen eine hohe Gebühr Unterkunft für acht Monate. Aber die Lage verschlechterte sich rasch. Anfang 1493 stieg die Feindseligkeit der Volksmassen gegen die jüdischen Einwanderer, und die Behörden bestanden darauf, daß diese nach Ablauf der achtmonatigen Frist das Land unbedingt verlassen mußten. Nun gab es aber nicht genug Schiffe, und viele der Flüchtlinge hatten nicht mehr das nötige Geld, um ihre Weiterreise zu bezahlen. Diejenigen denen es gelang, sich einzuschiffen, waren während der Reise unmenschlicher Behandlung durch skrupellose Schiffskapitäne und rohe Matrosen ausgesetzt. Die Juden, die in Portugal zurückblieben, als die Frist verstrichen war, wurden zu Sklaven des Königs erklärt. Etwa zweitausend Kinder unter sieben Jahren wurden nach der Insel San Thomé deportiert, um dort im christlichen Glauben erzogen zu werden. Eine kurze Ruhepause war den Juden gegönnt, als im Jahre 1495 König Manuel "der Glückliche" den Thron bestieg. Vielleicht war dies dem jüdischen Hofastrologen, Chronisten und Mathematiker Abraham Zacuto zu verdanken. Der König befreite die versklavten Flüchtlinge und nahm sie unter seinen Schutz. Als er aber im folgenden Jahre die Tochter Ferdinands und Isabellas heiratete, ging der religiöse Fanatismus der spanischen Königsfamilie auch auf ihn über. Trotzdem verlor er den potentiellen Wert seiner jüdischen Untertanen für das Wohl des Königreichs nicht aus den Augen. Infolgedessen beschloß er, sie zwangsweise zum Christentum zu bekehren. So konnte er ihre Dienste auch weiterhin ausnützen und gleichzeitig das Land von dem jüdischen Unglauben befreien. Diese neue Politik erstreckte sich natürlich auf alle Juden Portugals, einheimische Juden und Flüchtlinge aus Spanien.

Im Dezember 1496 unterzeichnete König Manuel ein Ausweisungsedikt, laut welchem alle Juden Portugals spätestens bis Ende Oktober 1497 das Land zu verlassen hatten. Das Edikt war aber in Wirklichkeit nichts weiter als eine traurige Komödie. Während des Jahres 1497 wurden Zwangstaufen großen Maßstabs durchgeführt, die beinahe die ganze jüdische Gemeinde Portugals umfaßten. Jüdische Kinder wurden auf Befehl des Königs gegen den Willen ihrer Eltern getauft. Circa zwanzigtausend Juden, die sich geweigert hatten, ihren Glauben zu verlassen, waren in Lissabon versammelt, um auf Einschiffungsgelegenheiten zu warten. Als sie bis zum Ablauf der im Edikt festgesetzten Frist Portugal nicht verlassen konnten, wurden sie mit Gewalt zum Taufbecken geschleppt. Den letzten Juden, die den Bekehrungsfeldzug und den Terror überlebt hatten, wurde im Jahre 1498 gestattet, Portugal zu verlassen.

Die Folge des von König Manuel bezeugten Glaubenseifers war, daß die Erscheinung des Marranentums, welche in Spanien schon altbekannt war, nun in weit größerem Maße auf das viel kleinere Königreich Portugal übergriff. Anfang des sechzehnten Jahrhunderts wurde auch hier die Inquisition eingerichtet, aber auch sie konnte mit diesem Problem nicht fertig werden. Marranen, denen es gelang, Portugal zu verlassen, kehrten in anderen Ländern zu ihrem Glauben zurück, schlossen sich dort ihren Glaubensbrüdern an und spielten eine wesentliche Rolle im weiteren Verlauf der jüdischen Geschichte.

DIE JUDEN IM ZEITALTER DER RENAISSANCE

In Italien, dem Geburtsland der Renaissance, waren die Juden seit langem tief verwurzelt. Es war unvermeidlich, daß sie von der neuen Bewegung beeinflußt wurden, und daß sie selbst an ihr in gewissem Maße teilnahmen. Der Geist der Renaissance spiegelte sich im Lebensstil der reichen Klasse der italienischen Judenschaft. In Kleidung und Manieren passten sich die Juden der Umgebung an. Vornehme jüdische Familien bestellten Porträtmedaillen bei berühmten Künstlern. Reiche Juden ließen es sich etwas kosten, ihre hebräischen Handschriften mit Miniaturen aus Künstlerhand zu schmücken. Selbst die Gestaltung der Haushaltsgegenstände zeugte von der Teilnahme an der neuen ästhetischen Richtung. Aus dieser Zeit sind auch einige jüdische Künstler mit Namen bekannt, von denen allerdings nur Salamone da Sesso mit seinen Metallarbeiten eine gewisse Berühmtheit erlangte. Auf einigen Gebieten war die Teilnahme der Juden am Geistesleben der Renaissance sehr bemerkenswert.

Der aus Kreta stammende jüdische Gelehrte Elia Delmedigo lehrte in der zweiten Hälfte des fünfzehnten Jahrhunderts Philosophie in Padua und verfaßte philosophische Abhandlungen in lateinischer Sprache, die von seinen Zeitgenossen

Jüdische Hochzeit in Italien im fünfzehnten Jahrhundert. (Miniatur im Codex Rossi 555, Vatikanbibliothek Rom).

Elia de Lattes und seine Mutter Rica. Bronzemedaille aus dem Jahre 1552. Solche Porträtmedaillen waren in reichen jüdischen Familien Italiens zur Zeit der Renaissance große Mode.

hochgeschätzt wurden. Juda Abravanel, der Sohn Don Isaak Abravanels, der, ebenso wie sein Vater, nach der Vertreibung aus Spanien nach Italien ging, wurde dort unter dem Namen Leone Ebreo berühmt. Obgleich als Arzt tätig, lag sein Hauptinteresse auf dem Gebiete der neoplatonischen Philosophie. Sein in der italienischen Umgangssprache verfaßte Werk "Dialoghi di Amore" ("Zwiegespräche über die Liebe") war eines der einflußreichsten philosophischen Werke des sechzehnten Jahrhunderts.

Jüdische Ärzte, von jeher beliebt, gewannen in dieser Zeit einen großen Ruf. Viele von ihnen waren Hofärzte an den unzähligen kleinen Fürstenhöfen Italiens. Selbst die Päpste bedienten sich ihrer Hilfe, obgleich die Kirche offiziell jüdischen Ärzten

Schatulle aus dem fünfzehnten Jahrhundert, ausgeführt von Jeschurun Tovar (Israel Museum, Jerusalem).

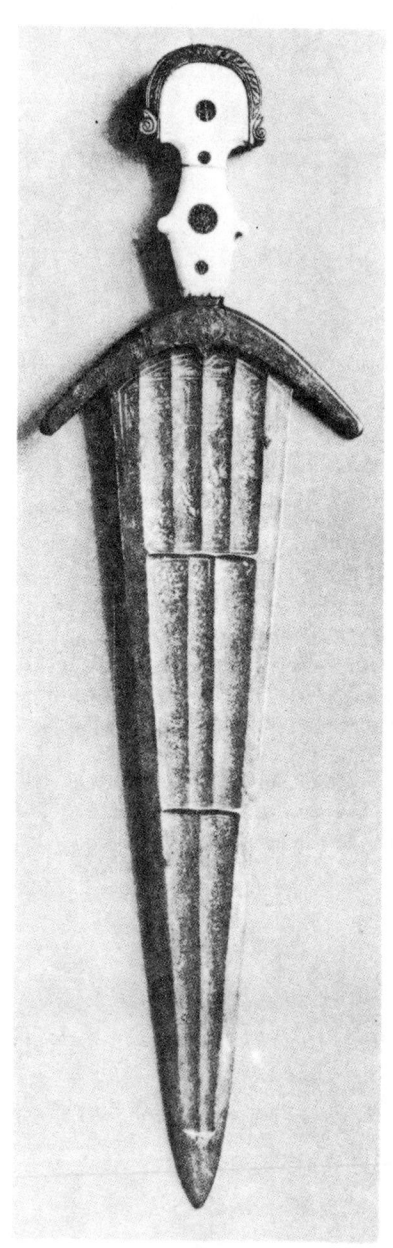

Links: Der Dolch des Herzogshauses Gonzaga, ausgeführt vom jüdischen Kunsthandwerker Salamone da Sesso (Louvre, Paris).
Rechts: Elfenbein-Mesusa, Anfang sechzehntes Jahrhundert (jüdisches Museum, London).

streng verbot, christliche Patienten zu behandeln. Zum Teil zeichneten sich Ärzte als vielseitige Gelehrte aus. Jakob Mantino, der Leibarzt des Papstes Paul III. in der ersten Hälfte des sechzehnten Jahrhunderts, übersetzte Werke arabischer und jüdischer Philosophen ins Lateinische. Der Marrane Amatus Lusitanus, ein jüngerer Zeitgenosse Mantinos, kehrte in Italien zum jüdischen Glauben zurück, übersiedelte aber später nach Saloniki, wo er den hebräischen Namen Chabib ("der Beliebte") annahm. Seine Werke enthalten wichtige Beiträge nicht nur zur

PHILOSOPHIE
D'AMOVR
DE M. LEON
HEBREV:

Contenant les grands & hauts poincts, desquels elle traite, tant pour les choses Morales & Naturelles, que pour les divines & supernaturelles.

Traduite d'Italien en François, par le Seigneur du Parc, Champenois.

D. C. L.

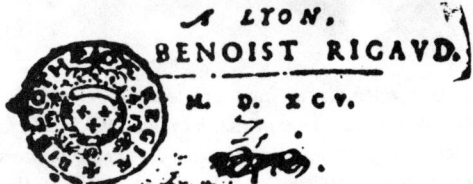

A LYON,
BENOIST RIGAVD.
M. D. XCV.

Titelblatt der französischen Übersetzung der "Dialoghi di Amore" des Leone Ebreo, die 1595 in Lyon erschien, mit Porträt des Verfassers. Diese war eine der verbreitetsten philosophischen Schriften im Zeitalter der Renaissance.

medizinischen Wissenschaft, sondern auch zur Geschichte der Medizin. Auch in hebräischer Sprache erschienen wichtige Werke auf dem Gebiete der Heilkunde. Selbst Tobias Cohens Enzyklopädie der Naturwissenschaften "Ma'ase Tobia", deren zweiter Teil der Medizin gewidmet ist, kann als eine Frucht dieses Zeitalters betrachtet werden, obgleich sie erst 1707 im Druck erschien. Tobias Cohen, der 1652 in Metz geboren wurde und 1729 in Jerusalem starb, hatte in Padua Medizin studiert und dort den Geist der italienischen Renaissance eingeatmet.

Im siebzehnten Jahrhundert war die Universität von Padua das Zentrum des Medizinstudiums für jüdische Studenten. Es war für Juden nicht leicht, den Doktortitel zu erwerben, denn die Promovierung war mit einer kirchlichen Zeremonie verbunden, die im bischöflichen Palast oder in einer Kirche stattfand. Aber im Laufe der Zeit wurde die Prozedur erleichtert, indem für die Promovierung von Nichtkatholiken eine Laienzeremonie eingeführt wurde. Aber dann waren jüdische Kandidaten verpflichtet, 35 große Pakete Süßwaren unter den Vereinigungen christlicher Studenten zu verteilen, deren Haltung gegenüber ihren jüdischen Kollegen manchmal sehr unfreundlich war. Trotz aller Schwierigkeiten

Links: Amatus Lusitanus (nach einem Stich aus dem siebzehnten Jahrhundert), ein berühmter jüdischer Arzt im sechzehnten Jahrhundert und der Verfasser wichtiger Werke auf dem Gebiete der Heilkunde. Aus einer Marranenfamilie stammend, verließ er Portugal, um der Inquisition zu entkommen, trat in Italien öffentlich zum Judentum über und lebte dann bis zu seinem Lebensende in Saloniki.
Rechts: Gedenkmedaille für den jüdischen Arzt Benjamin ben Elia Beer (Ende des fünfzehnten Jahrhunderts). Sein Vater, Elia ben Sabbetai Beer, war Leibarzt König Heinrichs IV. von England.

studierten im sechzehnten und siebzehnten Jahrhundert Hunderte von Juden Medizin in Padua und erwarben dort den Doktortitel und das im Geschmack der Zeit reich illustrierte Doktordiplom. Viele der jüdischen Ärzte, die in Italien studiert hatten, übten dann ihren Beruf in nordeuropäischen Ländern aus und gelangten dort zu Berühmtheit.

Auch in den leichteren Zeiten des Renaissancelebens fehlte der Beitrag der Juden nicht. Vom fünfzehnten Jahrhundert an zeichneten sich Juden als Tanzlehrer aus. Die erste Abhandlung über die Tanzkunst ist das Werk des Juden Guglielmo von Pesaro - sie zählt zu einem der wichtigsten Werke des Zeitalters auf diesem Gebiet. Juden spielten auch eine wichtige Rolle in der Organisation der für die Renaissance so charakteristischen Prunkaufzüge. Besonders am Hofe von Mantua nahmen die Juden am Theaterleben lebhaften Anteil. Oft war es die Aufgabe der jüdischen Gemeinde, zu Ehren fremder Machthaber oder anderer Gäste des Herzogshauses Gonzaga festliche Aufführungen darzubieten.

Auch als Sänger und Musiker waren Juden berühmt. Salamone de' Rossi stand einundvierzig Jahre lang (1587-1628) im Dienste des Herzogshauses von Mantua als Dirigent des herzoglichen Orchesters. Er war einer der hervorragendsten

Der jüdische Tanzlehrer Guglielmo von Pesaro (fünfzehntes Jahrhundert) mit Schülerinnen (Miniatur in der Handschrift Ital. 973, Nationalbibliothek, Paris). Guglielmo lehrte die Tanzkunst an Fürstenhöfen in Italien, unter anderem auch in Florenz, und verfaßte eine "Abhandlung über die Tanzkunst".

Das Dekor für eine von den Juden Sienas zu Ehren des Großherzogs aufgeführte Festvorstellung (nach einem zeitgenössischen Stich).

Komponisten seiner Zeit und gilt als einer der Väter der Symphonie. Er bemühte sich, auch in der Synagogalmusik die ästhetischen Prinzipien des Renaissancezeitalters geltend zu machen. Seine synagogalen Kompositionen wurden unter dem Titel "Ha-Schirim ascher li-Schelomo" ("Salomos Gesänge") veröffentlicht, der eine Anspielung auf den hebräischen Namen des biblischen Hohenliedes ("Das Lied der Lieder Salomos") ist. Anfang des siebzehnten

Links: "Die Königin der Juden"; rechts, "der Judenberg". Details des im Jahre 1475 zu Ehren einer Hochzeit im Hause Sforza in Urbino veranstalteten Prunkaufzuges (aus dem Cod. Urb. 899, Vatikanbibliothek, Rom).

238

Titelblatt der synagonalen Kompositionen Salamones de' Rossi: "Ha-Schirim ascher li-Schelomo", die 1623 in Venedig erschienen. Sie führten zum erstenmal ästhetische Normen der Renaissance in die jüdische synagogale Musik ein.

Jahrhunderts war das Musikleben in der jüdischen Gemeinde Mantuas ganz besonders intensiv. Salamone de' Rossi war nicht der einzige Komponist, der zu jener Zeit dort tätig war. Sein Zeitgenosse Allegro Porto Ebreo komponierte

*Der Beginn einer der synagogalen Kompositionen von Salomone de' Rossi. Der
hebräische Text unter den Noten ist (im Gegensatz zur sonst normalen Richtung)
von links nach rechts zu lesen.*

mehrstimmige Madrigale, die er Mitgliedern der herzöglichen Familie widmete.
Der Geist der Renaissance machte sich auch in der jüdischen Gelehrsamkeit
bemerkbar. Ein älteres Mitglied der Familie Rossi, Asaria de' Rossi, der Verfasser
des berühmten Werkes "Meor Enajim" ("Augenleuchte") prüfte zum ersten Mal
jüdische Überlieferungen im Lichte unbefangener historischer Kritik. Der größte
Teil seiner Zeitgenossen wies allerdings die rationalistische Einstellung Asarias de'
Rossi zurück. Manche Gemeinden verboten das Lesen des Buches vor dem
fünfundzwanzigsten Lebensjahr und ohne besondere Erlaubnis des Ortsrabbinats.
Aber in späteren Generationen wurde der hohe Wert dieses Werkes anerkannt,
welches als erstes die überlieferten mittelalterlichen Ansichten überwand und den
Weg zur modernen Wissenschaft des Judentums vorbereitete.
Das Zeitalter der Renaissance sah auch eine interessante Episode in der Geschichte
der jüdischen messianischen Bewegungen. Im Jahre 1524 erschien in Venedig ein
dunkelhäutiger Abenteurer namens David, der behauptete, der Bruder des Königs
des Stammes Ruben zu sein. Er gab an, dieser Stamm führte ein unabhängiges
Dasein in der "Wüste Chabor" (wahrscheinlich war die Oase Chaibar, im Norden
der arabischen Halbinsel gemeint, in welcher allerdings Juden von alters her
lebten), und nannte sich David Reubeni. Wie er sagte, war sein Auftrag, vom Papst
und von den Herrschern Europas militärische Unterstützung zu erlangen, um den
Vormarsch der Türken aufzuhalten, die die Unabhängigkeit seines Volkes
bedrohten und um dann das Heilige Land von den Türken zu befreien. Er pflegte
von Dienern umgeben auf einem weißen Roß zu reiten und sprach nur Hebräisch.
Auf Juden und Christen zugleich machte die Erscheinung David Reubenis einen
tiefen Eindruck, und viele schenkten seinen phantastischen Geschichten Glauben.
Von Venedig ging Reubeni nach Rom, wo er von Papst Clemens VII. empfangen
wurde. Der Papst gab ihm ein Empfehlungsschreiben an den König von Portugal.
In Portugal wurde er von König Juan III. freundlich empfangen. Der König schob
sogar die Einführung der Inquisition auf, um eine Störung in den Verhandlungen
mit dem jüdischen Botschafter zu vermeiden. Unter den Marranen erweckte die
Ankunft Reubenis natürlicherweise Schwärmereien und Hoffnungen, obgleich er
es sorgfältig vermied, sie darin irgendwie zu bestärken.
Einer der Marranen, der jugendliche königliche Notar Diego Pires, vollzog
eigenhändig die Beschneidung an sich, kehrte offen zum Judentum zurück und

זה השער לה'

זה ספר
מאור עינים
לר' עזריה מן האדומי' יצ"ו
והוא נחלק לשלשה חלקים
האחד מתואר
קול אלדים אשר כנידבר על
הרעש' שהתחילו בתי'רדרה ש"ח
נוכ"ימ של"ח · והשני מתואר
הדרת זקנים שהוא ספור
מעשה הזקני' פותרי התור' לתלמי
המלך נעתק מן היוני לרומיי
וממכו בלשון הקדש ·
והשלישי מתואר
אמרי בינה אשר יפרד ויסיה
לארבע' מאמרי' כוללי' שמיס פרקי'
על דרוש' סונים ככל הנראה
מן הלוח בקצה הספר ·
נדפס פה מנטובה י"ק נוניגר של"ד

nahm den Namen Salomo Molcho an. Auf Reubenis Rat entfloh er nach der Türkei, wo er die baldige Ankunft des Messias verkündete. Nach einem kurzen Aufenthalt in Palästina und insbesondere in Safed, der Hochburg der jüdischen Mystik, ging Molcho nach Italien und traf dort David Reubeni in Venedig wieder. Dieser hatte Portugal unverrichteter Dinge verlassen, nachdem er anfing, in den Augen des Königshofes verdächtigt zu werden.

Jetzt näherte sich die Episode ihrem tragischen Ende. Reubeni verlor das Vertrauen der Signoria und mußte Venedig verlassen. Molcho hatte inzwischen die weniger glaubensseligen Juden Roms durch seine messianischen Prophezeiungen verärgert und die Aufmerksamkeit der wachsamen Inquisition auf sich gezogen, so daß er Italien in Hast verlassen mußte. Im Jahre 1532, während des Reichstages von Regensburg, machten Reubeni und Molcho einen gemeinsamen Versuch, Kaiser Karl V. für ihre phantastischen Pläne zu gewinnen. Der Versuch blieb aber natürlich vergeblich. Der Kaiser ließ die beiden festnehmen und schickte sie nach Italien, wo sie der Inquisition ausgeliefert wurden. Molcho starb auf dem Scheiterhaufen in Mantua, während Reubeni nach Spanien geschickt wurde, wo er entweder im Gefängnis starb oder in einem der Auto-da-Fes den Tod fand.

Eine Sage behauptete, Salomo Molcho sei nicht in den Flammen gestorben und werde bald wieder als der Messias erscheinen. Einige seiner Kleidungsstücke und sein Banner wurden lange Zeit in der Altneuschul-Synagoge zu Prag als heilige Reliquien aufbewahrt.

Seite 241: Titelblatt des Buches "Meor Enajim" von Asaria de' Rossi, welches 1573 in Mantua erschien. Dieses Werk, das von vielen Zeitgenossen abgelehnt wurde, bezeichnete den Anfang des kritischen Studiums des jüdischen Altertums.

CHRISTLICHE HEBRAISTEN IM ZEITALTER DER RENAISSANCE UND DER REFORMATION

Eines der Ergebnisse des mit der Renaissance verbundenen Wiederaufblühens der Wissenschaft, war ein erhöhtes Interesse für die hebräische Sprache und Literatur im Kreise christlicher Gelehrter. Ein markanter Vertreter dieser Richtung war der italienische Humanist Giovanni Pico della Mirandola in der zweiten Hälfte des fünfzehnten Jahrhunderts, der den aus Kreta stammenden jüdischen Gelehrten Elia Delmedigo nach Florenz brachte, um bei ihm Hebräisch zu lernen. Delmedigo wurde ein beliebter und geschätzter Gast in humanistischen Kreisen in Florenz, übersetzte für seinen Schüler einige der Schriften des arabischen Philosophen Ibn Roschd (Averroes) ins Lateinische und verfaßte Erklärungen zu ihnen auf hebräisch und lateinisch. Della Mirandola hatte auch einen anderen jüdischen Lehrer, Jochanan Alemanno aus Konstantinopel, den Verfasser eines Kommentars zum Hohenlied. Alemanno führte seinen Schüler in die Literatur der jüdischen Mystik, in die Kabbala, ein. In dieses Studium vertiefte sich der Italiener mit Begeisterung, da er glaubte, in der Kabbala den Schlüssel zu den tiefsten Wahrheiten der christlichen Theologie finden zu können.

Auf einem Besuch in Italien machte der deutsche Humanist Johannes Reuchlin die Bekanntschaft Picos und wurde von seiner Begeisterung für hebräische Studien angesteckt. Er lernte Hebräisch unter der Anleitung Jakobs ben Jechiel Loans, des Leibarztes Kaiser Friedrichs III., und vertiefte seine Kenntnisse der hebräischen Literatur in Rom mit Hilfe des Talmudisten und Bibelkommentators Obadja aus Sforno. Als Ergebnis seiner Studien verfaßte Reuchlin mehrere Abhandlungen über hebräische Grammatik und über die Kabbala, welche sein Interesse ganz besonders fesselte. Wie Pico della Mirandola, war auch Reuchlin, trotz des Interesses für hebräische Sprache und Literatur, keineswegs ein Freund des Judentums. Aber er war ein Mann von edler Wahrheitsliebe, der sich von den groben Angriffen auf das Judentum abgestoßen fühlte. Sein Gerechtigkeitssinn trieb ihn dazu, in einer berühmten literarischen Fehde als Verteidiger der Juden aufzutreten.

Im Jahre 1505 ließ sich ein aus Mähren stammender Metzger namens Johann Joseph Pfefferkorn, der nach Abbüßung einer Kerkerstrafe für Einbruchdiebstahl sein Land verlassen hatte, in Köln taufen und erklärte sich einverstanden, den dortigen Dominikanermönchen in ihrem Kampfe gegen die Juden zur Hand zu gehen. Es erschien nun eine Reihe von Schmähschriften, die angeblich von diesem Ignoranten verfaßt waren und in denen auf "jüdische Gefahr" aufmerksam gemacht wurde. Der Talmud wurde in diesen Schriften als ein schädliches, gefährliches Werk denunziert. Pfefferkorn forderte die Verbrennung des Talmuds, die zwangsweise Bekehrung der Juden und die Ausweisung derjenigen Juden, die sich der Bekehrung hartnäckig widersetzten. In seinem Feldzug gegen die Juden leistete ihm ein anderer getaufter Jude Beistand. Es war dies Viktor von Karben, ein ehemaliger Rabbiner, der in seinem Buch "Opus Aureum" ("Das Goldene Werk") den Talmud heftig angriff. Im Jahre 1509 gelang es Pfefferkorn, von Kaiser Maximilian I. eine Verordnung für die Verbrennung hebräischer Bücher, deren

Inhalt vom christlichem Standpunkt aus anstößig erschien, zu erreichen. Als jedoch diese Verordnung Widerspruch hervorrief, beschloß der Kaiser, die Frage zunächst einmal von Sachverständigen untersuchen zu lassen. Hier griff nun Reuchlin ein und veröffentlichte seinen "Augenspiegel", in welchem er die jüdische Literatur in

Elia Delmedigo (Detail aus dem Fresko von Benozzo Gozzoli im Palazzo Riccardi, Florenz). Delmedigo, ein berühmter jüdischer Gelehrter im fünfzehnten Jahrhundert, lehrte Philosophie in Padua und Florenz, übersetzte die Werke des arabischen Philophen Ibn Roschd (Averroes, aus dem zwölften Jahrhundert) und war der Freund und Lehrer des christlichen Hebraisten Pica della Mirandela.

Der deutsche christliche Hebraist Johannes Reuchlin (1455-1522), der den Talmud und das andere jüdische Schrifttum gegen die böswilligen und verleumderischen Angriffe des abtrünnigen Juden Pfefferkorn mutig in Schutz nahm.

Schutz nahm und die "Dunkelmänner" angriff, die sie aus der Welt schaffen wollten. Das war das erste Zeichen des intellektuellen Konflikts, der zur Reformation führte.

Ein anderer hervorragender christlicher Hebraist im sechzehnten Jahrhundert war Kardinal Egidio da Viterbo. Sein Lehrer war der jüdische Gelehrte Elia Levita, der auch unter dem Namen Elia Bachur bekannt ist, ein aus Deutschland stammender hervorragender Philologe und Grammatiker, der auch einer der frühesten "jiddischen" Schriftsteller war. Sein "Bovo-Buch" ist eine jüdisch- deutsche Übersetzung

In laudē et hono

rē dei omnipotētis domini nostri Jesu christi·bñdicte vgi
ni s matris eius marie:crementū vtilitatʒ publice:ad mei
quoqʒ ipͥ honoris tuitionē in aium induxi ego Joannes
pfeffercorn professionis olim iudaice. nūc p misericordiam
dei christianus:libellū quendā edere post alios nōnullos
aduersum iudeos quē partitus sum in ptes tres. In pri-
ma dicā connitia ꝛtēptus probra:que iudaicū pecus ꝗtti
die ingerit in deū ꝛ dñm nostrū Jesum christū matrē eͥ
Maria:sanctos celestis exercitͥ:deꝛ ꝛ populū sacramēta
et ritus christianos ex ipsoꝛ met hebraica litteratura ꝛ ser
mone quē inficias ire nequeūt. In parte scͩa ostendā ap
tissime quanto damno iudei afficiāt terras ꝛ loca pl vsu-
ras suas in ꝗbus sustinenͭ ꝛ quoquo mō defendunͭ.rato
nibus supputationibͥ ꝛ numeris vt plane quiscʒ intelli-
gere etiā rudis id possit. ¶ Tercio loco mōstrabo quo pa-
cto ipsi christianos apud quos vsanͭ corruptela doloruʒ
et pecuniarum ad nefarios ꝛ minime christianos actus
hortentur ꝛ inducāt(necʒ emͥ vt id efficiant pecunijs par
cunt)atcʒ ibi ostendam quomodo mihi in famā in vitaʒ
insidiati sint:ꝛ insidianͭ adhuc vt a veridicis.ꝛ fide dig-
nis accepi:vt tandeʒ nō odio eoꝛ ꝗuis meriti sint.sed ve
ritatis amore ꝛ iusticie hec me reuelante ꝛ vulgo proden-
te accipiant christiani.quales apud se serpētes in suo gre
mio alant ecclesiastici bisint aut laici(omnibus christia-
nis cōmunes ꝗpe sunt iudei iudaisantes inimici)vt ab
his caueant sibi ꝛ eorum fraudibus obsistant.

Eine Seite aus der lateinischen Übersetzung von Pfefferkorns "Judenfeind"
(1509). Dies ist eine der Schmähschriften, in welchen Pfefferkorn den Talmud für
ein schädliches Buch erklärte und dessen Beschlagnahmung und Verbrennung
verlangte.

der italienischen Übersetzung des englischen Ritterromans "Bevis of Hampton".
Zehn Jahre lang lebte Levita im Palast des Kardinals in Rom, führte seinen Patron
in die Kabbala ein und hatte reichliche Muße für seine wissenschaftlichen Arbeiten. Egidio da Viterbo war vor allem an der kabbalistischen Literatur interessiert, in
welcher er Anspielungen auf die christlichen Dogmen gefunden zu haben glaubte.
In Deutschland förderte die Reformation das Studium der hebräischen Sprache.
Martin Luther übersetzte die Bibel aus dem hebräischen Original ins Deutsche und

Titelblatt des Buches "Von den Juden und ihren Lügen", das Martin Luther im Jahre 1543 veröffentlichte. Luther pflegte seinen Judenhaß in grobem Stil zum Ausdruck zu bringen und schreckte weder in seinen Büchern noch in seinen Predigten vor pöbelhaften Schmähworten zurück.

verwarf den Gebrauch der Vulgata, der offiziellen lateinischen Übersetzung der katholischen Kirche.

Bemerkenswert ist jedoch, daß auch bei Luther, wie bei anderen christlichen

INTRODV,
ctio vtilissima, Hebrai:
ce discere cupientibus:
cum latiori emenda
tione Iohãnis Boe
schenstain.

Oratio dominica
Angelica salutatio
Salue regina.
Hebraice.

Matthæo Adriano Equi:
te Aurato inter:
prete.

"Einleitung in das Studium der hebräischen Sprache", das Werk des christlichen Hebraisten Johann Boeschenstein, welches im Jahre 1520 erschien, eine typische hebräische Grammatik aus dem Zeitalter der Renaissance.

Hebraisten, das Interesse an der hebräischen Sprache und Literatur nicht mit freundlichen Gefühlen gegenüber dem Judentum und dem jüdischen Volk verbunden war. Ursprünglich hoffte Luther, die Reformation werde es den Juden erleichtern, zum Christentum überzutreten. Als er sich jedoch in dieser Hoffnung getäuscht sah, und die Juden starrsinnig an ihrem Glauben festhielten, wurde ein wütender Judenhasser. In seinem Buch "Von den Juden und ihren Lügen" häufte er auf die Juden ungeheuerliche Anschuldigen und forderte die christlichen Fürsten in heftigen Worten auf, die Synagogen niederzureißen, hebräische Bücher zu beschlagnahmen, jüdisches Vermögen einzuziehen und die Juden, die sich der Taufe widersetzen, "wie tolle Hunde" aus dem Lande zu treiben. Im Geiste des großen Reformators erwies sich das protestantische Deutschland nicht weniger intolerant als das katholische, und letzten Endes wurden Luthers Forderungen wortwörtlich erfüllt.

Dessenungeachtet waren protestantische Gelehrte auch weiterhin an dem hebräischen Schrifttum interessiert. Von der Reformation an bis heute wird die Kenntnis der hebräischen Sprache von protestantischen Theologen eifrig gepflegt.

Martin Luther (1482-1546). Die von ihm durchgeführte Reformation der Kirche bedeutete einen Wendepunkt in der Geschichte des christlichen Europas, brachte aber in der Haltung der Christenheit gegenüber den Juden keine Besserung, sondern trug zur Vertiefung des Judenhasses in Deutschland bei.

HEBRÄISCHER BUCHDRUCK

*Reichgeschmückte Seite aus dem 1486 von Elieser Alantasi in Hijar (Spanien)
gedruckten Pentateuch. Der Rundschmuck wurde später von aus Spanien
vertriebenen Buchdruckern in Konstantinopel für andere Bücher benutzt.*

Kolophon der ersten Ausgabe des Raschi-Kommentars zum Pentateuch, welcher von Abraham ben Isaak ben Garton 1475 in Reggio di Calabria gedruckt wurde. Dies ist das früheste erhaltene hebräische Druckwerk.

Als das erste Produkt der Buchdruckkunst betrachtet man allgemein die berühmte lateinische Bibel, die Johannes Gutenberg im Jahre 1456 herausgab. Aber zwölf Jahre vorher, im Jahre 1444, versuchte ein Jude namens Davin de Caderousse in Avignon eine Buchdruckerei aufzustellen und bestellte hebräische Lettern beim böhmischen Kunsthandwerker Prokop Waldvogel. Leider ist nicht bekannt, ob und was er gedruckt hat.

Das früheste hebräische Druckwerk, das sich erhalten hat, ist der Raschi-Kommentar zum Pentateuch, den Abraham Garton in Reggio di Calabria (Süditalien) im Jahre 1475 herausgab. Im gleichen Jahr druckte Meschullam Cusi in Pieve di Sacco, in der Nähe von Padua, den Religionskodex "Arbaa Turim" des Rabbi Jakob ben Ascher.

Innerhalb kurzer Zeit wurden jüdische Buchdruckereien nicht nur in Italien, sondern auch in Spanien und Portugal errichtet. In Portugal waren die ersten Druckwerke, die überhaupt erschienen, hebräische Bücher.

In Italien waren die eifrigsten hebräischen Buchdrucker Mitglieder der Familie Soncino, die an verschiedenen Orten in Italien in mehreren Generationen tätig waren. Ursprünglich wurde die Druckerei von Josua Salomo Soncino mit Hilfe seines Vaters und seiner Brüder in seiner Heimatstadt Soncino errichtet, und sie begann ihre Tätigkeit mit der Ausgabe des ersten Traktates des Babylonischen Talmuds mit Kommentaren. Im Jahre 1488 gab Josua Salomo Soncino die erste gedruckte hebräische Bibel heraus. Sein Neffe, Gerson ben Moses Soncino, der bei seinem Onkel den Buchdruck gelernt hatte, begann dann selbständig zu arbeiten und veröffentlichte viele hebräische Bücher, unter anderem den großen Religionskodex des Moses ben Maimon, "Mischne Tora" (1490). Anfang des sechzehnten Jahrhunderts verließen Gerson Soncino und andere Mitglieder der

אֶל אֲשֶׁר יִהְיֶה שָׁמָּה הָרוּחַ לָלֶכֶת יֵלֵכוּ לֹא יִס
יַסַּבּוּ בְּלֶכְתָּן ׃ וּדְמוּת הַחַיּוֹת כְּמַרְאֵיהֶם כְּגַחֲלֵי
אֵשׁ בֹּעֲרֹת כְּמַרְאֵה הַלַּפִּדִים הִיא מִתְהַלֶּכֶת
בֵּין הַחַיּוֹת וְנֹגַהּ לָאֵשׁ וּמִן הָאֵשׁ יוֹצֵא בָרָק ׃ ו
וְהַחַיּוֹת רָצוֹא וָשׁוֹב כְּמַרְאֵה הַבָּזָק ׃ וָאֵרֶא הַ
חַיּוֹת וְהִנֵּה אוֹפַן אֶחָד בָּאָרֶץ אֵצֶל הַחַיּוֹת ל
לְאַרְבַּעַת פָּנָיו ׃ מַרְאֵה הָאוֹפַנִּים וּמַעֲשֵׂיהֶם
כְּעֵין תַּרְשִׁישׁ וּדְמוּת אֶחָד לְאַרְבַּעְתָּן וּמַרְאֵיהֶם
וּמַעֲשֵׂיהֶם כַּאֲשֶׁר יִהְיֶה הָאוֹפַן בְּתוֹךְ הָאוֹפָן ׃
עַל אַרְבַּעַת רִבְעֵיהֶן בְּלֶכְתָּם יֵלֵכוּ לֹא יִסַּבּוּ
בְּלֶכְתָּן ׃ וְגַבֵּיהֶן וְגֹבַהּ לָהֶם וְיִרְאָה לָהֶם וְגַבֹּתָם
מְלֵאֹת עֵינַיִם סָבִיב לְאַרְבַּעְתָּן ׃ וּבְלֶכֶת הַחַיּוֹת
יֵלְכוּ הָאוֹפַנִּים אֶצְלָם וּבְהִנָּשֵׂא הַחַיּוֹת מֵעַל
הָאָרֶץ יִנָּשְׂאוּ הָאוֹפַנִּים ׃ עַל אֲשֶׁר יִהְיֶה שָּׁם
הָרוּחַ לָלֶכֶת יֵלֵכוּ שָׁמָּה הָרוּחַ לָלֶכֶת וְהָאוֹ
פַנִּים יִנָּשְׂאוּ לְעֻמָּתָם כִּי רוּחַ הַחַיָּה בָּ
אוֹפַנִּים ׃ בְּלֶכְתָּם יֵלֵכוּ וּבְעָמְדָם יַעֲמֹדוּ וּבְהִ
נָּשְׂאָם מֵעַל הָאָרֶץ יִנָּשְׂאוּ הָאוֹפַנִּים לְעֻ
מָּתָם כִּי רוּחַ הַחַיָּה בָּאוֹפַנִּים ׃ וּדְמוּת עַל
רָאשֵׁי הַחַיָּה רָקִיעַ כְּעֵין הַקֶּרַח הַנּוֹרָא נָטוּי א
עַל רָאשֵׁיהֶם מִלְמָעְלָה ׃ וְתַחַת הָרָקִיעַ כַּנְפֵי
הֶם יְשָׁרוֹת אִשָּׁה אֶל אֲחוֹתָהּ לְאִישׁ שְׁתַּיִם

בִּשְׁלֹשִׁים שָׁנָה בָּרְבִיעִי בַּחֲמִשָּׁה לַחֹדֶשׁ וַאֲנִי
בְתוֹךְ הַגּוֹלָה עַל נְהַר כְּבָר נִפְתְּחוּ הַשָּׁמַיִם ו
וָאֶרְאֶה מַרְאוֹת אֱלֹהִים ׃ בַּחֲמִשָּׁה לַחֹדֶשׁ הִיא
הַשָּׁנָה הַחֲמִישִׁית לְגָלוּת הַמֶּלֶךְ יוֹיָכִין ׃ הָיֹה הָ
יָה דְבַר יְהוָה אֶל יְחֶזְקֵאל בֶּן בּוּזִי הַכֹּהֵן ב
בְּאֶרֶץ כַּשְׂדִּים עַל נְהַר כְּבָר וַתְּהִי עָלָיו שָׁם יַד
יְהוָה ׃ וָאֵרֶא וְהִנֵּה רוּחַ סְעָרָה בָּאָה מִן הַצָּפ
צָפוֹן עָנָן גָּדוֹל וְאֵשׁ מִתְלַקַּחַת וְנֹגַהּ לוֹ סָבִיב
וּמִתּוֹכָהּ כְּעֵין הַחַשְׁמַל מִתּוֹךְ הָאֵשׁ ׃ וּמִתּוֹכָהּ
דְּמוּת אַרְבַּע חַיּוֹת וְזֶה מַרְאֵיהֶן דְּמוּת אָדָם ל
לָהֵנָּה ׃ וְאַרְבָּעָה פָנִים לְאֶחָת וְאַרְבַּע כְּנָפַיִם ל
לְאַחַת לָהֶם ׃ וְרַגְלֵיהֶם רֶגֶל יְשָׁרָה וְכַף רַגְ
לֵיהֶם כְּכַף רֶגֶל עֵגֶל וְנֹצְצִים כְּעֵין נְחֹשֶׁת ק
קָלָל ׃ וִידֵי אָדָם מִתַּחַת כַּנְפֵיהֶם עַל אַרְבַּעַת

Erste Seite des Buches des Propheten Ezechiel, aus der von Josua Salomo Soncino 1488 gedruckten Bibel. Dies war die erste vollständige Ausgabe der hebräischen Bibel, die im Druck erschien.

Familie Italien und gingen in die Türkei. Dort fuhren sie fort, in Konstantinopel und in Saloniki hebräische Bücher zu drucken. In manchen der von der Familie Soncino gedruckten hebräischen Bücher sind die dekorativen Elemente, besonders die Buchränder bezeichnender Seiten, wahre Kunstwerke. Die Bildstecher waren oft berühmte christliche Künstler, aber es ist anzunehmen, daß in einigen Fällen jüdische Bildstecher die Arbeit verrichteten.

Die erste gedruckte und mit Holzstichen geschmückte Pessach-Haggada war das Werk der Brüder Schwarz und wurde von Gerson ben Salomo Kohen in Prag im Jahre 1527 herausgegeben. Diese Haggada gilt als eines der Meisterwerke deutscher Buchdruckkunst im sechzehnten Jahrhundert.

Gegen Ende des sechzehnten Jahrhunderts verbreitete sich der hebräische Buchdruck auch in Osteuropa.

Erste Seite des Religionskodex "Arbaa Turim" von Rabbi Jakob ben Ascher, der 1495 von Samuel Dortas und seinen Söhnen in Leiria (Portugal) gedruckt wurde. Dies ist eines der ersten Bücher, die in Portugal gedruckt wurden. Der dekorative Buchrand ist wahrscheinlich das Werk eines jüdischen Künstlers.

Wichtige hebräische Bücher wurden im sechzehnten Jahrhundert auch von christlichen Buchdruckern hergestellt. Der bedeutendste dieser christlichen Buchdrucker war Daniel Bomberg in Venedig.

Als in Antwerpen geborener reicher Bücherliebhaber, ließ sich Daniel Bomberg Anfang des sechzehnten Jahrhunderts als Buchdrucker in Venedig nieder. Auf Rat des gelehrten getauften Juden Felix Pratensis, druckte er in den Jahren 1517-1518 die erste sogenannte "Rabbinische Bibel", wobei Felix Pratensis als Herausgeber fungierte. Außer dem hebräischen Bibeltext enthielt diese Bibel zum ersten Mal die

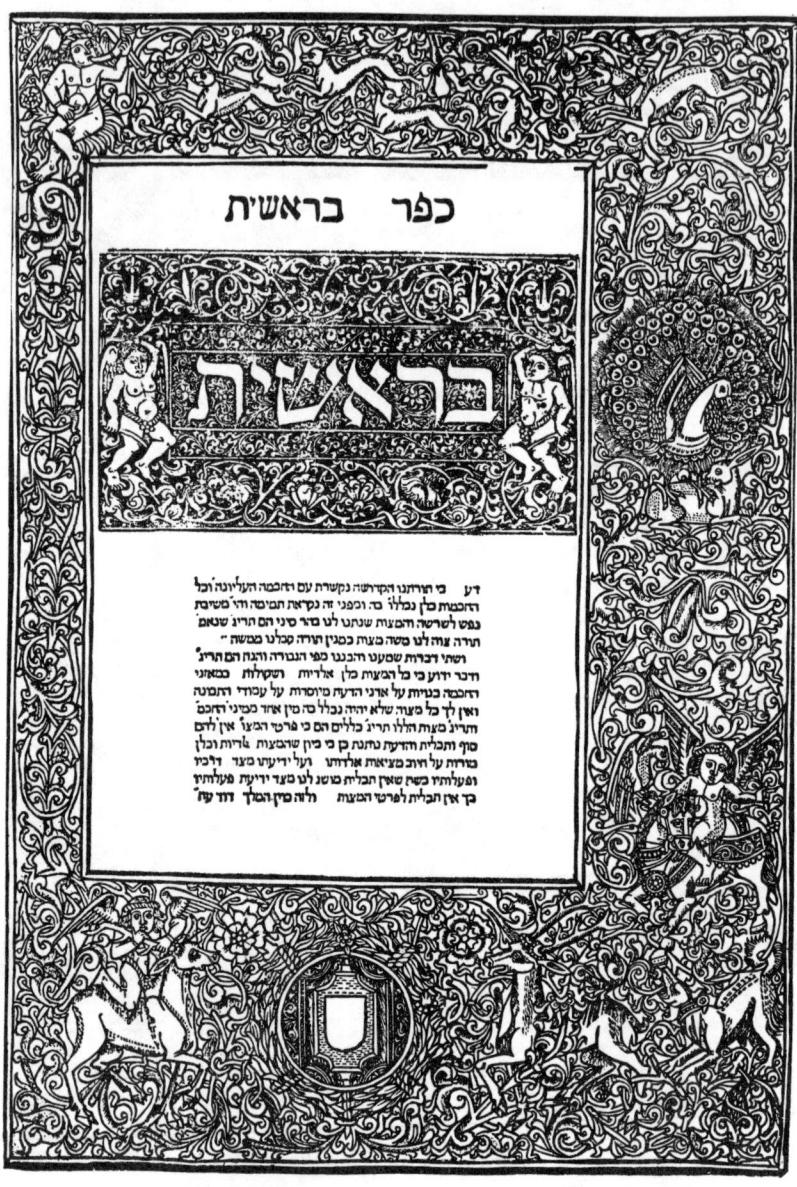

Die erste Seite des Kommentars von Bachia ben Ascher zum Pentateuch, der 1492 von Asriel Gunzenhauser in Neapel gedruckt wurde. Der schöne Buchrand wurde auch von christlichen Druckern jener Zeit verwendet.

aramäische Übersetzung (den sogenannten Onkelos-Targum zur ganzen Bibel) und einige Kommentare, die zum Teil bisher nicht im Druck erschienen waren. Eine zweite Auflage der Rabbinischen Bibel erschien 1524-1525. Deren Herausgeber war der jüdische Gelehrte Jakob ben Chajim aus Tunis. Bomberg war auch der

Seite aus der von Gerson Kohen im Jahre 1527 in Prag gedruckten Haggada.

*Seite aus der "Rabbinischen Bibel", die 1517-1518 von Daniel Bomberg gedruckt
wurde. Die zweite Auflage erschien 1524-1525.*

erste Buchdrucker, der den Babylonischen und den Palästinensischen Talmud
vollständig herausgab. Seine Ausgabe des Babylonischen Talmuds wurde das
Vorbild aller weiteren Talmuddrucke bis zum heutigen Tage in Bezug auf
Paginierung und Anordnung der Kommentare. Als Setzer und Korrektoren
beschäftigte Bomberg ausschließlich Juden.
Nachdem in vielen Ländern lebhafte Nachfrage nach hebräischen Büchern bestand,
war der Buchdruck ein gutes Geschäft. Kein Wunder, daß sich bald eine heftige

256

Konkurrenz zwischen christlichen Druckern hebräischer Bücher entwickelte. Konflikte zwischen Druckern wie Marco Antonio Giustiniani und Aloisio Bragadini gelangten sogar vor die kirchlichen Gerichtshöfe. Die wilde Konkurrenz zwischen den Druckern war mit daran schuld, daß im Jahre 1553 der Talmud und andere hebräische Bücher in Rom und an anderen Orten in Italien verbrannt wurden, und daß zeitweilig der Druck hebräischer Bücher in Italien verboten wurde.

Als eine Merkwürdigkeit verdient erwähnt zu werden, daß die 1516 in Genua von Agostino Giustiniani, Bischof von Nebbio, herausgegebene Psalter-Polyglotte das erste jüdische Schriftwerk ist, welches in einer Randbemerkung zu Psalm 19 die Entdeckung Amerikas durch Kolumbus erwähnt.

Auch in Nordeuropa, besonders in Deutschland, bestanden hebräische Buchdruckereien, die von christlichen Gelehrten geleitet wurden.

Andererseits begannen Juden schon im fünfzehnten Jahrhundert an der Herausgabe von Büchern in anderen Sprachen teilzunehmen. Die vierte Ausgabe der "Göttlichen Komödie" von Dante, die 1477 in Neapel erschien, war das Werk eines jüdischen Druckers, dessen Name nicht bekannt ist. Später druckte Gerson Soncino eine Reihe wichtiger Bücher in italienischer, lateinischer und sogar griechischer Sprache. Der Marrane Abraham Usque, der aus Portugal nach Italien entkam, richtete Mitte des sechzehnten Jahrhunderts in Ferrara eine Buchdruckerei ein und druckte Bücher in spanischer und portugiesischer Sprache. Er druckte 1553 die sogenannte "Ferrara-Bibel", eine berühmte spanische Bibelübersetzung.

Der untere Teil einer Seite der 1516 in Genua gedruckten Psalter- Polyglotte, die auf der einen Seite den hebräischen Text der Psalmen, eine wörtliche Übersetzung ins Lateinische, den Text der lateinischen Vulgata und den Text der griechischen Septuaginta brachte und auf der anderen Seite in vier Kolonnen eine arabische Übersetzung, den aramäischen Psalmentargum mit einer wörtlichen lateinischen Übersetzung und lateinischen Glossen zu den Psalmen. Die Glosse am unteren Rande dieser Seite enthält die erste Erwähnung der Entdeckung Amerikas durch Kolumbus in der jüdischen Literatur.

257

DIE JUDEN IN OSTEUROPA

Vor den Verfolgungen in Deutschland flohen viele Juden nach dem Osten, in Länder, die ihnen größere Sicherheit boten. Wie die deutschen Kaufleute, die zu jener Zeit nach Osten zogen (und dorthin unter anderem auch ihre Judenfeindschaft mitbrachten) sahen auch die Juden die Möglichkeit, die diese noch unentwickelten Länder ihren kaufmännischen Fähigkeiten eröffneten. Eines der Länder, in welchem jüdische Flüchtlinge aus Deutschland ein neues Heim fanden, war Ungarn. In Ungarn lebten Juden seit der Römerzeit. Das Bestehen eines jüdischen Friedhofes in Sopron (Odenburg) im neunten Jahrhundert ist urkundlich bezeugt. Dort sind in neuerer Zeit auch die Reste einer mittelalterlichen Synagoge entdeckt worden. Auch über andere jüdische Gemeinden in Ungarn im zehnten und elften Jahrhundert liegen Berichte vor. Von den Gewalttätigkeiten, die in anderen Ländern die Zeit der Kreuzzüge bezeichneten, blieben die Juden Ungarns unberührt. Im zwölften Jahrhundert wuchs ihre Zahl dank dem Zufluß von Einwanderern aus dem Westen. Die ungarischen Könige waren ihren jüdischen Untertanen freundlich gesinnt, da sie zur wirtschaftlichen Entwicklung des Landes wesentlich beitrugen. Sie beschäftigten sogar Juden im Finanzwesen. Aber die Geistlichkeit schürte in der christlichen Bevölkerung den Haß gegen die Ungläubigen, und der Adel blickte mißtrauisch auf die den Juden gewährten Privilegien. Der Druck von beiden Seiten wurde im Laufe der Zeit stärker, und letzten Endes wurden die Juden 1279 verpflichtet, das Judenabzeichen zu tragen. Dies war der Beschluß des Konzils von Buda, das von Papst Nikolaus III. einberufen und von seinem Legatem präsidiert wurde. Dessenungeachtet fuhren die Könige aus der Arpad-Dynastie fort, die Juden zu beschützen und sich ihres Unternehmungsgeistes und ihrer finanziellen Fähigkeiten zu bedienen. Auch nach dem Erlöschen dieser Dynastie im Jahre 1301, fuhren die Könige Ungarns im allgemeinen fort, sich ihren jüdischen Untertanen gegenüber wohlwollend zu verhalten, bis der Sieg der Türken in der Schlacht von Mohacs (1526) der Unabhängigkeit Ungarns ein Ende machte. Natürlich kamen trotzdem von Zeit zu Zeit Störungen vor. Die Juden litten schwer im Jahre 1349, als der Schwarze Tod Ungarn erreichte. Im Jahre 1360 wurden die Juden zeitweilig ausgewiesen. Im fünfzehnten Jahrhundert wurden Blutbeschuldigungen gegen sie erhoben, und Juden wurden auf dem Scheiterhaufen hingerichtet. Aber alles in allem darf behauptet werden, daß die Juden in Ungarn weniger gelitten haben als ihre Brüder in den westlichen Ländern Europas.

Ein anderes Land, das die Juden anzog, war Böhmen. Während der Kreuzzüge war dieses Land keine sichere Zufluchtsstätte, aber im dreizehnten Jahrhundert erholte sich die jüdische Gemeinde unter dem Schutz der böhmischen Krone. Wie überall, tat die Geistlichkeit auch hier ihr Bestes, den Haß des Volkes gegen die Juden anzufachen. Blutbeschuldigungen waren im vierzehnten Jahrhundert keine Seltenheit, und im fünfzehnten Jahrhundert verwüsteten die Armleder-Banden

Der Grabstein des "Hohen Rabbi Löw" (Rabbi Juda Löwe ben Bezalel) auf dem jüdischen Friedhof zu Prag. Rabbi Juda Löwe (1520-1609) ist in der jüdischen Literatur auch als der "Maharal (akrostichische Kürzung seines Namens) von Prag" bekannt. Er verfaßte Werke rabbinischer Gelehrsamkeit, war auch ein Kabbalist und genoß den Ruf eines Wundertäters. Dreißig Jahre lang war er das geistige Oberhaupt der Prager Gemeinde. Zahlreiche Volkssagen spinnen sich um seine Gestalt, vor allem die Sage, er habe einen "Golem" (Homunculus) geschaffen, dem er durch ein Amulett Lebenskraft verlieh.

Von Juden geprägte polnische Münzen aus dem Anfang des dreizehnten Jahrhunderts mit hebräischen Aufschriften. Das sind Silbermünzen, die nur auf einer einzigen Seite geprägt sind (in der Numismatik sind solche Münzen als "Brakteaten" bekannt).

viele Gemeinden in Südböhmen. Trotz aller Schwierigkeiten, trotz der periodisch wiederkehrenden Gewalttaten und Plünderungen, hielten die jüdischen Gemeinden an vielen Orten in Böhmen stand, besonders aber in der Hauptstadt Prag, wo die berühmte, bereits erwähnte Altneuschul-Synagoge stand, wo die Judenstadt autonom verwaltet wurde und wo auf dem großen jüdischen Friedhof viele berühmte Gelehrte begraben waren. Jahrhunderte lang war die Prager Gemeinde eine der größten jüdischen Gemeinden in ganz Europa.

Den größten Teil der nach Osten ziehenden Juden zog aber das Königreich Polen an, welches sich von der Ostsee bis zum Schwarzen Meer erstreckte. Juden lebten hier schon in alter Zeit, wie Grabinschriften auf der Krim aus dem ersten Jahrhundert christlicher Zeitrechnung bezeugen. Im zehnten Jahrhundert war das Land wirtschaftlich noch unentwickelt - Kaufleute und Handwerker fehlten noch. Die ständig zunehmende jüdische Einwanderung begann im zwölften Jahrhundert. Die örtlichen Fürsten begünstigten die Einwanderung und gewährten den Juden, die sich in ihren Ländern niederließen, Schutz und Hilfe. Die ersten Münzmeister in Polen scheinen Juden gewesen zu sein. Die ältesten polnischen Münzen aus dem dreizehnten Jahrhundert tragen hebräische Aufschriften.

Im Laufe der Zeit überschwemmten und verdrängten die aus Deutschland einwandernden Juden die alteingesessene jüdische Bevölkerung bzw. germanisierten sie in Bezug auf Sprache und geistige Betätigung. Die Umgangssprache der Einwanderer, die "jiddische" oder jüdisch-deutsche Sprache, war im Kern das mittelalterliche Hochdeutsch, das aber zahlreiche Worte und Ausdrücke aus dem Hebräischen übernommen hatte. Die Einwanderer aus Deutschland brachten in die neue Heimat auch den Eifer für das Talmudstudium mit. Polen wurde eine Hochburg dieses Studiums.

Wie die örtlichen Fürsten zu Beginn der Einwanderung, so begünstigten auch die polnischen Könige nach der Wiedervereinigung Polens im vierzehnten Jahrhundert die Niederlassung von Juden im Lande. Fürsten und Könige ließen ihnen Schutz angedeihen und verliehen ihnen Freibriefe, die ihre Privilegien bestätigten. Der älteste dieser Freibriefe ist der des Fürsten Boleslav V. "des Keuschen" von Kalisch, vom Jahre 1264. Er setzt die Prozedur in Rechtsstreitigkeiten zwischen Juden unter sich und zwischen Juden und Christen fest, sichert jüdischen Gläubigern vollen Schutz zu, garantiert die Sicherheit der Juden und ihres Besitzes und erklärt Synagogen und jüdische Friedhöfe für unverletzlich.

Die "Rema" -Synagoge in Krakau. "Rema" ist die akrostichische Abkürzung des Namens des Rabbi Moses Isserles (1529-1572), der dem Religionskodex "Schulchan Aruch" (Der gedeckte Tisch") von Rabbi Joseph Karo Glossen unter dem Namen "Mappa" ("Tischtuch") hinzufügte. Diese Glossen sind bis heute für die religiöse Praxis der "aschkenasischen" Juden maßgebend.

Blutbeschuldigungen müssen von mindestens sechs Zeugen bezeugt werden, von denen drei Juden sein müssen. König Kasimir der Große (1333-1370) bestätigte im Jahre 1334 diesen Freibrief und erweiterte seinen Gültigkeitsbereich, der ursprünglich auf das Fürstentum Großpolen beschränkt war, auf das ganze Gebiet des Königreichs Polen. In jedem Dorf wohnten Juden. Sie führten gewöhnlich die Wirtshäuser für die Bauern und verwalteten die Landgüter der Adligen. Als Folge der nahen Berührung mit der einheimischen Bevölkerung, nahmen die Juden von ihr so manche Gewohnheiten und Bräuche an. Die Tracht des örtlichen Adels, die langen Obergewänder und die pelzbesetzten runden Hüte wurden zur charakteristischen jüdischen Tracht. Jedoch in ihrem religiösen und geistigen Leben blieben die Juden unberührt von ihrer christlichen Umgebung. Ihr Eifer für das Studium ihres geistigen Erbes war weit und breit berühmt. Es gab keine Stadt ohne einen Rabbiner, fast keine Stadt ohne eine Talmudschule (eine "Jeschiwa"). Fast jedes Familienoberhaupt war im religiösen Schrifttum bewandert, und Familien, die es sich leisten konnten, hielten einen Hauslehrer für ihre Kinder. Kein Wunder, daß Polen vom sechzehnten Jahrhundert an das größte Zentrum jüdischer Gelehrsamkeit in der ganzen Welt wurde. Dort waren weltberühmte rabbinische Autoritäten tätig, wie Schalom Schachna, der Rektor der großen Jeschiwa von Lublin, Moses Isserles, dessen Glossen zu Joseph Karos Ritualkodex "Schulchan Aruch" für die religiöse Praxis der Juden Mittel- und Osteuropas (für die "aschkenasischen", das heißt aus Deutschland stammenden Juden) bis heute maßgebend sind, und Salomo Lurja, der sich durch seine Bemühung um einen korrekten Talmudtext unsterblichen Verdienst erwarb.

Die schönen Holzsynagogen Polens mit ihren steilen Giebeldächern, die manchmal an die Pagoden des Fernen Ostens erinnern, unterschieden sich von den Synagogen in anderen Ländern. Einerseits spiegelte sich in ihnen der Stil der örtlichen Kirchenarchitektur wieder, andererseits erhielten sich in ihrer Gestalt vielleicht auch Elemente des heidnischen Tempelbaus aus der vorchristlichen Zeit. Ein anderer Synagogentypus in Polen war ein festungsähnlicher Steinbau mit Zinnen und Schießscharten. Die Herrscher genehmigten deren Erbauung, damit die Juden sich darin gegen Überfälle verteidigen konnten.

Das Innere der Synagoge war mit Wandmalereien geschmückt, die an die Wandmalereien der klassischen Zeit erinnern, wie die der im Kapitel über das Zeitalter des Babylonischen Talmuds erwähnten Synagoge von Dura-Europos.

Die polnischen Synagogen waren nicht nur Gebetshäuser, sondern auch Mittelpunkte des Gemeindelebens und der Gemeindeverwaltung. In einigen von ihnen waren sogar Zellen und Pranger für die Bestrafung von widerspenstigen Sündern angebracht.

Im Laufe der Zeit bildete sich in Polen eine der bemerkenswertesten Anstalten jüdischen autonomen Lebens in der Diaspora, die Vierländersynode (auch "jüdischer Reichstag" genannt). Das Königreich Polen war durch die Vereinigung mehrerer, ursprünglich unabhängiger Fürstentümer entstanden. Nach Errichtung des vereinigten Königreichs, bemühten sich die Juden der verschiedenen Länder um die Aufstellung einer koordinierenden Institution, deren Aufgabe es war, ihre gemeinschaftlichen Interessen zu vertreten und für eine gerechte Verteilung der Steuerlast zu sorgen. Die Vierländersynode (die vier Länder waren Großpolen, Kleinpolen, Podolien und Wolhynien) wurde im Jahre 1580 gegründet und fungierte bis zum achtzehnten Jahrhundert als eine Art Judenparlament. Anfänglich trat die Vierländersynode einmal im Jahre zusammen. Später trat sie zweimal im

Typen polnischer Juden in ihrer charakteristischen Tracht (aus L. Hollaenderski, Les Israélites de Pologne).

Die Synagoge von Staro-Konstantin (Podolien), im Stil der Festungssynagogen des siebzehnten Jahrhunderts gebaut.

Die Festungssynagoge von Luzk, Polen, erbaut 1620 (nach einem Stich aus dem 19. Jahrhundert).

Jahr zusammen: Im Sommer in Jaroslav (Galizien) und im Winter in Lublin zur Zeit der örtlichen Jahresmesse. Die Abgeordneten verteilten die Steuern unter den Gemeinden, besprachen wirtschaftliche Angelegenheiten und regelten Fragen des Gemeindelebens und des Erziehungswesens. Vom Jahre 1623 an hatte Litauen eine

Oben: Detail aus der Wandmalerei der Holzsynagoge von Kapust bei Mohilew (aus dem achtzehnten Jahrhundert).
Unten: Holzsynagoge von Tebaki bei Sokol (heute Sowjetunion). Zeichnung von G. Loukomski (in der C. Roth Sammlung). Dies ist ein schönes Beispiel der pagodenartigen Synagogen mit steilen Giebeldächern.

264

separate jüdische Organisation. Aber die zwei Organisationen arbeiteten gelegentlich auch zusammen, wenn es sich um Probleme handelte, die die ganze polnische Judenschaft betrafen. Die Verschlechterung der wirtschaftlichen Lage der Juden in Polen im Laufe des achtzehnten Jahrhunderts untergrub nach und nach die Autorität der Vierländersynode, und im Jahre 1764 wurde sie durch einen Beschluß des polnischen Parlaments offiziell aufgelöst.

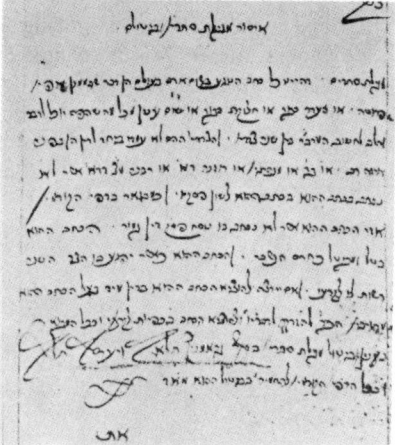 

Links: Eine Seite aus dem Protokollbuch der Vierländersynode.
Rechts: Das Haus Emmanuels (Simcha Menachem), des Leibarztes des Königs Jan III. Sobieski (1624–1696) in Lwow (Lemberg, jetzt in der Sowjetunion).

DIE SPANISCHEN JUDEN IN NORDAFRIKA

Viele der aus Spanien vertriebenen Juden und manche, denen es gelang aus Portugal zu entfliehen, fanden eine Zufluchtstätte in Marokko und den benachbarten Gegenden Nordafrikas. Die Überfahrt war kurz und daher entsprechend billig. Aber gewissenlose Schiffskapitäne plünderten die Flüchtlinge während der Überfahrt aus, und habsüchtige Scheichs setzten die Ausplünderung auf dem Festlande fort. Trotzdem gelang es vielen Juden, hier ein neues Heim aufzubauen.

In Nordafrika fanden die spanischen Juden eine Umgebung, die in vielen

Das jüdische Viertel von Tetuan, Marokko. Die jüdische Gemeinde von Tetuan, verstärkt durch den Zufluß der Flüchtlinge aus Spanien Ende des fünfzehnten Jahrhunderts, war bis zum achtzehnten Jahrhundert die größte Gemeinde Marokkos.

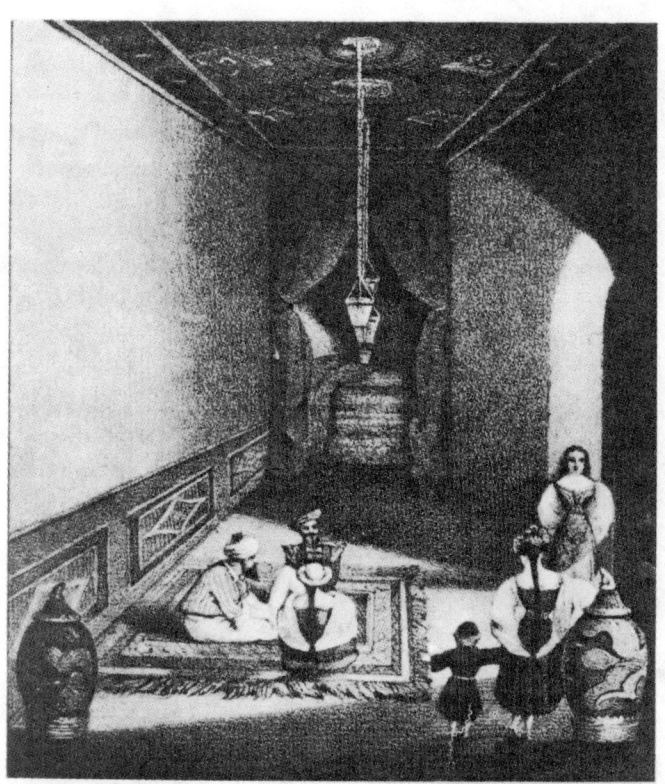

Das Innere eines jüdischen Hauses in Marrakesch, Marokko (nach einem Gemälde von G. Beauclerk).

Beziehungen derjenigen ähnelte, in welcher ihrer Vorväter im sogenannten "Goldenen Zeitalter", vor vier- oder fünfhundert Jahren, im mohammedanischen Spanien gelebt hatten. Überall trafen sie jüdische Gemeinden an, die in der Vergangenheit bessere Zeiten gekannt hatten. Im zehnten und elften Jahrhundert, und auch in der ersten Hälfte des zwölften Jahrhunderts hatte in Nordafrika jüdische Gelehrsamkeit geblüht. Aber der Sieg der fanatischen, unduldsamen Dynastie der Almohaden hatte der Judenschaft Nordafrikas einen schweren Schlag versetzt, von dem sie sich nicht erholen konnte. Diesen Gemeinden, in welchen das Leben seit langem stillstand, brachten die Flüchtlinge aus Spanien jüdische Gelehrsamkeit und europäische Kultur. Sie ließen sich hauptsächlich in den Städten nieder und bildeten nach Überwindung der anfänglichen Schwierigkeiten eine Art Aristokratie in der alteingesessenen Judenschaft. Obgleich sie jetzt in einer Umgebung lebten, deren Umgangssprache Arabisch war, fuhren sie fort, untereinander Spanisch zu sprechen. Die spanische Sprache, die sie selbst "Ladino" nennen, haben die spanischen Juden in allen Ländern ihrer Zerstreuung bis heute bewahrt.

Einige der Flüchtlinge bereicherten sich als Kaufleute oder Handelsagenten, besonders in den Hafenstädten, wo sie den Handel mit Europa vermittelten und hauptsächlich in der Zuckerausfuhr und in der Einfuhr von Textilwaren tätig

Links: Jüdisches Mädchen aus Algier (Zeichnung von B. Roubaud).
Rechts: Jüdischer Kaufmann aus Algier (Zeichnung von Calix).

waren. Trotz allem war ihre Lage im großen und ganzen nicht sehr beneidenswert. Sie waren in übelriechenden übervölkerten Ghettos zusammengepfercht, die bis heute unter dem Namen "Mellah" bekannt sind, und durften weder Häuser noch Grundstücke außerhalb dieser Viertel erwerben. Jederzeit waren sie Mißhandlungen seitens des Pöbels oder der Behörden ausgesetzt und mußten sinnlose Erniedrigungen über sich ergehen lassen. So wurden zum Beispiel Juden gezwungen, das Amt des Scharfrichters zu versehen. Es war ihnen verboten, weiße oder farbige Kleider zu tragen. So wurde das lange schwarze Obergewand mit der Zeit die charakteristische jüdische Tracht an vielen Orten in Nordafrika, besonders in Marokko. Weiter östlich jedoch, zum Beispiel in Tunesien, pflegten wenigstens die Frauen die malerischen Trachten des mittelalterlichen Spaniens fast bis zur Neuzeit zu tragen. Hie und da erwarben einzelne Juden große Vermögen und stiegen zu hohen Stellungen empor. Sie dienten als Schatzmeister der Herrscher, als ihre politischen Berater oder als Botschafter. Aber der Sturz solcher Persönlichkeiten war oft ebenso plötzlich und tragisch wie im mittelalterlichen Spanien.

Anfang des sechzehnten Jahrhunderts eroberte Spanien bestimmte Gegenden an der Nordküste Afrikas, mit vernichtenden Folgen für die dort ansässigen jüdischen Gemeinden. Viele der aus Spanien und Portugal vertriebenen Juden mußten wieder zum Wanderstab greifen. Die meisten gingen nach Palästina oder nach anderen

Jüdisches Mädchen aus Marrakesch (nach einer Zeichnung von G. Beauclerk).

türkischen Provinzen. Zu ihnen gehörte Abraham Zacuto, der bereits früher erwähnte Hofastrologe König Manuels "des Glücklichen" von Portugal. Er hatte sich zeitweilig in Tunis niedergelassen und dort sein Werk "Sefer ha-Juchassin" ("Das Buch der Genealogien"), eine Geschichte der jüdischen Gelehrsamkeit in Europa bis gegen Ende des Jahres 1500, verfaßt. Zum Schluß ging er in die Türkei und starb dort im Jahre 1510. Ein gewisses Maß persönlicher Sicherheit kannten die Juden erst Mitte des sechzehnten Jahrhunderts wieder, als ganz Nordafrika in den Bereich des Osmanischen Reiches miteinbezogen wurde. Trotzdem blieb ihr Leben elend genug bis zum neunzehnten Jahrhundert, als europäische Mächte eingriffen und eine gewisse Besserung der Lage verursachten.

DIE SPANISCHEN JUDEN
IN DER TÜRKEI

Der größte Teil der aus Spanien ausgewiesenen Juden fand letzten Endes Unterkunft in der Türkei. Die Türken hatten circa fünfzig Jahre früher, im Jahre 1453, Konstantinopel erobert und ihre Macht hatte jetzt einen Höhepunkt erreicht. Die kriegerischen Türken beherrschten nunmehr ein buntes Gemisch widerspenstiger Völker, aber sie waren im Handel, im Handwerk und den anderen Friedenskünsten vollkommen unerfahren. Der herrschenden türkischen Minderheit brachten die jüdischen Einwanderer, auf deren Treue sie sich verlassen konnten, gerade jene Künste, die ihnen fehlten. Sie waren ihnen daher sehr willkommen. Sultan Bajazet II. soll einmal ausgerufen haben: "Was? Heißt ihr Ferdinand weise, wo er sein Land entvölkert hat, um meines zu bereichern?"

Auch in der Türkei waren die Juden den Einschränkungen unterworfen, welche das Gesetz des Islam Ungläubigen auferlegt. Aber im allgemeinen wurden diese Einschränkungen nicht streng gehandhabt. An vielen Orten im großen Osmanischen Reiche wurden neue jüdische Gemeinden gegründet und alte Gemeinden blühten wieder auf. Die Anzahl der aus Spanien eingewanderten Juden und der nachkommenden Marranen, die sich Ende des fünfzehnten und Anfang des sechzehnten Jahrhunderts in der Türkei niederließen, wird auf circa hunderttausend geschätzt. Ungefähr vierzigtausend von ihnen wählten Konstantinopel. Im sechzehnten Jahrhundert sollen dort vierundvierzig Synagogen bestanden haben. Circa zwanzigtausend Juden ließen sich in Saloniki nieder. Dort war das jüdische Element fühlbarer als in der Hauptstadt. Saloniki wurde eine vorherrschend jüdische Stadt und blieb so jahrhundertelang, beinahe bis die Nazis nach Saloniki kamen und alle Juden nach Polen zur Vergasung deportierten. Andere bedeutende Gemeinden entwickelten sich in Adrianopel, Smyrna, Brussa und in anderen Städten auf der Balkanhalbinsel und in Kleinasien.

An allen diesen Orten bewahrten die Juden die spanische Sprache, spanische Tracht und spanische Sitten. Die Frauen sangen spanische Romanzen und Wiegenlieder und kochten spanische Gerichte. In neuer Zeit kamen spanische Forscher in die Türkei (und auch nach Israel, das seinerzeit eine türkische Provinz war), um die spanische Sprache des fünfzehnten Jahrhunderts aus dem Munde der spanischen Juden zu studieren und die Texte und Weisen mittelalterlicher Romanzen zu sammeln, die die Verbannten treu bewahrt hatten.

Die Juden waren überall in allen Berufen tätig. Die Textilindustrie und den Textilhandel monopolisierten sie beinahe. Sie waren Großkaufleute, Krämer und Handwerker. In Saloniki waren sie sogar Fischer und Hafenarbeiter. Bis zur Eroberung Salonikis durch die Griechen im Jahre 1912, konnten im dortigen Hafen am Sabbat und an jüdischen Feiertagen kein Schiff geladen oder ausgeladen werden.

Selbstverständlich gab es auch jüdische Ärzte, und manche von ihnen hatten als Leibärzte der Sultane großen Einfluß am Hofe. So zum Beispiel Joseph Hamon am

Fille Iuifue d'Andrinople.

Jüdisches Mädchen aus Adrianopel (nach einem Holzschnitt aus dem sechzehnten Jahrhundert).

Hofe Bajazets II., und sein Sohn Moses Hamon am Hofe Selims I. und Suleimans des Prächtigen.

Auch die Sprachkenntnisse der spanischen Juden und ihre Vertrautheit mit den

§€ *Medicin Iuif.*

Jüdischer Arzt in der Türkei im sechzehnten Jahrhundert (nach einem zeitgenössischen Holzschnitt).

Verhältnissen im christlichen Europa kamen den Sultanen zugute. Viele spanische Juden spielten in der politischen Tätigkeit der Hohen Pforte eine bedeutende Rolle. Der Zufluß spanischer Juden brachte auch eine Wiederbelebung der jüdischen

Gelehrsamkeit in der Türkei mit sich. Wir können hier von den vielen berühmten Gelehrten nur wenige erwähnen. In Konstantinopel fungierte Elja Misrachi als Großrabbiner (der türkische Titel war "Chacham-Baschi") des Türkischen Reiches. Er war ein Mann von großer Gelehrsamkeit, der einen berühmten Superkommentar zu Raschis Bibelkommentar verfaßte. In den Streitigkeiten zwischen der jüdischen Gemeinde und den Karäern zeigte er sich versöhnlich und verstand es, den Frieden wiederherzustellen.

In Saloniki vertrat Rabbi Joseph Taytasak die mystische und asketische Strömung im Judentum. Einer seiner Schüler, Salomo Alkabez, ging nach Palästina und schloß sich dort dem Kreise jüdischer Kabbalisten in Safed an.

Zufolge der verbreiteten Interessen an der jüdischen Mystik erwachte in weiten Kreisen das Bedürfnis nach dem Studium der haggadischen Teile des Talmuds und der darin enthaltenen Legenden und Traditionen über die künftige messianische Erlösung. Um diesem Bedürfnis des einfachen Mannes entgegenzukommen, der

Donna Gracia Nassi, Medaille die um 1553 von de' Pastorini in Ferrara ausgeführt wurde (Musée de Cluny, Paris).

273

nicht in der Lage war, sich durch die komplizierten halachischen Teile des Talmuds durchzuarbeiten, um zur Haggada zu gelangen, verfaßte der in Saloniki ansässige Talmudist Jakob ben Salomo ibn Chabib das berühmte Buch "En Jakob" ("Die Quelle Jakobs"), welches eigentlich eine Aneinanderreihung aller haggadischen Bestandteile des Talmuds ist. Dieses Buch erfreut sich bis heute großer Popularität. Die Herrscherjahre Sultan Suleimans des Prächtigen (1520-1566) waren die Glanzzeit der jüdischen Gemeinde im Osmanischen Reich. Es war aber unvermeidlich, daß ihre blühende wirtschaftliche Lage den Neid ihrer Konkurrenten, der griechischen und armenischen Kaufleute, erweckte. Im Jahre 1545 versuchten diese in Amasia (Kleinasien) durch Inszenierung einer Ritualmordaffäre die türkische Bevölkerung gegen die Juden aufzustacheln. Durch den Eifer des wahrscheinlich bestochenen türkischen Richters kamen einige Juden ums Leben. Aber Moses Hamon, der Leibarzt des Sultans, erwirkte von seinem Herrn einen Erlaß, der solchen Vorfällen für die Zukunft vorbeugte. Der Erlaß verbot örtlichen Gerichtshöfen, Ritualmordanklagen zu behandeln und erklärte, daß in solchen Fällen der Sultan allein die zuständige Autorität sei.

In die Regierungszeit Suleimans des Prächtigen fällt zum Teil die bemerkenswerte Laufbahn eines anderen Juden. Der in Portugal als Marrane geborene Juan Miguez (der später unter dem Namen Joseph Nassi berühmt wurde), war der Neffe des internationalen Bankiers Francisco Mendes, der seine Hauptniederlassung in

**Prologo a la muy magnifica Señora
Doña Gracia Naci.**

O parescia razon(muy magnifica Señora)que aviendose de ympri-
mir la Biblia en nueftra lengua Efpañola(traduzida del Hebreo pa,
labra por palabra obra tan rara y bafta nueftros tiempos nunca vifta)
fueffe a parar en perfonas de cuyo fauor no fe pudieffe valer fino a al
guna tan noble y magnanima que a fu noblezá acrecentaffe ornamien
to. Por la qual caufa la quefimos dirigir a vueftra merced como a perfona que fus
meritos entre todos los nueftros fiempre tuvieron el mas fublime lugar: affi por fus
grandezas lo merefcer como por que la propria naturaleza y amor dela patria nos
pone efta obligacion tan devida; vueftra merced la acepte con la voluntad que nos
fe la offrecemos y la fauorefca y defienda conel animo que fiempre fauorefcio to
dos los que fu ayuda bafta oy ympetraron. y por que fu nobleza naturalmente es
acoftumbrada a eftos officios quedamos feguros de algun recelo que por la diver,
fidad de iufzios podriamos tener: pidiendo que fu memoria no fe oluide de nue,
ftro deffeo que tan ynclinado es a fu feruicio. Nueftro Señor por muy largos
años guarde fu perfona y profpere fu magnifico eftado.

Seruidores de vueftra merced.

yom Lob Atias y Abraham Ufque.

Widmung der von Abraham Usque in Ferrara im Jahre 1553 gedruckten, sogenannten "Ferrara Bibel" (eine spanische Bibelübersetzung) an Donna Gracia Nassi.

Lissabon und Zweigniederlassungen in Flandern und Frankreich hatte. Nach dem Tode Franciscos hielt es seine Witwe, Beatrice de Luna (später unter dem Namen Gracia Mendes bekannt) für ratsam, Portugal zu verlassen. Sie ging 1536 nach Antwerpen, wo damals zahlreiche Marranen lebten, und nahm ihre Tochter Reyna und ihren Neffen Juan Miguez mit sich. Die ganze Familie war vom Wunsche beseelt, sich öffentlich zum Judentum zu bekennen, und ihr Endziel war die Türkei, das einzige Land, in welchem dies ohne Gefahr möglich war. Im Jahre 1544 ging Gracia nach Venedig, geriet aber dort in Schwierigkeiten mit der Signoria, als ihre Absicht, nach der Türkei zu gehen und dort zum Judentum überzutreten, bekannt wurde. Eine Zeitlang saß sie im Gefängnis. Nach ihrer Freilassung ging sie nach Ferrara. Dort herrschte eine liberalere Atmosphäre, die es ihr ermöglichte, dem Christentum abzuschwören. Im Jahre 1552 konnte sie endlich nach Konstantinopel gehen. Zwei Jahre später kam auch Juan Miguez nach, ging öffentlich zum Judentum über, nahm den Namen Joseph Nassi an (Nassi war der Name der Familie Mendes vor der Taufe) und heiratete seine schöne Kusine Reyna.

In kurzer Zeit nahm Joseph Nassi eine leitende Stellung in der jüdischen Gemeinde ein. Gleichzeitig stand er beim Sultan in hoher Gunst. Zusammen mit seiner Tante organisierte Joseph Nassi ein geheimes Netzwerk, das Marranen die Flucht aus Portugal ermöglichte. Im Jahre 1556, als Papst Paul IV. die Festnahme der in Ancona wohnhaften Marranen verordnete, machten Joseph Nassi und Donna Gracia ihren Einfluß am türkischen Hofe geltend. Auf ihre Bitte hin forderte Suleiman den Papst auf, diejenigen Marranen, die türkische Untertanen waren, freizulassen und drohte mit Repressalien gegen die in der Türkei lebenden Christen. Der Papst gab nach, rächte sich aber an den übrigen Marranen und ließ vierundzwanzig von ihnen öffentlich verbrennen. Daraufhin erklärten die Juden auf Veranlassung Donna Gracias einen Boykott gegen den Hafen von Ancona. Es war nicht Donna Gracias Schuld, daß diese Kundgebung jüdischer Solidarität und jüdischer wirtschaftlicher Macht zum Schluß im Sande verlief.

Die Freigiebigkeit Joseph Nassis und seiner Tante war sprichwörtlich. Sie bauten Synagogen und förderten jüdische Gelehrsamkeit. Auf Joseph Nassis Versuch, die jüdische Autonomie in Palästina wiederherzustellen, kommen wir im nächsten Kapitel zurück. Als Freund und Berater Selims II. (1556-1574), des Nachfolgers Suleimans, hatte Don Joseph Nassi wesentlichen Einfluß auf die türkische Politik. Der Sultan ernannte ihn zum Herzog von Naxos und gab ihm die Kykladen-Inseln im Ägäischen Meer zum lebenslänglichen Lehen. Nachdem die Eroberung Zyperns durch die Türken zum Teil auf seinen Antrieb hin erfolgte, wollte ihn der Sultan sogar zum König der Insel ernennen. Aber dieser Ernennung widersetzte sich der Großwesir Mohammed Sokolli.

Mit dem Tode seines Freundes und Patrons, Selim II., nahm die glänzende politische Laufbahn Don Josephs ein Ende. Seine restlichen Lebensjahre verbrachte er in Zurückgezogenheit. Er fuhr aber fort, Talmudschulen und jüdische Gelehrte freigiebig zu unterstützen. Nach seinem Tode, im Jahre 1579, fuhr seine Witwe fort, Wohltätigkeit zu üben.

Don Joseph war nicht der einzige Jude, der sich auf dem Gebiete der Politik in der Türkei auszeichnete. Der Arzt Salomon ben Nathan Aschkenasi (1520-1602), ein aus Italien stammender Jude, der viele Jahre lang Leibarzt der polnischen Könige Sigmund I. und II. war, wanderte nach der Türkei aus und wurde der Vertrauensmann und Berater des Großwesirs Mohammed Sokolli. Er widersetze sich der gegen Venedig gerichteten Politik Don Josephs, und wurde als türkischer Botschafter abgesandt, um Venedig zum Friedensschluß zu bewegen. In Venedig wurde er mit großen Ehren empfangen. Während er in erster Reihe die Interessen der Türkei vertrat, war er auch auf das Wohlergehen seiner Volksgenossen bedacht. Auf seine Fürbitte hin nahm die Signoria von einer geplanten Ausweisung der Juden aus dem Gebiete Venedigs Abstand. Aschkenasi war auch in internationale Intrigen verwickelt und versuchte zweimal, die Königswahlen in Polen zu beeinflussen.

Ein anderer bemerkenswerter jüdischer Staatsmann in der Türkei war Salomo Abenaes (Ibn Jaisch - 1529-1603). Ursprünglich ein portugiesischer Marrane namens Alvaro Mendes, trat er bei seiner Ankunft in der Türkei öffentlich zum Judentum über. Er diente mehreren Sultanen als Berater in außenpolitischen Angelegenheiten, in denen er sehr bewandert war, und wurde mit dem Titel Herzog von Mytilene beehrt. Zur Zeit der Großen Armada (1588) brachte er das Bündnis zwischen der Türkei und England gegen Spanien zustande, wobei er mit Königin Elisabeth wie ein selbständiger Machthaber verhandelte.

Jüdischer Kaufmann aus der Türkei in Venedig im siebzehnten Jahrhundert (nach einer Zeichnung im Museo Correr, Venedig).

NEUANSIEDLUNG IN PALÄSTINA

Viele der aus Spanien vertriebenen Juden sahen in ihren Leiden das Vorzeichen der baldigen messianischen Erlösung und richteten ihre Schritte nach dem Heiligen Lande. Das gleiche taten nach ihnen Marranen, die glaubten, nur auf diese Weise ihre zeitweilige Abtrünnigkeit sühnen zu können. Besonders anziehend wurde das Land für die Juden nach dessen Eroberung durch die Türken im Jahre 1517.
Die Kreuzzüge und der Mongoleneinfall in den Jahren 1259-1260 hatten die jüdische Bevölkerung bis auf einen kleinen Rest dezimiert. Erst nachdem die ägyptischen Mamelucken das Land von den Mongolen befreit hatten, stellten sich wieder friedliche Verhältnisse ein und die Juden konnten an die Wiederherstellung ihrer Gemeinden denken. Der spanische Gelehrte Rabbi Moses ben Nachman, der nach dem berühmten Religionsgespräch von Barcelona im Jahre 1267 nach

Jerusalem im sechzehnten Jahrhundert, nach einem zeitgenössischen Stich.

Palästina kam, bemühte sich um Erneuerung der jüdischen Gemeinde in Jerusalem. Er bewegte die aus Jerusalem geflüchteten Juden, in die Stadt zurückzukehren, und baute eine zerstörte Synagoge wieder auf. Diese Synagoge trug seinen Namen ("Ramban-Synagoge") bis zu deren Zerstörung durch die Jordanier im Jahre 1948. Rabbi Moses ben Nachman gründete in Jerusalem auch eine Talmudschule. Sein Werk hatte bleibenden Bestand. Von seinen Tagen bis heute kannte das jüdische Leben in Jerusalem keine Unterbrechung mehr. Da aber die mohammedanischen Oberherrscher sich bemühten, die Zahl der Juden, die in der Heiligen Stadt leben durften, zu beschränken, konzentrierte sich das jüdische Leben in anderen Städten, insbesondere im Norden des Landes.

Dort bestand im dreizehnten Jahrhundert in Akko, dem letzten Bollwerk der Kreuzfahrer in Palästina, eine ziemlich bedeutende jüdische Gemeinde. Jüdische Einwanderer aus Europa hatten sich hier niedergelassen. Mitte des dreizehnten Jahrhunderts kam Rabbi Jechiel von Paris nach Akko, der sein Land nach dem Religionsgespräch mit dem Apostaten Nikolaus Donin und der darauf folgenden Talmudverbrennung verlassen hatte. Dank ihm wurde Akko ein Mittelpunkt jüdischer Gelehrsamkeit. Die von ihm gegründete Talmudschule war in Europa als die "Pariser Jeschiwa" berühmt und zog viele Schüler an. Gegen Ende des dreizehnten Jahrhunderts versetzten die Mamelucken den Kreuzfahrern einen entscheidenden Schlag. Der Sultan Al-Aschraf eroberte Akko im Jahre 1291 und zerstörte die Stadt. Der Schlag traf allerdings nicht nur die Kreuzfahrer, sondern auch die Juden, die bei dem Gemetzel, das die Mamelucken anrichteten, nicht verschont wurden. Die am Leben gebliebenen Juden verließen die Stadt, die nunmehr in Trümmern lag, und viele von ihnen flüchteten nach Safed in Obergaliläa.

Während des vierzehnten Jahrhunderts erfreuten sich die Juden Palästinas einer gewissen Ruheperiode. Aus Europa, wo die Juden damals gerade schwer verfolgt wurden, kam ein ständiger Zustrom von Einwanderern. Zu diesen Einwanderern gehörte auch der berühmte Arzt Estori ha-Parchi, der aus der Provence stammte. Nach der Ausweisung der Juden aus Frankreich im Jahre 1306, verbrachte er einige Jahre in Spanien. Von dort ging er dann nach Palästina und ließ sich in der Stadt Bet Schean, im Jordantal, nieder. Jahrelang bereiste er das Land kreuz und quer und verfaßte dann sein Buch "Kaftor wa-Ferach" ("Knospe und Blüte"), in welchem er den Grundstein zur Geographie und zur Archäologie des Heiligen Landes legte. Im fünfzehnten Jahrhundert verschlechterte sich die Lage in Palästina wieder. Die Mongolenhorden Timur Lenks fielen Anfang des Jahrhunderts ins Land ein und säten überall Verderben. Auch die Herrschaft der Mamelucken wurde immer drückender und willkürlicher. Den Juden wurden schwere Sondersteuern auferlegt. Da die jüdische Bevölkerung größtenteils aus Krämern, Hausierern und Handwerkern bestand, hatten diese Steuern eine fortschreitende Verarmung zur Folge. Trotz alledem wuchs die jüdische Bevölkerung Palästinas ständig durch den Zustrom von Einwanderern, die vor den Verfolgungen in Europa flohen. Einer der Einwanderer, Rabbi Obadja aus Bertinoro (Norditalien), ein Talmudgelehrter, der sich durch seinen Mischna-Kommentar großen Ruf erworben hatte, übte entscheidenden Einfluß auf die Entwicklung der Judenschaft Palästinas und ganz besonders der Jerusalemer Gemeinde aus. Als er 1488 in Jerusalem ankam, wohnten dort nur noch ca. siebzig Familien. Die Gemeinde war schwer verschuldet und die Lage war chaotisch.

Jaffa im Jahre 1453 (aus B. von Breidenbachs Peregrinationes ad Terram Sanctam, 1486).

Bertinoro übernahm die Führung der Gemeinde, versöhnte die untereinander entzweiten Parteien und flößte der Gemeinde Mut und Hoffnung ein. Es gelang ihm auch, mit den ägyptischen Behörden günstige Vereinbarungen zu treffen. Einige der Sondersteuern wurden abgeschafft und Einwanderungsbeschränkungen wurden aufgehoben. Bertinoros Tätigkeit bereitete den Boden für die Einwanderung der aus Spanien vertriebenen Juden vor.

Wäre die Eroberung Palästinas durch die Türken (1517) fünfundzwanzig Jahre früher, das heißt 1492, erfolgt, so hätten wohl die meisten der Vertriebenen vorgezogen, nach dem Heiligen Lande zu gehen, anstatt sich in anderen Teilen des Osmanischen Reiches niederzulassen. Aber auch so brachten die Einwanderer aus Spanien der jüdischen Bevölkerung Palästinas einen ansehnlichen Zuwachs. Im Jahre 1495 waren in Jerusalem bereits zweihundert Familien ansässig.

Die Einwanderung spanischer Juden nahm nach der Eroberung Palästinas durch Sultan Selim I., im Jahre 1517, bedeutend zu. Aber trotz der großen Anziehung, die die Heilige Stadt auf die Einwanderer ausübte, ließen sich nur relativ wenige dort nieder, denn Jerusalem, eine heilige Stadt auch für Mohammedaner und Christen, war von jeher eine Brutstätte des religiösen Fanatismus. Die meisten Einwanderer zogen die ruhigere Atmosphäre Galiläas vor. Im sechzehnten Jahrhundert war daher der Großteil der jüdischen Bevölkerung Palästinas im Norden des Landes konzentriert.

Safed war damals eine bedeutende jüdische Stadt. Neben Kaufleuten und Handwerkern wohnten dort viele bedeutende Talmudgelehrte, die die Stadt zu einem wichtigen Mittelpunkt jüdischen Geisteslebens machten. Dort bestand eine bedeutende Talmudschule. Deren Oberhaupt, der aus Spanien eingewanderte Rabbi Jakob Berab, machte den Versuch, die Institution des Sanhedrins von neuem ins Leben zu rufen, damit sie dem ganzen jüdischen Volke als zentrale religiöse Autorität diene. Sein Vorschlag stieß jedoch auf heftigen Widerstand, hauptsächlich seitens seiner Kollegen in Jerusalem, und das Projekt kam nicht zur Verwirklichung.

Eine besondere Anziehung übte Safed auf die Kabbalisten aus, weil die Stadt in der Nähe von Meron liegt, wo Rabbi Simon ben Jochai (aus dem zweiten Jahrhundert), nach jüdischer Überlieferung der Verfasser des "Sohar", begraben ist. So wurde Safed die Heimstätte des jüdischen Mystizismus. Dort lebten und wirkten die großen Kabbalisten Moses Cordovero (1522-1570) und Isaak Lurja (1534- 1572).

Moses Cordovero war der Sohn eines aus Spanien ausgewanderten Juden und der Schwager und Freund des bereits erwähnten Kabbalisten und Dichters Salomo Alkabez, der das schöne Sabbateingangslied "Lecha Dodi" ("Auf, mein Freund") gedichtet hat, welches bis heute in allen Synagogen Freitag abend rezitiert wird. Als ein systematischer Denker setzte Cordovero sein System der mystischen Philosophie in seinem Hauptwerk "Pardess Rimonim" ("Granatäpfelgarten") auseinander. Aber Cordovero war auch ein Visionär, der die letzten Wahrheiten in ekstatischen Erlebnissen zu finden suchte.

Rabbi Isaak (Aschkenasi) Lurja, auch der "Ari" genannt ("Ari" ist die akrostichische Abkürzung seines hebräischen Namens), war der Begründer der sogenannten "lurjanischen Kabbala". In Jerusalem, als der Sohn einer aus Deutschland eingewanderten Familie geboren, wurde er in Kairo erzogen und verbrachte Jahre in mystischen Übungen in der Einsamkeit am Ufer des Nils. Im Jahre 1569 ging er nach Palästina zurück und schloß sich ein Jahr darauf dem Kreise der Mystiker in Safed an. Der Kernpunkt seiner Lehre war ein flammender Messianismus. Er lehrte Reue, asketische Übungen und die Konzentration der ganzen geistigen Kraft im Gebet, um auf diese Weise das Kommen des Messias zu beschleunigen. Lurja starb im Alter von achtunddreißig Jahren, ohne seine Lehren niedergeschrieben zu haben. Seine Schüler, besonders Rabbi Chajim Vital ("Calabrese"), zeichneten sie auf. Lurjas kabbalistisches System übte auf das jüdische Denken, Leben und Ritual einen tiefen Einfluß aus.

Aber Safed, die Hochburg des Mystizismus, war gleichzeitig ein Mittelpunkt nüchterner rabbinischer Gelehrsamkeit. Rabbi Joseph Karo (1488-1575), der selbst ebenfalls ein Mystiker war, verdankt seinen unsterblichen Ruf seinem großen, von

Safed und Meron (nach dem Bilde eines unbekannten Malers um das Jahr 1900). Rechts liegt Safed, links das Mausoleum Rabbi Simons ben Jochai.

Das Grabmal des Rabbi Joseph Karo (1488-1575), des Verfassers des "Schulchan Aruch", auf dem alten Friedhof von Safed.

jeder Mystik freien Religionskodex "Schulchan Aruch" ("Der gedeckte Tisch"). Dies ist das letzte der großen rabbinischen Kompendien. Seine Autorität ist unbestritten geblieben, und nach ihm richtet sich die religiöse Praxis der Juden in der ganzen Welt.

Im Jahre 1562 erlangte Don Joseph Nassi vom Sultan Suleiman die Stadt Tiberias und ihre Umgebung als Lehen, und versuchte, sie als den Mittelpunkt einer autonomen jüdischen Niederlassung auszubauen. Er befestigte die Stadt, pflanzte Maulbeerbäume, um die Entwicklung einer Seidenindustrie zu ermöglichen und lud die Juden Europas ein, sich dort anzusiedeln. Aus verschiedenen Gründen, vor allem auch wegen des Widerstandes der örtlichen arabischen Bevölkerung, war aber den Plänen Don Josephs kein Erfolg beschieden. Tiberias wurde bald darauf zerstört und erst im achtzehnten Jahrhundert wieder aufgebaut. In der zweiten Hälfte des achtzehnten Jahrhunderts ließen sich zahlreiche jüdische Einwanderer aus Polen in Tiberias nieder, der Stadt, die als eine der vier heiligen Städte des Heiligen Landes galt. Die anderen drei waren Jerusalem, Safed und Hebron. In Hebron bestand eine ziemlich große jüdische Gemeinde. Diese erhielt jüdisches Leben in der Stadt aufrecht, in welcher die Vorväter des Volkes, Abraham, Isaak und Jakob begraben waren. Trotz aller Schwierigkeiten hielt sie bis zum Jahre 1929 stand, als ihr die örtliche arabische Bevölkerung durch ein grausames Gemetzel ein Ende machte.

Die heiligen Städte pflegten Abgesandte (hebräisch "Meschullachim" oder "Schadarim") in die ganze Welt zu schicken, um Geld für die dort dem Gebet und dem Talmudstudium obliegenden Juden zu sammeln. Diese Abgesandten wurden überall freundlich aufgenommen, da sie den zerstreuten Gemeinden Nachrichten aus dem Heiligen Lande und etwas von der dort herrschenden Atmosphäre brachten. Gewöhnlich waren diese Abgesandten nicht nur fromme Männer, sondern auch angesehene Gelehrte. Einer von ihnen, Chajim Joseph David Asulai, der allerdings einer späteren Zeit (der zweiten Hälfte des achtzehnten Jahrhunderts) angehört, verdient besondere Erwähnung. Ein Mystiker und gleichzeitig ein gelehrter Bibliograph, hinterließ Asulai eine fesselnde Beschreibung seiner Besuche bei den spanischen und portugiesischen Gemeinden in ganz Europa. Außerdem verfaßte er das literarhistorische Lexikon "Schem Hagedolim" ("Namen großer Leute"). Sein Zeitgenosse Isaak Carigal besuchte sogar die jüdischen Gemeinden in den britischen Kolonien Nordamerikas zweimal und hielt einmal eine bemerkenswerte Predigt zum Wochenfest in der Synagoge von Newport, Rhode Island.

Tiberias im sechzehnten Jahrhundert. Seit dem dritten Jahrhundert war Tiberias der Sitz des Patriarchats und dann noch lange Zeit der Mittelpunkt jüdischen Geisteslebens im Heiligen Lande. Dort sind große jüdische Gelehrte begraben, unter anderen Rabbi Akiwa und Rabbi Moses ben Maimon, Tiberias war daher als eine der vier heiligen Städte anerkannt.

Empfehlungsbrief für einen der Abgesandten, die in der Diaspora für die vier heiligen Städte (Jerusalem, Safed, Hebron und Tiberias) Geld sammelten. Dieser Brief ist von den Rabbinern der Stadt Hebron unterzeichnet und empfiehlt der Gemeinde von Carpi (Italien) den Abgesandten Rabbi Israel Halevi (Generalarchiv für jüdische Geschichte, Jerusalem).

DIE JÜDISCHEN GEMEINDEN IM ORIENT

Östlich der Türkei, wo in früheren Generationen jüdisches Leben in voller Blüte gestanden hatte, vegetierten jetzt jüdische Gemeinden abseits vom Hauptstrom der jüdischen Geschichte.

Im Irak hatten sich die Juden nur langsam von der Verwüstung der mongolischen Herrschaft erholt. Nach der Eroberung Bagdads durch die Türken, im Jahre 1638, war die Lage der irakischen Juden im Allgemeinen der Lage ihrer Brüder im ganzen Osmanischen Reiche ähnlich. Irak war aber eine abseitige Provinz, in welcher die Statthalter nach Willkür schalteten und walteten. Habsüchtige Paschas hatten immer ein wachsames Auge auf die jüdischen Gemeinden ihrer Provinz und fanden Mittel und Wege, Juden, die sich bereichert hatten, unter verschiedenen Vorwänden zu beseitigen, um sich ihr Vermögen anzueignen. Trotzdem gelang es den Gemeinden in der Türkenzeit und nach 1921 im selbständigen Irak, nicht nur ihr Leben zu fristen, sondern sich auch in gewissem Maße zu entwickeln, bis die heftige antijüdische Reaktion nach der Gründung des Staates Israel im Jahre 1948 ihnen ein Ende machte. Bis auf einen winzigen Rest sind alle Juden Iraks nach Israel ausgewandert und ihr Vermögen wurde vom Staate eingezogen.

Die große Synagoge von Bagdad.

In Persien hatte die Judenschaft im zwölften Jahrhundert, nach der Niederwerfung der messianischen Bewegung, an deren Spitze der Pseudomessias David Alroy stand, schwer zu leiden. Im dreizehnten Jahrhundert bemächtigten sich die

Orientalische Glasflasche mit hebräischer Aufschrift, aus dem achtzehnten Jahrhundert (Victoria und Albert Museum, London).

*Seite aus einer persischjüdischen Handschrift mit Miniaturen in persischem Stil
(Bibliothek des Jüdischen Theologischen Seminars, New York).*

286

Mongolen Persiens und die Lage der Juden verschlechterte sich weiter, obgleich einzelne mongolische Herrscher ihnen eine gewisse Gewogenheit bezeugten. Auch als Persien im sechzehnten Jahrhundert unabhängig wurde, besserte sich die Lage nicht. Die unduldsame Safawidische Dynastie erhob die schiitische Richtung des Islams zur Staatsreligion, und unter der Herrschaft der schiitischen Geistlichkeit war die Judenschaft zu einem lethargischen Dasein verurteilt. In der ersten Hälfte des siebzehnten Jahrhunderts, unter der Regierung der Könige Abbas I. und Abbas II., kamen in Persien heftige Judenverfolgungen vor. Hebräische Bücher wurden beschlagnahmt, Rabbiner wurden hingerichtet und Juden wurden gezwungen, sich zum Islam zu bekennen. Auch die nachfolgenden Herrscher der Safawidischen Dynastie verharrten in ihrer judenfeindlichen Politik. Judengemetzel und Zwangsbekehrungen kamen sogar in der ersten Hälfte des neunzehnten Jahrhunderts vor. In der Stadt Meschhed wurde ein großer Teil der Juden gezwungen, als "Dschedid-al-Islam" ("Neumohammedaner") ein marranenartiges Leben zu führen. Die meisten von ihnen sind nach Israel ausgewandert, wo sie zum Judentum zurückkehrten.

Trotz aller Leiden hielten die Juden Persiens einerseits an der Überlieferung ihrer Väter fest, waren aber andererseits auch in der persischen Kultur verwurzelt, wie die vielen Miniaturen in persischem Stil in hebräischen Handschriften aus Persien beweisen.

In Südarabien, im Jemen, bestand eine große jüdische Gemeinde. Meistenteils wohnten die Juden in der Hauptstadt Sana, aber sie waren auch in vielen kleineren Orten ansässig. Sie waren fromme arbeitsame Leute, die in einer Umgebung lebten, die der ihrer Vorväter in biblischer Zeit nicht unähnlich war. Laut ihren eigenen Überlieferungen, lebten sie in Jemen seit der Zerstörung des ersten Tempels im sechsten vorchristlichen Jahrhundert.

Im fünften Jahrhundert christlicher Zeitrechnung bekehrte sich einer der Könige der Himyaritischen Dynastie zum Judentum. Sein Sohn, Joseph Dhu-Nuwas, war darauf bedacht, das Judentum unter seinen Untertanen zu verbreiten, und er verfolgte die Christen in seinem Königreich. Diese Christenverfolgung entfachte den Zorn des Kaisers von Byzanz. Auf seinen Antrieb hin zog der Negus von Abessinien nach Jemen, um den Verfolger zu strafen. Er besiegte Dhu-Nuwas, der in der Schlacht nicht nur seinen Thron, sondern auch sein Leben verlor, und machte der jüdischen Herrschaft im Jemen ein Ende.

Nachdem Jemen im siebenten Jahrhundert vom Islam erobert wurde, kannten die dortigen Juden viele Zeiten heftiger Unduldsamkeit. Im zwölften Jahrhundert gaben die Verfolgungen und Zwangsbekehrungen Anlaß zu einer messianischen Bewegung. In ihrer Not wandten sich die Juden Jemens an Moses ben Maimon um Rat. In Beantwortung ihrer Frage verfaßte er seine "Epistel an Jemen" ("Iggeret Teman"), in der er ihnen riet, nicht zu versuchen, die Erlösung zu beschleunigen, sondern ihre Leiden geduldig zu ertragen und ihrem Glauben treu zu bleiben. Die jahrhundertelangen Leiden und Erniedrigungen, die die jemenitischen Juden zu ertragen hatten, kamen in unseren Tagen zu einem Ende, als sie samt und sonders nach Israel gebracht wurden, wo sie in ihrer historischen Heimat ein freies und produktives Leben führen dürfen.

Eine bemerkenswerte Tatsache ist es, daß die jemenitischen Juden trotz ihrer Leidensgeschichte und ihrer geographischen Abgesondertheit niemals den Kontakt mit der geistigen Entwicklung des Judentums verloren haben. Bibel-, Talmud- und

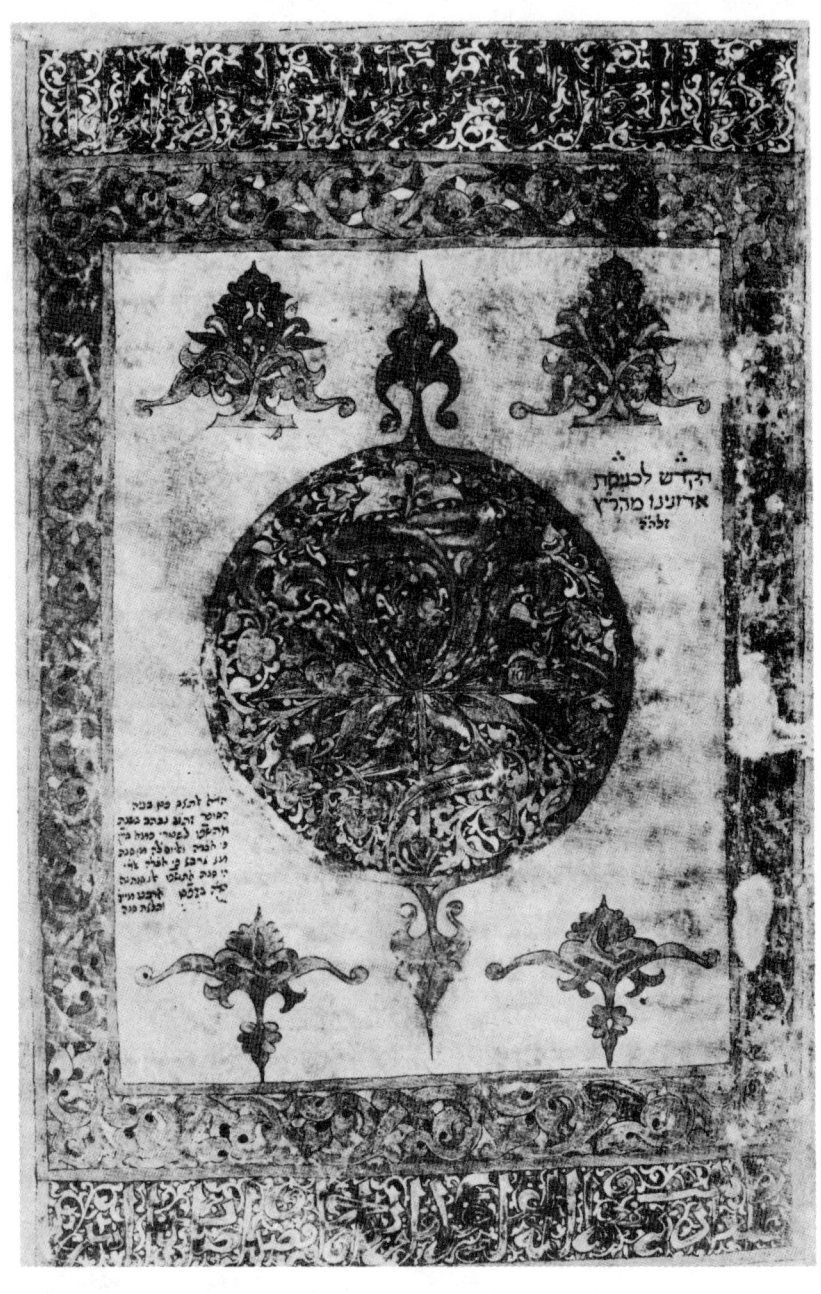

Seite aus einer jemenitischen Handschrift der Propheten, aus dem Jahre 1475.

288

Kabbala-Studium wurden im Jemen eifrig gepflegt. Das jemenitische Judentum brachte bedeutende Gelehrte und Dichter hervor.

Zeitweilig stand das jemenitische Judentum mit den Juden Indiens in Berührung. In Südindien bestand eine beachtliche jüdische Gemeinde, die seit undenklicher Zeit in Crangamore (an der Küste Malabars) ansässig war. Die Juden Cochins besitzen noch die berühmten Kupfertafeln aus dem sechsten (nach einer anderen Überlieferung aus dem dritten) Jahrhundert, auf welchen in Tamil- Sprache und Schrift die Privilegien eingraviert sind, die der brahmanische König Bhaskara Rawi Warma von Malabar dem babylonischen oder persischen Juden Joseph Rabban gewährte. Joseph Rabban wurde zum erblichen Fürsten von Anuwannam ernannt. Er und seine Nachkommen durften sich aller Vorrechte indischer Fürsten erfreuen, "solange die Sonne auf die Erde scheint".

Die Juden die mit Joseph Rabban nach Crangamore kamen, fanden andere Juden vor, die sich zwei- oder dreihundert Jahre vorher dort angesiedelt hatten.

Als die Portugiesen im Jahre 1523 Crangamore eroberten, mußten die Juden weiter südlich nach Cochin ziehen, wo sie sich ein eigenes Viertel bauten. Diese Juden waren in ihrer äußeren Erscheinung von ihren indischen Nachbarn nicht mehr zu unterscheiden. Sie sind als die "schwarzen Juden" bekannt. Neben ihnen bestand eine andere Klasse von Juden, die sogenannten "Meschuchrarim" ("Freigelassene"), die Nachkommen eingeborener Sklaven, die von ihren jüdischen Herren zum Judentum bekehrt und freigelassen worden waren. Im siebzehnten Jahrhundert, als Cochin ein wichtiger Handelsplatz war, wanderten Juden aus der Türkei, aus Syrien und auch aus Europa ein. Die Nachkommen dieser Einwanderer sind als die "weißen Juden" bekannt. Die drei Gruppen lebten voneinander getrennt

Eine der Kupfertafeln, die in der Pardess-Synagoge in Cochin aufbewahrt werden. Der eingravierte Text in Alt-Tamil zählt die dem Juden Joseph Rabban vom Könige von Malabar gewährten Privilegien auf. Die Kupfertafeln werden von einigen dem dritten Jahrhundert christlicher Zeitrechnung zugeschrieben, sind aber wahrscheinlich aus dem sechsten Jahrhundert.

und haben bis zum heutigen Tage verschiedene rituelle Bräuche bewahrt. Sie haben interessante Zeremonien, besonders bei Hochzeiten und bei der Feier des "Simchat Tora" ("Gesetzesfreude") Festes. Ihre Gebetbücher für diese Gelegenheiten enthalten liturgische Dichtungen, die von örtlichen Dichtern und Gelehrten verfaßt sind. In Cochin bauten die weißen Juden eine schöne Synagoge in indischem Stil in der Nähe des Palastes des Radscha. Die zur Synagoge führende Straße ist als "die Judenstraße" bekannt. Die schwarzen Juden haben ihre eigenen Synagogen, sowohl in der Hauptstadt als auch an anderen kleinener Orten.

Die Cochin-Juden sind inzwischen größtenteils nach Israel ausgewandert, wo sie als eine gesonderte Gruppe leben und ihrem eigenen Brauchtum treu bleiben.

Weiter nördlich an der Westküste Indiens, in Bombay und den benachbarten Dörfern, bestand eine andere jüdische Gemeinde, die der "Bene Israel" ("Söhne Israels"). Ihrer Überlieferung nach kamen ihre Vorväter vom Norden, erlitten Schiffbruch und ließen sich nach ihrer Errettung hier nieder. Sie befaßten sich hauptsächlich mit Ackerbau und Ölpresserei. Da sie die Sabbatruhe streng beachteten, wurden sie von ihren Nachbarn "die Sabbat- Ölpresser" benannt. Sie hatten keine Berührung mit der jüdischen Welt, nahmen im Laufe der Zeit indische Tracht und indische Lebensweise an und verloren fast gänzlich ihre jüdische religiöse Tradition, von der nur noch die Beachtung der Sabbatruhe, die Beschneidung und einige Speiseverbote übrigblieben. Die Kenntnis des Hebräischen war ihnen verlorengegangen. Gegen Ende des achtzehnten Jahrhunderts kamen Juden aus Cochin und Bagdad und lehrten sie hebräisch und die Grundzüge des traditionellen Judentums. Seitdem sind die Bene Israel strengreligiöse Juden geworden. Äußerlich unterscheiden sie sich jedoch nicht von ihren indischen Nachbarn. Viele von ihnen sind inzwischen ausgewandert und haben sich in Israel niedergelassen.

Christliche Missionare, die im siebzehnten Jahrhundert den Fernen Osten erreichten, waren erstaunt, in China Juden anzutreffen, die sich in ihrem Äußeren in keiner Weise von den Chinesen unterschieden. Die bedeutendste jüdische Gruppe war die Gemeinde von Kai-Fong-Fu. Diese Gemeinde bestand bis zum neunzehnten Jahrhundert, aber es ist anzunehmen, daß es früher viele andere jüdische Gemeinden in China gab. Die Vorväter der chinesischen Juden kamen wahrscheinlich aus Persien im Zusammenhang mit dem Seidenhandel. Nach ihrer eigenen Überlieferung haben sie sich zur Zeit der Han-Dynastie (gegen 220 christlicher Zeitrechnung) in China niedergelassen. Dieses Datum mag vielleicht sagenhaft sein, aber Tatsache ist, daß der jüdische Weltreisende Soliman aus Andalusien im neunten Jahrhundert Juden in China antraf.

Zufolge ihrer geographischen Abgesondertheit, assimilierten sich die Juden im Laufe der Zeit ihrer chinesischen Umgebung in jeder Beziehung. Sie sprachen chinesisch und verfaßten ihre Inschriften in chinesischer Sprache und Schrift. Sie nahmen chinesische Tracht an und trugen sogar den Zopf. Als die alte Synagoge von Kai-Fong-Fu im Jahre 1642 von einer Überschwemmung zerstört wurde, bauten sie sie im Baustil der konfuzianischen Tempel wieder auf. Ihre hebräischen Handschriften, die alle aus der Zeit nach der Überschwemmung stammen, verraten den Einfluß der chinesischen Kalligraphie. Das einzige bekannte Beispiel von Miniaturmalerei in einer hebräischen Handschrift aus China ist ganz in chine- sischem Stil gehalten. Die chinesischen Juden wurden von der Regierung gut behandelt. Einige von ihnen wurden reich und gelangten zu hohen Stellungen.

Die Zerstörung der Synagoge von Kai-Fong-Fu scheint dem chinesischen Judentum einen schweren Schlag versetzt zu haben. Viele ihrer heiligen Bücher gingen dabei verloren. Die Gemeinde schrumpfte zusammen. Die Juden verlernten die hebräische Sprache und vergaßen die meisten jüdischen Bräuche. Anfang des neunzehnten Jahrhunderts war die Gemeinde fast vollkommen verschwunden.

Zum Schluß ist noch eine Volksgruppe zu erwähnen, die bis heute am jüdischen

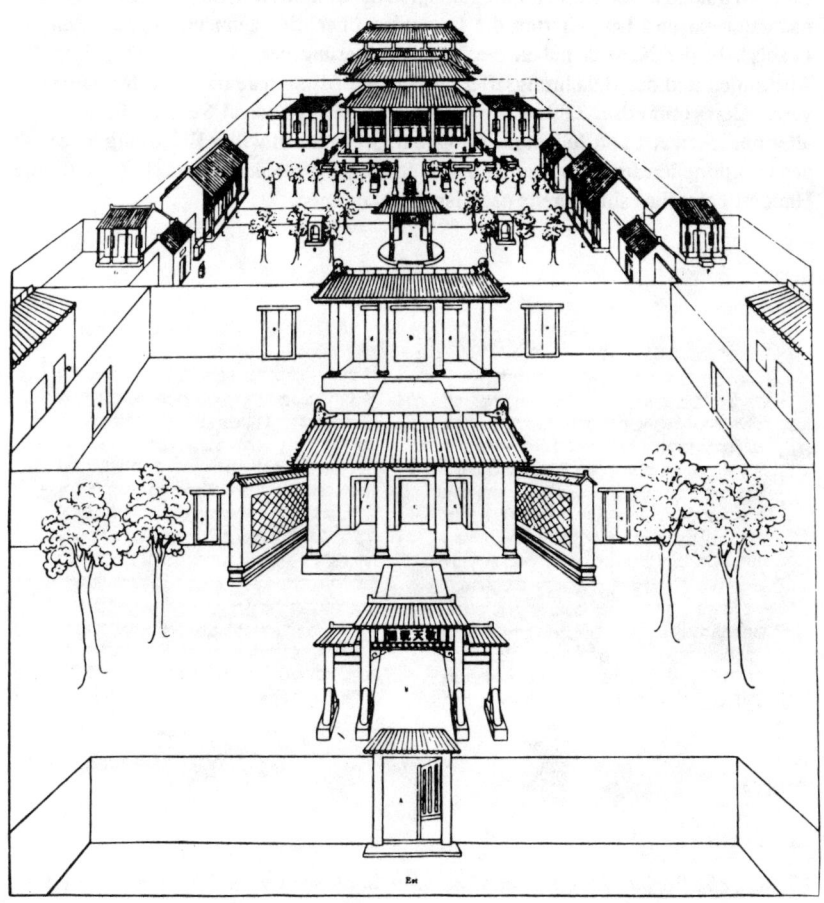

Die Synagoge der chinesischen Juden von Kai-Fong-Fu, in der Provinz Honan, nach einer Zeichnung des jesuitischen Missionars Domenge, der die Stadt Anfang des achtzehnten Jahrhunderts besuchte und dort verschiedene hebräische Inschriften kopierte. Als im Jahre 1857 der erste europäische Jude, ein gewisser Liebermann, aus Wien, nach Kai-Fong-Fu kam, lag die Synagoge in Trümmern, aber es lebten noch circa 500 Juden in der Stadt.

Glauben festhält, obgleich sie jahrhundertelang von dem Hauptstrom jüdischen Lebens abgeschnitten war. Es handelt sich um die Falaschas, die schwarzen Juden Abessiniens. Ihrer eigenen Überlieferung nach, kamen die Vorfahren der Falaschas nach Abessinien zur Zeit König Salomos, als Begleiter Meneliks, des Sohnes, den ihm die Königin von Saba gebar. Tatsache ist, daß das Judentum in Abessinien älter zu sein scheint als das Christentum. Jahrhundertelang bildeten die Falaschas ein unabhängiges Königreich in den unzugänglichen Bergen Semiens und lebten unter ihren eigenen Königen. Die Kaiser Abessiniens führten mit ihnen viele Kriege, bis es ihnen gelang, im siebzehnten Jahrhundert ihrer Unabhängigkeit ein Ende zu machen. Von Zeit zu Zeit gelangten nebelhafte Berichte über die Falaschas nach Europa und bereicherten die Legenden über die "zehn verlorenen Stämme Israels". In der Neuzeit haben die Verschlechterung der wirtschaftlichen Lage in Abessinien und der Bekehrungseifer christlicher Missionare die Zahl der Falaschas vermindert. Immerhin zählen sie noch circa dreißigtausend Seelen, die an einer altertümlichen Art von Judentum festhalten. Sie nehmen willig Belehrung im Sinne des traditionellen Judentums an und träumen von einer Rückkehr nach Zion. Einige Hundert Falaschas sind bereits nach Israel gekommen.

Chinesische Purium-Megilla mit Miniaturen in chinesischem Stil, vom Beginn des 19. Jahrhunderts (Sammlung Roth).

DIE JUDEN IN DEUTSCHLAND
IM JAHRHUNDERT
DER REFORMATION

Zu Ende des fünfzehnten und zu Beginn des sechzehnten Jahrhunderts machte sich in der Lage der Juden in Deutschland eine gewisse Besserung bemerkbar. Nicht etwa, daß in der christlichen Umgebung eine Sinnesänderung eingetreten wäre, oder daß die Heftigkeit des traditionellen Judenhasses nachgelassen hätte. Aber den Behörden war es gelungen, dem Volke größeren Respekt vor dem Gesetz einzuflößen und so in gewissem Maße Ausbrüche ungezügelter Gewalttätigkeit zu verhindern. Die Juden fühlten die eingetretene Änderung und taten ihr Bestes, aus ihr Nutzen zu ziehen.

Die hervorstechendste Persönlichkeit im Kampfe um die Rechte der Juden war Joseph ben Gerschon Loans (1480-1554), der allgemein unter dem Namen Joselmann von Rosheim bekannt ist, ein elsässischer Jude, der in den Augen seiner Zeitgenossen als das Musterbild eines "Schetadlan" (hebräisch: "Fürsprecher") galt. Ein Schetadlan war eine angesehene Persönlichkeit, die eine jüdische Gemeinde oder die ganze jüdische Gemeinschaft eines Landes vertrat, vor den

Freibrief, der von Kaiser Karl V. (1520-1558) im Jahre 1551 den Juden von Worms gewährt wurde (Generalarchiv für Jüdische Geschichte, Jerusalem).

Behörden ihre Interessen zu wahren verstand, fortlaufend umherreiste und ihre Redegewandtheit, ihren Einfluß und ihre Beziehungen geltend machte, um Verfolgungen zu vermeiden und antijüdische Maßregeln zu hintertreiben. Joselmann hatte in seiner Jugend die Leiden der Juden im Elsaß miterlebt. Sein Vater wurde im Zusammenhang mit einer Blutbeschuldigung verfolgt und mußte aus seinem Heimatort fliehen. Dank seines dynamischen Temperaments wurde Joselmann der anerkannte Führer der elsässischen Gemeinden. Vom Jahre 1510 an begann er, vor dem Kaiser als Vertreter der Juden zu erscheinen, sooft sie irgendwie bedroht waren. Sein offizieller Titel war "Parnass u-Manhig" ("Vorsteher und Führer"). Er beschränkte sich nicht auf die Fürsprache für die Juden seines

Joselmann von Rosheim (1480-1554) "Vorsteher und Führer" der deutschen Judenschaft. Zeitgenössische Karikatur im "Flugblatt über die Schalkheit der Juden".

294

heimatlichen Elsaß, sondern verteidigte mit Hingabe die Interessen der ganzen deutschen Judenschaft.

Im Jahre 1515 verhinderte er die Ausweisung der Juden aus dem Elsaß. Ein Jahr darauf machte er seinen Einfluß bei Kaiser Maximilian I. geltend, bei dem er in hoher Gunst stand, und erreichte, daß der Kaiser den Plan einer allgemeinen Vertreibung der Juden aus Deutschland fallen ließ. Kein Wunder daß er in zeitgenössischen Urkunden als der "Befehlshaber und Regierer der gemeinen Jüdischheit im Reich" bezeichnet wird. In dieser Eigenschaft wohnte Joselmann der Krönung Kaiser Karls V. bei und erlangte von ihm die Bestätigung der "Rechte und Privilegien" der deutschen Juden. Die Gunst des Kaisers erhöhte sein Ansehen in den Augen der Landes- und Staatsbehörden.

Joselmann hatte den Mut, selbst Martin Luther entgegenzutreten, als er sich als heftiger Judenfeind entpuppte. In seinem Werke "Derech Hadokesch" ("Der heilige Weg") widerlegte er die Beschuldigungen des Reformators gegen die Juden. Es gelang ihm sogar, den Straßburger Stadtrat zu bewegen, die Veröffentlichung der antisemitischen Schriften Luthers zu verbieten, was aber natürlich Luther nicht hinderte, sie an anderen Orten zu drucken.

Joselmann wohnte dem Reichstage von Regensburg (1532) bei und traf dort David Reubeni und Salomo Molcho. Er versuchte, Molcho von seiner Absicht abzubringen, dem Kaiser seine phantastischen Pläne vorzulegen, weil er das

Die Hinrichtung Vincent Fettmilchs und seiner Spießgesellen in Frankfurt am Main am 28. Februar 1616 (nach einem zeitgenössischen Stich).

traurige Resultat voraussah. Aber Molcho weigerte sich, auf die Stimme der Vernunft zu hören.

Eine zeitgenössische Karikatur beweist, wie wichtig Joselmanns Persönlichkeit in den Augen seiner Zeitgenossen war. Von nun an bestand eine gewisse Neigung, die gegen die Juden bestehenden Vorurteile mehr oder weniger in juridische Sprache zu kleiden. Die Vorurteile selbst blieben aber bestehen. Anstatt sie zu beseitigen, hatte die Reformation nur zu ihrer Stärkung beigetragen.

In den katholischen Provinzen Deutschlands waren die Juden auch weiterhin Schikanen und Demütigungen ausgesetzt und von Zeit zu Zeit wurden sie aus bestimmten Städten oder Gegenden ausgewiesen. Im allgemeinen waren die Kaiser geneigt, die Rechte der Juden zu schützen, aber ihre Politik war oft unschlüssig und ihr Schutz nicht immer effektiv. Gewalttätige Ausschreitungen konnten nicht immer vermieden werden.

In Frankfurt am Main zum Beispiel bemühte sich ein antisemitischer Hetzer namens Vincent Fettmilch (im Munde der Juden "der neuen Haman") jahrelang, die Vertreibung der Juden aus der Stadt mit gesetzlichen Mitteln zu erwirken. Es gelang ihm zwar, den Stadtrat einzuschüchtern, aber Kaiser Matthias widersetzte sich dieser willkürlichen Maßregel. Der kaiserliche Schutz fachte natürlich den Haß der Judenfeinde noch mehr an. Fettmilch griff nunmehr zu Gewalttaten. Im Jahre 1614 wurde das Frankfurter Judenviertel angegriffen und vom Pöbel ausgeraubt. Die Juden wurden gezwungen, ihr ganzes Hab und Gut aufzugeben und die Stadt zu verlassen. Zwei Jahre brauchte der Kaiser, um seine Autorität geltend zu machen und die Rückkehr der Juden nach Frankfurt durchzusetzen.

Aus Brandenburg, einem protestantischen Lande, wurden die Juden im Jahre 1510 nach einem Prozeß ausgewiesen, der achtunddreißig Mitglieder der jüdischen Gemeinde wegen Hostienschändung und Ritualmord zum Feuertod verurteilte. Luthers gelehrter Freund Melanchthon, der sich vom Reformator durch seinen Edelmut und seinen Gerechtigkeitssinn unterschied, überzeugte den Kurfürsten

Die Hinrichtung des jüdischen Münzmeisters Lippold im Jahre 1573 (nach einem zeitgenössischen Stich).

Joachim II. von Brandenburg im Jahre 1539, daß der Berliner Prozeß nichts weiter als ein Justizmord gewesen war und bereitete in dieser Weise den Boden für die Intervention Joselmanns, der um Wiederaufnahme der vertriebenen Juden nachsuchte. Gegen Mitte des sechzehnten Jahrhunderts bestand in Berlin wieder eine bescheidene jüdische Gemeinde. Der Kurfürst ernannte sogar einen Juden, Lippold von Prag, zu seinem Schatz- und Münzmeister. Lippolds Eifer in der Eintreibung der Steuern für seinen Herrn erweckte aber den Haß der Menge gegen die Juden und dieser wurde durch die von der Geistlichkeit verbreiteten antisemitischen Schriften Luthers fleißig geschürt. Als der Kurfürst Joachim II. im Jahre 1571 starb, wurde Lippold angeklagt, ihn vergiftet zu haben. Auf der Folterbank bekannte er die ihm zugeschriebene Schuld, und er wurde mit barbarischer Grausamkeit hingerichet. Daraufhin wurden die Brandenburger Juden von neuem des Landes verwiesen.

Während des Dreißigjährigen Krieges (1618-1648) litten die Juden von der protestantischen Soldateska nicht weniger als von der katholischen.

DAS ZEITALTER DES GHETTOS

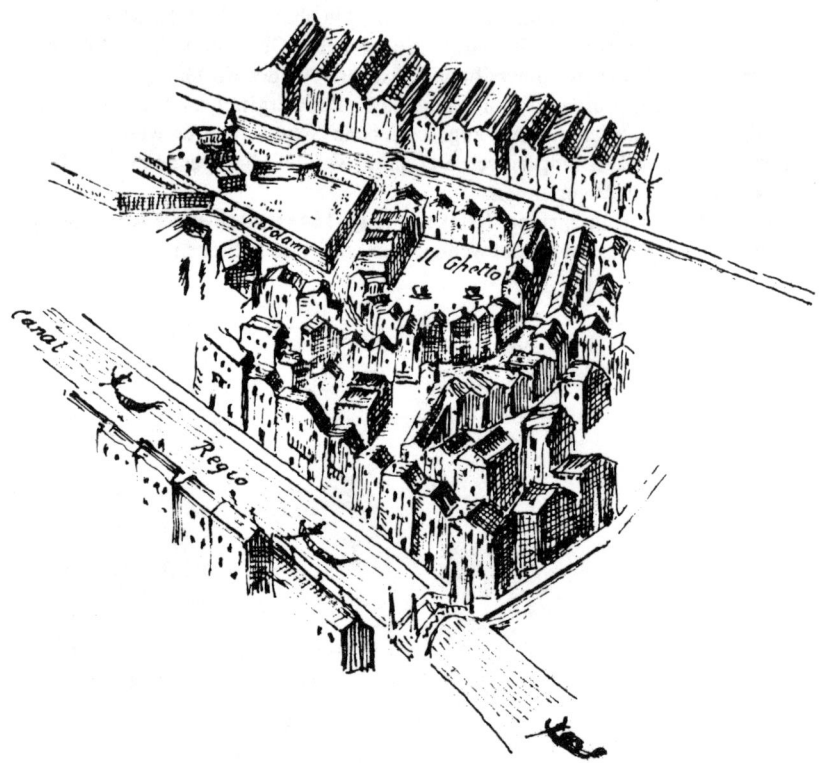

Das Ghetto von Venedig, das älteste Ghetto (nach einem Plan aus dem achtzehnten Jahrhundert).

Seitdem Juden sich außerhalb ihres Landes niederzulassen anfingen, zogen sie es stets vor, untereinander zu leben. Aus religiösen, gesellschaftlichen und wirtschaftlichen Gründen, später auch aus Sicherheitsgründen, hielten sie es für ratsam, sich in einer fremden, und meist unfreundlichen Umgebung nicht zu zerstreuen. Schon im hellenistischen Alexandrien und im alten Rom gab es jüdische Viertel. Desgleichen war in Deutschland und Frankreich, in Spanien und in Italien während des ganzen Mittelalters der Fall.

Aber zwischen freiwilliger Niederlassung in der Nähe der Synagoge und der anderen Gemeindeanstalten und der zwangsweisen Absonderung der Juden in abgeschlossenen Vierteln, die eine Neuerung des sechzehnten Jahrhunderts war, bestand ein himmelweiter Unterschied.

Im Jahre 1555 bestieg Kardinal Pietro Caraffa den päpstlichen Thron als Papst

Paul IV. Schon als Kardinal war er als ein fanatischer Judenhasser bekannt. Unter seinem Vorgänger, Papst Julius III., war er die treibende Kraft in der Bewegung der katholischen Reaktion gegen die lutheranische Reformation. Er war verantwortlich für die Verbrennung des Talmuds in Rom und an anderen Orten in Italien im Jahre 1553. Eine seiner ersten Handlungen nach seiner Krönung war die Herausgabe der berühmten Bulle "Cum nimis absurdum", in welcher er erklärte, daß es widersinnig und unzulässig sei, christliche Liebe und Duldsamkeit denjenigen gegenüber zu beweisen, die Gott selbst für ihre Sünden gestraft hat. Er machte die Juden zu Parias und forderte deren vollkommene Absonderung in abgetrennten und abgeschlossenen Vierteln. Kein Christ sollte im jüdischen Viertel wohnen dürfen, und keinem Juden sollte es erlaubt sein, die Nacht außerhalb des jüdischen Viertels zu verbringen. Die Tore des Judenviertels sollten bei Einbruch der Dunkelheit geschlossen werden und während der christlichen Feiertage geschlossen bleiben. Den Juden sollte verboten werden, mehr als eine Synagoge in einer Stadt zu haben. Sie sollten einen besonderen gelben Hut tragen, damit sie jeder als Juden erkennen konnte. Es sollte ihnen untersagt werden, christliche Dienstboten zu beschäftigen

Venedig. Der Platz des Ghetto Nuovo (des neuen Ghettos).

Portico d' Ottavia. der Eingang zum Ghetto von Rom (nach einem Stich aus dem achtzehnten Jahrhundert).

und gesellschaftliche Beziehungen jeder Art mit Nichtjuden zu pflegen. Es sollte ihnen verboten werden, ehrbaren Beschäftigungen nachzugehen. Nur das Hausieren und der Handel mit alten Kleidern sollte ihnen erlaubt sein. Jüdische Ärzte sollten christliche Patienten nicht mehr behandeln dürfen.

Die durch diese Bulle geschaffene Institution, das abgeschlossene Judenviertel, ist unter dem Namen Ghetto bekannt.

Der Gedanke war nicht ganz neu. Schon seit Jahrhunderten protestierte die Kirche gegen die freien gesellschaftlichen Beziehungen zwischen Juden und Christen. In einigen Teilen Spaniens war bereits im fünfzehnten Jahrhundert die Absonderung der Juden durchgeführt worden und im Jahre 1480, kurz vor der Vertreibung der

Die Judengasse in Frankfurt am Main.

Juden aus Spanien, wurde die Absonderung im ganzen Lande verordnet. Als der Stadtrat von Frankfurt am Main im Jahre 1462 verordnete, die Juden in einem besonderen Viertel zusammenzupferchen, lobte Papst Pius II. diesen frommen Beschluß. Aber das klassische Zeitalter des Ghettos begann im sechzehnten Jahrhundert, etwa vierzig Jahre vor der Veröffentlichung der Bulle Papst Pauls IV. Die Signoria von Venedig machte schon im Jahre 1516 den Anfang, indem sie alle Juden der Stadt verpflichtete, nur im Gebiete der früheren Kanonengießerei (auf italienisch "getto") zu wohnen und sich durch das Tragen safrangelber Hüte kenntlich zu machen. Venedig schuf also das Urbild des abgeschlossenen Judenviertels, wie es bald in ganz Italien und auch außerhalb des Mutterlandes üblich wurde, und gab ihm auch den Namen. Zwei Wochen nach Erscheinen der päpstlichen Bulle erstand das Ghetto von Rom. Andere italienische Städte, in welchen Juden wohnten, folgten in kurzer Zeit dem Beispiel. Dann verbreitete sich das System auch in anderen Ländern, in welchen die Absonderung der Juden bis dahin noch nicht üblich war. Überall wurden die Juden in ungesunden und übervölkerten Gebieten zusammengepfercht. Bitten um Erweiterung des Gebietes wurden von den Behörden gewöhnlich abgelehnt. Um die wachsende Bevölkerung unterzubringen, waren die Juden gezwungen, in die Höhe zu bauen. Die Gassen zwischen den vielstöckigen Häusern waren eng und düster, da die Sonnenstrahlen

Ein Jude legt vor dem Dogen von Venedig einen Schwur ab (Aquarell von Jan Grevenbroesck aus dem achtzehnten Jahrhundert, Museo Correr, Venedig).

kaum hingelangten. - Außer dem Zwang, im Ghetto zu wohnen, waren den Juden an den meisten Orten auch weitere Demütigungen zugedacht. An vielen Orten waren Bordelle nur im Ghetto selbst oder in unmittelbarer Nähe des Ghettos geduldet. Den Juden wurden immer wieder Sondersteuern auferlegt. Wenn sie als Zeugen vor Gericht erschienen oder wenn sie in Venedig den Treueid ablegten, mußten sie erniedrigende Zeremonien über sich ergehen lassen. Die jüdische Gemeinde von Rom mußte jedem neugewählten Papst am Titusbogen eine Torarolle darbieten. Der Papst gab ihnen gewöhnlich die Torarolle mit den Worten zurück: "Wir bestätigen das Gesetz, verdammen jedoch das jüdische Volk und seine Gesetzauslegung."

Die Juden wurden verpflichtet, Kirchen zu besuchen, um Bekehrungspredigten anzuhören, mit denen die Geistlichkeit sich bemühte, ihren Widerstand gegen den christlichen Glauben zu brechen. In Rom dauerte dieser Zwang fast bis zum Jahre 1870, als die Stadt dem Königreiche Italien einverleibt wurde. Dort wurden die Juden von den päpstlichen Gendarmen, den gefürchteten "sbirri", in die Kirche getrieben und diese paßten auf, daß sie während der Predigt nicht einschliefen.

Im Ghetto wurden von Zeit zu Zeit Hausdurchsuchungen vorgenommen, um verbotene hebräische Bücher zu finden und zu vernichten. Es kam auch vor, daß jüdische Kinder entführt und gegen den Willen ihrer Eltern getauft wurden. Solche Mißbräuche kamen hie und da sogar in der zweiten Hälfte des neunzehnten Jahrhunderts vor. Aber ein Fall, die Entführung des jüdischen Kindes Edgardo

Bekehrungspredigt in Rom, der die Juden zwangsweise beiwohnen (Aquarell von Hieronymus Hess, im Kunstmuseum Basel).

303

Mortara durch die päpstliche Polizei in Bologna im Jahre 1858, erweckte die Entrüstung der öffentlichen Meinung in der ganzen Welt. Die Juden aller Länder protestierten, der große englisch- jüdische Philanthrop Sir Moses Montefiore ging persönlich nach Rom, Kaiser Napoleon III. von Frankreich und Kaiser Franz Joseph I. von Österreich-Ungarn intervenierten. Aber alles war vergeblich. Papst Pius IX. ließ seine Beute nicht aus der Hand. Der siebenjährige Junge wurde als Christ erzogen, blieb Katholik und wurde später ein hoher Geistlicher.

Aber trotz alledem war das Leben im Ghetto nicht nur Düsterkeit und Elend. Es gelang den Juden, nicht nur ihre Eigenart zu bewahren, sondern auch ihre gemeindlichen Einrichtungen zu entwickeln. Das Ghetto stärkte die Solidarität der Gemeinde. Die Synagogen waren die Mittelpunkte eines intensiven religiösen und gemeindlichen Lebens. Die traditionellen jüdischen Bräuche wurden eifrig gepflegt. Die Umgebung und die Zeit blieben aber nicht ohne Einfluß und führten zu gewissen Verschiedenheiten im Ghettoleben in den verschiedenen Ländern. Die Gemeinden unterhielten Wohltätigkeitsanstalten und Schulen. Das Erziehungsniveau war im Ghetto sehr hoch. Auch die Erwachsenen setzten die Tradition des Studiums des hebräischen Schrifttums fort, und das Ghetto brachte viele bedeutende Gelehrte hervor.

Ein großer Teil der Juden lebte zwar an der Grenzlinie der Armut, aber andererseits gab es auch sehr reiche Familien. Feiertage und Familienfeste boten Gelegenheit zu froher Geselligkeit. Musik wurde inner- und außerhalb der Synagoge

Jüdischer Festzug in Prag gelegentlich der Geburt des Erzherzogs Leopold im Jahre 1716 (nach einem zeitgenössischen Stich).

Jüdischer Hochzeitszug in einem deutschen Ghetto (nach einem Stich aus dem siebzehnten Jahrhundert).

Beseitigung des Gesäuerten am Vorabend des Pessachfestes (Holzschnitt in einem "Minhagim-" ("Bräuche-") Buch aus dem siebzehnten Jahrhundert).

gemacht. Auch Theatervorstellungen und andere Unterhaltungen fehlten nicht. Überdies war das Ghetto nicht hermetisch abgeschlossen. Juden verließen es, um zu reisen. Oft kamen Juden aus anderen Städten oder aus fremden Ländern, manchmal aus weiter Ferne, zu Besuch. Trotz aller Beschränkungen, die nicht immer gleich streng gehandhabt wurden, bestanden Beziehungen zu den Christen außerhalb des Ghettos. Infolgedessen waren die Ghettobewohner über alle politischen und geistigen Vorgänge in der weiter Welt gut unterrichtet.

Für die Christen war das Ghetto ein seltsamer, ziemlich unbekannter Gegenstand der Neugierde. Daher entnahmen ihm viele zeitgenössische Künstler ihre Themen. Natürlich fehlten im Ghettoleben nicht auch dunkle Flecken. In gewissen Kreisen bestand ein Hang zu Glückspielen. Die Rabbiner wetterten gegen dieses Laster, aber mitunter verfiel ihm sogar einer von ihnen. Ein Beispiel war der unberechenbare Rabbi Leone da Modena (1571-1648), der Stolz und die Schande des Venediger Ghettos. Ein vielseitiger Gelehrter, ein ausgezeichneter Prediger, auch als Schriftsteller und liturgischer Dichter hervorragend, war Leone da

Juden beim Gesetzstudium, Ölbild von Jacob Toorenvliet (Kunstgalerie, Oslo).

Modena sechsunddreißig Jahre lang ein Mitglied des Venediger Rabbinates. Er widersetzte sich der kabbalistischen Strömung und verfaßte gegen sie ein polemisches Werk, "Ari Nohem" ("Der brüllende Löwe"). Aber nicht immer war es möglich, seine wirkliche Meinung zu kennen. Sein polemisches Talent verführte ihn zum Beispiel, einerseits unter Pseudonym eine vernichtende Kritik der talmudischen Überlieferung zu verfassen, und andererseits gleichzeitig unter seinem eigenem Namen eine Widerlegung dieser Kritik. Er war aber vorsichtig genug, diese Schriften nicht zu Lebzeiten zu veröffentlichen, so daß seine Zeitgenossen keinen Anlaß hatten, an seiner Rechtgläubigkeit zu zweifeln. Auf Wunsch christlicher Freunde verfaßte Leone da Modena auch ein Buch in italienischer Sprache über die rituellen Bräuche der Juden. Eigentlich war dieses Buch für König Jakob I. von England bestimmt. Die Tragödie in Leone da Modenas Leben war aber seine Leidenschaft für Glückspiele, die ihn oft in schwere Schulden stürzte. Im Alter von vierzehn Jahren hatte er ein Pamphlet in Dialogform gegen das Karten- und Würfelspiel geschrieben. Aber in seinem weiteren Leben konnte er diesem Laster niemals lange Zeit widerstehen.

Rabbi Leone da Modena (1571-1648), ein berühmter Prediger, Dichter und rabbinischer Schriftsteller, aber gleichzeitig auch ein unheilbarer Karten- und Würfelspieler.

JÜDISCHE RELIGIÖSE KUNST

Silbernes Toraschild, deutsche Arbeit aus dem frühen achtzehnten Jahrhundert.

Das Ghettoleben konnte den Schönheitssinn der Juden nicht ersticken, aber es gab ihm die Richtung nach der religiösen Sphäre. Im Zeitalter des Ghetto war die jüdische Kunst notwendigerweise eine religiöse Kunst.

In der Architektur fand der ästhetische Geschmack der Juden seinen Ausdruck im Synagogenbau. Manchmal übertrug man zwar den Bau der Synagoge christlichen Architekten von Ruf, und sie wurden im Stil des Landes und der Zeit gebaut. Die sephardische Synagoge von Amsterdam erbaute zum Beispiel der holländische Architekt Elias Bowman der Ältere mit einem breiten Mittelschiff und zwei schmäleren Seitenschiffen. Diesen Bauplan hatten die Juden bis dahin wegen seiner Ähnlichkeit mit dem Kirchenbau vermieden. Aber auch jüdische Architekten pflegten sich dem Zeitgeschmack der Umgebung anzupassen, wenn sie auch zuweilen eine Neigung zum Archaismus an den Tag legten. So sind zum

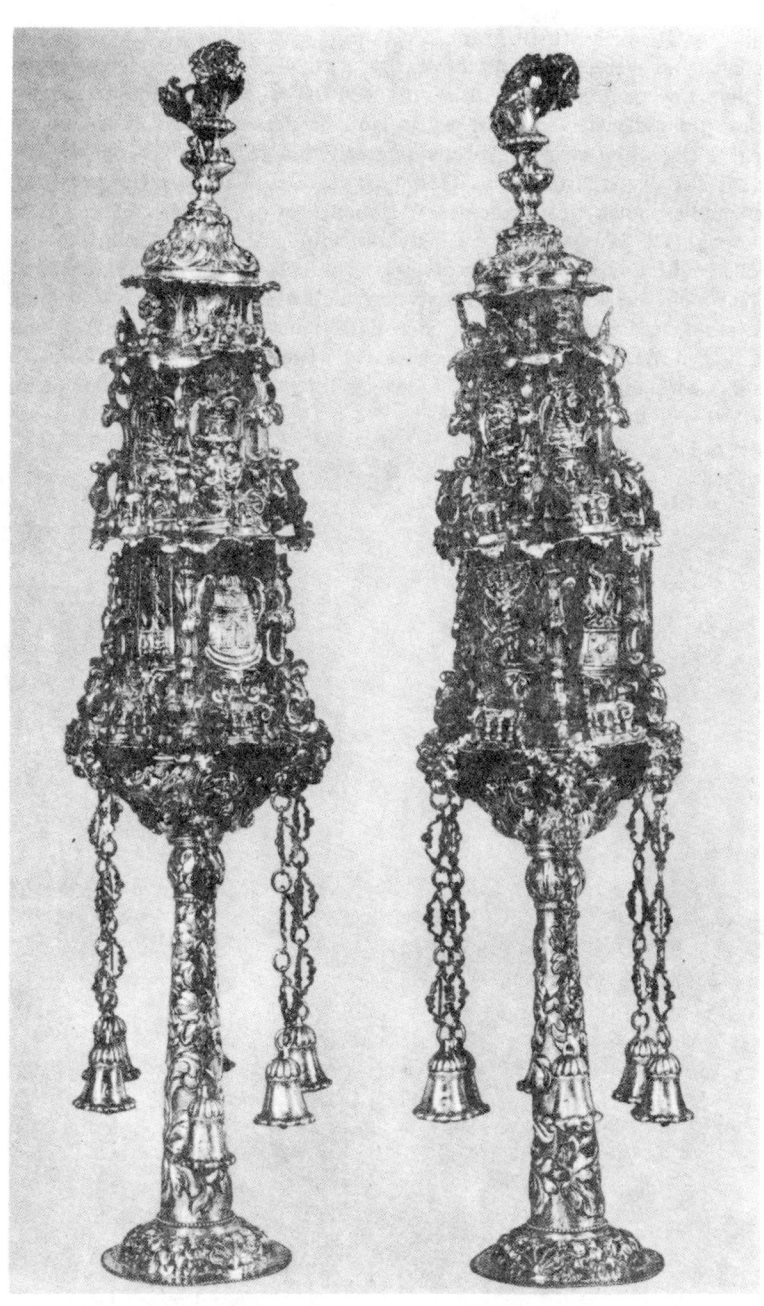

Toraaufsätze (hebräisch "Rimmonim", das heißt Granatäpfel). Venedig, achtzehntes Jahrhundert (Tuck Sammlung des University College, London).

Beispiel, in Deutschland in Frankfurt, Altona und anderswo noch spät im siebzehnten und sogar im frühen achtzehnten Jahrhundert Synagogen in gotischem Stil errichtet worden. Das Innere der Synagogen war immer den Bedürfnissen des jüdischen Gottesdienstes angepaßt und in ihm kam traditioneller jüdischer Geist zum Ausdruck, selbst wenn im Äußeren fremde Einflüsse nicht vermieden werden konnten. Die zur traditionellen Trennung der Geschlechter erforderlichen Frauengalerien boten Gelegenheit zu Variationen in der Innenarchitektur. Der Brennpunkt der Synagoge war selbstverständlich der Toraschrein, der die Torarollen birgt. Er stand an der (theoretisch nach Jerusalem gerichteten) Ostwand und war oft ein Meisterstück der Holzschnitzerei. Vor den Türen des Toraschreins in den aschkenasischen Synagogen oder hinter ihnen in den italienischen und sephardischen Synagogen hing ein reichbestickter Brokat- oder Samtvorhang. Die Torarollen selbst, derer manchmal sehr viele im Toraschrein waren, standen in den

Links: Vergoldete silberne Torakrone, mit eingelegtem Halbedelsteinen. Galizien 1774 (im Jüdischen Museum zu New York).
Rechts: Synagogenlampe, ausgeführt von Abraham d' Oliveyra im frühen achtzehnten Jahrhundert (jüdisches Museum, London).

sephardischen Synagogen in künstlerisch ausgeführten Silberkästchen oder in Holzkästchen mit Silberbeschlägen. In aschkenasischen Synagogen waren sie in bestickten Seiden- oder Samtmänteln gehüllt. Beim Umhertragen in der Synagoge wurden die Torarollen mit Kronen, Aufsätzen und Schilden aus gehämmertem oder graviertem Silber geschmückt.

Silberne "Kiddusch"-Becher aus dem achtzehnten Jahrhundert. Der rechte Becher ist speziell für die Neujahrsfeier bestimmmt, der linke für Sabbat und andere Feiertage.

Ein anderer Gegenstand in der Synagoge, dessen Ausschmückung das Talent und die Phantasie jüdischer Künstler herausforderte, war die "Bimah" oder der "Almemor", eine Tribüne gegenüber dem Toraschrein, auf welcher die Toravorlesungen stattfanden. Sie hatte gewöhnlich ein künstlerisch ausgeführtes Geländer aus geschnitztem Holz oder aus Schmiedeeisen. Manchmal war die Tribüne von einem von Säulen getragenen Baldachin bedeckt.

Aber das jüdische Ritual ist nicht auf die Synagoge beschränkt. Auch die dazugehörigen häuslichen Gegenstände wurden von jüdischen Künstlern ausgeführt.

Zwei Gewürzbüchsen für die "Hawdala"-Zeromonie: Links: Eine turmförmige Büchse mit Symbolen der jüdischen Feste geschmückt (früher in der Hewitt Sammlung, London). Rechts: Eine Gewürzbüchse in der Gestalt des Eschenheimer Turms zu Frankfurt, aus dem achtzehnten Jahrhundert (in der Roth Sammlung).

 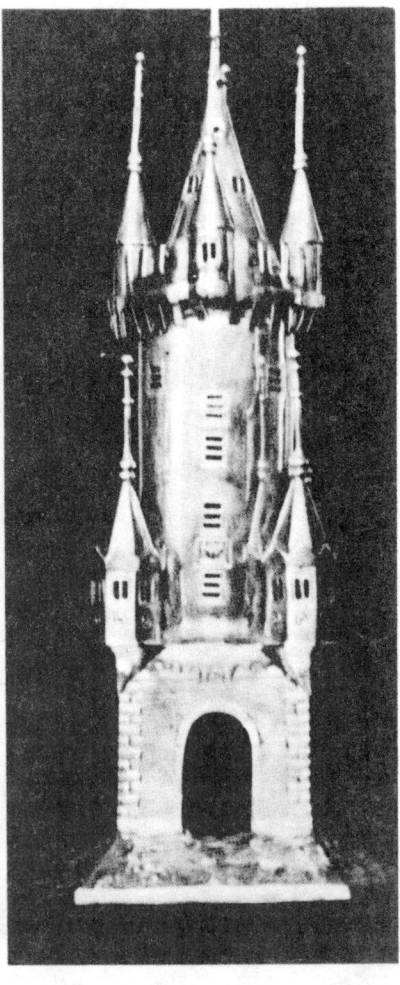

Die "Kiddusch-" ("Heiligungs-") Becher für die Sabbatweihe-Zeremonie und die Becher für die Pessah-Sederzeremonie waren meist aus Silber und mit eingravierten Arabesken und Aufschriften geschmückt. Ein anderer mit der Sabbatfeier verbundener Gegenstand, der in keinem Hause fehlte, war die "Bessomim" ("Gewürze")-Büchse, die bei der den Sabbat beschließenden

Purim-Megilla in vergoldeten silbernem Futteral. Deutsche Arbeit aus der Mitte des siebzehnten Jahrhunderts (Jüdisches Museum, London).

"Hawdala" ("Unterscheidungs")- Zeremonie gebracht wurde. Sie war in der Regel aus Silber und wurde in verschiedenen Größen und Gestalten ausgeführt. Alle jüdischen Museen und viele Privatsammlungen enthalten Gewürzbüchsen, die wahre Meisterstücke sind. Viele haben die Form eines Turmes, wobei das Turmtor zum Einfüllen der Gewürze dient. Andere sind in Blumenform oder in der Form verschiedener Früchte ausgeführt. Es gibt auch Gewürzbüchsen in der Form von Vögeln oder Fischen. Bei keinem anderen rituellen Gegenstand hat die Phantasie jüdischer Künstler so frei gewaltet.

Zu den wichtigsten mit der Sabbatfeier verbundenen Gegenständen im jüdischen Hause gehörten die Sabbatlampe oder die Sabbatleuchter, die Freitag abend angezündet wurden. Diese waren aus Messing oder Silber und immer mit pflanzlichen und tierischen Ornamenten reich geschmückt.

Ein anderer Leuchter, der in keinem jüdischen Haus fehlte, war der achtarmige Chanukkaleuchter, der während des achttägigen Chanukkafestes zu Ehren des Sieges der Makkabäer, angezündet wird. In der Ausführung dieses Leuchters, der auf Hebräisch "Menora" heißt, haben Messing- und Silberschmiede Meisterwerke

*Italienische Majolika Sederschüssel, ausgeführt von Isaak Cohn, Ancona 1673
(Sammlung Roth, Bet Zedaka Museum, Toronto, Kanada).*

Trauringe. Goldfiligranarbeit graviert und emailliert. Wahrscheinlich italienische Arbeit aus dem Zeitalter der Renaissance (Britisches Museum, London).

geschaffen. Einige von ihnen ahmen die Gestalt des in der Bibel beschriebenen goldenen Leuchters im Tempel zu Jerusalem nach (mit dem Unterschied, daß dieser Leuchter siebenarmig war, während die Chanukka-Menora achtarmig ist).

Die für die Zeremonie des Pessach-Seders bestimmte Sederschüssel war in Italien aus Majolika, in Deutschland meist aus Zinn, mit symbolischen Bildern und Aufschriften reich geschmückt.

Handschriftliche Rollen "(Megillot")" des Estherbuches zur Vorlesung am Purimfest, Rabbiner-Diplome und Eheurkunden ("Ketubbot") wurden mit

Silberner Bucheinband mit biblischen Szenen geschmückt (Isaaks Opferung, Josefs Versuchung und der Traum Pharaos). Feinberg Sammlung, Detroit, Michigan.

künstlerischen Miniaturen und dekorativem Schmuck versehen, desgleichen die Handschriften der Pessach-Haggada. Als man begann, die Pessach-Haggada zu drucken, wurde sie mit geschmackvollen Holzschnitten oder Stichen geschmückt.

Trauringe wurden in Italien und Deutschland in Gold und Email künstlerisch ausgeführt. Oft waren sie mit Aufschriften versehen, wie zum Beispiel "Masal Tow" ("Gutglück").

Für die Beschneidungszeremonie benutzte man Messer mit reichgeschmückten Griffen. Der Stuhl für den nach jüdischer Überlieferung jeder Beschneidung beiwohnenden Propheten Elias war manchmal ein Meisterwerk der Holzschnitzerei und Tapezierkunst.

Für die "Mesusa" ("Türpfosteninschrift"), die in Erfüllung der im fünften Buch

Links: Polnisch-jüdischer Papier-Ausschnitt, den siebenarmigen Tempelleuchter und ein Taubenpaar darstelllend (Museum für Ethnologie und Folklore, Tel Aviv).
Rechts: Vorderansicht des auf Seite 234 abgebildeten Mesusa-Behälters.

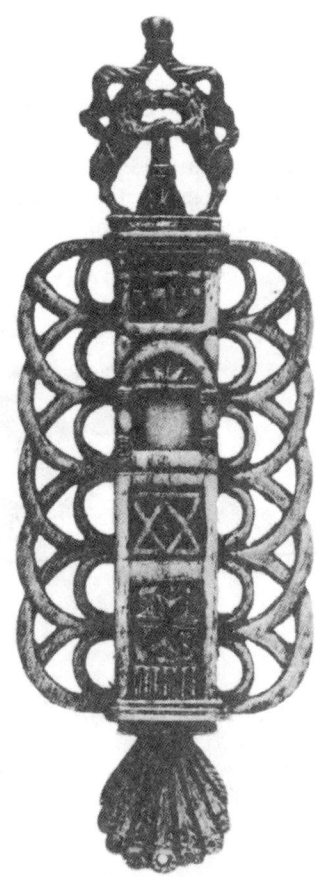

Mose 6,8 enthaltenen Geboten an der Tür eines jeden jüdischen Hauses angebracht war, fertigte man künstlerisch ausgeführte Behälter an.

In dieser Weise suchte der Jude, den niederdrückenden Einfluß auf das Leben im überfüllten engen Ghetto zu überwinden. Er suchte die Schönheit in einer Sphäre, die dem Druck der Außenwelt unzugänglich war, wenn auch der Einfluß der Außenwelt sich auch hier manchmal bemerkbar machte.

Emaillegriff eines Beschneidungsmessers aus Polen oder Deutschland, aus dem Jahre 1734 (Museum für Ethnologie und Folklore, Tel Aviv).

DIE MARRANEN UND DIE VON IHNEN GEGRÜNDETEN GEMEINDEN

In Spanien und ganz besonders in Portugal war nach Vertreibung der Juden eine große Anzahl von Neuchristen oder Marranen zurückgeblieben. Diese gingen in der christlichen Bevölkerung nicht auf. Dem Namen nach waren sie zwar Christen, aber im Herzen waren sie Juden und übermittelten ihren Kindern und Kindeskindern die Liebe zum alten, zwangsweise verlassenen Glauben. Im Geheimen fuhren sie fort, gewisse jüdische Bräuche zu pflegen. Diese Marranen bildeten nunmehr für lange Zeit das Hauptproblem der Inquisition in Spanien und Portugal. Von Zeit zu Zeit veröffentlichte die Inquisition Aufrufe an die christliche Bevölkerung, in welchen alle treuen Söhne der Kirche aufgefordert wurden, jeden anzuzeigen, der der Ausübung jüdischer Bräuche verdächtig erschien. Zur Belehrung der Christen zählten die Aufrufe solche Bräuche auf, wie zum Beispiel die Enthaltung von Arbeit am Sabbat, die Vermeidung gewisser Speisen, das Fasten am Versöhnungstag und andere.

Wer immer angezeigt wurde, den nahmen die Häscher der Inquisition fest und kerkerten ihn ein. Die Prozesse waren streng geheim. Die Prozedur verlangte, daß der Angeklagte selbst seine Vergehen bekenne. Sein Geständnis war der Inquisition äußerst wichtig, da sie von ihm auch die Namen seiner Mitschuldigen erfahren wollten. Falls er nicht freiwillig gestand, wurde die Folter in Anwendung gebracht. Die Inquisition arbeitete im Laufe der Zeit ein raffiniertes System stufenweiser Folterung aus. Kein Wunder, daß sie jedes ihr erwünschte Geständnis erpressen konnte. Allerdings kam es auch vor, daß der Angeklagte auf der Folterbank seine Seele aushauchte. Nach der Fällung des Urteils durfte der Verurteilte seine Sünden bereuen und um Versöhnung mit der Kirche bitten. In diesem Falle erschien er in den von der Inquisition veranstalteten feierlichen Auto-da-Fes als Büßer in einer gelben Kutte ("Sanbenito") und mußte seiner Zerknirschung öffentlich Ausdruck geben. Gewöhnlich mußte er noch eine Kerkerstrafe absitzen und konnte froh sein, nicht zu den Galeeren geschickt oder zu lebenslänglichem Gefängnis verurteilt worden zu sein. Sein Vermögen wurde in der ersten Zeit zugunsten des Staatsschatzes, später zugunsten der Inquisition selbst eingezogen. Verurteilte, die nicht bereuten, wurden hingerichtet. Da aber die Kirche jedem Blutvergießen abhold ist, wurden die Verurteilten dem "weltlichen Arm" übergeben, mit der Empfehlung, sie hinzurichten ohne Blut zu vergießen. Die Verbrennung der Verurteilten bei lebendigem Leibe auf dem Scheiterhaufen (spanisch "quemadero") war der Hauptanziehungspunkt in jedem Auto-da-Fe. Hatte ein zum Tode Verurteilter nach seiner Verurteilung Reue ausgedrückt, so wurde ihm der Vorzug gewährt, vor der Verbrennung erwürgt zu werden.

Marranen, die an ihrem alten Glauben festhielten, taten ihr Möglichstes, um aus Spanien und Portugal zu entkommen und in andere Länder zu gelangen, wo sie ungestraft zum Glauben ihrer Väter zurückkehren konnten.

Zuerst gingen die meisten nach Italien und ließen sich in denjenigen Gebieten nieder, die nicht unter spanischer Herrschaft standen. Viele hatten den Mut, sich selbst an Orten, die zum Kirchenstaat gehörten, wie zum Beispiel in Ancona, öffentlich zum Judentum zu bekennen. Bemerkenswerterweise wurden sie dort nicht belästigt, bis Kardinal Caraffa im Jahre 1555 als Papst Paul IV. den päpstlichen Thron bestieg. Aber auch während seines Pontifikates konnten sie in anderen Teilen Italiens ruhig leben. Das duldsame Herzogtum Ferrara zog die Marranen ganz besonders an. Wie im Kapitel über den Hebräischen Buchdruck bemerkt, ließ sich die Familie Usque dort nieder und richtete eine Druckerei ein, die die ersten Bücher in spanischer und portugiesischer Sprache für den Gebrauch der Marranen veröffentlichte.

Andere Ziele der Marranenauswanderung waren die nordafrikanische Küste und die Türkei. Dort schlossen sie sich den Gemeinden an, die die aus Spanien und Portugal vertriebenen Juden Ende des fünfzehnten Jahrhunderts gegründet hatten. Viele der hervorragenden Gestalten in den jüdischen Gemeinden dieser Länder im sechzehnten Jahrhundert waren ursprünglich Marranen.

Ein Auto-da-Fe in Lissabon im achtzehnten Jahrhundert (nach einem zeitgenössischen Stich).

Während also ein Teil der Marranen ostwärts in die Randländer des Mittelmeeres zog, zogen andere nach Norden, an der Küste des Atlantischen Ozeans entlang, hauptsächlich nach den Niederlanden.

In Antwerpen ließen sich Marranen schon im Jahre 1512 nieder und bildeten dort eine vornehme und wirtschaftlich blühende Kolonie. Solange die Niederlande unter spanischer Herrschaft standen, konnten sie nicht daran denken, die Maske fallenzulassen, und sie fuhren fort, äußerlich als Christen zu leben. Aber nachdem die Niederlande ihre Unabhängigkeit erkämpft hatten, verlegte sich der Schwerpunkt der Marranenniederlassung von Antwerpen nach Amsterdam. Dort langte im Jahre 1593 eine Gruppe portugiesischer Marranen an, die eine abenteuerliche Reise hinter sich hatten, im Laufe derer sie von einem englischen Schiff gefangengenommen und dann freigelassen worden waren. Andere Marranen kamen ihnen nach, und im Jahre 1597 wurde ihnen gestattet, sich offen zum Judentum zu bekennen. Die jüdische Gemeinde, die sie gründeten, wurde in kurzer Zeit die blühendste und berühmteste Gemeinde Europas. Mit Recht hieß Amsterdam im Munde der Juden "das holländische Jerusalem".

Die Amsterdamer Gemeinde entfaltete ein großartiges kulturelles Leben, welches die Traditionen des jüdischen Lebens in Spanien und Portugal fortsetzte. An der Spitze der Gemeinde standen reiche Großkaufleute aus vornehmen Familien, die ein üppiges Leben führten und auf ihre verwandtschaftlichen Beziehungen zur Aristokratie Spaniens oder Portugals stolz waren. Aber der Schatten der Inquisition schwebte immer noch über ihnen. Oft trauerten sie über Verwandte oder Freunde, die in einem der Auto-da-Fes den Märtyrertod erlitten. Bis zu Beginn unseres Jahrhunderts enthielt ihr Gottesdienst ein Gebet für das Wohl ihrer Brüder in den längst nicht mehr bestehenden Kerkern der Inquisition.

Außer Kaufleuten brachte der Zustrom der marranischen Einwanderer auch Leute, die im Heimatlande im Heer gedient hatten oder im Staatswesen tätig gewesen waren; ferner Dichter, Ärzte und Gelehrte auf dem Gebiete der Geistes- und der Naturwissenschaften. Infolgedessen war das intellektuelle Niveau der Gemeinde sehr hoch. Die in Amsterdam gegründete Talmudschule "Etz Chajim" ("Lebensbaum") war weithin berühmt. Unzählige Bücher in hebräischer, spanischer und portugiesischer Sprache wurden in Amsterdam gedruckt.

Der in der Amsterdamer Gemeinde herrschende Geist war streng konservativ. Freidenkerei in religiösen Dingen wurde nicht geduldet. Ein berühmter Fall war der des Uriel Acosta, eines portugiesischen Marranen, der sich 1618 der jüdischen Gemeinde von Amsterdam angeschlossen hatte. Er beanstandete gewisse talmudische Überlieferungen, die seiner Meinung nach mit dem Geiste des Judentums nicht im Einklang standen. Daraufhin wurde er mit dem Bann belegt. Nach fünfzehn Jahren zog er seine Einwendungen gegen den Talmud zurück und wurde wieder in die Gemeinde aufgenommen. Aber kurze Zeit darauf verfiel er in eine noch ärgere Ketzerei, indem er Zweifel betreffs des mosaischen Gesetzes aussprach. Von neuem exkommuniziert, war er auch diesmal, nach sieben Jahren, zum Widerruf bereit. Jetzt wurde ihm aber eine so demütigende Buße auferlegt, daß er nach Erfüllung der Bußzeremonie Selbstmord beging. Uriel Acosta hat eine erschütternde Selbstbiographie hinterlassen.

Ein anderer, nicht weniger berühmter Fall, der aber weniger tragisch ausging, war der des Philosophen Benedikt (hebräisch Baruch) Spinoza. In Amsterdam geboren,

Links: Das Siegel der portugiesischen Synagoge von Amsterdam.
Rechts: Abraham Zacuto, auch Zacutus Lusitanus genannt (1575-1642), ein
berühmter Arzt und Schriftsteller auf dem Gebiete der Medizin. Aus einer
Marranenfamilie stammend, verließ er Portugal im Alter von fünfzig Jahren, um
der Inquisition zu entkommen und schloß sich der Gemeinde von Amsterdam an.

wurde Spinoza eine gründliche jüdische Erziehung zuteil. Er vertiefte sich besonders in das Studium der mittelalterlichen jüdischen Philosophie. Außerdem erlernte er auch die lateinische Sprache und dehnte seine Lektüren auch auf die Gebiete der Naturwissenschaften und der zeitgenössischen Philosophie aus. So kam er unter den Einfluß des kartesianischen Rationalismus und begann, der jüdischen Überlieferung gegenüber eine kritische Stellung einzunehmen. Nach wiederholten vergeblichen Versuchen, ihn zur Rückkehr zum rechten Glauben, oder wenigstens zu äußerlichem Konformismus zu bewegen, blieb der Amsterdamer Gemeinde nichts anders übrig, als im Jahre 1656 über ihn den großen Bann auszusprechen. Spinoza nahm den Bann gleichmütig auf und dachte niemals an einen Widerruf. Außerhalb der Synagoge und der Gemeinde setzte er in Den Haag seine Arbeit als Forscher und Denker fort und sicherte sich einen Ehrenplatz in der Geschichte der Philosophie.

Gegen Mitte des siebzehnten Jahrhunderts begann eine Einwanderungswelle aschkenasischer Juden aus Deutschland und Polen nach den Niederlanden. Bald überstieg ihre Anzahl die der sephardischen Juden. Diese fuhren zwar fort, sich als eine Art Aristokratie zu betrachten, aber auch die aschkenasischen Juden trugen wesentlich dazu bei, daß Amsterdam fast dreihundert Jahre lang ein wichtiges jüdisches Zentrum blieb.

Enge Beziehungen unterhielt die Amsterdamer Gemeinde mit den Gemeinden von Hamburg, Altona und Glückstadt. Dort hatten sich portugiesische Marranen seit dem sechzehnten Jahrhundert niedergelassen. Diese waren wohlhabende Kaufleute, die zur wirtschaftlichen Entwicklung dieser Städte beitrugen. Zu Beginn des siebzehnten Jahrhunderts hatten sie bereits ihre Synagogen und ihren Friedhof, und im Jahre 1612 erkannte der Senat von Hamburg die jüdische Gemeinde offiziell an. Andere Marranengemeinden lebten in Umständen, die sie zwangen, die ziemlich durchsichtige Maske des Katholizismus lange Zeit beizubehalten. Dies war der Fall in Bordeaux und Bayonne, im Südwesten Frankreichs. Obgleich es allbekannt war, daß sie nur äußerlich Katholiken waren, mußten sie bis zum Jahre 1730 warten,

Ephraim Bueno (starb 1665), Arzt und Gelehrter, Freund Rembrandts, Gründer der Gesellschaft "Tora Or" ("die Tora ist das Licht") in Amsterdam.

bevor sie öffentlich ihr Judentum bekennen durften. – Die in Spanien zurückgebliebenen Marranen verloren im Laufe der Zeit ihre Eigenart. Eine Ausnahme bildet die Insel Mallorca, wo die Marranen "Chuetas" genannt werden. Diese bewahren noch bis heute ein Andenken an ihr früheres Judentum und halten soweit als möglich an der Absonderung von der restlichen Bevölkerung fest.

In Portugal ging die Assimilation der Marranen langsamer vonstatten. Im Norden des Landes leben noch einige Tausende (nach einigen Angaben Zehntausende)

Benedikt (Baruch) Spinoza (1632-1677). Im Jahre 1656 wegen seiner ketzerischen Ansichten von der Amsterdamer Gemeinde mit dem großen Bann belegt, verbrachte er den Rest seines Lebens in Den Haag, wo er zurückgezogen lebte, sich durch das Schleifen optischer Linsen den Lebensunterhalt verdiente und seine unsterblichen philosophischen Werke verfaßte.

Portugiesen jüdischer Abstammung, die sich ihrer Abstammung bewußt sind und immer noch einige wenige jüdische Bräuche bewahrt haben. Anfang dieses Jahrhunderts trat einer von ihnen, der portugiesische Offizier Arturo Carlos de Barros Basto, offen zum Judentum über und organisierte eine Bewegung für die Rückkehr der Marranen zum alten Glauben.

Die Synagoge der aschkenasischen Gemeinde in Amsterdam (nach einem Stich aus dem achtzehnten Jahrhundert).

DIE RÜCKKEHR DER JUDEN
NACH ENGLAND

Manasse ben Israel (1604-1657), der Vorkämpfer für die Wiederaufnahme der Juden in England. (Nach dem Stich des jüdischen Künstlers Schalom Italia, vom Jahre 1643.)

Rabbi Manasse ben Israel war eine der markantesten Persönlichkeiten in der Amsterdamer Gemeinde in der ersten Hälfte des siebzehnten Jahrhunderts. In einer portugiesischen Marranenfamilie geboren, wurde er als Kind nach Amsterdam gebracht und genoß dort eine auserlesene jüdische Erziehung. Mit achtzehn Jahren erlangte er das Rabbinerdiplom und wurde zum Rabbiner und Prediger der Synagoge "Newe Schalom" ("Friedensstätte") ernannt, welches Amt er achtzehn Jahre lang bekleidete.

Wie andere Gelehrte in der Amsterdamer Gemeinde, beherrschte Manasse ben Israel viele Sprachen: Hebräisch, Spanisch, Portugiesisch, Holländisch, Latein und etwas Griechisch. Er hatte eine umfassende Bildung und war in der nichtjüdischen klassischen und zeitgenössischen Literatur bewandert. Er war mit christlichen Gelehrten befreundet und stand im regen Briefwechsel mit ihnen. Zu seinen Korrespondenten zählte auch die gelehrte und geistreiche Königin Christine von Schweden. Im Jahre 1627 errichtete Manasse ben Israel die erste hebräische Druckerei in Holland, in der viele wichtige Bücher gedruckt wurden. Manasses eigene Schriften in spanischer, lateinischer und hebräischer Sprache erklärten jüdischen und christlichen Lesern die Grundlagen des Judentums und machten seinen Namen in weiten Kreisen berühmt. Persönlichkeiten, die Amsterdam besuchten, kamen, seine Predigten anzuhören. Einmal war unter seinen Zuhörern die Königin von England. Zu seinen holländischen Freunden zählte Rembrandt, der eines seiner Bücher illustrierte und sein Porträt malte und radierte.

Im Jahre 1650 veröffentlichte Manasse ben Israel sein Buch "Esperanca de Israel" ("Die Hoffnung Israels") und widmete die lateinische Übersetzung des Buches dem englischen Parlament.

In diesem Buche erklärte der Verfasser die Gründe, die die messianischen Erwartungen der Zeit rechtfertigten. Dabei wies er darauf hin, daß die Zerstreuung der Juden in allen Ländern eine Vorbedingung für das Kommen des Messias sei, und bestand darauf, daß die messianischen Prophezeiungen nur nach Wiederaufnahme der Juden in England, einem Lande, das seit der Vertreibung vom Jahre 1920 judenrein war, in Erfüllung gehen könne. Das Buch erschien auch in einer englischen Übersetzung und machte auf die puritanischen Leser einen tiefen Eindruck.

In England war die Monarchie im Jahre 1649 abgeschafft und durch eine puritanische Republik ersetzt worden, an deren Spitze Oliver Cromwell stand, der 1653 zum Lord Protector ernannt wurde. Die Puritaner waren eifrige Bibelleser und neigten aus religiösen Gründen zur Wiederzulassung der Juden. Aber auch politische Beweggründe sprachen dafür. Einer von ihnen war der Wunsch, reiche jüdische Kaufleute und Bankiers nach London zu locken, um dadurch Holland zu schwächen und auch aus Spanien und Portugal fliehende Marranen zu bewegen, nach England anstatt nach Amsterdam zu gehen.

Im Jahre 1655 ging Manasse ben Israel nach England und eröffnete persönliche Unterhandlungen mit dem Lord Protector. Die Folge dieser Unterhandlungen war, daß in Whitehall eine Konferenz zur Besprechung der Judenfrage einberufen wurde. Die Konferenz stellte fest, daß es in England kein Gesetz gab, welches die Rückkehr der Juden verbietet, daß aber verbreitete Abneigung gegen deren Rückkehr bestand. Die wichtigsten Gegner waren die Mitglieder der Londoner Kaufmannschaft, die sich mit der Idee der jüdischen Konkurrenz nicht befreunden konnten. Trotz der warmen Fürsprache Cromwells, kam kein Beschluß zustande. Manasses Hoffnungen hatten sich nicht erfüllt. Er verließ London im Jahre 1657 schwer enttäuscht und starb in Middelburg (Holland), auf dem Wege nach Amsterdam.

Aber Manasses Bemühungen waren nicht ganz vergeblich. Cromwell gestattete Marranen, die bereits in England ansässig waren, ihr Judentum offen zu bekennen, eine Synagoge zu unterhalten und ein Grundstück für einen jüdischen Friedhof in London zu erwerben. Die Seiten des Protokollbuches des Staatsrates, welche diese

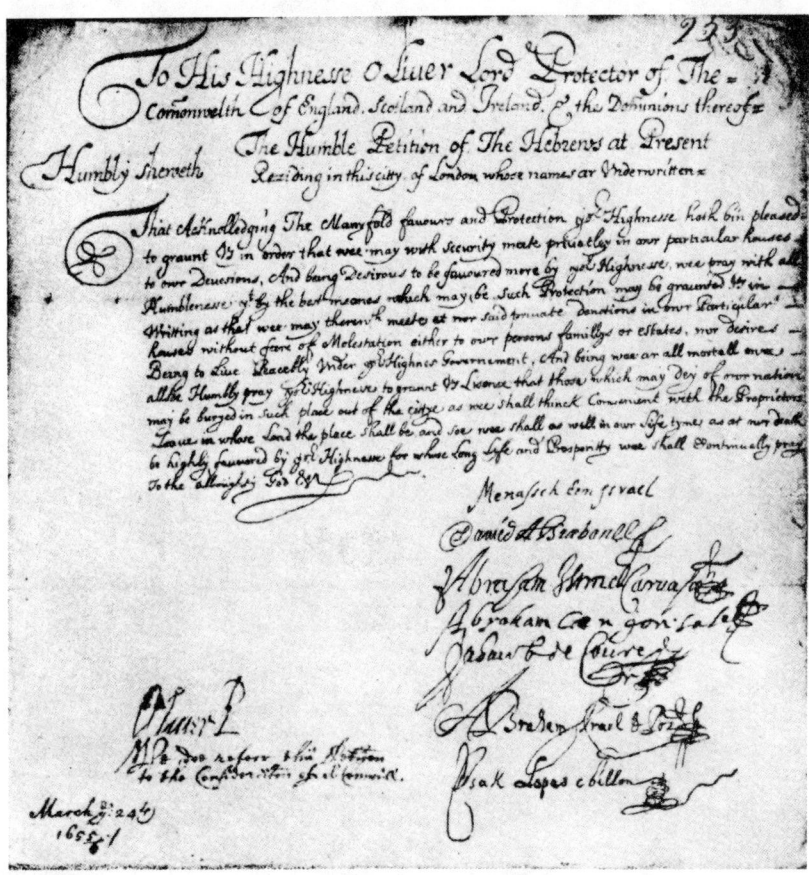

Von Manasse ben Israel mit unterschriebener Bittschrift an Oliver Cromwell, in welcher die Begründer der spanischen und portugiesischen jüdischen Gemeinde in London Cromwell um die Erlaubnis bitten, eine Synagoge eröffnen und einen Begräbnisplatz erwerben zu dürfen. Die Bittschrift datiert vom 24. März 1656. Der eigenhändige Vermerk Cromwells besagt, daß er die Bittschrift an den Staatsrat weitergibt.

Beschlüsse enthielten, sind später aus unbekannten Gründen aus dem Buche herausgerissen worden. Aber die Beschlüsse wurden ausgeführt, und so kam auf unauffällige Weise eine jüdische Gemeinde in London zustande. Diese wuchs während der Restaurationsperiode und auch während der Regierungszeit Jakobs II.. In den Tagen Williams III. bestand bereits eine festgegründete, reiche sephardische Gemeinde, die es sich leisten konnte, die stattliche Synagoge in Bevis Marks zu

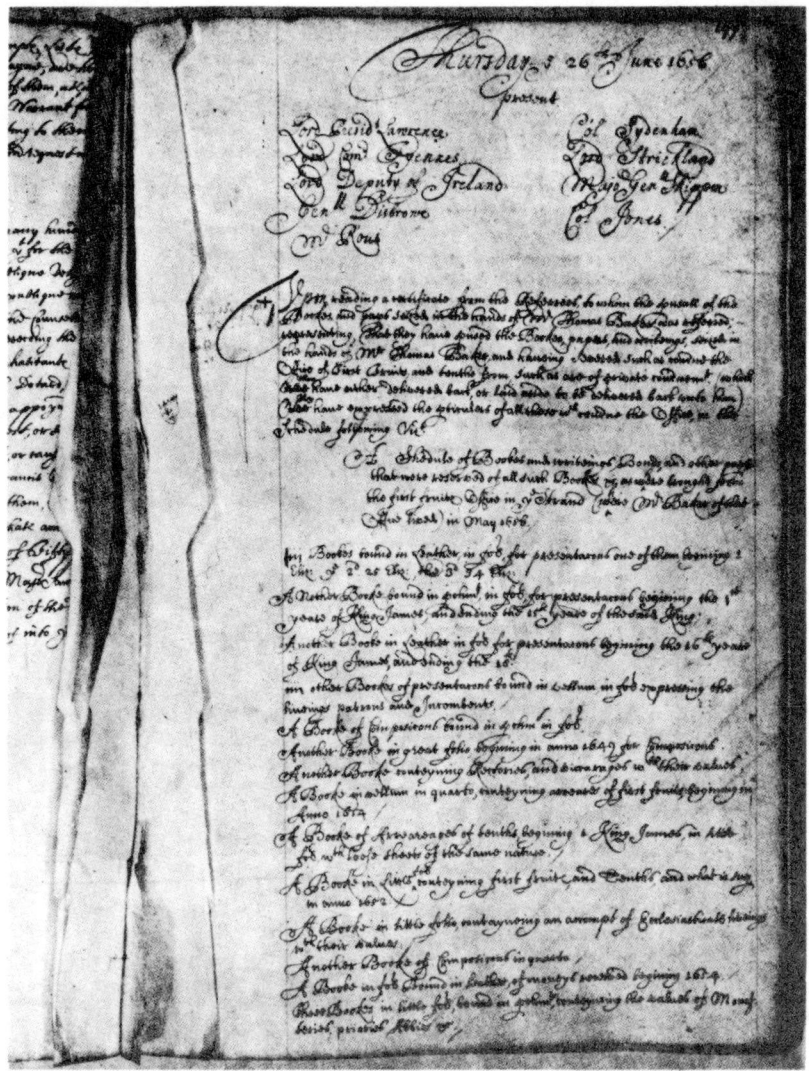

Das Protokollbuch des Staatsrates, aus welchem drei Blätter aus unbekannten Gründen herausgerissen worden sind.

erbauen, die 1701 eingeweiht wurde und bis heute in Gebrauch ist. - Seit 1690 bestand in London auch eine aschkenasische Synagoge. Die aschkenasische Gemeinde entwickelte sich gesondert von der sephardischen und übertraf sie zahlenmäßig im Laufe der Zeit. Aber bis heute bewahrt die sephardische Gemeinde etwas von dem alten Glanz und Nimbus, die sie seit ihrer Gründung auszeichnen.

Die Synagoge in Bevis Marks, London (nach einem Stich aus dem achtzehnten Jahrhundert).

DIE UKRAINISCHEN GEMETZEL

Das relativ friedliche und gedeihliche Leben der polnischen Judenschaft wurde plötzlich in den Jahren 1648/49 durch den vom Hetman Bogdan Chmelnickij geführten Kosakenaufstand in der Ukraine schwer erschüttert.

Die ukrainischen Bauern, die zur orthodoxen Kirche gehörten, waren von den katholischen polnischen Adligen, die die Großgrundbesitzer in der Ukraine waren, grausam unterdrückt und rücksichtslos ausgebeutet worden. Die Juden, die in den Augen der Polen und der Ukrainer rassen- und glaubensfremd waren, hatten vielfach als Vertreter und Verwalter der polnischen Grundbesitzer fungiert. Und so war es kein Wunder, daß der Haß der empörten Bauern sich in erster Linie gegen sie richtete.

Die verbitterten Ukrainer fanden einen Führer im kriegerischen und blutdürstigen Kosakenhetman, der zu der Zeit mit dem Khan der Krimtataren ein Bündnis geschlossen hatte, um sich seinen Beistand im "Heiligen Kriege" gegen Polen zu sichern. April 1648 brach der Angriff der Kosaken mit wilder, unwiderstehlicher Kraft aus. Die polnischen Armeen erlitten Niederlagen. Die Aufständischen eroberten eine Stadt nach der anderen, und überall fanden Judengemetzel statt, wie sie Europa seit den Tagen des Schwarzen Todes vor dreihundert Jahren nicht mehr erlebt hatte.

Der zeitgenössische Chronist Nathan Hannover berichtet grauenhafte Einzelheiten über die von den Kosaken in Städten und Dörfern sowie auch auf Landgütern begangenen Greueltaten. Als Chmelnickij erfuhr, daß tausende von Juden in der Stadt Nemirov Zuflucht gefunden hatten, schickte er einen Kosakentrupp in polnischer Kleidung mit polnischen Fahnen dorthin. Die Juden glaubten, die polnische Armee sei zu ihrem Schutz gekommen und öffneten die Stadttore. Ihre Leichtgläubigkeit bezahlten sie mit dem Leben. An vielen Orten nahmen die Juden an der Verteidigung der Städte tätigen Anteil, aber vergeblich, da die polnischen Streitkräfte unzulänglich waren. Nicht selten kam es vor, daß die Juden von den Polen, die ihr eigenes Leben retten wollten, verraten und geopfert wurden. Als lobenswerte Ausnahme ist hervorzuheben, daß die Bürger von Lemberg (Lwow) sich weigerten, ihre jüdischen Mitbürger auszuliefern, um die Aufhebung der Belagerung zu erwirken. In diesem Falle begnügte sich Chmelnickij mit einem hohen Lösegeld. Gegen Ende des Schreckensjahres 1648 ließen die Kämpfe nach und es begannen Verhandlungen zwischen den Polen und den Kosaken. Vorläufig zog sich Chmelnickij nach der Ukraine zurück, aber ein dauernder Friede kam nicht zustande. Jedes Jahr brachte neue Kosakeneinfälle und jedesmal kosteten diese vielen Juden das Leben.

Im Jahre 1654 brach der Krieg wieder aus. Diesmal stand Chmelnickij mit Zar Alexei Michailovitsch von Rußland im Bunde, der auf große Teile der polnischen Gebiete Anspruch erhob. Auch diesmal wurden an allen Orten, die die Verbündeten eroberten, die Juden hingemetzelt.

Um den Leidenskelch der Juden vollzumachen, brachen die Schweden in Polen ein. In der Regel behandelten die Schweden die Juden weniger grausam und begnügten sich damit, ihnen schwere Kriegskontributionen aufzuerlegen. Aber da die Juden die schwedischen Forderungen ohne Widerstand erfüllten (Widerstand wäre zwecklos gewesen), erschienen sie in den Augen der polnischen Patrioten als Verräter und Mitarbeiter des Feindes. Die Folge war, daß jetzt auch polnische Freiheitskämpfer Judengemetzel anrichteten, die denen der Kosaken und Russen nicht nachstanden.

Diese Ereignisse führten den Zusammenbruch der polnischen Judenschaft herbei, deren Zahl zusammengeschmolzen und die vollkommen verarmt war. Während früher Polen für die Juden ein Einwanderungsland war, flohen die Juden nun aus Polen und kehrten nach dem Westen zurück, aus welchem sie seinerzeit gekommen waren. Flüchtlinge aus Polen bildeten neue Gemeinden in Deutschland. Viele wanderten nach Italien, nach England, nach anderen Ländern, darunter auch nach Palästina.

Auch auf das geistige Leben der polnischen Judenschaft hatten die Ereignisse einen großen Einfluß. Die Juden suchten und fanden in mystischen Spekulationen und kabbalistischen Studien einen Trost für ihre unsäglichen Leiden. Im achtzehnten Jahrhundert fand die Neigung zum Mystizismus ihren Ausdruck in der Bewegung des Chassidismus, die rasch einen großen Teil des polnischen Judentums umfaßte. Auf die jüdische Diaspora in der ganzen Welt machten die Greuel des Schreckensjahres - in der jüdischen Geschichte "Geserot Tach" ("die Verfolgung des Jahres 1648) benannt - einen niederschmetternden Eindruck und steigerten die Sehnsucht nach Erlösung. Weite Kreise betrachteten die Gemetzel als die "Leiden der Messiaszeit", die laut jüdischer Überlieferung dem Kommen des Messias vorausgehen. So erklärt sich die Welle messianischer Erregung, die in der zweiten Hälfte des siebzehnten Jahrhunderts die Judenschaft Europas und des Nahen Ostens überschwemmte.

SABBATAI ZEWI

In gewisser Hinsicht war die pseudomessianische Bewegung, die mit dem Namen Sabbatai Zewi verbunden ist, eine der großen Wegscheiden der jüdischen Geschichte. Sie bezeichnete das Ende des mittelalterlichen Romantismus und den Anfang eines Zeitalters des Pragmatismus und der Anpassung an die bestehenden Umstände.

Die "neue Kabbala" des Rabbi Isaak Aschkenasi Luria (des "Ari") aus Safed, die

Porträt Sabbatai Zewis (aus Th. Conens "Ydele Verwachtinge der Juden Getoont in den Person von Sabbatai Zevi", Amsterdam 1669).

332

Afbeelding, van den gewaenden, nieuwen Joodschen Koning

SABETHA SEBI,

Met zijn byhebbende Profeet, opgeftaen in den jare 1665, etc. zoo vele daer van tot noch toe bekent is, of van de Joden gefeit wort, uit de nauwkeurigfte brieven, en fchriften opgeteekent.

Sabbatai Zewi und sein Prophet, Nathan von Gaza (in einem zeitgenössischen holländischen Flugblatt).

mystische Übungen zur Beschleunigung der Erlösung lehrte, hatte sich in der Zeit nach der Ausweisung der Juden aus Spanien in weiten Kreisen verbreitet, und sie war es, die der sabbatianischen Bewegung den Boden bereitete. Auf einer im Sohar enthaltenen Auslegung des biblischen Textes im dritten Buche Mose 25, 13 fußend, erwarteten viele Kabbalisten die Erlösung im Jahre 1648. Anstatt der erwarteten Erlösung brachte dieses Jahr aber das Unheil in Polen. Das machte zwar einen Strich durch die kabbalistischen Berechnungen, erhöhte aber nur die messianischen Erwartungen.

In jenen Tagen lebte in der türkischen Hafenstadt Smyrna (Ismir) ein junger sephardischer Jude namens Sabbatai Zewi (geboren 1626), der sich in das Studium der Kabbala vertieft hatte und asketische Übungen pflegte. Er war manisch-depressiv veranlagt, strahlte aber einen bemerkenswerten persönlichen Zauber aus und war von großer körperlicher Schönheit. Sabbatai Zewi gelangte zur Überzeugung, daß er der erwartete Erlöser, der Messias sei, und erklärte dies öffentlich. Um seine messianische Autorität zu bekunden, wagte er es, den unaussprechlichen vierbuchstabigen Gottesnamen (JHWH), den die Juden bei der Bibelvorlesung und im Gebet durch den Namen "der Herr" (Adonai) ersetzen, deutlich und voll auszusprechen. Von dem Smyrnaer Rabbinat aus diesem Grunde mit dem Bann belegt, verließ Sabbatai Zewi seine Geburtsstadt und ging auf jahrelange Wanderung.

In Konstantinopel bestärkte ihn der Mystiker Abraham Jachini in seiner Überzeugung, daß er der Messias sei. In Saloniki feierte er eine mystische Trauung mit der Tora, der Tochter Gottes, was natürlich die Entrüstung der örtlichen Rabbiner hervorrief. In Palästina betete er an den Gräbern der Vorväter und der

333

Sabbatai Zewi in Smyrna im Jahre 1665 (Stich im Buche "Two Journeys to Jerusalem", London 1685).

Heiligen und weinte über die Zerstörung der Heiligen Stadt. In Ägypten heiratete er Sara, ein polnisches Mädchen, das den Gemetzeln in ihrem Heimatlande entkommen war, dann Europa durchwandert hatte und überall behauptete, sie sei

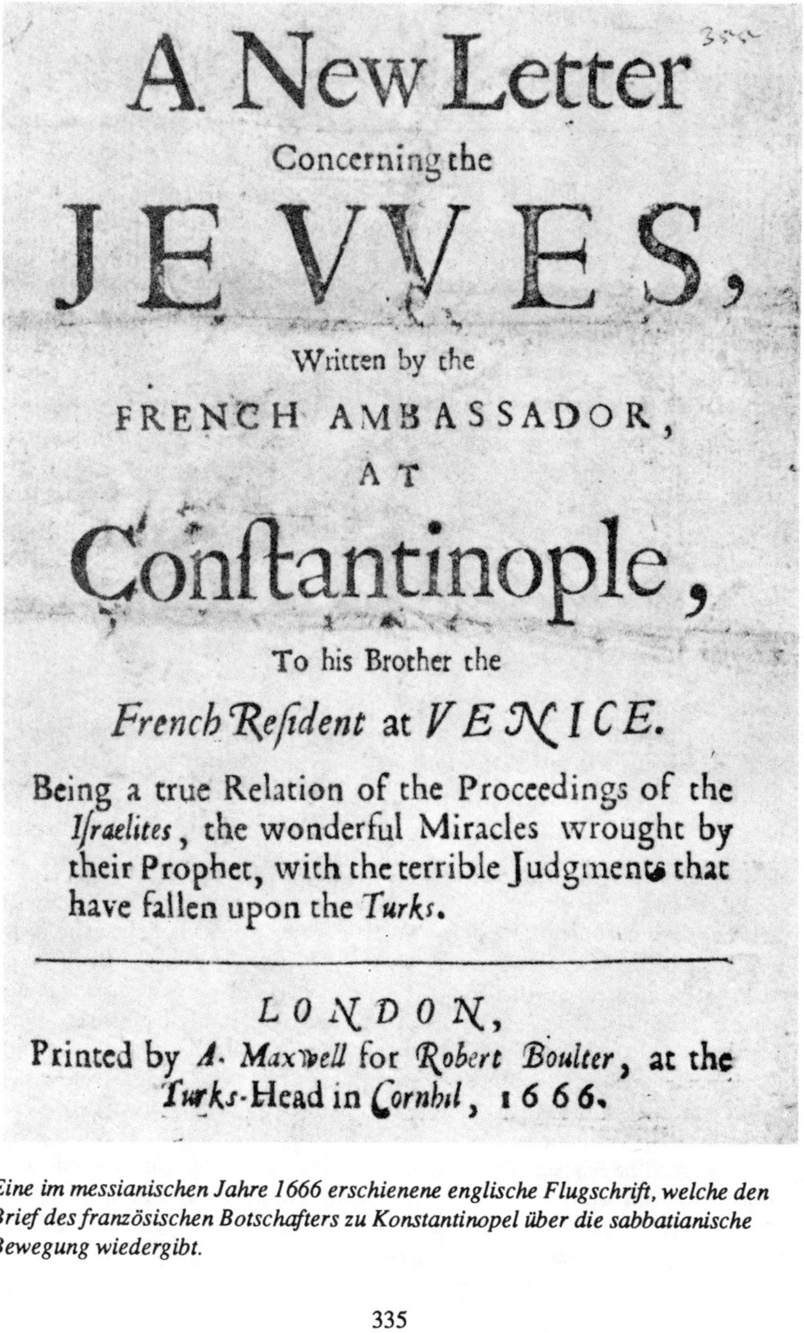

A New Letter

Concerning the

JEVVES,

Written by the

FRENCH AMBASSADOR,

A T

Çonſtantinople,

To his Brother the

French Reſident at *V E N I C E.*

Being a true Relation of the Proceedings of the *Iſraelites*, the wonderful Miracles wrought by their Prophet, with the terrible Judgments that have fallen upon the *Turks.*

L O N D O N,
Printed by *A. Maxwell* for *Robert Boulter*, at the *Turks*-Head in *Cornhil*, 1 6 6 6.

Eine im messianischen Jahre 1666 erschienene englische Flugschrift, welche den Brief des französischen Botschafters zu Konstantinopel über die sabbatianische Bewegung wiedergibt.

zur Braut des Messias bestimmt. Auf seinem Rückweg nach Palästina traf er in Gaza mit einem hochgeistigen jungen Kabbalisten, Nathan Aschkenasi, zusammen. Dieser wurde von nun an sein Prophet, bestärkte ihn im Glauben an seine

Rabbi Jakob Sasportas (1610-1698) blieb einer der wenigen Vertreter der Vernunft in der Zeit der sabbatianischen Bewegung (Ölbild von Isaak Luttichuijs, 1616-1673, Israel Museum, Jerusalem).

messianische Berufung und stand ihm bis zu seinem Lebensende zur Seite. Nathan von Gaza war es, der die messianische Bewegung organisierte, indem er an viele jüdische Gemeinden in allen Ländern leidenschaftliche Episteln richtete, in denen er die baldige Erlösung verkündete.

Im Jahre 1665 kehrte Sabbatai Zewi in seine Heimatstadt zurück und wurde dort von den Juden mit Begeisterung als der messianische König empfangen. Weite Kreise in der Judenschaft aller Länder erkannten seinen Anspruch an. Darunter waren nicht nur einfache Juden, sondern auch hervorragende Gelehrte. Nur wenige zweifelten oder widersetzten sich der Bewegung. Wo immer Sabbatai Zewi erschien, umringten ihn eine Menge, die bereit war, alles zu tun was er ihr gebot. Einerseits schaffte Sabbatai Zewi die traditionellen Fasttage ab und verwandelte sie in fröhliche Feste. Andererseits ging er allen mit dem Beispiel voran in asketischen Übungen, Buße und Gebet. In der ganzen jüdischen Welt tat man Buße zur Beschleunigung der zur Erlösung gesetzten Frist. Überall verbreiteten sich

Gerüchte über jüdische Heere der verlorenen zehn Stämme Israels, die bereit seien, das Heilige Land zu befreien.
Selbst in England erschienen Flugschriften, die das aufgeregte Publikum über die

Titelblatt des Gebetbuches "Tikkun ha-Kerria", Amsterdam 1666. Es stellt Sabbatai Zewi als messianischen König dar.

letzten Ereignisse auf dem Laufenden hielten, und auf der Börse schloß man sogar Wetten über den erwarteten Erfolg Sabbatais ab. Die jüdische Gemeinde in London war damals noch klein, aber auch die christliche Bevölkerung war an der Bewegung lebhaft interessiert. Viele Puritaner, die an die auf der Offenbarung Johannis gegründeten Berechnungen glaubten, waren überzeugt, daß im Jahre 1666 das tausendjährige Reich Christi auf Erden beginnen würde. Sie zweifelten nicht daran, daß zwischen ihren Erwartungen und der sabbatianischen Bewegung eine geheime Beziehung bestand.

In Holland erkannten sogar die Magnaten der sephardischen Gemeinde die Messianität Sabbatai Zewis an. Hier erschienen neue Gebetbücher, die Bußgebete und Hinweise auf den sich jetzt offenbarten Erlöser enthielten. Das Titelblatt eines solchen Gebetbuches zeigt Sabbatai Zewi auf dem Königsthron.

In Deutschland packten viele ihre Habe und machten sie fertig für den Versand nach dem Heiligen Lande. Junge Leute kleideten sich grün - dies war die Farbe Sabbatai Zewis - und tanzten in der Hamburger Synagoge. Zweifler erweckten die Empörung der Gläubigen und waren manchmal in Lebensgefahr.

Sabbatai Zewi empfängt im Gefängnis von Abydos Abordnungen, die ihm ihre Huldigungen darbringen (nach einem zeitgenössischen Stich).

Einer der wenigen jüdischen Gelehrten in Europa, die in dieser Angelegenheit ihre Nüchternheit und ihren Wirklichkeitssinn wahrten, war Rabbi Jakob Sasportas, der 1663 Rabbiner der sephardischen Gemeinde in London war, dann aber nach Hamburg und Amsterdam ging. Er führte die ganze Zeit eine heftige Polemik gegen Sabbatai Zewi und seine Anhänger.

Zewi Aschkenasi, auch als "Chacham Zewi" bekannt (1658-1718), ein berühmter Talmudgelehrter, der 1710 zum Rabbiner der aschkenasischen Gemeinde von Amsterdam gewählt wurde. Sein unnachgiebiger Widerstand gegen den sabbatianischen Propagandisten Nehemia Chajon erregte den Unwillen der Häupter der portugiesischen Gemeinde, so daß er 1714 Amsterdam verlassen mußte. Sein Sohn, Jakob Emden (1697-1776) setzte den Kampf seines Vaters gegen die Reste der sabbatianischen Bewegung fort.

Im Jahre 1665 brach Sabbatai Zewi nach Konstantinopel auf, um sein Reich in Empfang zu nehmen. Vorher hatte er die Fürsten der zwölf Stämme Israels ernannt, die bestimmt waren, ihm bei der Verwaltung seines Reiches zur Seite zu stehen. Bei seiner Ankunft in Konstantinopel wurde Sabbatai Zewi auf Befehl des Großwesirs festgenommen und in das Schloß von Abydos, am Ufer der Dardanellen-Meerenge, überführt. Im Gefängnis wurde ihm eine sehr gute Behandlung zuteil. Seine Anhänger folgten ihm nach Abydos und verwandelten das Gefängnis, das sie "Migdal Os" ("Feste Burg") nannten, sozusagen in eine königliche Residenz. Seiner Frau und seinem Sekretär wurde gestattet, mit ihm zu wohnen. Zahlreiche Besucher und Abordnungen aus fremden Ländern kamen, um dem messianischen König zu huldigen.

Nach einem halben Jahr war die Geduld der türkischen Behörden zu Ende. Sabbatai Zewi wurde nach Adrianopel gebracht, wo Sultan Mehmet IV. residierte, und vor die Wahl gestellt, entweder als Rebell die Todesstrafe zu erleiden, oder aber zum Islam überzutreten. In einem Augenblick der Schwäche wählte er das Leben und ließ sich den Turban aufsetzen. Seine Name war von nun an Mehmet Effendi, und er erhielt den Rang und das Gehalt eines Hofpförtners (türkisch "Kapudschi Baschi"). Aber auch jetzt gab Sabbatai Zewi seine messianischen Ansprüche nicht auf. Auch seine Anhänger, von denen ihm viele in den neuen Glauben folgten, blieben ihm treu. Sie glaubten, es sei Gottes Wille, daß der Messias in die Abgründe des Lebens tauche, damit er durch diese Erniedrigung die Sünden seines Volkes abbüße. So blieb Sabbatai Zewi auch nach seiner Bekehrung zum Islam der Mittelpunkt eines großen Kreises von Anhängern. Die türkischen Behörden sahen es aber nicht gern, daß er weiterhin den Kontakt mit seinen jüdischen Anhängern beibehielt, und verbannten ihn im Jahre 1673 nach Dulcigno in Albanien (jetzt Ulcinij in Jugoslawien), wo er im Jahre 1676 starb.

Der Einfluß seiner Persönlichkeit lebte aber fort. Fast hundert Jahre lang nach seinem Tode durchzogen seine Anhänger die jüdischen Gemeinden Europas, für welche der Übertritt Sabbatai Zewis zum Islam eine schwere Enttäuschung gewesen war, und verkündigte öffentlich oder im geheimen den Glauben an seine Messianität und an sein Wiederkommen. Berühmte Rabbiner, darunter Chacham Zewi Hirsch ben Jakob Aschkenasi von Amsterdam, führten einen unermüdlichen Kampf gegen diese Propagandisten. Noch Mitte des achtzehnten Jahrhunderts erschütterte eine Polemik zwischen Rabbi Jakob Emden, Chacham Zewis Sohn, und Rabbi Jonathan Eybeschütz, der, wahrscheinlich zu Recht, beschuldigt wurde, ein geheimer Anhänger Sabbatai Zewis zu sein, den in den jüdischen Gemeinden Deutschlands und Polens herrschenden Frieden. Diese Polemik zog auch die Aufmerksamkeit nichtjüdischer Kreise auf sich und schädigte den guten Ruf des Judentums beträchtlich.

In der Türkei hatten sich inzwischen Sabbatai Zewis Anhänger, die ihm in den Islam gefolgt waren, vor allem in Saloniki, aber auch in Adrianopel, Konstantinopel und Smyrna, zu einer Sekte zusammengetan, die unter dem Namen "Dönme" (türkisch "Bekehrte") bekannt ist. Öffentlich lebten sie als Mohammedaner, aber sie hielten an dem Glauben an Sabbatai Zewis Messianität fest, pflegten im geheimen jüdische Bräuche und feierten die von ihrem Meister eingesetzten Zeremonien. Die Mitglieder der Sekte waren meistenteils wohlhabende Leute, und viele ihrer Nachkommen haben bis zu unserer Zeit in der türkischen Politik eine wichtige Rolle gespielt. Als Saloniki 1912 von den

Griechen eingenommen wurde, verließen die Dönme die Stadt und gingen hauptsächlich nach Konstantinopel. Die Sekte spaltete sich in drei Gruppen, die einander befehdeten. Die Zahl der Anhänger sinkt (1920 soll sie 15 000 betragen haben), und die Assimilation mit der türkischen Umgebung macht Fortschritte.

Rabbi Jonathan Eybeschütz (1690-1754), ein berühmter Talmudgelehrter und Kabbalist, der von Jakob Emden beschuldigt wurde, ein geheimer Sabbatianer zu sein. Die Polemik zwischen den beiden Rabbinern war sehr heftig und erweckte auch das Interesse nichtjüdischer Kreise.

MYSTISCHE BEWEGUNGEN
IN OSTEUROPA

In Polen hielten die Anhänger Sabbatai Zewis lange Zeit nach seinem Tode noch am Glauben an ihren Messias fest. Da sie aber von den rechtgläubigen Rabbinern verfolgt und von ihren jüdischen und christlichen Nachbarn verspottet wurden, zogen sie es vor, ihren Glauben zu verheimlichen. Die Heimlichkeit erhöhte natürlich die seelische Spannung. Immer wieder tauchten aus ihrer Mitte Prediger und Propheten auf, die das baldige Kommen des Messias verkündeten. Einige von ihnen erhoben sogar selbst, mehr oder weniger deutlich, messianische Ansprüche. Gegen Ende des siebzehnten Jahrhunderts konzentrierte sich die Tätigkeit der polnischen Sabbatianer um die Gestalt des Kabbalisten Chajim Malach, der in engen Beziehungen zu den Dönme in der Türkei stand. Ein anderer Kabbalist, Jehuda Chassid hatte einen Kreis von Mystikern um sich gesammelt, die sich "Chassidim" ("Fromme") nannten. Die beiden Führer organisierten nun im Jahre 1700 einen gemeinsamen Zug ihrer Anhänger nach dem Heiligen Lande. Dort wollten sie das Kommen des Erlösers erwarten, der nach ihren Berechnungen im Jahre 1706, vierzig Jahre nach dem Übertritt Sabbatai Zewis, erscheinen mußte. Nach einer erschöpfenden Reise, während der viele starben und viele andere absprangen, kamen die Pilger in Jerusalem an. Einige Tage darauf starb dort Jehuda Chassid. Die anderen harrten in bitterer Armut aus. Aber als das Jahr 1706 verstrich, ohne daß ihre Erwartung sich erfüllt hätte, brach ihr seelischer Halt zusammen. Ein Teil von ihnen ging zum Islam über und schloß sich den Dönme an. Andere, unter ihnen Chajim Malach, dessen Glauben an Sabbatai Zewi unerschüttert blieb, kehrten nach Polen zurück.

Offenbar war keine Enttäuschung stark genug, um die Flamme des sabbatianischen Glaubens zu löschen. Gegen Mitte des achtzehnten Jahrhunderts erschien in Lemberg von neuem ein Prophet, Leib Krysa von Nadworna. Er prophezeite das unmittelbar bevorstehende Erscheinen des Messias, und im Jahre 1755 verkündete er, Sabbatai Zewi habe sich in der Person Jakob Franks wiederverkörpert. Seine Verkündung wurde mit Begeisterung aufgenommen. Der neue Messias, Jakob Frank, war ein aus Polen stammender Jude, der einige Jahre in der Türkei verbracht und dort mit den Häuptern der Dönme in Verbindung gestanden hatte. Seine wirren Lehren gründeten sich auf den Sohar, den er an Stelle des Talmuds zur maßgebenden Autorität im Judentum erklärte. Die Rabbiner standen der neuen Bewegung mit größtem Mißtrauen gegenüber. Bald wurde gegen Frank und seine Anhänger die Beschuldigung erhoben, daß sie nicht nur alle Gebote der jüdischen Religion übertraten, sondern in ihren geheimen Zusammenkünften Unzucht trieben. Im Jahre 1756 wurde über die ganze Sekte feierlich der große Bann ausgesprochen. Die Ablehnung des Talmuds durch Jakob Frank hatte aber inzwischen in christlichen Kreisen Interesse erweckt. Erzbischof Dembowski, ein bekannter Judenfeind, hoffte, aus diesem innerjüdischen Zwist Nutzen ziehen zu können, und er berief eine öffentliche Disputation zwischen den "Talmudisten", das heißt den Rabbinern und den "Kontratalmudisten", das heißt den Anhängern Franks. Die Disputation fand 1757 in Kamienec-Podolsk statt und endete mit einem Urteil zugunsten der Frankisten. Viele Talmudexemplare wurden beschlagnahmt und verbrannt. Eine zweite Disputation fand 1759 in Lemberg statt. Dort wagten die Vertreter der Frankisten zu behaupten, der Talmud schreibe die rituelle Verwendung christlichen Blutes vor. Mit dieser Behauptung konnten sie selbst die katholischen Geistlichen nicht überzeugen. Aber Frank und seine Anhänger kamen nunmehr zur Einsicht, daß sie zu weit gegangen waren, und daß für sie keinesfalls mehr Platz innerhalb des Judentums war. Daher baten sie um Aufnahme in die katholische Kirche. Im gleichen Jahre ließen sich ungefähr

Jakob Frank (1726-1791). Er behauptete, die Wiederverkörperung Sabbatai Zewis zu sein, verwarf den Talmud, setzte den Sohar an seine Stelle und schloß sich letzten Endes mit seinen Anhängern der katholischen Kirche an, ohne aber seine messianischen Ansprüche aufzugeben.

Karikatur des Erzbischofs Dembowski, des Patrons Jakob Franks (aus dem polemischen Werke Jakob Emdens "Sefer ha-Schimusch", Amsterdam 1758-1762).

tausend Juden taufen, unter ihnen auch Jakob Frank selbst. Auch nach der Taufe gab Frank seine messianischen Ansprüche nicht auf. So wurde er der Kirche bald verdächtig, und auf Anordnung der päpstlichen Kurie wurde er 1760 in der Festung Czrnstochowa interniert. Drei Jahre lang saß er in Haft, leitete aber auch aus dem Kerker die Propagandatätigkeit seiner Sekte. Nach seiner Freilassung hielt er zuerst in Brünn (jetzt Brno in der Tschechoslowakei) "Hof". Als er sich dort nicht mehr sicher fühlte, begab er sich mit seiner Hofstatt nach Hessen und ließ sich in Offenbach nieder. Die Bruderschaft organisierte sich als eine Art militärisches "Lager" und Frank hatte seine eigene Leibgarde. Frank, der sich den Titel "Baron von Offenbach" beilegte, führte ein üppiges Leben und empfing dort bis zu seinem Tode im Jahre 1791 die Huldigungen und Geschenke seiner Anhänger. Nach seinem Tode übernahm seine Tochter Eva die Führung. Aber die Bewegung flaute langsam ab und kam mit dem Tode Evas im Jahre 1816 völlig zum Erliegen. Die getauften Frankisten wurden mit der Zeit treue Söhne der katholischen Kirche. Einige wurde geadelt, andere heirateten Mitglieder der polnischen Aristokratie. Ungefähr um die gleiche Zeit als Jakob Frank seine Anhänger der Kirche zuführte, kam eine andere mystische Bewegung zur Welt, deren Urheber ebenfalls ein podolischer Jude war. Gemeint ist die chassidische Bewegung, der es gegeben war, eine Wiedergeburt des intensiven religiösen Lebens im Judentum herbeizuführen. Einige Jahre bevor Jakob Frank sich als die Wiederverkörperung Sabbatai Zewis offenbarte, ließ sich Israel Baal Schem Tow ("der Meister des guten Namens", das heißt des Gottesnamens), der jahrelang im Karpatengebirge mit Lehmgraben sein Leben gefristet hatte, im podolischen Dorfe Miedzyboz nieder. Dort sammelten sich Schüler um ihn, die er lehrte, wie man durch inbrünstiges Gebet und konzentrierte Betrachtung der Allgegenwart Gottes die Gemeinschaft mit der Gottheit erreicht. Er verwarf oder änderte keines der überlieferten jüdischen Gebote, verlangte aber, daß sie mit "Kawana", das heißt mit auf das betreffende Gebot gerichteter Andacht ausgeübt werden, damit die Gebotserfüllung nicht zu mechanischer Routine entarte. Die Lehren Baal Schems (der von den Juden gewöhnlich kurz "Bescht" - eine akrostichische Kürzung seines Namens - genannt wird) änderten das strenge Gesicht des rabbinischen Judentums und öffnete den armen und niedergeschlagenen polnischen Juden das Tor der Freude. Seine

Die Synagoge Israel Baal Schem Tows (1700-1760), des Begründers des Chassidismus, in Miedzboz (Ukraine).

Anhänger brachten ihre religiöse Begeisterung durch Gesang und Tanz zum Ausdruck. Natürlich war nicht jeder Chassid imstande, zur ekstatischen Vereinigung mit Gott zu gelangen. Dieses höchste Glück war wenigen "Zaddikim" ("Gerechten") vorbehalten, die gewissermaßen als Vermittler zwischen Gott und den Chassidim dienten. Viele Zaddikim wurden von ihren Anhängern als Wundertäter verehrt.

Anfangs erweckte der Chassidismus Widerstand in rabbinischen Kreisen. Unter den Widersachern waren hervorragende Persönlichkeiten, wie Rabbi Elia ben Salomo (1720- 1797), der allgemein als der "Gaon von Wilna" bekannt war, und der Kampf wurde mit großer Heftigkeit geführt. Aber weder Verfolgung noch Verspottung, und selbst der Bann, konnten die Chassidim aus dem Judentum vertreiben. Sie hielten trotz allem an ihrem Judentum fest und im Laufe der Zeit wurde die Art ihres Gottesdienstes als rechtmäßig anerkannt. Ja mehr noch, sie beeinflußte weitgehend das religiöse Leben derjenigen Kreise, die sie anfangs so heftig bekämpft hatten.

Während des achtzehnten Jahrhunderts erstand der chassidischen Bewegung eine Reihe hervorragender Führer, wie Elimelech von Lezajsk, Levi Isaak von Berditschew und Schneur Salman von Ladi, der Gründer einer besonderen Richtung des Chassidismus, die als "Chabad" bekannt war. "Chabad" ist die akrostichische Abkürzung für die hebräische Losung dieser Richtung: "Chochma (Weisheit), Bina (Verständnis), Daat (Wissen)". Sie mißt dem Vernunftelement größere Bedeutung bei als andere Richtungen und legt besonderen Wert auf das Gesetzesstudium.

Der Chassidismus ist auch heute eine sehr lebendige Bewegung. Allerdings

345

bestehen in ihm verschiedenen Richtungen, jede um ihren Zaddik geschart. Die Würde des Zaddik, die ursprünglich charismatisch war, ist im Laufe der Zeit in gewissen "Dynastien" erblich geworden.

Unter anderem betonte der Chassidismus die traditionelle Bindung zwischen dem jüdischen Volk und dem Heiligen Land. Im Jahre 1778 zog eine Gruppe Chassidim unter der Führung Rabbi Menachem Mendel von Witebsk nach Palästina und ließ sich dort nieder. Viele andere folgten später ihrem Beispiel. Auch die Gegner des Chassidismus, die Mitnaggedim, die Schüler des Gaons von Wilna, wollten nicht hinter ihnen zurückbleiben. Viele von ihnen siedelten sich in Palästina an und verstärkten dadurch das aschkenasische Element in der Bevölkerung des Landes.

Links: Rabbi Elia ben Salomo, der Gaon von Wilna (1720-1797), der hervorragendeste rabbinische Gelehrte seiner Zeit und der geistige Führer der "Mitnaggedim", der Gegner des Chassidismus.
Rechts: Angebliches Porträt Rabbi Schneur Salmans von Ladi (1746-1812), des Begründers der "chabad"-Richtung im Chassidismus.

HOFJUDEN IN DEUTSCHLAND

Der Niedergang der kaiserlichen Autorität im Heiligen Römischen Reiche Deutscher Nation im Laufe des Dreißigjährigen Krieges (1618-1648) überzog das Land mit unzähligen kleinen Fürstenhöfen, die untereinander in Pracht und in der Nachahmung des Versailler Königshofes wetteiferten. Alle brauchten Juweliere, Agenten, Heereslieferanten und erfahrene Finanzleute, das heißt Leute in den Sparten, in denen die Juden sich auszeichneten. So bildete sich in Deutschland eine Klasse von Juden, die als "Hofjuden" bekannt wurde. Das waren wohlerzogene, gesellschaftlich annehmbare Männer, die es verstanden, sich bei den Adligen beliebt zu machen und große Erfahrung in finanziellen und administrativen Angelegenheiten hatten. Sie dienten ihren Herren treu und gewissenhaft, wußten aber auch, sich selbst zu bereichern. Um die ihnen auferlegten Aufgaben erfüllen zu können, mußten diese Juden von den Beschränkungen, denen die anderen Juden unterworfen waren, befreit werden. Es wurde ihnen gestattet, denselben Lebensstandard zu haben, wie die vornehme Gesellschaft in der sie verkehrten. Um ihren Haushalt bildeten sich neue jüdische Gemeinden an Orten in Deutschland, in welchen Juden bis dahin nicht ansässig gewesen waren.

Zu den einflußreichsten Hofjuden zählten die Hoffaktoren des kaiserlichen Hofes

Ausweisung der Juden aus Wien im Jahre 1670 (nach einem zeitgenössischen Stich).

347

David Oppenheimer (1664-1736), zuerst Landesrabbiner von Mähren, dann von Böhmen, ein Neffe des Wiener Hoffaktors Samuel Oppenheimer. Er benutzte das von seinem Onkel ererbte Vermögen zum Aufbau einer wertvollen Bibliothek, die 7000 hebräische Druckwerke und 780 Handschriften umfasste. Seine Bibliothek wurde von der Bodleiana Bibliothek, Oxford, erworben und bildet den Grundstock ihrer hebräischen Abteilung.

in Wien, besonders Samuel Oppenheimer (1630- 1703) und Samson Wertheimer (1658-1734), welche die kaiserliche Heere belieferten und in der Finanzierung des Spanischen Erbfolgekrieges und des Türkenkrieges eine große Rolle spielten.

Einige Jahre nachdem Kaiser Leopold I., veranlaßt durch seinen katholischen Glaubenseifer, im Jahre 1670 die Juden aus Wien vertrieben hatte, fand es der gleiche Kaiser erforderlich, Samuel Oppenheimer zu seinem "Hof- und Oberfaktor" zu ernennen und ihm das Recht zuzuerkennen, mit seiner Familie und seinem großen Haushalt in Wien zu wohnen. So bildete sich in aller Stille wieder eine jüdische Gemeinde in der österreichischen Hauptstadt. Oppenheimer stand

Wer großer Herren Gunst misbraucht mit bösen Rath
Wie dieser freche Iud Süeß Oppenheimer that
Wen Geitz und Übermuth auch Wollust eingenomen
Der mus wie Haman dort zu letzt an Galgen komen

Joseph Süß Oppenheimer (1698-1738), von seinen Gegnern "Jud Süß" genannt, eine tragische Gestalt unter den Hofjuden des achtzehnten Jahrhunderts. Sein rascher Aufstieg am Hofe des Herzogs von Württemberg erweckte Neid und Haß. Nach den Tode seines Patrons wurde er verhaftet und zum Tode verurteilt.

beim Kaiser in hoher Gunst. Es gelang ihm sogar, den Kaiser zu bewegen, Johann Eisenmengers antisemitische Propaganda durch Beschlagnahme seines Buches "Entdecktes Judentum" zu unterbinden. Aber die kaiserliche Gunst war nicht imstande, ihn vor dem Wiener Pöbel zu schützen, der, von der Geistlichkeit angestachelt, im Jahre 1700 sein Haus stürmte und ausplünderte.

Nach Oppenheimers Tod erbte sein Mitarbeiter Samson Wertheimer seine Stellung am Hofe. Wertheimer trug zur Stärkung und Entwicklung der jüdischen Wiener Gemeinde wesentlich bei. Samuel Oppenheimers Neffe, David Oppenheimer, war zuerst Landesrabbiner von Mähren und dann von Böhmen. Mit Hilfe des Vermögens, das ihm sein Onkel hinterlassen hatte, baute er die bis dahin größte Sammlung hebräischer Handschriften und Bücher auf. Seine Bibliothek umfaßte 7000 Druckwerke und 780 Handschriften. Nach seinem Tode wurde sie von der Bodleianischen Bibliothek in Oxford erworben.

Ein durch sein tragisches Schicksal berühmt gewordener Hofjude war ein anderes Mitglied der weitverzweigten Familie Oppenheimer, nämlich Joseph Süß Oppenheimer (1698-1738), den seine Feinde kurze "Jud Süß" nannten. Im Jahre 1732 vom Herzog von Württemberg zum Hoffaktor ernannt, wurde er in kurzer Zeit der allmächtige Minister des Herzogtums. Er führte finanzielle Reformen durch und errichtete eine große Anzahl industrieller und kaufmännischer Unternehmungen. Diese warfen ihm einen beträchtlichen Nutzen ab, festigten aber gleichzeitig die wirtschaftliche Lage des Landes. Seine hohe Stellung und sein großer Einfluß erweckten aber natürlicherweise Haß gegen ihn. Als sein Herr und Patron, Herzog Karl Alexander, im Jahre 1737 plötzlich starb, wurde Joseph Süß verhaftet und beschuldigt, Unterschlagungen und viele andere Sünden begangen zu haben. Unter der Folter bekannte er alles. Zum Tode verurteilt, weigerte er sich, sein Leben durch den Übertritt zum Christentum zu erkaufen. Bis zum Galgen beteuerte er seine Unschuld und er starb mit dem traditionellen Bekenntnis: "Höre, Israel, der Herr ist unser Gott, der Herr ist Einer" auf den Lippen. Seinem Tode folgte eine stürmische antijüdische Hetze, nach der die Juden aus Württemberg ausgewiesen wurden. Erst Ende des achtzehnten Jahrhunderts wurden sie wieder zugelassen.

Zwar konnten sich deutsche Fürsten noch erlauben, die Juden aus ihren Ländern auszuweisen, aber schon machten sich Zeichen einer neuen Zeit bemerkbar, in welcher die internationale öffentliche Meinung einen gewissen Einfluß hatte. Dies zeigte sich bei der Ausweisung der alten Prager Gemeinde im Jahre 1745. Anlaß dieser Vertreibung war der Umstand, daß der bereits erwähnte Rabbi Jonathan Eybeschütz die Ernennung zum Großrabbiner der Gemeinde Metz angenommen und Prag verlassen hatte. Dies wurde von den Behörden, da Metz damals zu Frankreich gehörte, als eine Kundgebung anti-österreichischer Gefühle seitens der Juden ausgelegt, und Kaiserin Maria Theresia unterschrieb ein Dekret, welches die Juden verpflichtete, Prag innerhalb eines Monats, im tiefsten Winter, zu verlassen. Das grausame Dekret erweckte Empörung in ganz Europa. Es folgten internationale diplomatische Interventionen. England und Niederland verwendeten sich in Wien zugunsten der Prager Juden und jüdische Finanzleute in Österreich und im Ausland unterstützten diese Fürsprachen. Letzten Endes sah sich die Kaiserin genötigt, die Juden nach Prag zurückkehren zu lassen. Allerdings waren inzwischen drei leidvolle Jahre verstrichen.

Manchmal hatten örtliche Ausweisungen unerwartete Folgen und waren der Ausgangspunkt neuer Entwicklungen. Das war zum Beispiel der Fall bei der bereits erwähnten Vertreibung der Juden aus Wien im Jahre 1670. Die Vertriebenen schlossen sich zum Teil bereits bestehenden Gemeinden in anderen deutschen Städten an. Aber ein Teil von ihnen ging nach Brandenburg, wo seit ihrer Vertreibung im Jahre 1573 keine jüdischen Gemeinden mehr bestanden und sie bildeten die Gemeinde von Berlin, die im Laufe der Zeit eine der wichtigsten in

Deutschland wurde. - Die Berliner Gemeinde wurde im achtzehnten Jahrhundert der Ausgangspunkt einer geistigen Gärung, welche eine Umwälzung im Judentum hervorrief. Es handelt sich um die sogenannte "Haskala" ("Aufklärungs")-Bewegung. Ihr Urheber war der jüdische Philosoph Moses Mendelssohn (1729-1786), der 1743 aus Dessau nach Berlin kam. Entgegen den Vorurteilen seiner Umgebung hatte Mendelssohn außer der Bewandertheit im jüdischen Schrifttum auch die Kenntnis der deutschen und lateinischen Sprache erworben und hatte sich besonders in der philosophischen Literatur seiner Zeit vertieft. Von Lessing ermutigt, der mit ihm befreundet war, wurde Mendelssohn bald ein gewandter philosophischer Schriftsteller in deutscher Sprache, der von weiten Kreisen nichtjüdischer Intellektueller hochgeschätzt wurde. Mendelssohn betrachtete es als seine Aufgabe, der intellektuellen Absonderung seiner Glaubensgenossen ein Ende zu machen und ihnen den Weg zur europäischen Kultur zu ebnen. Zu diesem Zwecke übersetzte er die Bibel in Schriftdeutsch und versah diese Übersetzung mit Hilfe einiger gleichgesinnter Mitarbeiter mit einem hebräischen Kommentar, "Biur" ("Erklärung"). Zum leichteren Verständnis für die jüdischen Leser, die der deutschen Schrift nicht mächtig waren, erschien die deutsche Übersetzung zunächst in hebräischen Lettern. Mendelssohn bezweckte damit einerseits, seine

Der Tod des Herzogs Karl Alexander von Württemberg (nach einem zeitgenössischen Stich). "Jud Süß" hält in seiner rechten Hand ein Blatt, auf dem geschrieben steht: "Es fällt mein Freund. Oweih! Oweih!" Zwei andere Juden gestikulieren erregt, während der Pöbel mit frohem Händeklatschen in den Saal strömt.

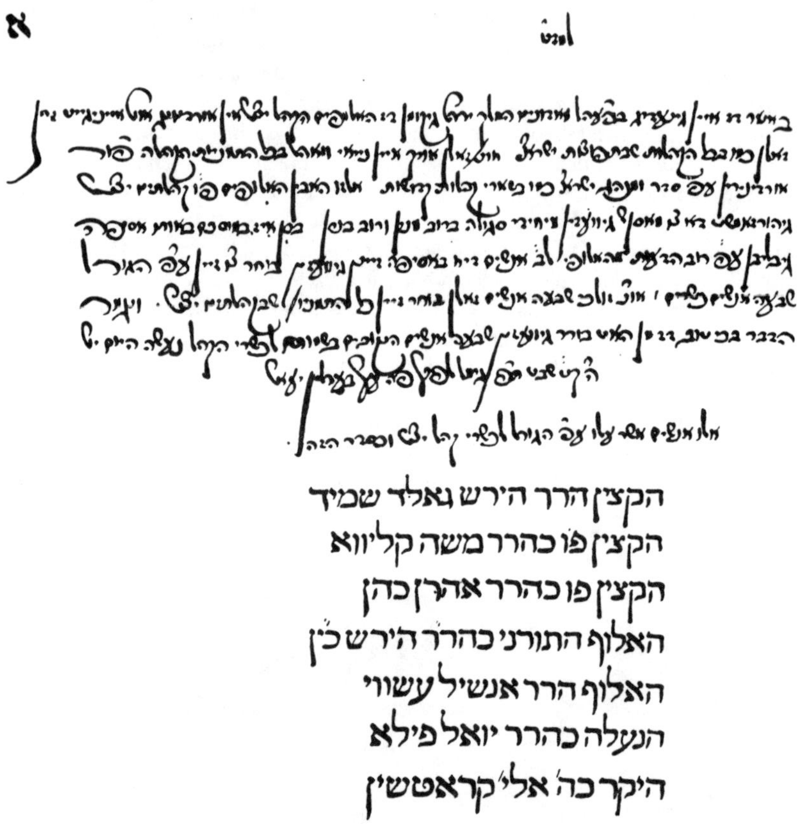

(handschriftlicher hebräischer Text)

הקצין הרר הירש נאלד שמיד
הקצין פו כהרר משה קליוזא
הקצין פו כהרר אהרן כהן
האלוף התורני כהרר הירש כ'ן
האלוף הרר אנשיל עשוי
הנעלה כהרר יואל פילא
היקר כה' אלי' קראטשין

Die erste Seite des Protokollbuches der Berliner Gemeinde, 1773.

Leser mit dem einfachen, von allen allegorischen Deutungen befreiten Bibeltext bekannt zu machen, und andererseits die bisher in der Übersetzung der Bibel übliche jüdisch-deutsche Sprache durch reines Schriftdeutsch zu ersetzen. Obgleich streng orthodoxe Kreise sich Mendelssohns Unternehmen fanatisch widersetzten, war seine Bibelübersetzung weit verbreitet und trug dazu bei, einen neuen jüdischen Typus zu schaffen. Andererseits bewies Mendelssohn gleichzeitig durch seine Schriften seinen christlichen Mitbürgern, daß die Juden Deutschlands durchaus fähig waren, gleichwertige Bürger ihres Landes zu sein. Mendelssohn, seine Familie und seine Mitarbeiter bezeichneten das Ende des Ghetto-Zeitalters in Deutschland.

Das Niederreißen der Schranke, die bisher Juden von Christen getrennt hatte, war aber nicht ganz gefahrlos für das Judentum. Während Mendelssohn selbst sein Leben lang ein gesetzestreuer Jude blieb, gingen viele seiner Nachkommen zum Christentum über. Desgleichen zögerten manche seiner Schüler auf der Grenzlinie zwischen Judentum und Christentum. Einige verließen letzten Endes den

Moses Mendelssohn (1729-1786), berühmter philosophischer und theologischer Schriftsteller und Bibelübersetzer. Er erhöhte das Ansehen des Judentums in den Augen der Nichtjuden. Von ihm ging die "Haskala"-Bewegung aus, die die Eingliederung der Juden in der europäischen Kultur bezweckte.

väterlichen Glauben, um in der christlichen Gesellschaft Aufnahme zu finden. Unter den Intellektuellen im Kreise Mendelssohns verdient wenigstens einer noch eine besondere Erwähnung, nämlich der Philosoph Salomo Maimon, der Kritiker

Jüdischer Haushalt in Deutschland im achtzehnten Jahrhundert (aus der zweiten Cincinnati Haggada).

Titelblatt des Protokollbuches der aschkenasischen Gemeinde von Hamburg-Altona 1726 (Generalarchiv für Jüdische Geschichte, Jerusalem).

der Kantschen Philosophie, von dem Kant selbst sagte, keiner seiner Gegner habe ihn so gut verstanden wie er. Maimon übte auf die deutsche Philosophie seiner Zeit einen bemerkenswerten Einfluß aus. Aber der plötzliche Sprung in die deutsche Kultur ruinierte seinen Charakter und entfremdete ihn schließlich dem Judentum. Seine Autobiographie ist ein erschütterndes Bekenntnis.

Der größte Teil der deutschen Judenschaft des achtzehnten Jahrhunderts bestand aus einem Proletariat von Kleinkaufleuten und Hausierern, die an der Grenze der Armut lebten. Weit über ihnen stand eine zahlenmäßig kleine, aber finanziell mächtige Klasse von Hofjuden und deren Mitarbeitern. Dies war eine eng verbundene Oligarchie, deren Mitglieder ein üppiges Leben führten, in großartig möblierten Palästen wohnten und eine große Dienerschaft beschäftigten. Manche von ihnen unterhielten ihre eigenen Synagogen, die sie reich ausstatteten. Zu diesem Zweck beschäftigten sie jüdische Silberschmiede und andere Handwerker. Einige von ihnen wandten sich an jüdische Künstler, um ihre Pessach-Haggada mit handgemalten Miniaturen schmücken zu lassen. Jüdische Graveure und Medailleure fertigten für sie Stempel und Medaillen aus. Unter diesen taten sich besonders Jakob Abraham (1722-1800) und sein Sohn Abraham Abramson (1754-1811) hervor, beide in Berlin.

Die größte jüdische Gemeinde in Deutschland war die von Hamburg. Zusammen mit den Gemeinden in London und Amsterdam bildete sie eine Art jüdischer Hansa, die im Welthandel des achtzehnten Jahrhunderts eine bezeichnende Rolle spielte. Dort war der Kontrast zwischen den verschiedenen Klassen der jüdischen Gesellschaft merklich größer als sonst irgendwo: einerseits die sephardischen Magnaten und die aschkenasischen Kaufleute und Juweliere, andererseits das Proletariat. Die Hamburger jüdische Gemeinde wurde in dieser Zeit der Sitz blühender geistiger Tätigkeit. Der bereits früher erwähnte Chacham Zewi Aschkenasi ließ sich 1690 in Hamburg nieder, gründete dort eine Talmudschule und stand ihr zwanzig Jahre lang vor, bis er zum Rabbiner der aschkenasischen Gemeinde von Amsterdam gewählt wurde. Sein Sohn, Jakob Emden, war in Hamburg geboren und kehrte 1733 in seine Heimatstadt zurück. Von dort aus führte er einen unerbittlichen Kampf gegen die letzten Nachzügler der sabbatianischen Bewegung. Zwei Autobiographien haben uns besonders viele interessante Einzelheiten über das Leben der jüdischen Gemeinde Hamburgs übermittelt. Die eine ist die Autobiographie einer jüdischen Frau, Glückel von Hameln, aus der zweiten Hälfte des siebzehnten Jahrhunderts, der Zeit der großen messianischen Bewegung. Die andere ist die Autobiographie Rabbi Jakob Emdens, die einen großen Teil des achtzehnten Jahrhunderts umfaßt. Glückel von Hamelns Memoiren, mit ihrer warmen, schlichten Sprache und den bezaubernden Schilderungen ihres eigenen Lebens und dessen ihrer Familienmitglieder sind eine Perle der jüdischen Literatur.

DIE JUDEN IN ENGLAND
IM 18. JAHRHUNDERT

Die Entwicklung der erneuerten jüdischen Gemeinde in England gestaltete sich anders als in den übrigen europäischen Ländern. Sie war ohne besondere formelle Beschlüsse der Obrigkeit entstanden und keinerlei offizielle Einschränkungen beengten ihre ersten Schritte. Juden durften sich ansiedeln, wo immer sie wollten. Sie durften sich nach Belieben kleiden, pflegten normale Beziehungen mit ihren christlichen Nachbarn und durften gemäß ihren Neigungen und Fähigkeiten jeden Beruf ergreifen. Die großen Kaufleute und Makler, teilweise sephardische, teilweise aschkenasische Juden, bildeten die Oberschicht der Gemeinde. Deren Lebensart unterschied sich keineswegs von der ihrer christlichen Nachbarn und Kollegen.

Den reichen Kaufleuten folgte auch ein Zustrom ärmerer Einwanderer, meistenteils mittellose Flüchtlinge aus den Ghettos Deutschlands und Osteuropas. Im neuen Land fristeten sie ihr Leben als Hausierer und mit dem Handel von alten Kleidern, was damals ein nicht unwichtiger Handelszweig war. Während die Großkaufleute sich hauptsächlich in London konzentrierten, zogen es ihre bescheideneren Glaubensbrüder vor, sich in den Provinzstädten Englands niederzulassen, wie

Trödelmarkt in London (nach einer Zeichnung von Thomas Rawlinson). Der Handel mit alten Kleidern war ein spezifisch jüdischer Beruf.

Sampson Gideon (1699-1752), der jüdische Londoner Finanzier, der während der englisch-französischen Kriege durch Anleihen an die englische Regierung die finanzielle Stabilität Englands sicherte. Während des jakobitischen Aufstandes vom Jahre 1745 bot er der Admiralität fünf Schiffe für die Verteidigung der englischen Küsten an. (Ölbild von Allan Ramsay in der Sammlung des Oberstleutnants D.E. Feemantle.)

Birmingham, Bristol, Canterbury, Liverpool, Plymouth, Portsmouth und anderen. Von dort aus besuchten die jüdischen Hausierer Städte und Dörfer in der Umgebung. Mitte des achtzehnten Jahrhunderts bestanden bereits in vielen Provinzstädten jüdische Gemeinden. Dieser Teil der Judenschaft Englands, die Mitte des achtzehnten Jahrhunderts wahrscheinlich nicht mehr als zehntausend zählte, zog natürlich die Aufmerksamkeit der christlichen Bevölkerung mehr auf sich, als die vornehmen sephardischen Kaufleute der Londoner City. Ihre äußere Erscheinung und ihre Sprache schien den englischen Provinzlern fremd und seltsam. Zeitgenössische Karikaturen illustrieren den Eindruck, den sie machten. Es ist aber zu bemerken, daß in diesen Karikaturen, im Unterschied zu jenen, die auf dem Kontinent erschienen, mehr der englische Humor als Judenhaß zum Ausdruck kommt.

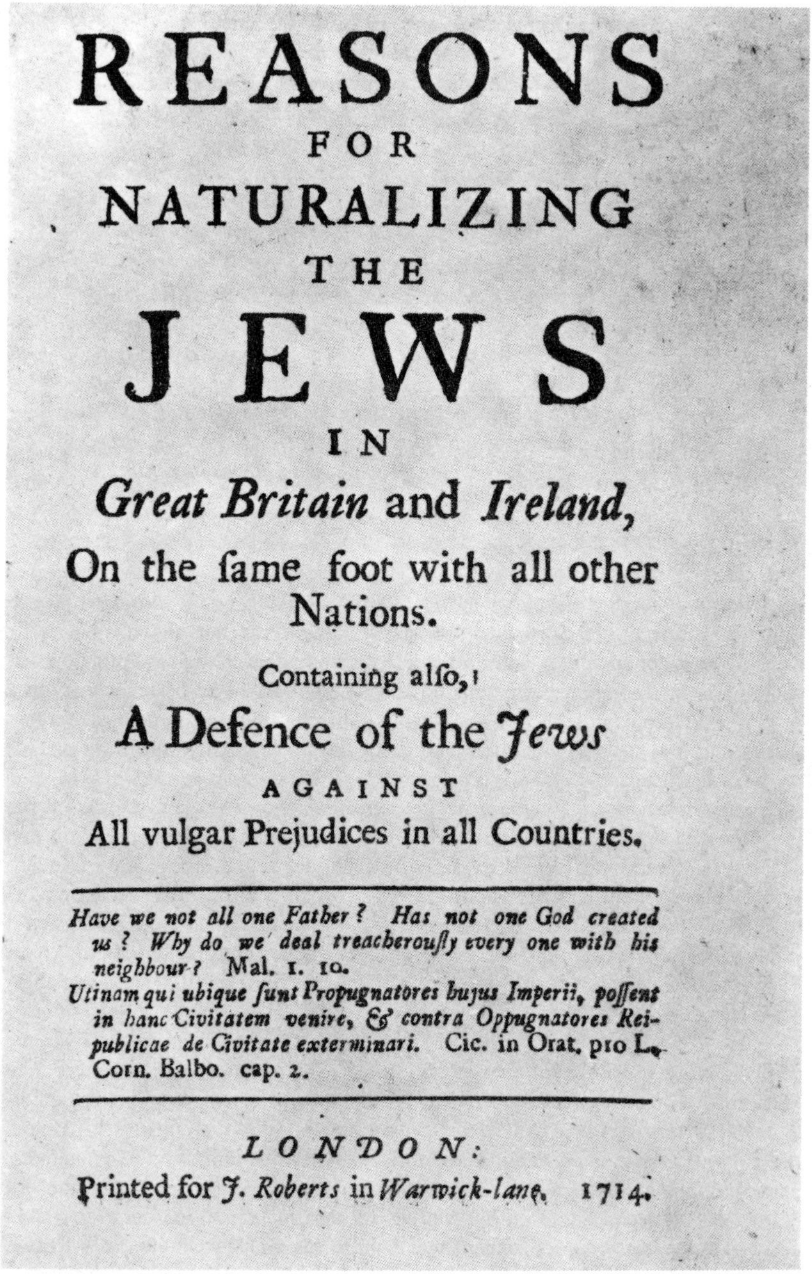

REASONS

FOR

NATURALIZING

THE

JEWS

IN

Great Britain and *Ireland*,

On the same foot with all other
Nations.

Containing also,

A Defence of the *Jews*

AGAINST

All vulgar Prejudices in all Countries.

---

*Have we not all one Father? Has not one God created
us? Why do we deal treacherously every one with his
neighbour?* Mal. 1. 10.
*Utinam qui ubique sunt Propugnatores hujus Imperii, possent
in hanc Civitatem venire, & contra Oppugnatores Rei-
publicae de Civitate exterminari.* Cic. in Orat. pro L.
Corn. Balbo. cap. 2.

LONDON:

Printed for *J. Roberts* in *Warwick-lane*. 1714.

*Titelblatt der Broschüre John Tolands vom Jahre 1714, in welcher er die
Einbürgerung der Juden befürwortete.*

Lord George Gordon (1751-1793), der englische Aristokrat der sich 1787 zum Judentum bekehrte und die restlichen Jahre seines kurzen Lebens als streng religiöser Jude im Gefängnis verbrachte. (Kupfermedaille aus dem Jahre 1793.)

Zu jener Zeit waren die meisten Juden im Ausland geboren worden und die Einbürgerung in England war eine sehr schwerfällige Prozedur. Gewisse englische Kreise waren der Meinung, daß in dieser Beziehung eine liberalere Politik ratsam sei, um die Assimilation der bereits eingewanderten Juden zu beschleunigen und neue reichere Einwanderer, die dem Lande wirtschaftlich nützlich sein könnten, anzuziehen. Der erste öffentliche Fürsprecher für die Verleihung des Bürgerrechts an die Juden Englands war der Philosoph John Toland, der im Jahre 1714 eine anonyme Broschüre mit folgendem Titel veröffentlichte: "Vernunftgründe für die Einbürgerung der Juden Großbritanniens und Irlands auf gleichem Fuße mit den anderen Nationen und eine Verteidigung der Juden gegen die in allen Ländern verbreiteten Vorurteile". Als Motto dieser Broschüre wählte der Verfasser den Bibelvers: "Haben wir nicht alle einen Vater? Hat uns nicht ein Gott geschaffen?" (Maleachi 2, 10). Zwar forderte die Broschüre noch nicht die Verleihung voller Bürgerrechte an die Juden, aber immerhin bildete sie einen ersten wichtigen Schritt zur Lösung des Problems.

Im Jahre 1753 legte die Regierung dem Parlament einen Gesetzentwurf für die Einbürgerung fremder Juden vor, der ungefähr im Sinne der bescheidenen Vorschläge Tolands gehalten war. Die Abgeordneten, die diesen Entwurf unterstützten, wiesen auf den Anteil der Juden an der Entwicklung des britischen Handels hin sowie auch auf den patriotischen Beitrag jüdischer Magnaten zur Sanierung der englischen Finanzen. Sie hoben insbesondere die Verdienste des jüdischen Finanziers Sampson Gideon hervor, der im Jahre 1745 der Admiralität fünf auf seine Kosten voll ausgerüstete Schiffe für die Verteidigung der Küsten England angeboten hatte.

Der Gesetzentwurf wurde angenommen und gewährte Juden, die mindestens seit drei Jahren in England lebten, die Erlaubnis, um Einbürgerung zu ersuchen. Die Opposition protestierte stürmisch gegen die Annahme des Gesetzes. Ihr Widerstand war eigentlich mehr gegen die Regierung als gegen die Juden gerichtet, aber er hatte die Aufhebung des Gesetzes im Jahre 1754 zur Folge. In jüdischen Kreisen wurde dies als eine schwere Enttäuschung empfunden. Der Kampf wurde aber tatkräftig und ausdauernd fortgesetzt, bis er gegen Mitte des neunzehnten Jahrhunderts sein Ziel voll und ganz erreichte.

Die repräsentative Körperschaft der englischen Juden, der "Board of Deputies of British Jews", die 1760 für die Regelung von Gemeindeangelegenheiten gegründet wurde, erweiterte im Laufe der Zeit ihren Tätigkeitsbereich und nahm in der Regierungszeit Königin Victorias regen Anteil am Kampf um die Emanzipation der Juden in England und um die Verteidigung der Juden anderer Länder gegen Verfolgungen.

Im inneren Leben der jüdischen Gemeinde in England machte sich der Einfluß der englischen Umgebung stark bemerkbar. Der Humor war eine der Waffen im Kampf zwischen den einander befehdenden Parteien. Als gewisse Kreise an der Verwaltung des im Jahre 1745 gegründeten Krankenhauses der spanisch-portugiesischen Gemeinde in London heftige Kritik ausübten, geschah dies hauptsächlich in Form von Karikaturen in typisch britischem Stil. Auch die Porträts von Rabbinern, Vorbetern und anderen Würdenträgern der Gemeinden stellen sie als Gestalten dar, die nicht weniger englisch als jüdisch aussehen.

Gegen Ende des achtzehnten Jahrhunderts taten sich Juden auch im Sport hervor, und so erschienen die Juden in einem neuen Licht. Daniel Mendoza war englischer Boxmeister, der eine neue Methode des Faustkampfes erfand.

Das ausgehende achtzehnte Jahrhundert sah noch einen merkwürdigen Vorfall, die

Karikatur eines jüdischen Künstlers aus dem achtzehnten Jahrhundert, die die Verwaltung des Krankenhauses der spanisch-portugiesischen Gemeinde in London kritisiert.

Bekehrung des englischen Aristokraten Lord George Gordon zum Judentum. Jahrelang war Lord Gordon als der Vertreter protestantischer Unduldsamkeit gegen die Katholiken bekannt. Im Jahre 1787 trat er zum Judentum über, ließ sich Bart und Schläfenlocken wachsen, änderte seinen Namen in Israel ben Abraham und nahm eine streng orthodoxe Lebensweise an. Wegen seiner heftigen Angriffe auf die Regierung wurde gegen ihn eine Verleumdungsklage eingebracht. Zu einer Gefängnisstrafe verurteilt, hielt er auch im Kerker sämtliche Gebote streng ein. 1793 starb er im Gefängnis von Newgate. Die Karikaturisten der Zeit verpaßten nicht die Gelegenheit, den aristokratischen Proselyten als einen Händler in alten Kleidern darzustellen. Aber seine Bekehrung bewies, daß das Judentum für religiöse Gemüter Anziehungskraft besaß.

Karikatur des Boxkampfes zwischen Humphey und dem jüdischen Boxer Daniel Mendoza im Jahre 1787. Am linken Rand ist der zum Judentum bekehrte Lord George Gordon dargestellt.

DIE ANSIEDLUNG DER JUDEN IN AMERIKA

Die Beziehungen zwischen den Juden und Amerika begann mit der Entdeckung des Kontinents. Mit ziemlich guten Gründen wird angenommen, daß der Entdecker selbst, Christoph Kolumbus, einer Marranenfamilie entstammte. Dies mag der Grund gewesen sein, weswegen er über seine Abstammung strenges Geheimnis wahrte. Auf vielen seiner Briefe sieht man an einer der oberen Ecken ein geheimnisvolles Zeichen, welches manche Forscher als die in hebräischen Briefen übliche, aus den zwei Buchstaben "Bet" und "He" bestehende Abbreviatur deuten. Der Sinn dieser Abbreviatur ist "mit Gottes Hilfe" (hebräisch "Beesrat Haschem"). Sicher ist, daß Kolumbus eine Neigung zu jüdischer Gesellschaft hatte. Unterstützung in seinem Unternehmen wurde ihm hauptsächlich seitens Juden und Marranen zuteil. Seine ersten Berichte über die Entdeckung des neuen Erdteils richtete er an seine Patrone, an Luis de Santangel, den Kanzler des königlichen Haushaltes von Aragon und an Gabriel Sanchez, den Schatzmeister des Königreiches, beide Marranen. Luis de Torres, ein getaufter Jude, diente Kolumbus als Dolmetscher und war der erste Europäer, der seinen Fuß auf den Boden der Neuen Welt setzte. Unter den spanischen "Conquistadoren", die unter Cortez in Mexiko kämpften, war zumindest ein Marrane, und Marranen gehörten zu den frühesten Siedlern in Mittel- und Südamerika. Ihre Zahl nahm zu, als zu Beginn des siebzehnten Jahrhunderts das Verbot der Auswanderung aus Spanien und Portugal nach den Kolonien aufgehoben wurde. Aber die Kirche war auf der Hut, und die Inquisition folgte den Marranen auf den Fersen. Schon im Jahre 1539 waren Marranen unter den Sündern, in einem Auto-da-Fe in Mexico. Ende des sechzehnten Jahrhunderts ging die Inquisition gegen die Marranen Luis de Carvajal, den Gouverneur der Provinz Neu Leon in Mexico, vor. Luis de Carvajal starb im Kerker. Sein Neffe, der Führer einer Gruppe geheimer Juden, und andere Mitglieder der Familie Carvajal, starben auf dem Scheiterhaufen und das Vermögen der Familie wurde eingezogen.

In der zweiten Hälfte des sechzehnten Jahrhunderts bestanden bereits Inquisitionstribunale in allen spanischen Kolonien, die große Vermögen anhäuften und stattliche Paläste bauten. Einige von ihnen bestehen bis heute als Denkmal kirchlicher Unduldsamkeit.

Ihren Höhepunkt erreichte die Tätigkeit der Inquisitionstribunale gegen Mitte des siebzehnten Jahrhunderts. Im Jahre 1639 wurde in Lima ein großes Auto-da-Fe abgehalten, in welchem ca. sechzig Marranen verurteilt wurden. Sieben von ihnen wurden bei lebendigem Leibe verbrannt. Die anderen kamen mit verschiedenen Strafen davon. Zwischen den Jahren 1642 und 1649 fanden in Mexico hunderte von Marranenprozessen statt, und eine große Anzahl feierlicher Auto-da-Fes wurde abgehalten. Der unerbittlich grausamen Inquisition gelang es in der Tat, der judaisierenden Bewegung im Kreise der Marranen in Mexico Einhalt zu gebieten.

In Brasilien waren zahlreiche Marranen ansässig, unter ihnen manche, die wegen ihrer Neigung zum Judentum aus Portugal deportiert worden waren. Als die Holländer zu Beginn des siebzehnten Jahrhunderts Brasilien zeitweise eroberten, bekannten sich viele Marranen offen zum Judentum. An verschiedenen Orten bildeten sich jüdische Gemeinden, und Einwanderer aus Holland schlossen sich ihnen an. Die erste und bedeutendste Gemeinde in Brasilien war die "Zur Israel"

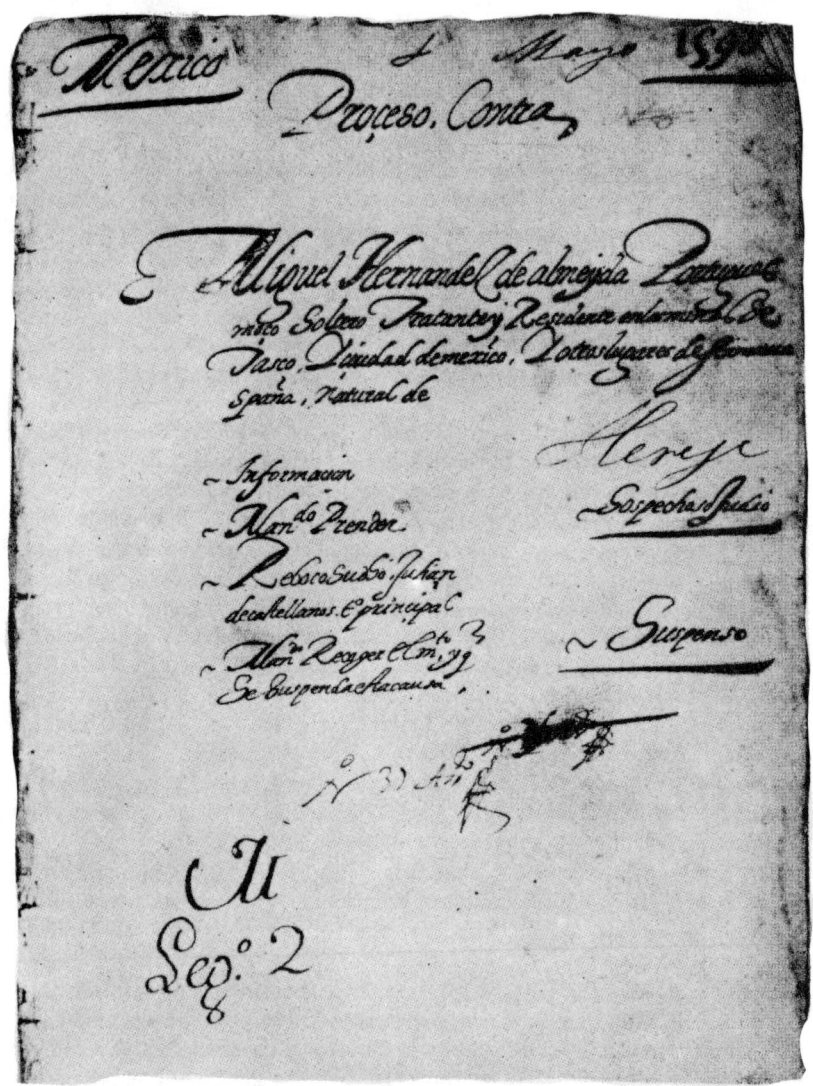

Protokoll des Prozesses des Marranen Miguel Hernandez de Almeida vor dem Inquisitionstribunal von Mexico 1590 (Archiv der American Jewish Historical Society).

Isaak Aboab de Fonseca (1605-1693), der erste amerikanische Rabbiner. Er war das geistige Haupt der jüdischen Gemeinde von Recife (Pernambuco) in Brasilien. Als die Portugiesen im Jahre 1654 Brasilien wiedereroberten, löste sich die Gemeinde auf und Aboab kehrte nach Holland zurück.

("Fels Israels") Gemeinde in Recife (Pernambuco). An ihrer Spitze stand Rabbi Isaak Aboab da Fonseca, der 1642 aus den Niederlanden hergekommen war. Mit ihm war auch der gelehrte Leiter der Amsterdamer Talmudschule, Moses Raphael d'Aguilar gekommen, der als Vorbeter in der Synagoge von Recife fungierte.

Aber die Periode religiöser Freiheit war nur ein kurzes Zwischenspiel. Im Jahre 1645 schritten die Portugiesen zum Gegenangriff, und nach jahrelangen Kämpfen gaben die Holländer schließlich Brasilien auf. Pernambuco wurde von den Portugiesen zweimal belagert und die Juden nahmen an der Verteidigung der Stadt tapfer teil. Zur Feier der Errettung der Stadt nach der ersten Belagerung verfaßte Rabbi Aboab ein langes poetisches Dankgebet, das erste literarische Werk in hebräischer Sprache auf amerikanischem Boden. Als die Stadt schließlich im Jahre

Grabsteine aus dem Jahre 1726 auf dem jüdischen Friedhof von Curacao.

1654 von den Portugiesen wiedererobert wurde, löste sich die jüdische Gemeinde auf. Aboab, Aguilar und andere aus den Niederlanden stammende Juden kehrten in ihr Land zurück. Die anderen Juden zerstreuten sich in der Neuen Welt und bildeten Gemeinden in Gebieten, welche unter der duldsamen Herrschaft Englands und der Niederlande standen. - Einige gingen nach Curaçao, wo sie sich einer

Die Synagoge von Surinam, um 1700 erbaut.

bereits bestehenden kleinen Gemeinde anschlossen. Andere bildeten neue
Gemeinden in Bridgetown, Speightstown und anderswo auf der Insel Barbados,
sowie auch in Kingston, Spanish Town und an anderen Orten in Jamaica. Einige
dieser Gemeinden bestehen bis zum heutigen Tag.

In Surinam gab es, außer der bis heute bestehenden Gemeinde in der Küstenstadt
Paramaribo, eine blühende landwirtschaftliche Niederlassung am Oberlauf des
Surinam Flusses, die sogenannte "Judensavanne", die sich einer weitgehenden
Autonomie erfreute. Dort wurde im Jahre 1685 eine schöne Synagoge gebaut. Im
achtzehnten Jahrhundert wurde die Niederlassung jedoch aufgegeben,
hauptsächlich infolge einer Reihe von Negeraufständen.

Von größter Wichtigkeit waren die Gemeinden, die die Flüchtlinge aus Brasilien
auf dem nordamerikanischen Festland gründeten. September 1654 kam eine
Gruppe von dreiundzwanzig Juden nach einer viermonatigen Seereise, im Laufe
derer sie von spanischen Piraten gefangengenommen und von einem französischen
Piraten befreit worden waren, im Hafen von Neu Amsterdam (heute New York) an.
Sie bildeten den Kern der spanisch-portugiesischen Gemeinde von New York, die
bestimmt war, im Laufe der Zeit die größte jüdische Gemeinde der Welt zu
werden. Auch an anderen Orten in den nordamerikanischen Kolonien bildeten
weitere Einwanderer jüdische Gemeinden. Die älteste von ihnen war die von
Newport (Rhode Island). Dieser schlossen sich dann auch aschkenasische
Einwanderer an. Die schöne Synagoge von Newport, die bis heute besteht, wurde
im Jahre 1763 eingeweiht. Auch in Charleston, Savannah, Philadelphia und an
einigen kleineren Orten ließen sich Juden nieder und schlossen sich zu Gemeinden
zusammen. Überall kamen aschkenasische Einwanderer aus Deutschland und
Polen nach, viele über England oder Holland, und verstärkten die ursprünglich von
sephardischen Juden gegründeten Gemeinden. Einige der aschkenasischen
Einwanderer - Levy, Franks, Philips und andere Familien - wurden reiche

Großkaufleute und Industrielle. Einer von ihnen, Aaron Levy, der 1760 aus Holland nach Nordamerika einwanderte, gab einer Stadt, Aaronsburg in Pennsylvania, seinen Namen.

Zur Zeit des Aufstandes der britischen Kolonien Nordamerikas waren dort ungefähr zweitausend Juden. Ein halbes Dutzend Gemeinden bestanden in Städten an der Küste des Atlantischen Ozeans, und vereinzelte Familien wohnten in kleineren Orten im Inland. Auch in Montreal, Kanada, bestand eine jüdische Gemeinde, die kurz nach der Besetzung Kanadas durch die Engländer im Jahre 1761 gegründet worden war.

Während des amerikanischen Befreiungskrieges stand der Großteil der Juden auf Seiten der Freiheitskämpfer. Viele von ihnen kämpften in der Armee Washingtons. Andere leisteten dem Freiheitskampf andere wichtige Dienste. David Salisbury Franks, der in Montreal ansässig war, diente mit Auszeichnung in der amerikanischen Armee und wurde nach dem Kriege mit wichtigen diplomatischen Missionen im Ausland betraut. Sein Vetter, Isaac Franks, war einer der Adjutanten Washingtons. Auch die Obersten Solomon Bush und Mordecai Sheftall verdienen lobende Erwähnung. Aber die hervorragendste jüdische Persönlichkeit der Zeit war der aus Polen stammende Haym Solomon, der mit Washingtons Finanzminister Robert Morris zusammenarbeitete und das Vertrauen der Öffentlichkeit zur Regierung festigte. Dank seiner Bemühungen überwand die junge Republik die finanziellen Schwierigkeiten der Anfangsjahre. Er selbst lieh der revolutionären Regie-

Titelblatt des Gebetbuches für Neujahr und den Versöhnungstag, New York 1761. Die erste englische Übersetzung des Gebetbuches, die ohne den hebräischen Text gedruckt wurde.

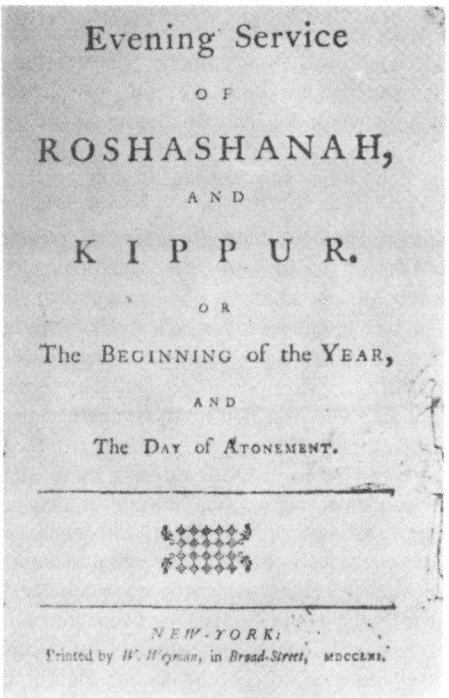

368

Die Mill Street Synagoge der "Scheerith Israel" Gemeinde in New York, erbaut 1779, eingeweiht April 1730 (American Jewish Archive, Cincinnati).

Links: Oberst David Salisbury Franks (1750-1790). Er diente in der amerikanischen Armee und war der Adjutant Benedict Arnolds. Rechts: Oberst Isaac Franks (1759-1822), der Adjutant des Generals George Washington (Ölbild von Gilbert Stuart).

rung eine halbe Million Dollar, zinsfrei und ohne jede Sicherung. Aus seiner Tasche unterstützte er freigiebig patriotische Führer wie James Madison, der später der vierte Präsident der Vereinigten Staaten wurde, und Thomas Jefferson, den Verfasser der "Freiheitserklärung" und späteren dritten Präsidenten der Vereinigten Staaten. Nach der Wahl George Washingtons zum ersten Präsidenten der neuen Republik richtete die jüdische Gemeinde von Newport an ihn einen Gratulationsbrief, auf den er in einem Briefe antwortete, welcher zu den denkwürdigsten Dokumenten der Geschichte der Juden in Amerika zählt.

Die Freiheitserklärung und die ursprüngliche Verfassung der vereinigten Staaten gewährten prinzipiell allen jüdischen Bürgern volle Gleichberechtigung. Aber nach Erreichung der Unabhängigkeit waren in manchen Staaten noch jahrelange Kämpfe notwendig, bis die prinzipielle Gleichberechtigung in die Tat umgesetzt wurde. Einige Staaten schafften die letzten Beschränkungen erst im Laufe des neunzehnten Jahrhunderts ab.

Der Brief George Washingtons an die jüdische Gemeinde von Newport in Beantwortung des Gratulationsbriefes zu seiner Wahl zum ersten Präsidenten der Vereinigten Staaten.

DIE FRANZÖSISCHE REVOLUTION

In der zweiten Hälfte des achtzehnten Jahrhunderts war in Europa die Frage der Emanzipation der Juden an der Tagesordnung. In Deutschland setzte sich Gotthold Ephraim Lessing, Moses Mendelssohns Freund, in seinem berühmten Schauspiel "Nathan der Weise" für aufrichtige religiöse Duldung und für eine neue menschliche Stellungnahme zur Judenfrage ein. Allerdings fand Lessings Aufruf vorläufig keine begeisterte Aufnahme beim deutschen Publikum. Der Dichter wurde sogar beschuldigt, von der Amsterdamer Judenschaft bestochen worden zu sein. Aber der von ihm so schlagkräftig ausgedrückte Gedanke durchdrang schließlich die Einsicht, wenn er auch das Herz noch nicht eroberte. - Ein anderer Freund Mendelssohns, der politische Schriftsteller Christian Wilhelm von Dohm, ver-

Abbé Grégoire (1750-1831), der Vorkämpfer der Emanzipation der Juden zur Zeit der Französischen Revolution.

öffentliche ein grundlegendes Werk "Über die bürgerliche Verbesserung der Juden", in welchem er die Emanzipation kräftig befürwortete. Er analysierte den Einfluß der antijüdischen Gesetze und Maßregeln auf den Charakter der Juden und auf den Aufbau ihrer Gesellschaft und gelangte zur Schlußfolgerung, daß die Juden nützliche Bürger des Staates werden könnten, wenn man ihnen volle Bürgerrechte gewähren würde.

In Frankreich veröffentlichte der idealistische Geistliche Abbé Henri Grégoire eine von der Akademie zu Metz preisgekrönte Schrift: "Essai sur la régéneration physique, morale et politique des juifs" ("Versuch über die körperliche, geistige und politische Wiedergesundung der Juden"). Wie Dohm, sah auch Grégoire den Grund der "jüdischen Entartung" in den Judenverfolgungen und in der Verachtung, mit welcher sie jahrhundertelang behandelt worden sind. Er rief die Christen auf, vom grundlosen Haß abzulassen und die Juden als Mitbürger und Freunde in ihre Gesellschaft aufzunehmen.

Kaiser Josef II., der erleuchtete Sohn der unduldsamen Kaiserin Maria Theresia, die 1745 die Juden aus Prag ausgewiesen hatte, erließ im Jahre 1782 das sogenannte

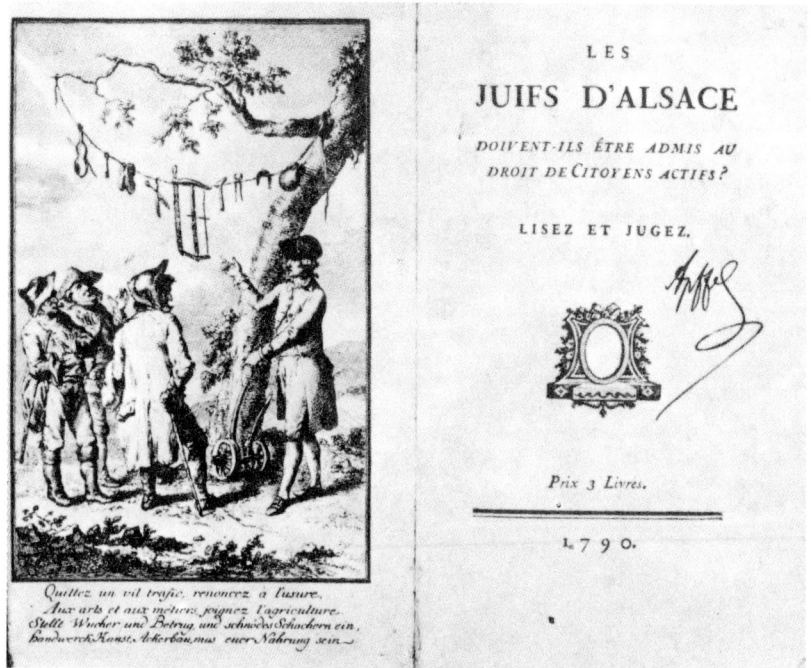

Anonyme französische Flugschrift über die Frage, ob den elsässischen Juden das Bürgerrecht zu gewähren sei. Die Abbildung fordert die Juden auf, den Ackerbau dem Handel und den Geldgeschäften vorzuziehen.

LOI

RELATIVE AUX JUIFS.

Donnée à Paris, le 13 Novembre 1791.

LOUIS, par la grâce de Dieu & par la Loi conſtitutionnelle de l'État, ROI DES FRANÇOIS : A tous préſens & à venir ; SALUT.

L'ASSEMBLÉE NATIONALE a décrété, & Nous voulons & ordonnons ce qui ſuit :

DÉCRET DE L'ASSEMBLÉE NATIONALE, du 27 Septembre 1791.

L'ASSEMBLÉE NATIONALE conſidérant que les conditions néceſſaires pour être citoyen François &-pour devenir

Das Dekret vom 13. November 1791, welches den Juden Frankreichs volle Gleichberechtigung gewährte.

"Toleranzedikt", welches wenigstens die ärgsten Beschränkungen, denen die Juden in den österreichischen Ländern unterworfen waren, abschaffte. Die Juden begrüßten das Edikt mit Begeisterung. Aber Kaiser Josephs Begriff der "Toleranz" war keineswegs großzügig und stellte in gewisser Hinsicht eine Gefahr für das religiöse und geistige Leben der Judenschaft dar. Der wahre Zweck des Ediktes

373

war eigentlich die stufenweise Assimilierung der jüdischen Bevölkerung auf dem Wege der Germanisierung und der Verchristlichung. Trotzdem darf es als ein erster Schritt zur Verwirklichung der Emanzipation angesehen werden.

Auch die Juden unternahmen ihrerseits Schritte zur Schaffung der Bedingungen, die für die Erlangung voller Bürgerrechte als unerläßlich betrachtet wurden. Das jüdische Erziehungssystem wurde im Geiste europäischer Auffassungen reformiert. Diese Bewegung ging vom Kreise um Moses Mendelssohn aus, und die treibende Kraft war Naphtali Herz (Hartwig) Wessely, einer der engsten Mitarbeiter Mendelssohns, der ein begeisterter Anhänger der im "Toleranzedikt" formulierten Prinzipien war. In seiner Schrift "Diwrei Schalom we-Emet" ("Worte des Friedens und der Wahrheit") betonte er die Notwendigkeit für die Juden, die deutsche Sprache zu beherrschen und, zusätzlich zum Studium der Bibel und des Talmuds, sich wenigstens die Elemente der Naturwissenschaften, der Geographie und der Weltgeschichte anzueignen. Seine Gedanken stießen zuerst auf heftigen Widerstand seitens konservativer rabbinischer Kreise, setzten sich aber mit der Zeit in der Judenschaft Mitteleuropas durch.

Den größten Bruch mit der alten Ordnung schaffte natürlich die Französische Revolution. Abbé Grégoire blieb den Gedanken treu, die er vor der Revolution vertreten hatte und setzte sich in der Nationalversammlung für die Emanzipation der Juden Frankreichs ein. In der Nationalversammlung erweckte der Vorschlag keine besondere Begeisterung, und in der öffentlichen Meinung sowie auch in der Presse stieß er auf ziemlichen Widerstand. Aber die Verkündung der Menschenrechte und die Lösung der Revolution: "Freiheit, Gleichheit, Brüderlichkeit" brachten schließlich als logische Folgerung die Emanzipation der Juden mit sich. Trotz örtlichen Widerstands wurde den Juden nach und nach, wenn auch nicht immer gern, volle Gleichberechtigung gewährt. Zuerst wurde sie 1790 den sephardischen Juden von Bordeaux, Bayonne und den alteingesessenen Juden in Avignon und den anderen früheren päpstlichen Gebieten zuteil. 1791 wurde die Gleichberechtigung auch auf die aschkenasische Judenschaft des Elsaß ausgedehnt, eine Judenschaft, die in den Augen der Franzosen seltsam und ungeschlacht erschien. Diesmal war nicht mehr von der Aufhebung gewisser Beschränkungen die Rede. Die Juden forderten und erlangten die gleichen Rechte wie alle anderen Bürger Frankreichs.

Die französischen Armeen waren die Träger der Prinzipien der Französischen Revolution. Wo immer sie in ihren siegreichen Feldzügen hinkamen, verbreiteten sie diese Ideen und brachten sie auch zur Anwendung.

Die Niederlande wurden zur Batavischen Republik erklärt, und diese gewährte im Jahre 1795 allen ihren Bürgern, welcher Religion auch immer, volle Gleichberechtigung. Die Emanzipation der Juden blieb auch in Kraft, als die Republik unter König Louis Bonaparte, dem Bruder Napoleons I., zum Königreich Holland wurde.

In Italien rissen die französischen Armeen, wo immer sie hinkamen, die Tore der Ghettos nieder und forderten die Juden auf, das Ghetto zu verlassen und von der Gleichberechtigung Gebrauch zu machen.

In Deutschland genossen die Juden Gleichberechtigung in denjenigen Gebieten, die während der kurzlebigen napoleonischen Periode unter französischer Herrschaft standen, wie zum Beispiel im Königreich Westfalen, unter König Jérome, einem anderen Bruder Napoleons, im Rheinland und in Hamburg. Nach Napoleons Sturz

THE LOYAL JEW- and FRENCH SOLDIER or BEARD against WHISKERS.!!

Englische Karikatur aus der Zeit der napoleonischen Kriege. Französische und
englische Juden kämpfen gegeneinander, jeder für sein Vaterland.

trat in all diesen Gebieten eine Gegenreaktion ein. Die Emanzipation der Juden
wurde abgeschafft, so daß der Kampf um Gleichberechtigung von neuem beginnen
mußte.

Auch in denjenigen Gebieten, in welchen der französische Einfluß nicht vorherrschend war, machte der Kampf sich langsam bemerkbar und verursachte gewisse
Änderungen an der Lage der Juden. In Preußen, zum Beispiel, wurde den Juden
während der Freiheitskriege, in den Jahren 1812-1815, fast vollständige Emanzipation gewährt. Sie hatten die Ehre, in den Reihen der preußischen Armee
mitzukämpfen. Die Notwendigkeit, die preußische Wehrmacht nach der Niederlage
von Jena wieder aufzubauen, war der Hauptgrund für den Erlaß des Emanzipa-
tionsedikts vom Jahre 1812, und die Juden rechtfertigten die ihnen gewährte
Gleichberechtigung, indem sie für die Freiheit ihres Vaterlandes tapfer mitkämpften.

Theoretisch herrschte der neue Geist auch in Polen. Gleichberechtigung für die
Juden war eines der Prinzipien der polnischen Revolution vom Jahre 1794, an
deren Spitze Tadeusz Kosciuszko stand, und in welcher ein Regiment jüdischer
Freiwilliger unter dem Befehl Berek Joselewiczs teilnahm. In der Schlacht zur
Verteidigung Warschaus wurde das jüdische Regiment fast vollkommen
aufgerieben. Berek Joselewicz selbst kämpfte später mit Auszeichnung in der
Armee Napoleons.

Im Jahre 1807 kehrte er nach Polen zurück, diente in der Armee des
Großherzogtums Warschau und fiel 1809 im Kampf gegen die Österreicher. Die
Verfassung, die Napoleon dem polnischen Großherzogtum gab, sah auf dem Papier
Gleichheit der Rechte für alle Bürger vor. Aber in Wirklichkeit kämpften die Juden

bis zur Auflösung des Großherzogtums vergeblich um ihre Rechte gegen den böswilligen Zynismus der Regierung und des Senats.

In Frankreich war die Republik inzwischen durch das Kaiserreich Napoleons I. ersetzt worden. Noch bevor er den Kaiserthron bestieg, hatte Napoleon ein gewisses Interesse für das jüdische Volk bezeugt. Als er 1798 in Palästina gegen die Türken kämpfte, richtete er einen Aufruf an die Juden in Asien und Afrika, in welchem er versprach, einen Judenstaat zu errichten, und forderte sie auf, mit der französischen Armee mitzuarbeiten. Es ist schwer zu erraten, wie ernst der Aufruf gemeint war. Tatsache ist, daß er keinen praktischen Widerhall fand. Im Jahre 1806 erreichten den Kaiser zahlreiche Klagen über die elässischen Juden. Es wurde behauptet, daß sie die elsässischen Bauern skrupellos ausbeuteten. Was Napoleon

"Die Rückkehr des Freiwilligen", Ölbild von M. Oppenheim (1799- 1882), Jüdisches Museum, New York. Viele jüdische Freiwillige dienten in den deutschen Armeen zur Zeit der Freiheitskriege.

ganz besonders ärgerte, war der Umstand, daß die elsässischen Juden eine besondere religiöse und kulturelle Körperschaft bildeten, "eine Nation inmitten der Nation", wie er sich ausdrückte. Eine solche Anomalie konnte er nicht dulden. So berief er eine Versammlung jüdischer Notabeln ein, die im Juli 1806 unter dem Vorsitz Abraham Furtados aus Bordeaux in Paris zusammentrat. Andere

Berek Joselewicz (1765-1809). Er befehligte ein jüdisches Regiment im polnischen Aufstand vom Jahre 1794, diente dann im französischen Heer und zeichnete sich in den napoleonischen Feldzügen aus. Im Jahre 1807 kehrte er nach Polen zurück, um im Heere des Großherzogtums Warschau zu dienen, und fiel im Jahre 1809 in der Schlacht von Kock gegen die Österreicher.

377

Eine Sitzung des von Kaiser Napoleon I. einberufenen Großen Sanhedrins im
Jahre 1807 (Stich von David nach einem Ölbild von Monnet).

hervorragende Persönlichkeiten unter den Teilnehmern waren der Heereslieferant Berr-Isaac Berr von Nancy und der Rabbiner David Joseph Sinzheim von Straßburg. Die Versammlung wurde aufgefordert, eine Reihe von Fragen zu beantworten, die von der Stellung des emanzipierten Juden im modernen Staate handelten. Nachdem er von den Notabeln zufriedenstellende Antworten erhielt, beschloß Napoleon, einen "Großen Sanhedrin" einzuberufen, welcher die Aufgabe haben sollte, die Beschlüsse der Notabelnversammlung feierlich zu bestätigen. Wie der alte jüdische Sanhedrin in Palästina, bestand der napoleonische "Große Sanhedrin" aus einundsiebzig Mitgliedern. Als Vorsitzender fungierte Rabbi David Sinzheim, mit dem traditionellen Titel "Nassi" ("Fürst") beehrt. Die Eröffnungssitzung fand am 9. Februar 1807 statt. Einen Monat später schloß der Sanhedrin die Beratungen ab. Wie von ihm erwartet, bestätigte er die Beschlüsse der Notabelnversammlung und unterstellte dadurch das religiöse und kulturelle Leben der französischen Judenschaft voll und ganz der Kontrolle des Staates. Trotzdem machte seine Einberufung großen Eindruck auf die öffentliche Meinung der zeitgenössischen Judenschaft. Sie feierte den Kaiser als den Mann, der dem Judentum seinen Ehrenplatz zwischen den anderen Religionen der Welt wiedergegeben hatte.

Dieses Lob war aber unverdient, wie der Kaiser kurze Zeit darauf seinen jüdischen Bewunderern bewies. Ein Jahr nach Schluß der Beratungen des "Großen Sanhedrins", am 17. März 1808, unterzeichnete der Kaiser ein Dekret, welches für eine Periode von zehn Jahren die Rechte der Juden auf dem Gebiet des Handels, der Gewerbefreiheit und der Freizügigkeit wesentlich einschränkte. Die Geschichte hat dieses Dekret, welches versuchte, das Prinzip der Gleichberechtigung aufzuheben, mit der Bezeichnung "le décret infâme" ("das schändliche Dekret") gebrandmarkt.

Medaille zum Andenken an die Einberufung des Großen Sanhedrins (1806-1807) durch Kaiser Napoleon I.

DIE EMANZIPATION DER JUDEN IM 19. JAHRHUNDERT

Nach der Niederlage Napoleons in der Schlacht von Waterloo überschwemmte eine Gegenreaktion ganz Europa. Mit Ausnahme von Frankreich und Holland, wo die Lage der Juden unverändert blieb, wurden ihnen überall die Rechte entzogen, die ihnen in den letzten zwei Jahrzehnten zugestanden worden waren. Schlimmer als anderswo war die Lage in Italien. Im Kirchenstaat, wo die Päpste sich bemühten, ihre frühere Machtstellung wiederzugewinnen und dem Vormarsch des Liberalismus Einhalt zu gebieten, war die Reaktion außergewöhnlich scharf. Die alte Ordnung wurde auf allen Gebieten wieder eingeführt. Die Juden mußten ins Ghetto zurück und wurden erneut den gleichen Demütigungen und Einschränkungen unterworfen wie dazumal. Von neuem wurden sie gezwungen, in die Kirche zu gehen, um Bekehrungspredigten anzuhören. Von Zeit zu Zeit wurden jüdische Kinder entführt, um gegen den Willen ihrer Eltern getauft und als Christen erzogen zu werden. Die Kirche lehnte zwar offiziell die Verantwortung für solche Entführungen ab, weigerte sich allerdings nach geschehener Tat, die Opfer

Die Entführung des Kindes Edgardo Mortara (Zeichnung von M. Oppenheim).

herauszugeben. Der berühmteste Fall war der im Kapitel über das Zeitalter des Ghettos erwähnte Fall Mortara vom Jahre 1858. Obgleich diesmal die öffentliche Meinung in der ganzen Welt gegen den Mißbrauch protestierte, blieb Papst Pius IX, ein Mann der früher als liberal galt, unerbittlich.

Im Königreich Sardinien und in anderen italienischen Gebieten war die Lage der Juden kaum besser. Das einzige Zugeständnis, das die Juden durchsetzten, war, daß sie nicht mehr gezwungen wurden, das Judenabzeichen zu tragen. Nur im Großherzogtum Toscana, welches unter österreichischer Herrschaft stand, war die Reaktion etwas schwächer.

In Deutschland wurde der Ghettozwang nicht wieder eingeführt, aber die den Juden in der napoleonischen Zeit zugestandenen Rechte wurden abgeschafft. Aus einigen Städten, zum Beispiel aus den Hansestädten Bremen und Lübeck, wurden die Juden, die sich zur Zeit der französischen Herrschaft dort niedergelassen hatten, ausgewiesen. Im Jahre 1819 brachen an mehreren Orten Judenhetzen aus, bei welchen Juden ums Leben kamen und viel jüdisches Eigentum geplündert und zerstört wurde. Sie begannen in Würzburg und verbreiteten sich von dort nach Hamburg, Frankfurt am Main und anderen Städte. Der von rauflustigen Studenten geführte Pöbel brach in jüdische Häuser ein und mißhandelte Juden auch auf der Straße. Ihr Kriegsruf war "Hep! Hep!", angeblich eine akrostichische Abkürzung der Kreuzfahrlosung: "Hierosolyma est perdita" ("Jerusalem ist verloren").

In Preußen wurde zwar das Emanzipationsedikt vom Jahre 1812 nicht widerrufen, soweit es die Juden der alten preußischen Gebiete betraf, aber den Juden in den nach Napoleons Sturz angegliederten Gebieten wurden weitgehende

"Hep! Hep!" Judenhetze in Frankfurt am Main (zeitgenössischer Stich).

Links: Das Rothschildhaus in Frankfurt am Main.

Rechts: Nathan Meyer Rothschild (1777-1835), Gründer der englischen Filiale der Familienbank. Im Jahre 1814 leistete er der englischen Regierung finanzielle Hilfe im Kampf gegen Napoleon.

Beschränkungen auferlegt. Überall wurden Schikanen aller Art angewendet, um die Rechte der Juden zu schmälern.

Die ganze Lage war widernatürlich. In den letzten Generationen hatte sich nämlich eine neue Klasse jüdischer Kapitalisten gebildet, die der industriellen Revolution zufolge, den großen Bedarf an Kapital und die Nachfrage nach Heereslieferanten für die Kriege nach der französischen Revolution deckten. Sie wurden ein wichtiger Faktor im Wirtschaftsleben Europas. Unter den jüdischen Finanzleuten von internationalem Rang waren die Rothschilds die bedeutendsten. Der Vater, Mayer Amschel Rothschild (1743-1812), hatte als Hofjude des Kurfürsten von Hessen ein großes Vermögen gemacht und er gründete ein Bankhaus in Frankfurt am Main. Nach seinem Tode setzten seine fünf Söhne das Bankgeschäft fort, welches inzwischen expandiert war. Der älteste Sohn stand dem Frankfurter Hause vor. Die anderen vier ließen sich in Wien, London, Paris und Neapel nieder und alle fünf arbeiteten eng zusammen. Die Rothschilds verhandelten überall mit den Regierungen und auch mit dem päpstlichen Hof, als ob sie eine unabhängige politische Macht wären. Es war paradox, den Juden die elementaren Rechte ihrer Mitbürger vorzuenthalten, wo doch einige von ihnen in der wirtschaftlichen Entwicklung der europäischen Staaten eine so wichtige Rolle spielten. Eine Änderung zur Verbesserung ihrer Lage war unvermeidlich.

Um die Mitte des neunzehnten Jahrhunderts war die Emanzipation der Juden eine

Juden in der polnischen Nationalgarde in den Jahren 1830-1831 (aus: L. Hollaenderski, Les Israélites en Pologne, Paris 1846). Die Nationalgarde hatte spezielle jüdische Einheiten und die jüdische Gemeinde Warschaus gewährte der revolutionären Regierung großzügige finanzielle Unterstützung.

der Forderungen der Liberalen, die in ganz Europa für Freiheit und für eine konstitutionelle Regierung kämpften. Kein Wunder, daß die Juden überall mit den Liberalen zusammenarbeiteten, mit ihnen kämpften und litten. In den Revolutionen von 1830 und 1848 erreichten sie zeitweise ihr Ziel. Aber in den Reaktionsperioden, die den Revolutionen folgten, wurden ihre Hoffnungen wieder enttäuscht.

Einer der Vorkämpfer für die jüdische Sache in Deutschland war Gabriel Rießer. In Hamburg geboren, hatte er Rechtswissenschaft studiert, konnte aber wegen der bestehenden Einschränkungen weder als Rechtsanwalt fungieren, noch die akademische Laufbahn einschlagen. So widmete er sich dem Kampfe um die Emanzipation. In vielen feurigen Schriften polemisierte er gegen die antisemitischen Hetzer, widerlegte ihre Argumente, brandmarkte gegen Juden verübte Mißbräuche und forderte volles Bürgerrecht für die Juden. Nach der Märzrevolution 1848 war Rießer einer der vier Juden, die als Führer der deutschen Liberalen in die Nationalversammlung gewählt wurden, die in Frankfurt am Main zusammentrat. Eine seiner begeisterten Reden fand bei der Mehrheit der Mitglieder Widerhall und die 1849 von der Nationalversammlung proklamierte Verfassung sah volle Gleichberechtigung der Juden vor. Aber inzwischen hatte sich die Lage wieder geändert. Die Nationalversammlung wurde aufgelöst und die von ihr ausgearbeitete Verfassung blieb vorläufig auf dem Papier. Es kostete weitere zwanzig Kampfjahre, bis im Jahre 1869, kurz vor der Proklamation des geeinten Deutschen Reiches, den deutschen Juden die Emanzipation gewährt wurde. Gabriel Rießer war inzwischen zum ersten jüdischen Richter in Deutschland ernannt worden und starb im Jahre 1863, ohne den Endsieg erlebt zu haben.

In der Österreichisch-Ungarischen Monarchie wurde die Emanzipation nach der Revolution des Jahres 1848 formell bewilligt, aber auch hier dauerte es weitere zwanzig Jahre, bis sie durch die Verfassung vom Jahre 1867 verwirklicht wurde.

In Italien überstieg die Zahl der an den Kriegen des "Risorgimento" teilnehmenden Juden bei weitem das Verhältnis ihres Anteils an der Gesamtbevölkerung. Die unter der Führung des Halbjuden Daniel Manin im Jahre 1848 wiederhergestellte Republik Venedig zählte in ihrer Regierung eine Reihe edelgesinnter Juden. In Italien war die Emanzipation der Juden hauptsächlich das Resultat der tatkräftigen Unterstützung liberaler christlicher Politiker, wie Marquis Massimo d'Azeglio, des Ministerpräsidenten des liberalen Königs Viktor Emmanuel II.

D'Azeglio veröfflichte sogar eine Abhandlung über "Die bürgerliche Emanzipation der Juden". Sein Nachfolger, Camillo Cavour, setzte d'Azeglios Politik gegenüber den Juden fort. In allen Gebieten, die die Armee des Königs von Sardinien, der 1861 König von Italien wurde, befreite, setzte man die Emanzipation der Juden in die Tat um. Das Werk wurde im Jahre 1870 vollendet, als Viktor Emmanuel II. Rom besetzte, der weltlichen Macht des Papstes ein Ende machte und die letzten Spuren des Ghettozeitalters auf italienischem Boden beseitigte.

In England waren die den Juden auferlegten Einschränkungen seit ihrer Wiederaufnahme nie sehr schwer, und in den dreißiger Jahren des neunzehnten Jahrhunderts begann deren stufenweiser Abbau. Dies geschah dank der energischen und hartnäckigen Tätigkeit einiger entschlossener und ehrgeiziger Persönlichkeiten. Sir David Salomons kandidierte unermüdlich in den städtischen Wahlen in London, bis er letzten Endes zum Sheriff und dann zum Alderman (Ratsherr) gewählt wurde und sein Amt antreten durfte, ohne die traditionelle christliche

Gabriel Rießer (1806-1863), der Vorkämpfer für die Emanzipation der Juden in Deutschland, der sich unermüdlich in Schrift und Wort, vor allem in seinen feurigen Reden in der Frankfurter Nationalversammlung (1848-1849) für die Sache einsetzte.

Eidesformel aussprechen zu müssen. Im Jahre 1855 wurde er zum ersten jüdischen Bürgermeister (Lord Mayor) von London gewählt. Sein im Jahre 1851 unternommener Versuch, ins Unterhaus (House of Commons) aufgenommen zu werden, ohne den christlichen Eid ablegen zu müssen, schlug jedoch fehl. Er versuchte, auf seinem Recht zu bestehen, mußte aber schließlich das Unterhaus verlassen und wurde sogar zu einer schweren Geldstrafe verurteilt.

Dies war nicht das erste Mal, daß das Problem der Aufnahme jüdischer Mitglieder im Unterhaus aufkam. Vom Jahre 1847 an wurde Baron Lionel de Rothschild immer wieder als Vertreter der City von London ins Unterhaus gewählt, konnte aber seinen Sitz nicht einnehmen, weil er sich weigerte, die christliche Eidesformel auszusprechen. Mehrmals brachte die liberale Partei einen Gesetzesentwurf für die Abänderung der Eidesformel ein. Das Unterhaus nahm den Entwurf jedesmal an, aber das Oberhaus (House of Lords) wies ihn jedesmal zurück. Nach langen und mühseligen Debatten wurde schließlich im Jahre 1858 ein Kompromiß erreicht, und Baron Lionel de Rothschild konnte endlich seinen Sitz im Unterhaus einnehmen. Damit war der Prozeß der Emanzipation der Juden in England eigentlich beendet. Nathaniel Rothschild, der Sohn des Barons Lionel, wurde der erste

Die Synagoge von Rom, die im Jahre 1904 eingeweiht wurde. Sie steht mitten in der Gegend des früheren römischen Ghettos.

"Baron Lionel de Rothschild wird im Jahre 1874 in das Unterhaus eingeführt."
(Ölbild von H. Barraud.) Dies bezeichnete den siegreichen Abschluß eines
zehnjährigen Kampfes Rothschilds um die Erlaubnis, seinen Sitz im Parlament
einnehmen zu dürfen, ohne die christliche Eidesformel aussprechen zu müssen.

jüdische Pair in England und nahm seinen Sitz im Oberhaus ein. - Zur Vollendung der Emanzipation der Juden in England trug auch die glänzende Laufbahn Benjamin Disraelis bei. Er war der Sohn eines Schriftstellers, der sich mit der jüdischen Gemeinde verzankt hatte, und wurde als Junge getauft. Trotzdem bekundete er sein ganzes Leben lang eine lebhafte Sympathie für das jüdische Volk. Zu Beginn seiner Laufbahn im Parlament wurde er verlacht. Seine Gegner brachten immer wieder seine jüdische Abstammung in Erinnerung. Aber im Laufe der Zeit wurde er als der glänzendste Redner im Unterhaus anerkannt. Als Führer der Konservativen Partei wurde er von Königin Viktoria, die ihm sehr zugeneigt war, im Jahre 1868, und dann wieder in den Jahren 1874- 80 mit der Bildung der Regierung betraut. Er war der Vorkämpfer einer neuen Auffassung des Britischen Weltreichs.

Eine andere hervorragende Persönlichkeit jener Zeit war Sir Moses Montefiore, ein Verwandter der Familie Rothschild und der Vorsitzende des "Board of Deputies of British Jews" von 1835 bis 1874. Er war ein strenggläubiger Jude und hatte ein empfindsames Herz für die Leiden seiner Brüder, wo immer sie verfolgt wurden. Bis kurz vor Ende seines hundertjährigen Lebens reiste er unermüdlich nach Rußland, Marokko, dem Nahen Osten, um für die verfolgten Juden einzutreten. Als im Jahre 1840 die Häupter der jüdischen Gemeinde von Damaskus, des Ritualmordes an einem Franziskanermönch angeklagt, von den türkischen Gerichtsbehörden unmenschlich behandelt wurden und ihnen die Todesstrafe bevorstand, fuhr Montefiore nach Konstantinopel und Kairo, erlangte die Freilassung der Gefangenen und sogar einen Erlaß des Sultans, der Juden künftig

Sir Moses Montefiore (1784-1885). Ölbild von H. Weigall aus dem Jahre 1881 (National Portrait Gallery, London). Sein ganzes Leben lang war Montefiore ein Verteidiger seiner Brüder in allen Ländern und ein freigebiger Patron der Judenschaft des Heiligen Landes.

vor Ritualmordanklagen schützte. Montefiore hatte eine große Liebe zum Heiligen Land. Er besuchte es wiederholt und gründete landwirtschaftliche Niederlassungen und philanthrophische Anstalten.

Oben: Königin Victoria erhebt Disraeli zum Range eines Pairs (Karikatur in der Zeitschrift "Punch").

Unten: Benjamin Disraeli, Earl of Beaconsfield (1804-1881). Ölbild von J.E. Millais. Disraeli war der glänzende Führer der Konservativen Partei und der Seher des Britischen Weltreichs. Bismarck nannte ihn "einen alten Juden", und in der Tat verheimlichte Disraeli nie seine Anhänglichkeit zum jüdischen Volk.

Rechts: Eine zeitgenössische Radierung, die Montefiore in seinen jüngeren Jahren als Geschäftsmann in der Londoner City darstellt.

DIE JUDENSCHAFT
NACH DER EMANZIPATION

Die Emanzipation der Juden in Europa öffnete einer großen Anzahl befähigter Männer Tätigkeitsbereiche, die ihnen früher verschlossen waren. Diese Aktivitäten nahmen indes nicht in allen Zweigen menschlicher Betätigung das gleichen Ausmaß an; zudem zeichnete sich die Tendenz ab, daß die Juden ihre neuen Stellungen auf Kosten ihres Traditionsbewußtseins einnahmen, von dem sie sich stillschweigend oder ausdrücklich abwandten.

In der Politik gelangten die Juden in kurzer Zeit zu hohen Stellungen. In England bestimmte Benjamin Disraeli, trotz seiner jüdischen Abstammung und seiner offenen Sympathie für das jüdische Volk, das Geschick des Britischen Weltreiches. In Italien diente Luigi Luzzati seinem Vaterland in vielen Ämtern, auch als Ministerpräsident. Obgleich er kein frommer Jude war, verteidigte er sein Volk und trat für seine Glaubensgenossen ein, wo immer sie verfolgt wurden. In seinen letzten Jahren bezeugte er lebhaftes Interesse für die neuen jüdischen Siedlungen in Palästina. Giuseppe Ottolenghi zeichnete sich in der italienischen Armee in den Kriegen gegen Österreich aus und war der erste jüdische Offizier im italienischen Generalstab. Später fungierte er als Kriegsminister. Weniger als vierzig Jahre nach Abschaffung des Ghettos in Rom, wurde der Jude Ernesto Nathan zum Bürgermeister der Ewigen Stadt gewählt.

In Frankreich war der Jude Adolphe Crémieux zweimal Justizminister und dann Senator auf Lebenszeit. Obgleich er sich in erster Linie als einen französischen Staatsmann betrachtete, war er auch ein mutiger Verteidiger jüdischer Interessen. In der bereits erwähnten Damaskus-Affäre arbeitete er mit Sir Moses Montefiore zusammen und begleitete ihn auf seinen Reisen nach Ägypten und der Türkei. Zusammen mit Montefiore gehörte er zu den jüdischen Persönlichkeiten, die im Falle Mortara gegen den Mißbrauch der päpstlichen Macht protestierten. Er war auch der Gründer der "Alliance Israélite Universelle", eines Vereins, der sich zum Ziel setzte, das Erziehungsniveau der Juden in unterentwickelten Ländern zu heben, jüdische Not zu lindern und die Rechte der Juden zu wahren, wo immer sie bedroht waren. Es ist aber bezeichnend für die Gefahr, die die Emanzipation für das nationale und geistige Weiterbestehen des jüdischen Volkes in Europa bedeutete, daß der gleiche Crémieux seine Kinder als Katholiken erzog.

Viele andere Juden waren in Frankreich auf dem Gebiete der Politik tätig und brachten es weit als Parteivorsteher, als Abgeordnete oder als Minister. In der Generation nach Crémieux erhob sich Léon Blum und leitete das Geschick seines Landes in den schicksalsvollen Jahren 1936-1938.

In Deutschland waren die gesellschaftlichen Vorurteile gegen die Juden langlebiger als anderswo, so daß es Juden nicht leicht war, zu leitenden Stellungen zu gelangen. Aber nach 1848 waren immer Juden in den Parlamenten der verschiedenen deutschen Staaten vertreten. Desgleichen nach der Einigung Deutschlands, im Jahre 1871, im Reichstag. Einige der jüdischen Mitglieder des

Reichstags spielten eine bedeutende Rolle im politischen Leben des Deutschen Reiches, so zum Beispiel Ludwig Bamberger, der sich als Gegner der Bismarckschen Politik auszeichnete. Die Teilnahme der Juden am politischen Leben in Deutschland wurde nach dem ersten Weltkrieg noch intensiver. Das war die Zeit, in welcher Walter Rathenau und Kurt Eisner wirkten. Beide bezahlten ihre Hingabe

Die Synagoge von Florenz, ein schönes Beispiel synagogaler Architektur im neunzehnten Jahrhundert.

Von links nach rechts: Benjamin Disraeli (1804-1881), Luigi Luzzati (1841-1927), Walter Rathenau (1867-1922).

Links: Leon Blum (1872-1950); Rechts: Ludwig Bamberger (1823-1899).

Links: Adolphe Crémieux (1796-1880); Rechts: Kurt Eisner (1867-1919).

Oben: Von links nach rechts - Camille Pissaro (1831-1903), Josef Israels (1824-1911), Max Liebermann (1847-1935).
Unten links: Marc Chagall (1890-1985); Rechts: Lesser Ury (1861-1931).

zu ihrem Vaterland mit dem Leben. Vor der Emanzipation war der Beitrag der Juden zur europäischen Kunst sehr bescheiden. Jetzt hoben sich überall jüdische Künstler hervor und viele von ihnen revolutionierten die Kunst mit ihren neuen Auffassungen. Jüdische Maler, wie Camille Pissaro in Frankreich, Josef Israels in Holland, Max Liebermann und Lesser Ury in Deutschland, gehörten zu den hervorragendsten Impressionisten am Schluß des neunzehnten und zu Beginn des zwanzigsten Jahrhunderts. In der nächsten Generation waren Juden wie Modigliani, Marc Chagall und andere, unter den glänzendsten Vertretern der sogenannten "Pariser Schule". In der Bildhauerkunst öffnete Jacob Epstein neue Pfade. In der Musik galt Felix Mendelssohn-Bartholdy, der getaufte Enkel Moses Mendelssohns, als einer der größten deutschen Komponisten in der ersten Hälfte des neunzehnten Jahrhunderts. Nach ihm wirkten in der Musik Gustav Mahler, Arnold Schönberg, Darius Milhaud, Ernst Bloch und viele andere jüdische Komponisten.
Zum Ruhm der deutschen Medizin in Europa gegen Ende des vorigen und am

Von links nach rechts: Felix Mendelssohn-Bartholdy (1809-1847),
Gustav Mahler (1860-1911), Darius Milhaud (1892-1974);
Rechts unten: Ernst Bloch (1880-1959).

Von links nach rechts: Sigmund Freud (1856-1939), Paul Ehrlich (1854-1915),
A. v. Wassermann (1866-1925).

Anfang dieses Jahrhunderts trugen in großem Maß jüdische Ärzte und Forscher
bei, wie zum Beispiel Paul Ehrlich, der Erfinder des Salvarsans, oder August von
Wassermann, der Entdecker der nach ihm benannten Blutreaktion. Sigmund Freud

Oben links: Siegfried Marcus (1831-1897); Rechts: Heinrich Hertz (1857-1894).
Unten: Von links nach rechts - David Schwarz (1854-1897), Felix Haber
(1868-1934), Albert Einstein (1879-1955).

enthüllte die Welt des Unbewußten und schuf eine neue Methode für die Behandlung geistiger Störungen, die Psychoanalyse. Seine Theorien beeinflußten nicht nur die Medizin, sondern dehnten sich auch auf die Literatur und die bildende Kunst aus.

Zahlreiche Juden zeichneten sich auf dem Gebiete der reinen und angewandten Naturwissenschaften aus. Heinrich Hertz' Versuche über die Verbreitung elektromagnetischer Wellen legten den Grundstein für die Entwicklung der drahtlosen Telegraphie. Albert Einstein revolutionierte die Wissenschaft mit seiner Relativitätstheorie. Fritz Haber stellte künstliche Düngemittel her und entwickelte eine Methode, Stickstoff aus der Luft zu gewinnen. David Schwarz baute das erste Luftschiff, eine Erfindung, die Graf Zeppelin dann weiterentwickelte. Siegfried Marcus baute 1875 das erste von einem Benzinmotor getriebene Fahrzeug.

Seit den Tagen, in welchen Heinrich Heine, der getaufte Jude, dessen Herz unheilbar jüdisch blieb, zur deutschen Sprache und Literatur einen bis dahin unbekannten Zauber beitrug, beteiligten sich jüdische Dichter und Schriftsteller in immer zunehmender Zahl an der literarischen Schöpfung in deutscher Sprache. Viele jüdische Dichter, Schriftsteller und Denker bereicherten die englische, französische und italienische Literatur sowie auch die Literatur anderer Länder mit Werken auf dem Gebiete der Dichtung, des Theaters, des Romans und der Novelle, der Kritik und der Philosophie. Auch als Schauspieler und Regisseure zeichneten sich Juden aus: Max Reinhardt als ein Neuerer der Bühnenkunst in Deutschland, die Schauspielerinnen Rachel und Sarah Bernhardt in Frankreich, die Schauspieler Sonnenthal in Wien, Schildkraut in Wien und Berlin und viele andere.

Oben links: Rachel (1821-1858); Rechts: Ad. von Sonnenthal (1832-1909).
Unten: Von links nach rechts - Heinrich Heine (1797-1856), Sarah Bernhardt
(1844-1923), R. Schildkraut (1862-1930).

Während die Juden in dieser Weise zur Bereicherung des Kulturlebens ihrer neuen Heimatländer beitrugen, gingen auch im inneren Leben der jüdischen Gemeinden Änderungen vor sich. Die fortschreitende Assimilation löste nach und nach das Band zwischen dem einzelnen Juden und seiner Gemeinschaft. Je besser er die Landessprache beherrschte, desto mehr vergaß er sein Hebräisch. Viele Juden begannen, sich in der Synagoge als Fremde zu fühlen. Diese dem Judentum entfremdeten Juden wieder anzuziehen, versuchte eine jüdische Reformbewegung, die in Deutschland entstand und sich von da aus auf andere Länder ausdehnte. Predigten in deutscher Sprache wurden ein Teil des Gottesdienstes. Hebräische Gebete wurden durch Gebete in deutscher Sprache ersetzt. Die Bürde der traditionellen rituellen Vorschriften wurde erleichtert. Es ist schwer zu beurteilen, wieviel entfremdete Juden die Reform für das Judentum wiedergewann. Jedenfalls erweckte sie aber in den Kreisen der konservativen Orthodoxie heftigen Widerstand und verursachte viel Streit innerhalb der Gemeinden.

In dieser Zeit war auch eine neue Wissenschaft geboren: "die Wissenschaft des Judentums", wir ihr geistiger Vater, Leopold Zunz (1794-1886) sie benannte. Zunz befaßte sich hauptsächlich mit der Erforschung der homiletischen und liturgischen Literatur des Mittelalters. Zusammen mit seinen Mitarbeitern bemühte er sich, die geistigen Werte des Judentums zu erforschen und zu verbreiten. Moritz Steinschneider leistete Pionierarbeit auf dem Gebiet der hebräischen Bibliographie. Heinrich Grätz verfaßte seine "Geschichte der Juden von den ältesten Zeiten bis in die Gegenwart". Zacharias Frankel und Abraham Geiger erforschten die Geschichte der jüdischen Überlieferung. Ihnen folgten Generationen

*Oben: Von links nach rechts - M. Steinschneider (1816-1907), Z. Frankel
(1801- 1875).
Mitte: Von links nach rechts - Leopold Zunz (1794-1886), Heinrich Grätz
(1817-1891), Abraham Geiger (1819-1874).
Unten: Max Reinhardt (1873-1944).*

wissenschaftlich gebildeter Rabbiner, die ihre Arbeit fortsetzten und das Prestige
jüdischer Wissenschaft auch in den Augen christlicher Wissenschaftler erhöhten.
Von großer Bedeutung wurden jüdische Vereinigungen, wie die bereits erwähnten
"Board of Deputies of British Jews" in London und die "Alliance Israélite
Universelle" in Paris sowie auch der "Hilfsverein der Deutschen Juden" in Berlin.
Sogar Juden, die den religiösen Kontakt mit dem Judentum verloren hatten, fanden
in ihnen ein Betätigungsfeld auf dem Gebiete jüdischer und humanitärer
Solidarität. Auf vielen Gebieten leisteten diese Vereinigungen wertvolle Arbeit.
In gewisser Hinsicht konnte die Judenschaft Englands als Modell jüdischen
Gemeindelebens nach der Emanzipation dienen. An der Spitze der religiösen

Hierarchie stand ein Chefrabbiner (Chief Rabbi), der fast die Autorität eines Bischofs hatte. Ihm zur Seite fungierte ein rabbinischer Gerichtshof (hebräisch "Bet Din"). Der "Board of Deputies" diente neben seiner Tätigkeit für die Verteidigung jüdischer Interessen im Auslande sozusagen als ein jüdisches Parlament. In London bestand seit 1859 der "Board of Guardians for the Relief of Jewish Poor" ("Vorstand für Hilfeleistung an jüdische Notleidende"), der viktorianische Philanthropie mit jüdischer Warmherzigkeit vereinte. Die 1870 gegründete "United Synagogue" war die Vereinigung der aschkenasischen Synagogen in London und zählt heute über 100 000 Mitglieder. Im Jahre 1841 erschienen zwei jüdische Zeitschriften: die "Voice of Jacob" und die "Jewish Chronicle". Die erstere ging nach einigen Jahren ein. Dagegen erscheint die "Jewish Chronicle" bis heute. Sie ist die älteste unter den heute erscheinenden jüdischen Zeitschriften und ein einflußreiches Organ der britischen Judenschaft.

Die von der englischen Judenschaft entwickelte Organisation hat den Druck der Masseneinwanderung gegen Ende des neunzehnten Jahrhunderts erfolgreich überstanden und dauert, wenn auch mit gewissen Änderungen, bis heute fort.

Titel der ersten Ausgabe der "Jewish Chronicle", 12. November 1841. Dies ist die älteste jüdische Zeitschrift, die bis heute erscheint.

OSTEUROPA
IM 19. JAHRHUNDERT ·

Der Kampf um die Emanzipation der Juden in Westeuropa hatte fast gar keinen Einfluß auf die Lage der Juden in Osteuropa, wo die zahlreichen jüdischen Gemeinden Polens infolge der wiederholten Teilung dieses Landes zum größten Teil unter russische Herrschaft gekommen waren.

Dieser reaktionäre Staat, der eben erst aus dem Stadium des Primitivismus herauskam, hatte in der Vergangenheit alles getan, um die Juden aus seinem Gebiet auszuschließen. Bis Ende des sechzehnten Jahrhunderts war im Großfürstentum Moskau, dem Kernland des künftigen Russischen Reiches, so gut wie keine jüdische Bevölkerung ansässig. Die einzigen Juden in diesem Gebiet waren Hofärzte und durchziehende jüdische Kaufleute aus Polen, die unter dem Schutz ihres Königs standen. Die Anfang des siebzehnten Jahrhunderts begonnene territoriale Ausdehnung Rußlands brachte aber Gebiete unter russische Herrschaft, in denen Juden ansässig waren. Die Zaren weigerten sich, die Rechte der alten jüdischen Gemeinden anzuerkennen und legten ihnen schwere Beschränkungen auf. Peter der Große (1672-1725) legte zwar hie und da eine gewisse Sympathie für die Juden an den Tag, dachte aber nicht daran, die Gesetze zu ändern, die den Juden verboten, sich auf russischem Gebiet niederzulassen. Seine Nachfolgerin, Katharina I., versuchte im Jahre 1727 sogar, eine allgemeine Vertreibung der Juden zu erreichen. Als es aber klar wurde, daß dieser Erlaß nicht durchführbar war, begnügte sich die russische Regierung mit wirtschaftlichen Maßregeln, deren Zweck es war, die kaufmännische Tätigkeit der Juden weitestgehend einzuschränken und ihnen das Leben unerträglich zu machen. Die jüdische Bevölkerung überlebte aber alle gegen sie gerichteten Maßnahmen und nahm sogar zahlenmäßig zu.

Die Lage änderte sich grundlegend gegen Ende des achtzehnten Jahrhunderts. Die erste Teilung Polens (1772) brachte circa 100 000 Juden unter russische Herrschaft. Die zweite (1793) und die dritte Teilung Polens (1795) steigerte die Zahl der Juden noch. Diese waren größtenteils streng orthodoxe Juden, die ihre eigene Sprache und ihre eigene Lebensweise hatten. Es war offenbar, daß sie stets eine solidare ethnische Minderheit bleiben würden. Nach vielen Fehlgriffen, die die Unfähigkeit und den bösen Willen der russischen Behörden bewiesen und den Juden viel Ungemach verursachten, beschloß man zu Beginn des neunzehnten Jahrhunderts, eine allgemeine Lösung zu suchen. Die Juden wurden aus den Dörfern vertrieben, um ihrem angeblichen bösen Einfluß auf die Bauernbevölkerung ein Ende zu machen. Sie durften von nun an nur in Städten wohnen, und dies nur im sogenannten "Ansiedlungsrayon", in einer beschränkten Anzahl von Provinzen an der westlichen Grenze Rußlands.

Die Loyalität der jüdischen Bevölkerung während des Einfalls Napoleons in Rußland, im Jahre 1812, machte einen gewissen Eindruck und brachte eine vorübergehende Welle guten Willens seitens der Regierung. Zar Alexander I. (1801-1825) lieh zeitweise liberalen Vorschlägen sein Ohr und spielte sogar mit dem Gedanken der Emanzipation der Juden. Aber was er im Sinn hatte, war eigentlich ein Massenübertritt der Juden zum Christentum. In seinen letzten Regierungsjahren kehrte jedoch auch dieser Zar zu den alten rauhen Methoden zurück. Sein Bruder und Nachfolger, Zar Nikolaus I. (1825-1855), "der Drillfeldwebel Europas", in dem sich der traditionelle russische Widerstand gegen alle äußeren, vor allem gegen jeden westlichen und liberalen Einfluß verkörperte, beschloß das geistige Rückgrat des russischen Judentums ein für allemal zu brechen und die Juden zu zwingen, ihre religiöse und gesellschaftliche Besonderheit aufzugeben. Während seiner dreißigjährigen Regierung wurden nicht weniger als sechshundert die Juden betreffende Erlasse veröffentlicht, fast alle bösartig. Sogar die mittelalterlichen kirchlichen Vorschriften wurden jetzt in Kraft gesetzt. Den Juden wurde verboten, christliche Dienstboten zu beschäftigen, neue Synagogen zu bauen und unzensierte Bücher im Haus zu haben. Den Juden wurde die Militärpflicht auferlegt, wobei die für sie geltenden Bestimmungen weit härter waren als für die christliche Bevölkerung. Zwölfjährige, mitunter sogar achtjährige Kinder wurden gewaltsam eingezogen und mußten fünfundzwanzig Jahre lang Militärdienst leisten. Während der Dienstzeit wurde diesen sogenannten "Kantonisten" gegenüber alles getan, um sie in die Verzweiflung und die Taufe zu treiben. Viele überlebten die schlechte Behandlung nicht, aber die meisten hielten durch. Der hartnäckige Widerstand der Kantonisten gegen die sie bedrückenden Kräfte wurde ein wichtiges Thema der Literatur und der Folklore der russischen Juden. Vergeblich protestierte die Judenschaft Westeuropas gegen die Mißstände in Rußland. Auch der von Sir Moses Montefiore im Jahre 1846 unternommene Besuch in Rußland brachte keine Änderung.

Links: Zar Alexander I. (1801-1825), dessen zu Beginn seiner Regierung geäußerte liberale Ansichten in der Judenschaft Rußlands Hoffnungen auf eine Besserung der Lage erweckten.
Rechts: Zar Nikolaus I. (1825-1855) leert die Taschen seiner jüdischen Untertanen (Karikatur von Henri Daumier, 1855).

Eine gewisse Besserung trat während der Regierungszeit des Zaren Alexanders II. (1855-1881) ein, als Rußland dem westlichen Einfluß das Tor öffnete. Einige der den Juden auferlegten Beschränkungen wurden erleichtert oder aufgehoben, und in gewissem Maße wurde ihnen gestattet, ein normales Leben zu führen, eine Gelegenheit, die die reichere Klasse der jüdischen Bevölkerung sogleich ausnützte. In den siebziger Jahren des vorigen Jahrhunderts schien es fast, als ob die Lage der Judenschaft Osteuropas sich, wenn auch mit ziemlicher Verspätung, derjenigen der Judenschaft Westeuropas nähere, und als ob die Judenfrage auch hier einer friedlichen Lösung entgegengehe.

Marktplatz zu Krakau im neunzehnten Jahrhundert (Stich von Wilhelm Unger, Israel Muzeum, Jerusalem).

Polnische Chassidim.

Inzwischen hatten auch im Innern der russischen Judenschaft große Änderungen stattgefunden. Der äußere Druck, der die Zermalmung und Auflösung dieser religiösen und ethnischen Gemeinschaft bezweckte, hatte den gegenteiligen Erfolg, nämlich eine noch hartnäckigere Anhänglichkeit an das überlieferte Judentum. Der größte Teil dieser Judenschaft widersetzte sich jeder geistigen Berührung mit der Außenwelt und konzentrierte sich auf das Studium der Bibel und des Talmuds. Die großen osteuropäischen Talmudschulen (Jeschiwot) waren die Hochburgen rabbinischer Gelehrsamkeit. Ein großer Teil der jüdischen Bevölkerung bestand aus Anhängern der chassidischen Bewegung, oder vielmehr aus chassidischen Gruppen, jede um ihren geistigen Führer, den Zaddik, geschart. Manchmal gab es Zwiste zwischen den verschiedenen Zaddikim und ihren Anhängern. Aber die ganze Zeit ging der Kampf fort zwischen den Chassidim im allgemeinen und ihren Gegnern, den Mitnaggedim. Andererseits waren Chassidim und Mitnaggedim einig in ihrem Widerstand gegen eine andere Bewegung gegen die Haskala (Aufklärungs-)Bewegung, die beide für den inneren Feind des Judentums hielten. Die aus dem Berliner Kreise um Mendelssohn stammende Haskala-Bewegung drang langsam in Rußland ein. Sie versuchte, den Juden den Zugang zur westlichen Kultur zu öffnen und in die erstickende Atmosphäre des geistigen Ghettos, in welchem die russischen Juden lebten, frischen Wind eindringen zu lassen. Trotz des heftigen Widerstandes der religiösen Kreise, brachte die Haskala eine weltliche Literatur in hebräischer und jüdisch-deutscher Sprache hervor. Einerseits trugen jüdische Gelehrte aus Osteuropa zur Bereicherung der Wissenschaft des Judentums im modernen wissenschaftlichen Geiste des deutschen Judentums bei. Andererseits begannen Dichter, Schriftsteller und Publizisten Mißstände und ungesunde Seiten im jüdischen Leben zu kritisieren und deren Behebung zu fordern. Einer der Gründer der weltlichen jüdischen Literatur in Osteuropa war Isaak Bär Lewinsohn (1788-1860) der in seinen Büchern zu beweisen versuchte, daß das Judentum niemals den Profanwissenschaften und der Philosophie feindselig gewesen sei. Der erste Romanschriftsteller war Abraham Mapu (1808-1867), der den historischen Roman "Ahawat Zion" ("Die Liebe zu Zion") verfaßte, und der erste wirkliche Dichter war Juda Löb Gordon (1830-1892), der in seinen Dichtungen revolutionären Pathos mit beißender Satire verband. Diese bereiteten den Weg für die nächste Generation, in welcher Persönlichkeiten wie der Schriftsteller und Publizist Peretz Smolenskin (1835-1885), der klassische satirische Erzähler Mendele Mocher Sefarim (1835-1917) und der große Humorist Schalom Aleichem (1859-1916) wirkten. Während Mendele nur seine frühesten Werke in jiddischer Sprache schrieb und sich dann der hebräischen Sprache zuwandte, zog Schalom Aleichem sein ganzes Leben die jiddische Sprache vor, die dem Herzen des Volkes näher stand.

Links: Mendele Mocher Sefarim (1835-1917), der Schöpfer der satirischen Erzählung in jiddischer Sprache und der Vater der modernen hebräischen Literatur.
Rechts: Schalom Aleichem (1859-1916), der Schöpfer der humoristischen Erzählung in jiddischer Sprache.

ANTISEMITISMUS

Die raschen Fortschritte der Juden nach der Emanzipation, nicht nur auf wirtschaftlichem Gebiete, sondern auch in Tätigkeitsbereichen, in denen sie früher nicht vertreten waren, riefen in der christlichen Umgebung unvermeidlich Neid und Haß hervor. Dies war insbesondere in Deutschland der Fall, wo die Juden zahlreicher waren als in anderen Ländern Westeuropas (1871 circa eine halbe Million), und wo ihre Teilnahme am literarischen Schaffen, am Zeitungswesen und an der Politik besonders lebhaft war.

Die wirtschaftliche Krise, die dem Krieg gegen Frankreich und der Einigung des Deutschen Reiches folgte, war der Anlaß zum Aufstieg einer organisierten antijüdischen Bewegung. Judenhaß war nichts Neues in Deutschland. Aber im Unterschied zum Mittelalter war der Haß jetzt nicht gegen die Anhänger des jüdischen Glaubens gerichtet, sondern gegen die Angehörigen der "jüdischen Rasse", das heißt auch gegen Juden, die sich nicht mehr zum jüdischen Glauben bekannten, und gegen die Nachkommen von Juden, die eine Generation vorher das Judentum verlassen hatten. Einer der Führer der Bewegung, Wilhelm v. Marr, gab ihr den Namen "Antisemitismus".

Von Bismarck, der über die gegen ihn gerichteten Kritiken in der sogenannten "jüdischen Presse" wütend war, insgeheim gefördert, verbreitete sich die antisemitische Bewegung innerhalb kurzer Zeit in besorgniserregender Weise. Im Jahre 1879 bildete sie bereits eine mächtige politische Partei, die Christlich-Soziale Partei, die ihren Platz im Reichstag einnahm und, zusammen mit anderen reaktionären Elementen im Reichstag, die Abschaffung der Emanzipation der Juden forderte. Der Gründer der Partei und ihr Hauptvertreter im Reichstag war Adolf Stöcker, der Hofprediger des kaiserlichen Hofes in Berlin, der dem Antisemitismus eine sogenannte kirchliche Achtbarkeit verlieh. Zur "wissenschaftlichen" Grundlage trug Houston Steward Chamberlain bei, ein deutscher Schriftsteller englischer Abstammung. In seinem glänzend geschriebenen Buche "Die Grundlagen des neunzehnten Jahrhunderts" hob er den Unterschied hervor zwischen der edlen arischen Rasse, deren reinste Vertreter die Deutschen sind, und die körperlich und moralisch verkommene semitische Rasse, deren typische Vertreter die Juden sind. Er bewies, daß die Juden einen ununterbrochenen Krieg zur Zerstörung der arischen Kultur führen und betonte die Notwendigkeit, diesen schädlichen Fremdkörper aus der europäischen Gesellschaft zu entfernen. Um gläubigen Christen Ärgernis zu ersparen, unternahm es Chamberlain zu beweisen, daß Jesus ein Arier war.

Es war unvermeidlich, daß diese giftige Propaganda auch praktische Resultate zeigte. Wiederholt wurde der Versuch gemacht, Ritualmordprozesse zu inszenieren: 1884 in Skurz (Pommern), 1891 in Xanten am Rhein, 1890 in Konitz (Preußen). Verglichen mit dem Schicksal, das die Juden später erwartete, waren das nur bescheidene Anfänge. Immerhin war darin ein Vorzeichen kommender

Dinge zu erkennen. Wohlgesinnte Deutsche standen den Juden in ihrem Ab-
wehrkampf gegen den Antisemitismus bei und arbeiteten auf ein besseres
Verständnis zwischen den beiden Völkern hin. Aber die weitere Entwicklung
bewies die Vergeblichkeit ihrer edlen Bemühungen.

Dem deutschen Beispiel folgten auch die Nachbarländer. In Österreich war August
Rohling, Professor der Theologie an der Prager Universität, das Sprachrohr der
antisemitischen Bewegung. Ein jüdischer Gelehrter, Dr. Joseph Bloch, wies
öffentlich Rohlings Unwissenheit in jüdischen Dingen nach und brandmarkte seine
Behauptungen als freche Lügen. Daraufhin blieb dem Prager Professor keine Wahl,
als Bloch auf Verleumdung zu verklagen. Der Prozeß nahm jedoch eine
unangenehme Wendung für den antisemitischen Theoretiker, so daß er es letzten
Endes für ratsamer hielt, seine Klage zurückzuziehen. Dieses Fiasko trug aber
keineswegs zur Schwächung der antisemitischen Bewegung bei. In Wien war ihr

*Der Empfang Dr. Karl Luegers, des Führers der österreichischem Antisemiten,
nach seiner Wahl zum Bürgermeister von Wien, im Jahre 1895 (Zeichnung in der
Illustrated London News).*

Die Dreyfus-Affäre. Die Eröffnungssitzung des Prozesses.

Vorkämpfer der Rechtsanwalt Dr. Karl Lueger, der 1897 zum Bürgermeister der österreichischen Hauptstadt gewählt wurde. Allerdings griff der antisemitische Stadtrat von Wien nicht zu extremen Maßregeln gegen die Juden, und Lueger selbst legte eine gewisse Mäßigung an den Tag, aber auf wirtschaftlichem Gebiet waren die Folgen des antisemitischen Regimes sehr fühlbar.

Auch in Österreich war die antisemitische Bewegung als eine politische Partei, die Christlich-Soziale Partei, organisiert, die im Parlament ihre Vertreter hatte und wiederholt vorschlug, den Juden das Bürgerrecht zu entziehen.

Die Österreichisch-Ungarische Monarchie teilte mit Deutschland die Ehre, im neunzehnten Jahrhundert die mittelalterliche Waffe der Ritualmordbeschuldigung angewendet zu haben. Im Jahre 1882 wurden Juden in Tisza-Eszlar (Ungarn) verhaftet und angeklagt, ein christliches Mädchen für rituelle Zwecke ermordet zu haben. Die Angeklagten wurden gefoltert, um sie zu einem Geständnis zu zwingen. Aber auch in diesem Falle erlitten die Antisemiten eine Schlappe. Alle Angeklagten wurden freigesprochen und der Gerichtshof betonte in seinem Urteil, daß Ritualmordanklagen grundlos sind.

Frankreich war, nach der Niederlage im Kriege von 1870/71, fruchtbarer Boden für antisemitische Propaganda. Es bildete sich eine antisemitische Presse, und der

begabte, aber skrupellose Journalist Édouard Dumont veröffentlichte sein Buch
"La France Juive" ("Das jüdische Frankreich"), welches die Geschichte der Juden
in Frankreich in tendenziöser Verformung darstellte, um zu beweisen, daß es den
Juden letzten Endes gelungen sei, die französische Nation zu unterjochen. Die so
entfachte antisemitische Leidenschaft fand ihren Ausdruck in der Dreyfus-Affäre.

*Die Geschichte der Dreyfus-Affäre. Zeitgenössische Darstellung des Falles seitens
der "Dreyfusards".*

407

Im Jahre 1894 wurde ein jüdischer Generalstabsoffizier, Hauptmann Alfred Dreyfus, verhaftet und angeklagt, für Deutschland Spionage getrieben zu haben. Auf Grund gefälschter Beweise wurde er zu lebenslänglichem Gefängnis verurteilt und nach Französisch Guyana deportiert. Die Fälschungen, die zu einer Verurteilung geführt hatten, wurden aber bald entdeckt. Jüdische und französische

"Wahrheit und Lüge". Zeichnung von M. Lilien aus dem Jahre 1898. Die Wahrheit kehrt den Rücken. Das Recht fälscht die Waage. Der Kampf zwischen Wahrheit und Lüge dauert an.

Persönlichkeiten, unter ihnen der französische Schriftsteller Emile Zola, forderten nunmehr energisch eine Revision des Prozesses. Aber reaktionäre Kreise, vor allem in der Armee, widersetzten sich hartnäckig dieser Forderung. Frankreich teilte sich in zwei feindliche Lager, das der Anhänger der Revisionsforderung ("Dreyfusards") und das ihrer Widersacher ("Anti-Dreyfusards"). Die Parteien führten eine heftige Polemik in der Presse, und an mehreren Orten kam es zu tätlichen Ausschreitungen gegen die Juden. Die schlimmsten ereigneten sich in Algerien. Die Dreyfus-Affäre erschütterte die Französische Republik bis auf den Grund. Eine erste Revision des Prozesses im Jahres 1899 führte zur Reduzierung der Gefängnisstrafe auf zehn Jahre. Aber die "Dreyfusards", die von Dreyfus' Unschuld überzeugt waren, kämpften weiter, bis der Kassationshof im Jahre 1906 seine vollkommene Schuldlosigkeit feststellte. Schließlich hatte also das Recht gesiegt. Aber den Juden war klar geworden, daß auch das Geburtsland der jüdischen Emanzipation gegen das Gift des Antisemitismus nicht gefeit war.

POGROME IN RUSSLAND

Die Saat des vorläufig mehr oder weniger theoretischen deutschen Antisemitismus fiel im reaktionären Rußland auf fruchtbaren Boden. Hier verbündete er sich mit mittelalterlichem religiösem Obskurantismus und wurde in den Händen der Regierung ein bequemes Werkzeug zur Bekämpfung aller liberalen Tendenzen in der inneren Politik.

Die Erleichterung einiger der bedrückendsten Beschränkungen in den ersten Regierungsjahren Alexanders II. erweckte große Hoffnungen in der russischen Judenschaft. Andererseits aber verstärkte sie den Judenhaß in vielen Kreisen. Die großen kaufmännischen und industriellen Unternehmungen fürchteten die jüdische Konkurrenz und beeinflußten die offizielle Bürokratie, die ohnehin jede Abweichung von der überkommenen Richtlinie scheute. Mit Ansporn und Unterstützung von hohen Stellen begann die Presse vor der "jüdischen Gefahr" zu warnen und die Leidenschaften der unwissenden Masse, in welcher der Judenhaß von jeher endemisch war, anzufachen. Nach und nach gewann die Reaktion in der zweiten Hälfte der Regierungszeit Alexanders II. wieder die Oberhand. Und als der Zar im März 1881 von Terroristen ermordet wurde, verflogen alle Hoffnungen der Liberalen in Rußland. Der unglückliche Umstand, daß eine Jüdin zu der terroristischen Gruppe gehörte, die das Attentat verübt hatte, wurde von den antisemitischen Propagandisten gehörig ausgebeutet. Unter dem neuen Zar, Alexander III. (1881-1894), setzte eine allgemeine Reaktion ein, die in einer Pogromwelle in den Jahren 1881-1884 Ausdruck fand.

"Pogrom", ein russisches Wort das Zerstörung bedeutet, wurde nunmehr der "terminus technicus", eine alte Erscheinung der Judenhetze, die in Judengemetzel ausuferte. Das russische Wort sollte den Eindruck vermitteln, daß es sich um spontane Ausbrüche der Entrüstung des Volkes über von Juden verübte Mißbräuche handelte. In Wirklichkeit jedoch war ein Pogrom eine wohlorganisierte, von der Regierung genehmigte und von der Polizei offen oder unter der Hand unterstützte Operation.

Die Pogromwelle begann im Monat April des Jahres 1881. Die Juden in Elisawetgrad, Kiew, Berditschew, Odessa, Warschau, Baltzi und anderen Orten wurden von ihr schwer getroffen. Bis zum Herbst des Jahres 1882 hatten Pogrome in nicht weniger als 160 Städten in Südrußland gewütet. In London und New York fanden Protestversammlungen statt. Prominente jüdische und christliche Persönlichkeiten äußerten überall ihre Abscheu vor den russischen Methoden. Aber diese Proteste machten fast keinen Eindruck auf die für die russische Innenpolitik verantwortlichen Stellen. Pogrome wurden von nun an eine endemische Erscheinung im Leben der russischen Judenschaft. 1883 kamen besonders bösartige Pogrome in Rostow, Jekaterinoslaw und Kriwolrog vor. Und im Jahre 1884 wurde zum ersten Mal ein Pogrom außerhalb des Ansiedlungsrayons, in Nischnij Nowgorod veranstaltet. Überall geschah dies mit Einwilligung oder sogar

Links: Englische Karikatur des Zaren Alexander III. und seiner anti-jüdischen Politik.
Rechts: E.M. Lilien: "Zum Andenken an die Märtyrer von Kischinew".

auf Betreiben der Regierung. - Im Mai 1882 wurden die sogenannten "Maigesetze" oder "Provisorischen Regeln" erlassen. Das war eine Reihe von drückenden, demütigenden Maßnahmen, die das Leben und die Tätigkeit der Juden in jeder Weise einschränkten, angeblich um diejenigen Erscheinungen zu vermeiden, die die Empörung des Volkes hervorgerufen und die Pogrome verursacht hatten. Die Maigesetze regelten von nun an das Leben der russischen Judenschaft bis zum Zusammenbruch des Zarenreiches. Der größte Teil des russischen Reiches war den Juden verschlossen. Selbst in den Gebieten, in denen sie wohnen durften, war ihnen nicht gestattet, sich außerhalb der Städte anzusiedeln oder Grundeigentum zu pachten. Nach Belieben der örtlichen Behörden konnten sie überall plötzlich ausgewiesen werden. Von den Hochschulen waren sie fast vollkommen ausgeschlossen. Desgleichen von den meisten freien Berufen und von jeder Möglichkeit gesellschaftlichen Aufstiegs. Praktisch waren die russischen Juden nunmehr in einem großen Ghetto eingeschlossen, das aus Städten entlang der Ostgrenze des Reiches bestand. An einigen Orten, zum Beispiel in Berditschew, bestand die jüdische Einwohnerschaft zu 80% aus Notleidenden. Aber auch in ihrer Armut wußten diese Juden ihre menschliche Würde zu wahren. Der jiddische Schriftsteller Schalom Aleichem hat in seinen Erzählungen das Bild des osteuropäischen "Schtädtls" mit seiner besonderen Lebensweise, mit seinen Werten

Vorhergehende Seite: Protestversammlung in der Londoner Guildhall, im Jahre 1890, gegen die Judenverfolgungen in Rußland. Der Redner ist Bischof Ripon (Illustrated London News).

Links: Oscar Grusenberg (1866-1940), der Rechstanwalt, der in den Ritualmordprozessen gegen Blondes (1900-1902) und gegen Beilies (1913) die Angeklagten erfolgreich verteidigte.
Rechts: Eine Straße in Kischinew nach dem Pogrom vom Jahre 1903.

und mit den warmherzigen menschlichen Beziehungen, die in der armen, tief-religiösen Einwohnerschaft herrschten, in genialer Weise verewigt.

In den achtziger Jahren des vorigen Jahrhunderts lebten in Rußland circa fünf Millionen Juden. Die Absurdität eines Regimes, das einen so großen Teil der Bevölkerung mit Repressalien bedrückte, leuchtete schließlich auch einigen hohen russischen Regierungsbeamten ein. Im Jahre 1883 wurde eine Kommission unter dem Vorsitz des Grafen Pahlen ernannt und beauftragt, die die Juden betreffenden Gesetze zu revidieren. Nach fünfjährigen Verhandlungen befürwortete die Mehrzahl der Mitglieder eine stufenweise Reform in Richtung einer Normalisierung des Lebens der Juden in Rußland. Der Zar und die Regierung zogen aber die gegenteilige Meinung der konservativen Minderheit der Kommissionsmitglieder vor. Auf Anregung des Polizeichefs und späteren Innenministers (deutscher Abstammung) Wjatscheslaw von Plehwe, brachten die kommenden Jahre eine Verschärfung der antijüdischen Maßregeln. Im Jahre 1891 wurden Tausende von Juden im tiefsten Winter aus Moskau nach dem Ansiedlungsrayon deportiert. Während der Jahre 1892-1898 folgten weitere Deportationen aus Gebieten außerhalb des Ansiedlungsrayons. Von Zeit zu Zeit wurden Pogrome organisiert oder Ritualmordprozesse inszeniert, wie der Fall Blondes in Wilna. Dank der Hingabe, mit welcher der talentierte jüdische Rechtsanwalt Oskar Israel Grusenberg die Verteidigung leitete, wurde Blondes freigesprochen. Im Jahre 1913 hatte Grusenberg Gelegenheit, ein zweites Mal in einem Ritualmordprozeß, nämlich im Falle Beilies in Kiew, erfolgreich zu plädieren.

Zar Nikolaus II. (1895-1918), der inzwischen seinem Vater, Alexander III., auf dem Thron gefolgt war, trat in der Innenpolitik in seine Fußstapfen. Im Herzen seiner Minister vereinte sich blinder Judenhaß mit Angst vor der bevorstehenden Revolution. Ihre Absicht war, die Revolution mit jüdischem Blut zu ersticken.

Kein Wunder, daß die antijüdischen Ausschreitungen im Jahre 1903 im Pogrom von Kischinew wieder einen Höhepunkt erreichten. In Kischinew kamen fünfundvierzig Juden ums Leben und sechshundert wurden verwundet, von der Zerstörung jüdischen Gutes gar nicht zu reden. Die ganze zivilisierte Welt war erschüttert, darunter auch einige russische Intellektuelle, wie zum Beispiel Graf Tolstoi. Aber nichts konnte die russischen Behörden veranlassen, ihre Politik zu ändern. Es folgten weitere Pogrome; 1903 in Hamel, 1905 wieder in Kischinew sowie in Odessa und vielen anderen Orten, 1906 in Byalistok, um nur die wichtigsten zu erwähnen. Und jedem dieser Pogrome fielen zahlreiche Juden zum Opfer.

Jüdische Flüchtlinge aus Rußland im Judenviertel Wiens (nach einem zeitgenössischen englischen Stich).

DER DAMMBRUCH

Zufolge der seit 1881 sich ständig verschlechternden Lage in Rußland, der sich wiederholenden Pogrome und der Hoffnungslosigkeit des Lebens unter den Maigesetzen, sahen viele Juden nur einen Ausweg aus ihrer Not, die Auswanderung. Die Vereinigten Staaten waren in den Augen aller Armen und Unterdrückten in der Welt das Land der unbegrenzten Möglichkeiten. Dieses Land übte auch auf die Juden Rußlands und Polens, später auch auf die Juden in Rumänien, Galizien, Österreich und Ungarn, eine unwiderstehliche Anziehung aus. So begann eine Massenauswanderung aus Osteuropa nach den Vereinigten Staaten. Zahlreiche Juden verließen ihr unwirtliches Heimatland und gingen über den Atlantischen Ozean, in der Hoffnung, in der Neuen Welt ein menschenwürdiges Dasein führen zu können.

Die Auswanderung nahm im Laufe der Jahre immer größere Ausmaße an. Über 400 000 Juden kamen in den Jahren 1881-1890 nach den Vereinigten Staaten . Die folgenden zwei Jahre, 1881-1882, brachten weitere 250 000 Einwanderer. Aber der natürliche Zuwachs der jüdischen Bevölkerung in Osteuropa war so groß, daß die massive Auswanderung die Zahl der zurückgebliebenen Juden kaum zu vermindern schien und diese führten bis zum Ausbruch des ersten Weltkrieges das gleiche bedrückende Leben weiter.

Den nach den Vereinigten Staaten ausgewanderten Juden wurde kurz nach ihrer Ankunft klar, daß die Neue Welt weit davon entfernt war, das irdische Paradies zu sein. Die Anpassung an die neue Lebensweise war nicht leicht. Die meisten Einwanderer verdienten einen mageren Lohn in vielstündiger Arbeit in Fabriken oder in den sogenannten "Schwitzbuden" der Konfektionsindustrie, in welcher viele der Einwanderer konzentriert waren. Viele verdienten ihr Brot als Hausierer. Es wurde auch versucht, landwirtschaftliche Niederlassungen zu gründen, aber diese Versuche schlugen fehl. Relativ wenigen gelang es, unter großen Opfern ihre Bildung zu vervollständigen und einen freien Beruf zu ergreifen. Aber zumindest fühlten sich die Einwanderer in den Vereinigten Staaten sicher, hatten aufgrund der Verfassung bürgerliche Rechte und die Hoffnung, daß ihren Kindern der Aufstieg in Gesellschaft und Wirtschaft beschert sein würde.

Mit großer Geschwindigkeit entwickelte sich in den Vereinigten Staaten ein neues jüdisches Leben. Die Einwanderer brachten nicht nur ihre überlieferte Lebensweise mit sich, sondern auch ihre religiösen und gesellschaftlichen Einrichtungen. Sie bauten im Laufe der Zeit Synagogen, gründeten Wohltätigkeitseinrichtungen, religiöse Schulen für ihre Kinder, Talmudschulen und Rabbinerseminare. Da die Einwanderer der englischen Sprache nicht mächtig waren und sich daher in der Gesellschaft von Nichtjuden nicht wohl fühlten, zogen sie es vor, in jüdischer Nachbarschaft zu wohnen und gesellschaftlich und wirtschaftlich zusammenzuhalten. In einigen Städten bildeten sich große und dichtbewohnte jüdische Viertel, besonders in New York. Für das große jüdische Publikum

Jüdische Flüchtlinge aus Rußland fahren an der Freiheitsstatue vorüber (Stich aus dem Jahre 1892, Bittmann Archiv, New York).

entwickelte sich bald eine Presse in jiddischer Sprache, ebenso wie ein jiddisches Theater. Jüdische Arbeiter organisierten sich zu Gewerkschaften, die nach und nach die Arbeitsbedingungen verbesserten und im Laufe der Zeit auf die allgemeine Gewerkschaftsbewegung einen bedeutenden Einfluß ausübten.

Aber die Vereinigten Staaten waren nicht das einzige Ziel der jüdischen Auswanderung. Viele Juden gingen nach Kanada, nach Südamerika, besonders nach Argentinien und nach Südafrika, wenn auch keines dieser Länder die gleiche Anziehungskraft besaß wie die Vereinigten Staaten.

Ein kleiner Teil der Auswanderer aus Osteuropa ließen sich in anderen europäischen Ländern nieder, besonders in England. Hier bestanden Wohltätigkeitseinrichtungen der alteingesessenen Gemeinden, die den Neuankömmlingen Hilfe leisteten, um sich im Land niederzulassen oder nach Übersee weiterzureisen Diejenigen Juden, die in Westeuropa ansässig wurden, stärkten die bestehenden Gemeinden nicht nur zahlenmäßig, sondern auch in geistiger Hinsicht. Andererseits lieferte dieser Zuwachs der antisemitischen Reaktion überall neuen Zündstoff.

BARON DE HIRSCH UND DIE KOLONIEN IN ARGENTINIEN

Das Leben im übervölkerten Ansiedlungsrayon bewies in schmerzlicher Weise den ungesunden wirtschaftlichen Aufbau des jüdischen Volkes. Viele waren der Meinung, daß es notwendig und möglich sei, den historischen Prozeß, der diesen anormalen Aufbau verursacht hatte, rückgängig zu machen und das jüdische Leben durch Wiederaufnahme des Kontaktes mit dem Boden zu erneuern und zu normalisieren. In den Augen dieser Idealisten schien die Rückkehr zur Landarbeit das Heilmittel für alle Leiden der Juden und die Lösung der Judenfrage.

Erste Schritte zur Verwirklichung dieses Ideals wurden in Rußland zur Zeit der Zaren Alexander I. und Nikolaus I. unternommen. Juden gründeten eine Reihe von landwirtschaftlichen Niederlassungen in den südlichen Provinzen. Zuerst ermutigte die russische Regierung diese Bewegung, aber nachher entzog sie ihr ihre Unterstützung und verhinderte dadurch ihre weitere Entwicklung. Die bereits gegründeten Kolonien bestanden aber weiter bis zur Russischen Revolution. Im Bürgerkrieg, der der Revolution folgte, kamen die meisten Kolonisten in den Pogromen um, die von beiden Seiten inszeniert wurden. Später wurde mit amerikanischer Unterstützung versucht, das Experiment zu wiederholen, aber ohne Erfolg.

Die zwei wichtigsten Versuche, das Ideal der Rückkehr zur Landarbeit zu verwirklichen, wurden außerhalb Rußlands unternommen. Der eine mit dauerndem Erfolg im alten Heimatlande des jüdischen Volkes, in Palästina, der andere mit nur vorübergehendem Erfolg in Argentinien.

Den Versuch in Argentinien ermöglichte die großzügige Freigebigkeit des edelmütigen jüdischen Philanthropen Baron Maurice de Hirsch. Baron de Hirsch hatte im Eisenbahnbau in der Türkei und anderen geschäftlichen Unternehmen ein großes Vermögen gemacht und verwendete es als Hilfeleistung für seine notleidenden Glaubensbrüder. Zuerst versuchte er, durch Verhandlungen mit der russischen Regierung eine Besserung in der Lage der Judenschaft Rußlands herbeizuführen. Seine Vorschläge, in Rußland Gewerbeschulen und landwirtschaftliche Kolonien zu gründen, fanden aber wenig Anklang in Regierungskreisen. So kam Baron de Hirsch zur Schlußfolgerung, daß die Auswanderung der Juden aus Rußland, um in einem anderen Lande zur landwirtschaftlichen Arbeit überzugehen, die einzige Lösung sei. Seine Sachverständigen waren der Meinung, daß Argentinien mit seinem reichen Vorrat an unentwickeltem Boden das passendste Land für jüdische Ansiedlung auf landwirtschaftlicher Basis darstelle.

Im Jahre 1891 gründete Baron de Hirsch die "Jewish Colonization Association" (I.C.A.) mit einem Kapital von zwei Millionen Pfund Sterling, ein immenser Betrag für jene Zeit, der dafür verwendet werden sollte, seine Kolonisationspläne auszuführen. Baron de Hirschs Absicht war, eine Million Juden aus Osteuropa nach Argentinien zu bringen. Die russische Regierung gestattete die Tätigkeit der

417

Verwaltungsgebäude in Mauricio, eine der von der J.C.A. in Argentinien gegründeten landwirtschaftlichen Kolonien.

J.C.A in Rußland und zeigte sich bereit, die jüdische Auswanderung nicht nur zu genehmigen, sondern die Auswanderer sogar zu ermutigen. Als jedoch die Auswanderung begann, stellte es sich bald heraus, daß man die Möglichkeiten überschätzt hatte. Die Sache ging viel langsamer vor sich, als man erwartete, und die Schwierigkeiten waren weit größer als vorausgesehen. Bis Ende des Jahrhunderts waren nur circa 30.000 Juden nach Argentinien gekommen, und nur ein Teil von

Kooperativer Getreidespeicher in einer der J.C.A. Kolonien in Argentinien.

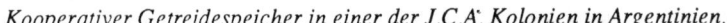

ihnen war landwirtschaftlich tätig. 1940 bestanden 25 jüdische Kolonien in Argentinien, mit einer Einwohnerschaft von circa 28.000 Seelen. Inzwischen sind aber die meisten Kolonisten in Städte übersiedelt. 1966 sollen nur ca. 2.000 Familien (ca. 8.000 Seelen) in Mosesville und Umgebung zurückgeblieben sein. Dem Experiment des Barons de Hirsch war also nur ein sehr beschränkter Erfolg beschieden, der die enorme Ausgabe (über 100.000.000 $ nach dem Dollarwert des Jahres 1914) nicht rechtfertigte.

Die J.C.A. unternahm ähnliche Versuche auch in anderen Ländern, wie Brasilien, den Vereinigten Staaten, Kanada, Zypern und sogar in der Sowjetunion (in Bessarabien) und Polen. Überall aber war der Erfolg entweder sehr bescheiden oder nur zeitweilig. Nur in Palästina war die Rückkehr zur Landwirtschaft von bleibendem und historisch bedeutsamem Erfolg gekrönt. Sie legte den Grundstein für die Errichtung des Staates Israel.

Baron Maurice de Hirsch (1831-1896), der Gründer der "Jewish Colonization Association" (Karikatur von Lib im "Vanity Fair").

DIE EINWANDERUNG
NACH PALÄSTINA

Nur ein kleiner Teil der Auswanderungswelle, die nach den Pogromen des Jahres 1881 einsetzte, gelangte nach Palästina. Aber dieser erwies sich im Laufe der Zeit als der historisch bedeutsamste.

Leon Pinsker, ein jüdischer Arzt in Odessa, der sich auch als Publizist betätigte, warb ursprünglich in seinen Artikeln für die Annäherung der Juden an die russische Kultur, als ein Mittel gegen den Antisemitismus. Im Jahre 1882 veröffentlichte er jedoch ein Büchlein in deutscher Sprache mit dem Titel "Autoemancipation". Im Gegensatz zu seinen früheren Ansichten, erklärte er in diesem Büchlein, es gebe nur einen einzigen Weg, um den Antisemitismus ein Ende zu bereiten: Die Juden müßten wieder eine normale Nation werden, die auf ihrem eigenen Boden wohne, vorzugsweise in ihrer alten Heimat, in Palästina.

Im gleichen Jahre beschloß eine Gruppe jüdischer Studenten, die in Charkow

Leon Pinsker (1821-1891) und das Titelblatt der Broschüre "Autoemancipation", welche einen Wendepunkt in der Geschichte des Wiederauflebens des jüdischen Volkes bildet.

zusammentrat, nach Palästina auszuwandern und sich dort der landwirtschaftlichen Arbeit zu widmen. Sie bildeten eine Organisation, für welche sie den Namen "Bilu" wählten. "Bilu" ist die akrostichische Abbreviation des hebräischen Textes des Bibelverses Jesaja 2, 5: "Haus Jakobs, laßt uns gehen!" (hebräisch "Bet Jaakow Lechu Wenelecha").

Der Gedanke war nicht neu. Schon in den siebziger Jahren hatten die jüdischen Publizisten David Gordon (1831-1886) und Peretz Smolenskin (1842-1885) für diesen Gedanken geworben. Aber die Pogromwelle der Jahre 1881-1882 gab den entscheidenden Anstoß. Überall bildeten sich Gruppen von "Chowewei Zion" ("Zionsliebende"), die sich zu einer organisierten Bewegung unter dem Namen "Chibbat Zion" ("Zionsliebe") zusammenschlossen. Der Unterschied zwischen dieser Bewegung und der "Bilu"-Gruppe bestand darin, daß die Mitglieder dieser letzteren Gruppe die ernste Absicht hatten, ihr Ideal unter persönlichem Einsatz sofort in die Tat umzusetzen.

Titelblatt der Statuten der "Bilu"-Organisation. Der hebräische Text im Siegel ist der Bibelvers im Buch Jesaja 60, 22: "Der Kleinste wird zur Tausendschaft, der Geringste zum kernhaften Stamm." Der lateinische Wahlspruch bedeutet: "Durch Einheit werden kleine Dinge groß."

Die im Jahre 1882 gegründete Kolonie Rischon-le-Zion in ihren Anfängen. Heute ist sie eine blühende Stadt mit circa 70 000 Einwohnern.

Im Sommer des Jahres 1882 erreichte eine erste Gruppe, bestehend aus fünfzehn jungen Leuten und einer jungen Frau, Jaffa. Andere Mitglieder der "Bilu"-Bewegung folgten ihnen in den Jahren darauf. Als die "Biluim" (hebräischer Plural von Bilu) nach Palästina kamen, fanden sie im Lande circa fünfzigtausend Juden vor. Die meisten wohnten in den vier heiligen Städten Jerusalem, Hebron, Safed und Tiberias und in den Hafenstädten Jaffa und Haifa. Auf dem Lande wohnten arabische Bauern, Fellachen und Beduinen mit ihren Herden. Der größte Teil der Juden in den Heiligen Städten lebte von der sogenannten "Chalukka" ("Verteilung"), das heißt von den Unterstützungsgeldern, die für sie in der ganzen Diaspora gesammelt wurden. Diese Unterstützung rechtfertigten sie durch ein dem Gebet und dem Talmudstudium gewidmetes Leben im Heiligen Lande.

Der bereits früher erwähnte jüdisch-britische Philanthrop Sir Moses Montefiore, der zwischen den Jahren 1827 und 1874 Palästina wiederholt besuchte, bemühte sich, mit Unterstützung des reichen amerikanischen Juden Juda Touro (1775-1854), die Lebensbedingungen der ansässigen Judenschaft Palästinas zu verbessern und ihr eine gesündere wirtschaftliche Basis zu sichern. Er gründete moderne Wohnungsviertel sowie eine Anzahl kleiner Industrieunternehmen und landwirtschaftlicher Kolonien in der Umgebung der Städte. Aber der Erfolg stand in keinem Verhältnis zur aufgewandten Mühe, weil die streng orthodoxen Kreise sich jeder Änderung der überkommenen Lebensweise fanatisch widersetzten. Im Jahre 1870 gründete die "Alliance Israélite Universelle" die Landwirtschaftsschule "Mikwe Israel" ("Hoffnung Israels"), circa 4 km südlich von Jaffa. Aber die örtliche Judenschaft boykottierte die Schule und die "Alliance" war genötigt, Schüler aus dem Ausland, meistenteils aus Osteuropa, herzubringen.

Unter diesen Umständen ist es kein Wunder, daß die idealistischen neuen Einwanderer von ihren alteingesessenen Glaubensbrüdern kühl empfangen wurden. Auch die türkischen Behörden waren argwöhnisch und machten ihnen Schwierigkeiten. Einigen Gruppen wurde die Landung in Jaffa versagt und sie mußten sich über Ägypten einschleichen. Aber die Biluim waren festentschlossene

Leute. Sie waren nach Palästina gekommen, um sich auf dem Boden, der ihren Vorvätern gehörte, anzusiedeln und sie taten dies trotz aller offiziellen Schikanen, trotz der Unsicherheit, die im Lande herrschte, trotz des ungewohnten Klimas, trotz der schweren Arbeit und der Malaria, die viele Opfer forderte. Gruppen von Einwanderern aus Rußland, Polen und Rumänien folgten ihnen und gründeten eine

Baron Edmond de Rothschild (1845-1934), "der bekannte Wohltäter", der zur finanziellen Festigung der ersten jüdischen Kolonien in Palästina beitrug und das Kolonisationswerk erweiterte (Ölbild von A. Moro).

Reihe landwirtschaftlicher Kolonien: Rischon le- Zion ("Anfang in Zion"), Sichron Jaakow ("Jakobs Gedächtnis), zum Andenken an James Rothschild, Rosch-Pina ("Eckstein"), Jessud Hamaala ("der Aufbruch des Aufstieges" nach dem Heiligen Lande), Ness Ziona ("Panier nach Zion") und Gedera ("Hürde"). Die früher gegründete und zufolge der Malaria aufgegebene Kolonie Petach Tikwa ("Tor der Hoffnung") wurde neu aufgebaut. Die Namen der Kolonien drücken die idealistischen Hoffnungen der Gründer aus. Sie wollten, daß ihre Kolonien den Grundstein für den Wiederaufbau des jüdischen Volkes im Lande der Vorväter bilden sollen.

Die finanzielle Lage der Kolonien war aber von Anfang an schwach, und mit der Zeit verschlechterte sie sich immer mehr. Die Chowewei Zion in Rußland, die auf der Kattowitzer Konferenz einen Hilfsfonds für die Unterstützung der landwirtschaftlichen Kolonien in Palästina gegründet hatten, taten ihr Bestes, aber ihre Mittel waren bescheiden und ihre Hilfe ungenügend. In dieser verzweifelten Lage, als der Erfolg des ganzen Experiments in Frage stand, griff Baron Edmond de Rothschild, der Chef des Pariser Bankhauses, ein. Dieser Mann, der im jüdischen Volksmund bis heute "der bekannte Wohltäter" (hebräisch "ha-Nadiw hajadua") heißt, hatte für die an ihn gerichteten Bitten der Chowewi Zion ein offenes Ohr. Er begnügte sich nicht damit, seine Börse zu öffnen, um die sofortige Not der bestehenden Kolonien zu lindern, sondern reorganisierte diese auf wirtschaftlich gesunder Basis und gründete neue Kolonien. Er sandte Sachverständige nach Palästina, um die Kolonisten zu beraten und neue Zweige landwirtschaftlicher Tätigkeit zu entwickeln, wie zum Beispiel den Weinbau.

Die großmütigen Absichten des Barons de Rothschild wurden von seinen zahlreichen Beamten nicht immer richtig ausgelegt. Ihre Beziehungen zu den Kolonisten waren nicht immer die besten. Die Kolonisten beklagten sich häufig über sie und in vielen Fällen waren diese Klagen berechtigt. Aber Tatsache ist, daß das Eingreifen des Barons Edmond de Rothschild das jüdische Kolonisationswerk in Palästina aus einer schweren Krise errettet hat. Jetzt konnte das Komitee der Chowewei Zion in Odessa das Kolonisationswerk erweitern. In diesem Komitee hatte der Denker und Schriftsteller Achad Ha-Am (dessen eigentlicher Name Ascher Ginzburg war), der Ideologe des "kulturellen Zionismus", eine maßgebende Stimme. Auf Betreiben des Komitees wurden weitere Kolonien gegründet: Rechowot ("Weiten"), Chedera (arabisch "die grüne"), Metulla (arabisch "Aussichtspunkt") und andere. Ende des neunzehnten Jahrhunderts gab es in Palästina bereits etwa dreißig landwirtschaftliche Kolonien, die Zahl der jüdischen Bevölkerung hatte zugenommen und Neueinwanderer gründeten industrielle Unternehmen. Das alles war das Werk der sogenannten "Ersten Alija", das heißt der ersten Einwanderungswelle. (Das Wort "Alija" ist abgeleitet vom Verbum "ala" = hinaufsteigen, welches der traditionelle Ausdruck für die Reise nach dem Heiligen Lande ist).

Neben der harten Arbeit, dem unfruchtbaren Boden etwas abzuringen, und dem Kampfe gegen die Malaria mußten sich die Kolonisten gegen die neidischen und habgierigen arabischen Nachbarn verteidigen. Da arabische Überfälle bereits Opfer gekostet hatten, stellten die Kolonisten jüdische Wächter an und diese schlossen sich zur Organisation "Haschomer" ("Der Wächter") zusammen, die eine Art jüdischer Miliz zum Schutze der Kolonien bildete.

Ein weiteres Hindernis war das Sprachproblem. Im Jahre 1879 trat der Publizist und Sprachforscher Elieser Ben Jehuda (1857-1922) für die Wiederauflebung der hebräischen Sprache zum tagtäglichen Gebrauch des jüdischen Volkes ein. Zwei Jahre darauf ließ er sich in Jerusalem nieder, und sein Haus war das erste, in welchem Hebräisch als ausschließliche Umgangssprache diente. Seinen

Das erste Haus in der von Mitgliedern der Chowewei Zion Organisation 1891 gegründeten Kolonie Chedera. Trotz Malaria hielten die Kolonisten durch. Heute ist Chedera eine Stadt mit beinahe 40.000 Einwohnern.

Eine Gruppe jüdischer Wächter, Mitglieder der "Haschomer" Organisation.

Links: Elieser ben Jehuda (1858-1922). Dank seiner hartnäckigen Bemühungen wurde die hebräische Sprache die Umgangssprache in Palästina.
Rechts: Achad ha-Am (1856-1927), der Ideologe des "kulturellen Zionismus".

unermüdlichen Bemühungen und seinem Lebenswerk, dem epochemachenden hebräischen Wörterbuch "Thesaurus totius Hebraitatis", ist zu verdanken, daß Hebräisch die Sprache des neuen jüdischen, aus aller Herren Länder bestehenden Gemeinwesens in Palästina geworden ist. Zusammen mit dem Volk kehrte also auch die angestammte Sprache ins Land der Väter zurück. Nach erneuten Pogromen in Rußland zu Beginn unseres Jahrhunderts, kam in den Jahren 1904-1914 eine neue Einwanderungswelle ins Land, die sogenannte "zweite Alija", und der "Jischuw" (hebräisch "Ansiedlung", die übliche Bezeichnung der jüdischen Bevölkerung Palästinas) nahm langsam den Charakter einer Nation an.

ZIONISMUS

Die von der Dreyfus-Affäre entfachten Leidenschaften bewiesen, wie tief verwurzelt die antijüdischen Vorurteile selbst in dem Lande waren, welches als erstes in Europa den Juden Bürgerrechte gewährt hatte. Diese Feststellung machte einen tiefen Eindruck auf den österreichischen Journalisten und Bühnenschriftsteller Theodor Herzl, der in den Jahren 1891-1896 als Korrespondent der Wiener "Neuen Freien Presse" in Paris weilte.

Theodor Herzl war 1860 in Budapest geboren. Da seine Familie ziemlich assimiliert war, genoß er keine jüdische Erziehung. Während er in Wien Jura studierte, war er Zeuge der wachsenden antisemitischen Bewegung in Österreich. Aus eigener Erfahrung war ihm klar, welche Schwierigkeiten einem Juden in Österreich trotz der Emanzipation bereitet werden. Er selbst wollte die Richterlaufbahn einschlagen, mußte aber diese Absicht aufgeben. So verlegte er sich auf die Schriftstellerei. Seine glänzenden Feuilletons waren sehr geschätzt, wogegen ihm seine dramatischen Arbeiten nicht den erhofften Ruhm brachten. Im Jahre 1891 sandte ihn die "Neue Freie Presse" nach Paris. Von dort schickte Herzl seiner Zeitung interessante Berichte über die Ereignisse in Frankreich und die Debatten des französischen Parlaments. Mitten in diese friedlichen Betätigungen platzte die Dreyfus-Affäre, die ihn sehr schockierte. Es wurde Herzl plötzlich klar, daß, wenn solche Judenhetze in Frankreich möglich ist, wenn in Osteuropa Pogrome wüten, wenn der Antisemitismus in Deutschland sich von Tag zu Tag ausbreitet und heftiger wird, für das jüdische Volk kein anderer Ausweg besteht, als auf eigenem Boden ein eigenes Staatswesen zu errichten, dessen Unabhängigkeit von den Mächten durch internationale Vereinbarungen garantiert werden müßte. Anfangs schwankte Herzl zwischen Palästina und Argentinien, aber bald entschied er sich für Palästina.

Er wandte sich an Baron de Hirsch, aber dieser hatte für Herzls Pläne kein Verständnis. Er dachte daran, sich an die Rothschilds zu wenden, doch Freunde rieten ihm davon ab. So entschloß sich Herzl, seine Ideen schriftlich niederzulegen und sie in dieser Weise der Öffentlichkeit zur Kenntnis zu bringen. Im Jahre 1896 verfaßte er die Broschüre "Der Judenstaat".

Herzls Ideen waren eigentlich nicht neu. Der jüdische politische Schriftsteller Moses Hess (1812-1875), einer der Gründer des modernen Sozialismus, hatte schon im Jahre 1862, in seinem Buch "Rom und Jerusalem", die Erneuerung eines unabhängigen jüdischen Staatswesens im Lande der Bibel als die Lösung der Judenfrage befürwortet. In diesem Werk hatte Hess sogar einen Plan skizziert, wie die Massenansiedlung von Juden in Palästina, mit Hilfe der jüdischen Hochfinanz und Zustimmung der Mächte, besonders Frankreichs, durchzuführen sei. Auch Leon Pinsker hatte 1882 in seiner Broschüre "Autoemancipation" ähnliche Ideen zum Ausdruck gebracht. Aber Herzl war dies unbekannt, als er seinen "Judenstaat" schrieb. Die Idee war ihm wie eine Offenbarung gekommen und verwandelte den erfolgreichen Feuilletonisten zum Mann der Tat und zu einem Begeisterung erweckenden Führer. Herzl arbeitete seinen Plan in allen Details aus, gab seinen Gedanken eine dramatische Formulierung, setzte sich für die Sache mit seiner bemerkenswerten Persönlichkeit ein und widmete ihrer Verwirklichung die restlichen Jahre seines allzu kurzen Lebens.

Sofort nach dem Erscheinen des "Judenstaates" fanden Herzls Ideen bei zahlreichen Chowewei Zion in Osteuropa Anklang und sie erkannten ihn als ihren Führer an. Die Bewegung wurde jetzt unter dem Namen "Zionismus" bekannt. (Diesen Namen schlug einer der frühen Anhänger Herzls vor, der vielseitige Schriftsteller Nathan Birnbaum, der sich später vom Zionismus abwandte, um sich der strengen jüdischen Orthodoxie anzuschließen). Bei den assimilierten Juden Mittel- und Westeuropas stieß die Bewegung im allgemeinen auf Gleichgültigkeit

Theodor Herzl (1860-1904), der Gründer des modernen politischen Zionismus und der Seher des Judenstaates.

DER
JUDENSTAAT.

VERSUCH
EINER
MODERNEN LÖSUNG DER JUDENFRAGE

VON

THEODOR HERZL
DOCTOR DER RECHTE.

LEIPZIG und WIEN 1896.
M. BREITENSTEIN'S VERLAGS-BUCHHANDLUNG
WIEN, IX., WÄHRINGERSTRASSE 5.

Titelblatt der ersten Ausgabe von Herzls Broschüre "Der Judenstaat", 1896.

*Wenn ich das heute laut sagte, würde mir ein universelles Gelächter ant-
worten. Vielleicht in fünf Jahren,
jedenfalls in fünfzig wird es jeder
einsehen.*

*In einem Brief, im Jahr 1897, schrieb Herzl über die baldige Errichtung des
Judenstaates: "Wenn ich das heute laut sagte, würde mir ein universelles
Gelächter antworten. Vielleicht in fünf Jahren, jedenfalls in fünfzig Jahren, wird
es jeder einsehen." Fünfzig Jahre später war der Judenstaat eine vollendete
Tatsache.*

Links: Moses Hess (1812-1875), ein Vorläufer des politischen Zionismus.
Rechts: Max Nordau (1849-1923), ein berühmter Schriftsteller und Kritiker, der
sich von Anfang an der zionistischen Bewegung anschloß.

oder auf tätigen Widerstand. Aber einige hervorragende Persönlichkeiten schlossen sich trotzdem der Bewegung an, wie zum Beispiel der berühmte Schriftsteller und Kritiker Max Nordau (1840-1923) und erhöhten dadurch deren Ansehen.

Um die öffentliche jüdische Meinung zu mobilisieren und seinen Ideen einen praktischen Rückhalt zu schaffen, berief Herzl den ersten Zionistenkongreß ein.

Der Kongreß fand im Jahre 1897 in Basel statt und beschloß die Gründung der Zionistischen Weltorganisation unter dem Vorsitz Theodor Herzls. Ferner formulierte der Kongreß das Programm der zionistischen Bewegung, das sogenannte "Basler Programm": "Der Zionismus erstrebt für das jüdische Volk die Schaffung einer öffentlich-rechtlich gesicherten Heimstätte in Palästina".

Zu Herzls Lebzeiten trat der Zionistenkongreß, mit Ausnahme des Jahres 1902, alljährlich zusammen.

Herzl war der Meinung, es sei nicht angebracht, das Kolonisationswerk in Palästina fortzusetzen, solange die zionistische Bewegung von der türkischen Regierung nicht einen "Charter" erhält, das heißt eine offizielle Urkunde, die ihr die Selbstverwaltung in Palästina überträgt. An dieser Ansicht hielt Herzl bis zu seinem Lebensende fest, obwohl viele Chowewei Zion sich ihr heftig widersetzten. Um der zionistischen Bewegung eine finanzielle Basis zu schaffen und sie von den jüdischen Financiers, die nicht leicht für sie gewonnen werden konnten, unabhängig zu machen, gründete Herzl den "Jewish Colonial Trust" ("Jüdische Kolonialbank"). Ein lebhaftes Interesse für Herzls Pläne bekundete Großherzog Friedrich von Baden. Dank seiner Vermittlung erklärte sich Kaiser Wilhelm II. bereit, sich gelegentlich seines Besuches in Palästina im Jahre 1898 dort mit Herzl zu treffen. Herzl erwartete den Kaiser, der von Jaffa nach Jerusalem ritt, am Eingang zur landwirtschaftlichen Schule "Mikwe Israel". Es wurde ihm auch eine

Audienz in Jerusalem gewährt. In Konstantinopel wurde Herzl vom Sultan Abdul-Hamid II. freundlich empfangen. In Rom empfingen ihn der König von Italien und der Papst. Auch bei der britischen Regierung stieß er auf eine gewisse Sympathie für seine Ideen. Aber alle Bemühungen, vom Sultan die erwünschte Charter zu erhalten, blieben erfolglos. Ein erster konkreter Vorschlag kam seitens England. Wenn er auch vom Ziel des Zionismus weit entfernt war, bewies er doch, daß wenigstens eine Großmacht die zionistische Bewegung ernst nahm. Im Jahre 1903 erklärte sich die britische Regierung bereit, die Errichtung einer autonomen jüdischen Kolonie in British Ostafrika (Uganda) ins Auge zu fassen. Als Herzl diesen Vorschlag dem sechsten Zionistenkongreß, der 1903 in Basel zusammentrat, vorlegte, erweckte er stürmische Entrüstung. Herzl betonte zwar, daß er in dem Vorschlag nur eine Interimslösung sehe, bis die politischen Voraussetzungen für die Kolonisation in Palästina geschaffen worden seien, aber die Mehrzahl der Kongreßmitglieder widersetzte sich dem Ugandaprojekt, welches in ihren Augen einen Verrat am zionistischen Ideal darstellte. Mit Mühe setzte es Herzl durch, daß eine Kommission gewählt wurde, um das Projekt an Ort und Stelle zu untersuchen. Der Kongreß beschloß, nun mit praktischer Palästina-Arbeit zu beginnen und den "Jüdischen Nationalfonds", der auf dem fünften Kongreß im Jahre 1901 gegründet

Oben: Herzl auf dem Weg nach Palästina, im Jahr 1898.

Unten: Herzl eröffnet den zweiten Zionistenkongreß in Basel im Jahr 1898

Herzl begrüßt im Jahr 1898 Kaiser Wilhelm II. am Eingang zur landwirtschaftlichen Schule "Mikwe Israel".

worden war, zu ermächtigen, Boden in Palästina zu kaufen. Der siebente Kongreß (1905), der nach Herzls Tod stattfand, lehnte den Uganda-Vorschlag endgültig ab. Die Abgeordneten konnten damals nicht wissen, wie richtig ihr Beschluß vom historischen Gesichtspunkt aus war. Hätten sie den Vorschlag angenommen, so

THE JEWISH COLONIAL TRUST

(JUEDISCHE COLONIALBANK)

LIMITED.

(Incorporated under the Companies Acts, 1862 to 1898, whereby the liability of Shareholders is limited to the amount of their Shares.)

CAPITAL - - - £2,000,000

DIVIDED INTO

£1,999,900 ORDINARY SHARES of £1 each, and
£100 FOUNDERS' SHARES of £1 each.

THE FOUNDERS' SHARES will be vested in the Council of the Company or their nominees and can only be transferred with the approval of the Council. They will not confer any right to participate in the profits of the Company.

PRESENT ISSUE—£1,999,900 IN £1 SHARES

Payable at the option of the Applicant in any one of the following modes, namely :—

(a) 20 per cent., or 4s. per Share, on Application, and the balance in four Instalments of 20 per cent., or 4s. per Share, each at intervals of 3 months from the date of the first payment, with 6 per cent. interest in the meantime payable with the last instalment.

(b) 20 per cent., 4s. per Share on Application, and the balance on Allotment.

(c) The full amount of £1 per Share on Application.

Prospekt der "Jüdischen Kolonialbank", 1899.

Herzls Leichenbegängnis in Wien, 7. Juli 1904. Seinem letzten Willen gemäß wurden seine Überreste im Jahre 1949 nach Jerusalem überführt.

hätte das ganze Werk nach dem zweiten Weltkrieg, als England sich aus den Kolonien zurückzog, ein trauriges Ende gefunden.

Die Anstrengungen der letzten Jahre verschlimmerten Herzls Herzkrankheit und er erlag ihr im Jahre 1904, im Alter von vierundvierzig Jahren. Von der ganzen jüdischen Welt beweint, wurde er in Wien zu Grabe getragen. Im Jahr 1949, ein Jahr nach Gründung des Staates Israel, wurden seine Überreste nach Jerusalem überführt und auf dem Herzlberg in Jerusalem begraben.

Die von ihm geschaffene Bewegung breitete sich nach seinem Tode weiter aus. Herzls Nachfolger als Vorsitzender der zionistischen Organisation, der reiche Kölner Kaufmann David Wolfsohn, setzte dessen Politik fort und bemühte sich weiter um die Charter als eine politische Garantie für die jüdische Heimstätte. Aber auf den Kongressen, die nach Herzls Tod stattfanden, gewann die Partei, die auf sofortige praktische Palästina-Arbeit drängte, die Oberhand. Ihre Führer waren Chajim Weizmann und Menachem Ussischkin. Diese Männer spielten im weiteren Verlauf der zionistischen Politik die entscheidende Rolle. Der Sieg ihrer Richtung wurde vom zehnten Zionistenkongreß (1911) offiziell sanktioniert. Wolfsohn dankte ab und den Vorsitz der Zionistischen Organisation übernahm Professor Otto Warburg, ein bekannter Botaniker und ein Anhänger des "praktischen Zionismus". Als der siebente Kongreß (1905) das Uganda-Projekt ablehnte, beschloß er gleichzeitig, nie wieder Vorschläge für Kolonisation außerhalb Palästina in Betracht zu ziehen. Aus diesem Grunde trennte sich von der zionistischen Bewegung eine Gruppe, an deren Spitze der jüdisch-englische Schriftsteller Israel Zangwill stand. Er und seine Anhänger waren der Ansicht, jeder Vorschlag müsse objektiv geprüft werden, da das jüdische Volk keine Zeit habe, auf die illusorische

Der Hof der Kolonie Kinneret im Jahre 1910. Diese Kolonie am Ufer des Kinneret-Sees wurde von Einwanderern der "zweiten Alija" gegründet.

Die Lehmhäuser im arabischen Stil, in denen die Gründer der Kolonie Degania (1904) wohnten. Die Kolonie liegt am linken Jordanufer, nahe der Stelle, wo der Jordan den Kinneret-See verläßt.

Charter zu warten. Sie gründeten die "Jewish Territorial Organisation". Diese beschäftigte sich mit Kolonisationsprojekten in verschiedenen Ländern, die jedoch zu keinen praktischen Ergebnissen führten. Die Organisation löste sich im Jahre 1918, nach Bekanntmachung der Balfour-Deklaration, auf.

Inzwischen hatte eine neue Einwanderungswelle, in den Jahren 1904-1914, jüdische Einwanderer nach Palästina gebracht, die von sozialistischen Ideen beseelt waren. Dies war die bereits früher erwähnte sogenannte "zweite Alija". Diese Einwanderer gründeten Kolonien wie Kinneret und Degania, in welchen sie eine neue Form sozialistischer Gemeinschaft verwirklichten. Der Ideologe der

Versammlung der Gründer der Gartenvorstadt Tel-Aviv zur Verlosung der Grundstücke (11.4.1909).

Bewegung war Aaron David Gordon (1856-1922), eine patriarchale Gestalt, die die Religion der Arbeit als ein Ideal und einen Selbstzweck predigte. Im Jahre 1914 lebten bereits in Palästina, außer den alteingesessenen Juden in den Heiligen Städten, circa zwölftausend Juden eines neueren Typus' in landwirtschaftlichen Siedlungen und sprachen untereinander Hebräisch.

Die jüdischen Einwohner der Hafenstadt Jaffa gründeten im Jahre 1909 eine jüdische Gartenvorstadt und benannten sie Tel-Aviv ("Frühlingshügel"). Der Name stammt aus der Bibel (Ezechiel 3, 15) und war die hebräische Übersetzung des Namens der utopistischen Novelle Herzls: "Altneuland". Die Gartenvorstadt entwickelte sich im Laufe der Zeit zu einer ansehnlichen Stadt, die ihre Mutterstadt verschlang. Sie zählt heute mehr als 350 000 Einwohner.

A.D. Gordon (1836-1922), der Theoretiker der zionistischen Arbeiterbewegung. Er predigte die Rückkehr zur Landarbeit als Grundlage des nationalen Wiederauflebens und ging mit dem Beispiel voran.

AMERIKAS JUDENSCHAFT UND IHRE EINRICHTUNGEN

Der alte "Emmanuel"-Tempel in New York (erbaut 1868).

Unvergleichlich größer als die Zahl der Juden, die nach Palästina kamen, um das Land der Väter aufzubauen, war die Zahl der Auswanderer aus Europa, die nach den Vereinigten Staaten gingen.

In diesem Land bestand bereits eine ansehnliche jüdische Gemeinde, bevor die Massenauswanderung aus Osteuropa begann. Schon Mitte des neunzehnten Jahrhunderts wanderten zahlreiche Juden aus Europa ein, meistenteils aus Deutschland, wo ihre Lage besonders schlecht war. Zur Zeit des Amerikanischen Bürgerkrieges (1861-1865), in welchem circa zehntausend Juden in beiden Lagern mitkämpften, bestanden bereits überall, im Süden wie im Norden, jüdische Gemeinden. In vielen der neugegründeten Städte gehörten jüdische Kaufleute zu den ersten Pionieren.

Das Streben nach Befreiung von überkommenen Traditionen, welches das Leben in dem neuen Lande allgemein charakterisierte, beeinflußte natürlich auch die jüdischen Einwanderer. Viele von ihnen hatten aus Deutschland die Ideen des Reformjudentums mitgebracht und verbreiteten sie in den Vereinigten Staaten. Unter den Einwanderern waren auch Rabbiner wie David Einhorn (1809-1879), die in ihrer Heimat zu den Vorkämpfern der Reform gehört hatten. Natürlich leiteten sie ihre neuen Gemeinden im Geiste der Reform, manchmal sogar der radikalsten Reform.

Der große Organisator des amerikanischen Reformjudentums war der gelehrte, ehrgeizige und überaus tatkräftige Rabbi Isaac Mayer Wise. Im Jahre 1819 in Böhmen geboren, war er 1846 nach den Vereinigten Staaten gekommen. Dort war er zuerst Rabbiner in Albany, und dann, ab 1854 bis zu seinem Tode im Jahre 1900, in Cincinnati. Viele Jahre lang bemühte er sich, die verschiedenen Strömungen der Reformbewegung in einer Organisation zu vereinigen. Letzten Endes gelang es ihm im Jahre 1873, die "Union of American Hebrew Congregations" zu gründen. Zwei Jahre darauf gründete er in Cincinnati ein Seminar für Reformrabbiner, das "Hebrew Union College", das er bis zu seinem Tode leitete. Auf seinen Vorschlag hin gründeten die Absolventen dieses Seminars 1889 die "Central Conference of American Rabbis".

Hebrew Union College, Cincinnati, das von der Reformbewegung im Jahre 1875 gegründete Rabbinerseminar.

Die Hester Straße im Herzen des jüdischen Viertels von New York, 1898.

Im Lager der Gegner der Reform wirkte Rabbi Isaac Leeser (1806- 1897) aus Philadelphia, der ebenfalls aus Deutschland stammte. Mit der gleichen Begeisterung, aber mit weniger Erfolg als Wise beschieden war, bemühte er sich, die überlieferungstreuen Gemeinden zu organisieren. Er war der erste Rabbiner, der seine Predigten in englischer Sprache hielt, während damals noch Deutsch die Sprache der Reformsynagogen war. Im Jahre 1886 gründete Leesers Nachfolger, Rabbi Sabato Morais (1823-1897) das "Jewish Theological Seminary of America" in New York, als das traditionstreue Gegengewicht zum "Hebrew Union College". Dieses Seminar gelangte zu hohem Ansehen, als Salomo Schechter, der Entdecker und Erforscher der Kairoer Genisa, aus England herüberkam, um dessen Leitung zu übernehmen.

Der jüdische Orden "The Independent Order of B'nai B'rith" ("der Unabhängige Orden der Söhne des Bundes") wurde 1843 in New York von Henry Jones, einem aus Deutschland stammenden Einwanderer, gegründet. Der Zweck des Ordens war, Verständnis und brüderliche Liebe unter den jüdischen Einwanderern zu fördern und armen Glaubensbrüdern zu Hilfe zu kommen. Nach einem bescheidenen Anfang entwickelte sich der Orden bald zu einer bedeutenden internationalen Organisation, die auch in Europa und an allen Orten, wo größere jüdische Gemeinden bestanden, Logen bildete.

Nach den Pogromen des Jahres 1905 in Rußland, wurde im darauffolgenden Jahr das "American Jewish Committee" gegründet, dessen Zweck es war, überall in der Welt gegen die Verletzung bürgerlicher und religiöser Rechte der Juden zu kämpfen. Diese Anstalt hatte also einen ähnlichen Zweck wie die "Alliance Israélite Universelle" in Frankreich, der "Board of Deputies of British Jews" und die "Anglo-Jewish Association" in England. Zur Zeit der Friedensverhandlungen in Versailles (1913) nach Beendigung des ersten Weltkrieges, erfüllte das "American Jewish Committee" eine wichtige Rolle in der Sicherung der Minderheitsrechte für die Juden verschiedener Länder.

Im Jahre 1914 wurde das "American Joint Distribution Committee" unter dem Vorsitz von Felix M. Warburg gegründet. Der Zweck des Komitees war, Juden in Europa, die vom ersten Weltkrieg betroffen waren, zu Hilfe zu kommen. Es setzte seine Tätigkeit auch nach dem Kriege fort und wurde mit der Zeit zur größten bestehenden Wohltätigkeitseinrichtung in der Welt. Mehr als jede andere Einrichtung hat das "American Joint Distribution Committee" nicht nur zur Linderung jüdischer Not in Europa, sondern auch zur Aufrechterhaltung der jüdischen Moral unter schwersten Umständen beigetragen.

Dank der Bemühungen des dynamischen New Yorker Reformrabbiners Stephen Wise, wurde im Jahre 1917 der "American Jewish Congress" gegründet, dessen Zweck es war, als Sprachrohr für die Bestrebungen der prozionistischen, meistens aus Osteuropa stammenden amerikanischen Judenschaft zu dienen. Anfänglich stellten die Gründer dem Kongreß die Aufgabe, bei den Friedensverhandlungen in Versailles die amerikanische Judenschaft auf einer breiteren Basis zu vertreten als

Die orthodoxe "Yeshiva University" in New York.

441

das "American Jewish Committee". Aber im Jahre 1922 verwandelte sich der Kongreß in eine permanent bestehende Einrichtung, die sich überall für die Interessen des jüdischen Volkes einsetzte, an der zionistischen Tätigkeit teilnahm und das jüdische Erziehungswerk unterstützte.

Salomo Schechter (1850-1915), der Entdecker und Erforscher der Kairoer Genisa, leitete von 1902 bis zu seinem Tode das "Jewish Theological Seminary of America" in New York.

DIE BALFOUR-DEKLARATION

Das "Zion Mule Corps", eine jüdische Einheit in der britischen Armee, die im ersten Weltkrieg an der Gallipoli-Kampagne, 1915, teilnahm.

Als im Jahre 1914 der erste Weltkrieg ausbrach, war alle zionistische Tätigkeit für den Augenblick lahmgelegt, nachdem die Häupter der Bewegung in den verschiedenen kriegführenden Ländern verstreut waren. Um die Neutralität der zionistischen Bewegung im europäischen Konflikt zu beweisen und um die Kommunikation zwischen den Führern und eine Koordinierung ihrer Bemühungen zu ermöglichen, wurde Anfang 1915 ein Büro in Kopenhagen, der Hauptstadt des neutralen Dänemark, eröffnet. Dieses Büro sorgte sowohl für die Unterstützung der Kolonien in Palästina, als auch für Hilfeleistung an kriegsbetroffene Juden in Osteuropa.

Der Eintritt der Türkei in den Weltkrieg, an der Seite der Zentralmächte Deutschland und Österreich-Ungarn, schuf für die Juden in Palästina eine überaus schwierige Lage. Dschemal Pascha, der Oberbefehlshaber der syrischen und mesopotamischen Armee, schloß die zionistischen Einrichtungen, deportierte oder vertrieb die Juden, die keine osmanischen Untertanen waren, und bedrückte die anderen in jeder Weise, weil er sie der Sympathie mit dem Feinde verdächtigte.

Mit diesem Verdacht hatte Dschemal Pascha nicht ganz Unrecht. Es war den Juden sehr bald klar geworden, daß die Zerbröckelung des Osmanischen Reiches als eine unvermeidliche Folge des Weltkrieges zu erwarten war. Daher bestand in zionistischen Kreisen eine zunehmende Tendenz, die neutrale und passive Haltung aufzugeben und vielmehr für England und die Alliierten im Krieg Partei zu ergreifen. Eine jüdische militärische Tragtier-Abteilung, das "Zion Mule Corps", unter Josef Trumpeldor, beteiligte sich unter britischer Flagge an der Gallipoli-Kampagne.

Auf Betreiben Vladimir (Zeew) Jabotinskys bildete sich in England das aus Freiwilligen bestehende jüdische 38. Bataillon der Royal Fusiliers (dem sich später noch zwei Bataillone anschlossen), welches an der Eroberung Palästinas teilnahm. In Palästina bildete eine Gruppe jüdischer Kolonisten, unter Leitung des Agronomen Aaron Aaronson, eine Spionage-Organisation, die wertvolle Nachrichten an das Britische Oberkommando nach Ägypten schickte. Der Code-Name der Organisation war "Nili", eine akrostichische Abbreviation des hebräischen Textes des Bibelverses I. Samuel 15, 29: "Der Ewige Israels lügt nicht" (hebräisch "Nezach Israel Lo Jeschaker"). Die Organisation wurde schließlich von den türkischen Militärbehörden entdeckt, und mehrere ihrer Mitglieder bezahlten ihren Eifer für die Befreiung Palästinas mit dem Leben.

Inzwischen wurde auch an der diplomatischen Front fruchtbare Arbeit geleistet. Der größte der zionistischen Diplomaten war der Chemiker Chajim Weizmann. 1874 in Motol bei Pinsk (Polen) geboren, hat Weizmann in Deutschland und in der Schweiz Chemie studiert. Gleich zu Beginn der zionistischen Bewegung schloß er sich ihr an. Vom zweiten Zionistenkongreß an (1898) war er in der Zionistischen Organisation tätig. Er war einer der Gegner des Ugandaprojektes und nach Herzls Tod einer der Vorkämpfer für den Gedanken der praktischen Kolonisationsarbeit in Palästina, ohne die Charter abzuwarten. Weizmann ließ sich 1903 in England als Dozent der Biochemie an der Universität Manchester nieder. Dort machte er 1906 Bekanntschaft mit Arthur James (später Lord) Balfour, dem Manne, der bestimmt

Chajim Weizmann (1874-1952). Hauptsächlich seinen Bemühungen ist die Balfour-Deklaration (1917) zu verdanken, die den Grundstein für die Schaffung eines jüdischen Staates in Palästina legte.

Generalmajor Allenby, oberster Befehlshaber der britischen Expeditionsarmee, der im ersten Weltkrieg Palästina eroberte, marschierte am 9. Dezember 1917 in Jerusalem ein und wurde von den Juden als Befreier begrüßt.

war, in der Geschichte der zionistischen Bewegung und des jüdischen Volkes eine entscheidende Rolle zu spielen, und hatte die Gelegenheit, ihm seine Ansichten über das jüdische Problem und seine Lösung darzulegen. Balfour hat dieses Gespräch mit Weizmann nie vergessen. Während des ersten Weltkrieges wurde Weizmann nach und nach der anerkannte Führer der zionistischen Bewegung.

Gleichzeitig wurde er zum Direktor des chemischen Laboratoriums der Admiralität ernannt, machte dort kriegswichtige Entdeckungen und erwarb sich dadurch die Sympathie maßgebender Persönlichkeiten in der englischen Regierung. Es wird erzählt, Lord Balfour habe Weizmann gefragt, in welcher Weise er für seine Dienste belohnt werden möchte. Darauf habe Weizmann geantwortet, er wolle nichts für sich selbst, aber ein Land für sein Volk.

Am 2. November 1917 unterzeichnete Lord Balfour, der damals Außenminister war, die berühmte, nach ihm benannte Deklaration, zu Gunsten der Errichtung einer jüdischen nationalen Heimstätte in Palästina. Einen Monat darauf marschierte die siegreiche britische Armee in Jerusalem ein und wurde von der jüdischen Bevölkerung mit Begeisterung empfangen.

Die Balfour-Deklaration wurde auch von den anderen mit England verbündeten Mächten bestätigt. Im Jahre 1920 übertrug der Völkerbund das Palästinamandat an Großbritannien, wobei ausdrücklich bemerkt wurde, daß die Mandatarmacht verpflichtet sei, die in der Balfour-Deklaration niedergelegten Prinzipien zu verwirklichen. Zum ersten Oberkommissär für Palästina ernannte die britische Regierung den englischen Juden Herbert (später Lord) Samuel, der früher verschiedene hohe Stellungen bekleidet hatte und als erster Jude Mitglied des britischen Kabinetts gewesen war. Nach zweitausend Jahren stand also wieder ein Jude an der Spitze der Verwaltung des Heiligen Landes. In den darauffolgenden Jahren entwickelte sich das Land ziemlich rasch, wenn auch weniger rasch als

Die Einsetzung Sir Herbert Samuels als ersten Oberkommissär Palästinas im Jahre 1920.

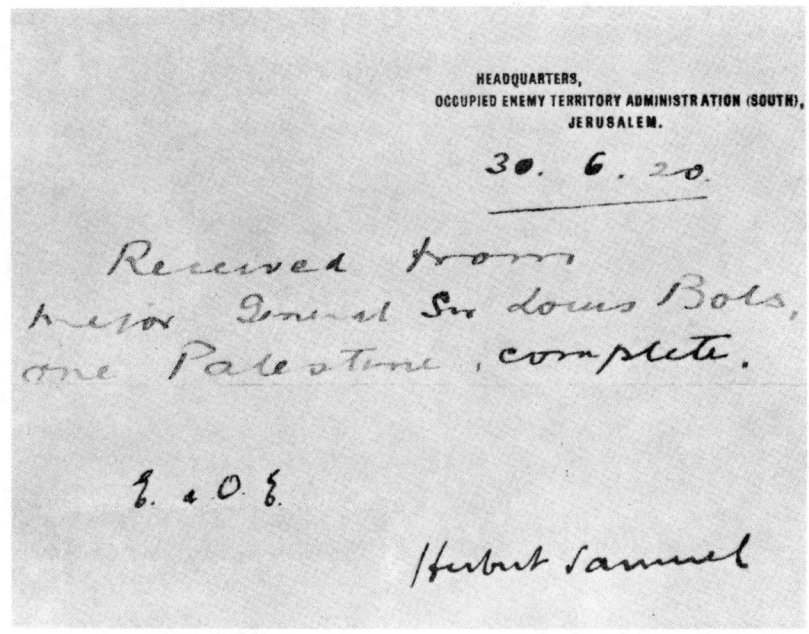

*Die Quittung, in welcher der erste Oberkommissär, Sir Herbert Samuel,
bestätigte, von dem Militärkommandanten General Sir Louis Bols "ein
vollständiges Palästina" übernommen zu haben. Scherzweise fügte Sir Herbert
Samuel die Abbraviation "E.& O.E." ("Errors and Ommissions Excepted", das
heißt: "Irrtümer und Auslassungen vorbehalten") hinzu. Als er 1925 das Land
seinem Nachfolger, Lord Plumer, übergab, war es längst nicht mehr vollständig,
da Transjordanien inzwischen vom Mandatsgebiet abgetrennt worden war.*

manche hofften. Es zeigte sich bald, daß die britische Verwaltung nicht bereit war,
die von den Juden in sie gesetzten Erwartungen zu erfüllen.

Arabische Führer hatten sich von Anfang an der Schaffung einer jüdischen
nationalen Heimstätte in Palästina widersetzt. Von 1920 an kamen immer wieder
Überfälle auf jüdische Siedlungen vor. Bei der Verteidigung der Kolonie Tel Chai,
im Norden des Landes, fielen am 29. Februar 1920 Josef Trumpeldor und sieben
seiner Kameraden. Im folgenden Jahre kam es zu regelrechten Kämpfen zwischen
Arabern und Juden in Jaffa und einigen anderen Orten. Trotz des guten Willens des
Oberkommissärs und seiner Anhänglichkeit an das jüdische Volk, bewies die
britische Verwaltung nicht viel Verständnis für den jüdischen Standpunkt, während
sie sich den Argumenten der arabischen Führer sehr zugänglich zeigte. Es war klar,
daß die Mandatsbehörden den Widerstand der Araber gegen die Verwirklichung
der Balfour-Deklaration nicht nur wohlwollend betrachteten, sondern sogar
ermunterten. Im Jahre 1922 wurde Transjordanien vom Mandatsgebiet getrennt, in

Nahalal, eine im Jahr 1921 gegründete kooperative Niederlassung in der Jesreel-Ebene (hebräisch "Emek Jesreel").

Das Palästina (jetzt Israel) Philharmonische Orchester. Das Eröffnungskonzert fand am 26. Dezember 1936 statt. Dirigent war Arturo Toscanini und erster Geiger Bronislaw Hubermann, der Gründer des Orchesters.

der Hoffnung, die Araber auf diese Weise zu befriedigen. Diese Konzession reduzierte in drastischer Weise das für die Bildung der jüdischen nationalen Heimstätte bestimmte Mandatsgebiet. Gleichzeitig kürzte das von der englischen Regierung veröffentlichte "Weißbuch" die politischen Rechte der jüdischen Einwohnerschaft Palästinas und beschränkte die jüdische Einwanderung. Trotz alledem wurden unter dem Oberkommissariat Herbert Samuels und seines Nachfolgers, Lord Plumers (1925-1928) Recht und Ordnung mehr oder weniger aufrechterhalten. Nach ihnen verschlimmerte sich die Lage in raschem Tempo. Die Judenhetze in der arabischen Bevölkerung führte immer wieder zu tätlichen Ausbrüchen und Blutvergießen. Die blutigsten Ereignisse waren die Massengemetzel in Safed und Hebron im Jahre 1929. In Safed kamen 23 Juden ums Leben. In Hebron war die Zahl der Opfer 59 und die anderen Juden verließen die Stadt, die seit jeher eine der Heiligen Städte gewesen war.

Trotz der Sabotage seitens der britischen Verwaltung und der offenen Feindschaft seitens der arabischen Bevölkerung, strömten jüdische Pioniere ins Land. Der Jüdische Nationalfonds kaufte Boden, trocknete Sümpfe und sanierte Gebiete, die früher von Malaria verpestet waren. Viele neue Kolonien wurden gegründet. Die Stadt Tel Aviv entwickelte sich rasch und wurde der Sitz der jüdischen Presse und eines regen intellektuellen und künstlerischen Lebens. Hier bestanden hebräische Theater und ein erstklassiges symphonisches Orchester. Im Jahre 1925 wurde die Hebräische Universität in Jerusalem eröffnet.

Palästina war zwar noch nicht jüdisch, aber es gab wieder ein jüdisches Palästina.

Lord Balfour (1840-1930). Im Jahr 1917 unterzeichnete er die nach ihm genannte Deklaration, die im Namen der britischen Regierung die Schaffung einer nationalen jüdischen Heimstätte in Palästina guthieß.

OSTEUROPA ZWISCHEN
DEN ZWEI WELTKRIEGEN

Bis zum Ausbruch des ersten Weltkrieges im Jahre 1914, war das Zarenreich immer noch das bedeutendste Zentrum jüdischen Lebens und das unerschöpfliche Reservoir jüdischer Bevölkerung, das nach anderen Ländern überfloß. Diese historische Phase kam mit dem Ausbruch des Krieges zu einem Ende.

Die jüdische Bevölkerung Rußlands war gerade in den westlichen Provinzen konzentriert, wo von Anfang an die heftigsten Kämpfe stattfanden. Daher litten die Juden schwer unter den Zerstörungen, die der Krieg brachte, umso mehr, als die Russen sie als ein unverläßliches Element behandelten und sich oft an ihnen für ihre militärischen Niederlagen rächten.

Als das Zarenregime im Jahre 1917 zusammenbrach, begrüßten die Juden die Revolution als eine Befreiung. Aber sehr bald mußten sie sich überzeugen, daß sie sich in ihren Erwartungen getäuscht hatten. Allerdings hob die revolutionäre Regierung die antijüdischen Gesetze auf, aber nur theoretisch. Im bolschewistischen Regime, welches nach Umsturz der demokratischen Regierung die Herrschaft in Rußland übernahm, war kein Platz für Juden, die dem Judentum treu zu bleiben gedachten. Religionsausübung und Zionismus waren nunmehr streng

Ukrainische Soldaten, mit ihren jüdischen Opfern nach einem der Pogrome im Bürgerkrieg (1918-1920) photographiert.

bestrafte kontrarevolutionäre Vergehen. Außerdem gehörte ein großer Teil der Juden zur Bourgeoisie, das heißt zum Mittelstand, dessen Vernichtung ein Programmpunkt der Kommunistischen Partei war. Obgleich eine Anzahl Juden zu den Spitzenpersönlichkeiten der Kommunistischen Partei gehörten, war das Judentum als solches in Rußland anscheinend zum Untergang verurteilt.

Das jüdische Leid erreichte einen Höhepunkt in den Jahren des Bürgerkrieges (1917-1921). Die kommunistische "Rote Armee" und die reaktionären "Weißen Armeen" führten einen grimmigen Kampf, besonders in der Ukraine, in welchem bald die eine, bald die andere Seite siegreich war. Aber beide Seiten fanden Muße für leichte Siege über die jüdische Bevölkerung. Grauenhafte Pogrome waren an der Tagesordnung. Ganz besonders zeichneten sich dabei die weißen Armeen Petluras und Denikins in den Pogromen von Berditschew, Jitomir, Proskurow und an vielen anderen Orten aus. Die Zahl der in diesen Pogromen ermordeten Juden war mindestens sechzigtausend. Zehntausend andere wurden verwundet, unzählige Frauen geschändet und die ganze Judenschaft der Ukraine und Weißrußlands war wirtschaftlich zugrundegerichtet. Einen der Mörder, Simon Petlura, ereilte zum Schluß sein wohlverdientes Schicksal. Der Dichter Schalom Schwarzbard, der 1919 in der Ukraine ein hauptsächlich aus Juden bestehendes Regiment zum Kampfe gegen Petluras Armee organisiert hatte, erschoß Petlura in Paris im Jahre 1926 und wurde nach einem sensationellen Prozeß vom französischen Gerichtshof freigesprochen.

Als im damaligen Russischen Reich wieder einigermaßen geordnete Verhältnisse eintraten, stand nunmehr die Hälfte der russischen Judenschaft, zusammen mit den Juden der früher österreichischen Provinz Galizien und der früher preußischen

Eine Straße im Ghetto von Lublin, Polen.

Provinz Posen, unter der Herrschaft der neugebildeten Polnischen Republik. Die im Gebiete Sowjetrußlands zurückgebliebenen Juden waren nunmehr von der Außenwelt und von der Berührung mit der Hauptmasse des jüdischen Volkes abgeschnitten. Im Jahre 1924 gab es eine Bewegung, einen Teil der städtischen jüdischen Bevölkerung auf dem Lande anzusiedeln. Die Sowjetregierung begünstigte die Bewegung, der das "American Joint Distribution Committee" großzügige Unterstützung gewährte. Es wurde eine Zahl landwirtschaftlicher Niederlassungen gegründet, aber diese entwickelten sich nicht und verschwanden mit der Zeit.

Als Ersatz für den Zionismus, dem die Sowjetregierung konsequent feindlich gegenüberstand, wurde in Birobidschan, in Sibirien, eine nominell autonome jüdische Provinz (russisch "Oblast") errichtet. Dort sollte ein vollkommen weltliches, von der religiösen Tradition befreites jüdisches Gemeinwesen entstehen, dessen Sprache Jiddisch und nicht das von der Sowjetregierung verpönte Hebräisch sein sollte. Das Experiment entfachte keine Begeisterung in der russischen Judenschaft. In den sechziger Jahren war die Zahl der in Birobidschan ansässigen Juden nicht mehr als 15 000 (sie dürfte inzwischen zurückgegangen sein). Ein jüdisches Theater, das eine Zeitlang bestand, ging schon in den fünfziger Jahren ein. Eine jiddische Zeitung erscheint anscheinend noch dreimal wöchentlich, aber die Umgangssprache ist russisch und die Idee der autonomen jüdischen Provinz ist aufgegeben.

Eine Werkstatt der ORT-Gewerbeschule von Wilna, Polen.

Calea Vacaresti, die Hauptstraße des jüdischen Viertels von Bukarest, Rumänien.

Im Gebiete Sowjetrußlands verringerten sich nach und nach die äußeren Zeichen jüdischen Lebens. Nur in den Großstädten bestehen noch einige wenige Synagogen für die stetig abnehmende Minderheit, die mehr oder weniger an der jüdischen Tradition festhält.

In den meisten Ländern Mittel- und Osteuropas waren den Juden, zumindest nominell, auf Grund des Friedensvertrages vom Jahre 1920, Minderheitsrechte zugesichert. In Wirklichkeit aber wurden diese nur in der Tschechoslowakei respektiert. In diesem Lande, mit einer jüdischen Bevölkerungszahl von circa 350000, herrschte ein wirklich demokratisches Regime, welches bis zur Besetzung der Tschechoslowakei durch die Nazis im Jahre 1939, die Rechte der jüdischen Minderheit strengstens wahrte.

In Polen dagegen, mit einer jüdischen Bevölkerung von über drei Millionen (10% der Gesamtbevölkerung), bestanden die Minderheitsrechte nur auf dem Papier. Der tiefverwurzelte polnische Antisemitismus äußerte sich in mannigfacher Weise. An den Universitäten schlossen die christlichen Studenten, mit Unterstützung ihrer nicht weniger antisemitischen Professoren, ihre jüdischen Kollegen von der Teilnahme an den Vorlesungen aus. Auf wirtschaftlichem Gebiet bestand ein organisierter antijüdischer Boykott, der von der Regierung stillschweigend unterstützt wurde. Die Folge war, daß die jüdische Bevölkerung immer mehr verarmte.

In Rumänien, mit circa 900.000 Juden, herrschten ähnliche Verhältnisse. Auf allen

Gebieten war der Antisemitismus spürbar. Auch hier wurden die Juden nach und nach aus ihren wirtschaftlichen Stellungen verdrängt.

Der zunehmenden Not der Judenschaft Osteuropas brachten die Bemühungen des "American Joint Distribution Committee" und anderer amerikanischer Wohlfahrtsorganisationen eine gewisse Linderung. Auch die ursprünglich im Jahre 1880 von Baron Günzburg in Petersburg gegründete und seit 1922 von amerikanischen Juden finanzierte ORT-Organisation war sehr aktiv. (ORT ist die Abkürzung des russischen Namens dieser Organisation, dessen deutsche Übersetzung etwa lautet: "Gesellschaft zur Förderung des Handwerks und der Landwirtschaft unter den Juden".) ORT unterhielt Gewerbeschulen, unterstützte jüdische Handwerker und Landwirte und bemühte sich, die jüdische Jugend produktiven Gewerbezweigen zuzuführen.

Trotz der durch den wirtschaftlichen Antisemitismus verursachten Armut, trotz der zunehmenden Verweltlichung weiter jüdischer Kreise, bestand in den jüdischen Gemeinden Polens immer noch ein kräftig pulsierendes religiöses und intellektuelles Leben im traditionellen Sinne, mit gut besuchten Synagogen, jüdischen Schulen und Jeschiwot (Talmudschulen). Die alte traditionelle jüdische Welt behauptete sich in manchen Hinsichten noch unberührt von zersetzenden modernisierenden Einflüssen. Daneben entwickelte sich aber auch eine weltliche jüdische Literatur in jiddischer Sprache, in der Werke von bleibendem Wert geschaffen wurden, die das zeitgenössische jüdische Leben beschrieben oder Erinnerungen aus der jüdischen Vergangenheit heraufbeschworen.

Die "Talmud Tora" (religiöse jüdische Schule) in Bratislawa (früher Pressburg), der Hauptstadt der Slowakei.

JÜDISCHE GEMEINDEN AUSSERHALB EUROPAS

Die Jahre zwischen den beiden Weltkriegen brachten bemerkenswerte Entwicklungen in den Ländern jenseits des Ozeans.

In den Vereinigten Staaten folgte auf den ersten Weltkrieg eine schwere und lang anhaltende wirtschaftliche Krise. Unter diesen Umständen entwickelte sich eine reaktionäre, unfreundliche Einstellung gegenüber Fremden im allgemeinen und Juden insbesondere. Auf verschiedenen wirtschaftlichen und kulturellen Gebieten machte sich eine gewisse Benachteiligung der Juden und eine stillschweigende Beeinträchtigung ihrer Rechte bemerkbar. Die amerikanische Judenschaft war nicht bereit, sich mit dieser neuen Einstellung abzufinden. Der "American Jewish Congress" und die vom "B'nai B'rith" Orden geschaffene "Anti-Defamation League" ("Liga gegen Verleumdung") führten einen mutigen Kampf gegen jede

Die große Synagoge von Sidney, Australien, die 1878 eingeweiht wurde.

antijüdische Erscheinung. Mit der wirtschaftlichen Erholung der Vereinigten Staaten beruhigte sich die Lage wieder. Der Antisemitismus ließ nach und eine liberale Haltung stellte sich wieder ein, besonders als Reaktion gegen den aufkommenden Nationalsozialismus in Deutschland.

In den Jahren zwischen den Kriegen konsolidierte sich die amerikanische Judenschaft und entwickelte ihr Gemeindeleben in einem Maßstab, der nirgends und nie vorher erreicht worden war. Monumentale Synagogen wurden erbaut und wichtige kulturelle Einrichtungen wurden errichtet. Die Tätigkeit der großen Wohlfahrtseinrichtungen erweiterte sich beträchtlich und gewann Einfluß auf das jüdische Leben in der ganzen Welt.

Die Verhältnisse in Europa und die zunehmende Erschwerung der Einwanderung nach den Vereinigten Staaten führten dazu, daß zahlreiche Juden nach den Staaten Lateinamerikas gingen. Es entstanden dort bedeutende jüdische Gemeinden. Fast schien es, als ob die alte Tradition spanisch-jüdischer Kulturgemeinschaft wieder aufleben wollte. Die größte jüdische Gemeinde in Lateinamerika bestand in Argentinien (350 000 Seelen vor Ausbruch des zweiten Weltkrieges; 475 000 1974), insbesondere in der Hauptstadt Buenos Aires, die ein wichtiger Mittelpunkt jüdischer Kultur in Lateinamerika geworden war.

In Kanada, das damals noch ein Teil des Britischen Weltreiches war, herrschte eine liberale Einwanderungspolitik. Viele Auswanderer aus Rußland und Rumänien richteten ihre Schritte nach diesem Lande. Im ersten Jahrzehnt dieses Jahrhunderts wuchs die Zahl der Juden in Kanada von 16 000 auf 75 000. Vor Ausbruch des zweiten Weltkrieges betrug die Zahl der Juden in Kanada 270 000. Heute leben in Kanada 305 000 Juden.

Die Neue Synagoge von Pretoria, Südafrika.

Ein anderer Teil des Britischen Weltreiches das jüdische Einwanderer anzog, war Südafrika. Bis zum Ausbruch des ersten Weltkrieges hatten dort circa sechzigtausend Juden eine neue Heimat gefunden. In den Jahren zwischen den zwei Weltkriegen verdoppelte sich ihre Zahl. Die Juden trugen in beträchtlichem Maße zur wirtschaftlichen Entwicklung des Landes bei.

Australien war als Ziel jüdischer Auswanderung weniger bedeutend. Trotzdem hatten sich circa 30 000 Juden noch vor dem ersten Weltkrieg dort angesiedelt. In den Jahren zwischen den zwei Weltkriegen stieg deren Zahl auf circa 70 000.

Die Auswanderung der Juden nach den Vereinigten Staaten und nach Ländern des Britischen Weltreichs führte zu einer beträchtlichen Zunahme der englischsprechenden Judenschaft. Während diese vor hundert Jahren höchstens 2% des jüdischen Volkes umfaßte, ist anzunehmen, daß sie heute die Hälfte des jüdischen Volkes bildet.

DER NEUE ANTISEMITISMUS

Nach dem ersten Weltkrieg erhob sich in vielen Teilen Europas eine neue antisemitische Welle, die von Jahr zu Jahr stürmischer wurde. Die neuen Staaten, die kraft des Prinzips nationaler Autonomie zur Welt gekommen waren, sahen ihre jüdischen Bürger mit scheelen Augen an. Die in den Friedensverträgen formulierten Minderheitsrechte wurden nicht respektiert. In manchen Ländern führten die Regierungen eine rassistisch gefärbte Innenpolitik, die in unterschiedlicher Behandlung der jüdischen Bürger Ausdruck fand. Hie und da kam es sogar zu wirtschaftlichem Boykott und zu tätlichen Ausschreitungen.

Der Sieg des Kommunismus in Rußland war für die dortige Judenschaft verhängnisvoll. Aber der Umstand, daß Juden zu den Führern der Kommunistischen Partei gehörten, war in anderen Ländern ein ausreichender Vorwand, um das Judentum mit dem Kommunismus zu identifizieren und die Juden für die von den Kommu-

Adolf Hitler hält eine Rede an die Nationalsozialistische Partei.

Pogrom, Persecution, Propaganda

Preis 30 Pfennig

Der Stürmer

Deutsches Wochenblatt zum Kampfe um die Wahrheit

HERAUSGEBER : JULIUS STREICHER

| Sonder-Nummer 1 | | Nürnberg, im Mai 1934 | | 14. Jahr 1934 |

Jüdischer Mordplan

gegen die nichtjüdische Menschheit aufgedeckt

Das Mördervolk

Die Juden stehen in der ganzen Welt in einem furchtbaren Verdacht. Wer ihn nicht kennt, der kennt die Judenfrage nicht. Wer die Juden von außen, wie betrachtet bei...

Judenopfer

Durch die Jahrtausende umgoß der Jud, geheimem Ritus folgend, Menschenblut. Der Teufel fißt uns heute noch im Nacken, so lang an Gott die Teufelsbrut zu packen.

Die Juden sind unser Unglück!

" The Jews are our Misfortune ! "

Julius Streicher, der berüchtigte Herausgeber des antisemitischen Wochenblattes
"Der Stürmer" war einer der hauptsächlichen Erzieher des deutschen Volkes. Im
Mai 1924 erschien eine Sonderausgabe des Wochenblattes, welche dem Thema
"Ritualmord" gewidmet war.

nisten verübten Gewalttaten verantwortlich zu machen. Die Juden wurden beschuldigt, die Urheber und Verbreiter des Kommunismus zu sein, dessen Endziel die Untergrabung und Zerstörung der christlichen Kultur sei. Gewissenlose antisemitische Hetzer verbreiteten diese lächerlichen Beschuldigungen und die Volksmassen glaubten ihnen.

Kein Mittel wurde gescheut, um den Judenhaß zu schüren. In den Jahren nach dem ersten Weltkrieg erlebte ein ursprünglich in Rußland im Jahre 1905 erschienenes Buch, "Die Protokolle der Weisen Zions", weite Verbreitung in vielen Sprachen in allen Ländern Europas und auch in Amerika. Das Buch gab die angeblichen Protokolle einer geheimen Versammlung der Häupter der Weltjudenschaft wieder, die, wie im Buch behauptet wird, im Jahre 1897, dem Jahre des ersten Zionisten-kongresses, in Basel stattfand. In dieser Versammlung wurde der Plan für die Übernahme der Weltherrschaft durch die Juden ausgearbeitet. Als Mittel sollten unter anderem die zionistische und die kommunistische Bewegung dienen. Obgleich ein Korrespondent der Londoner "Times" im Jahre 1921 einwandfrei nachwies, daß es sich um eine Fälschung handelte, wurde das Buch weiter verbreitet und gelesen und blieb auch weiterhin eine wirksame Waffe in den Hän-den der Antisemiten, besonders in Deutschland.

In diesem Lande verschlechterte sich die Lage der Juden zusehends nach den ersten hoffnungsvollen Jahren. Die nach dem Krieg errichtete Weimarer Republik machte einen ernsten Versuch, die vom Reich ererbten antijüdischen Vorurteile in der Verwaltung abzuschaffen. In der damals herrschenden liberalen Atmosphäre, brachten jüdische Wissenschaftler, unter ihnen Albert Einstein, den deutschen Universitäten Weltruf. Jüdische Dichter, Schriftsteller und Kritiker verliehen der deutschen Literatur neuen Glanz. Damals wirkten auch jüdische Staatsmänner. Walter Rathenau, Minister für Äußeres, trug mehr als irgend jemand sonst zur Gesundung der deutschen Wirtschaft und zur Wiederaufnahme Deutschlands in die Gesellschaft der Völker bei. Aber das stolze deutsche Kaiserreich hatte eine demütigende Niederlage erlitten und das verbitterte Volk suchte einen Sündenbock für das militärische Unglück, welches diese Lage verursacht hatte. Nichts war leichter, als die Schuld auf die Juden zu laden, die in der letzten Zeit so sehr ins Rampenlicht getreten waren. Rathenau wurde 1922 ermordet und nach seinem Tode verschlechterte sich die Lage der Juden zusehends. Der Antisemitismus war eines der Prinzipien der Nationalsozialistischen Partei, die 1919 gegründet worden war und die zu ihren Mitgliedern einen äußerlich unscheinbaren, aber zu großen Dingen bestimmten gewesenen Korporal österreichischer Abstammung namens Adolf Hitler zählte. Nach einem fehlgeschlagenen Putschversuch in München im Jahr 1923 und einer ungefähr einjährigen Gefängnisstrafe reorganisierte Hitler die Nationalsozialistische Partei. Damit begannen im Jahr 1925 zwei Jahrzehnte, die nicht nur für das jüdische Volk, sondern für einen großen Teil der Menschheit zu einem unvergesslichen Alptraum wurden. Von Anfang an war Hitlers offen erklär-tes Ziel die Verwirklichung eines Programms, in welchem der Kreuzzug gegen das Judentum an erster Stelle figurierte. Dieser Programmpunkt wurde in der Folge gewissenhaft und wirksam ausgeführt.

DIE NATIONALSOZIALISTEN
IN DEUTSCHLAND AN DER MACHT

Nach einigen vielversprechenden Jahren wirtschaftlicher Erholung, verschlechterte sich plötzlich die Lage in Deutschland im Jahr 1930. Viele große Unternehmen machten der Reihe nach Bankrott, die Inflation war unaufhaltsam und die Arbeitslosigkeit nahm erschreckende Ausmaße an (sechs Millionen Arbeitslose 1933). Diese verzweifelte Lage und die Angst vor einer kommunistischen Revolution bewogen Paul von Hindenburg, der seit 1925 Präsident der Deutschen Republik war, und seine Berater, zu einer drastischen Lösung zu greifen. Am 30. Januar 1933 wurde Adolf Hitler zum Reichskanzler ernannt.

Sobald die Nationalsozialistische Partei die Zügel der Regierung ergriff, schaffte sie praktisch das parlamentäre Regime ab und ersetzte es durch eine brutale Diktatur. Im Laufe des Jahres 1935 wurde die Nationalsozialistische Partei der ausschließliche Vertreter des politischen Willens des deutschen Volkes und Adolf

Der Boykott jüdischer Läden in Deutschland am 1. April 1933.

Hitler der allmächtige Führer. Das Hakenkreuz, welches bis dahin das Wahrzeichen der Partei gewesen war, wurde nunmehr das nationale Wahrzeichen des deutschen Volkes.

Es begann ein gegen die Juden gerichtetes Schreckensregime. Juden wurden aus den öffentlichen Ämtern und aus den intellektuellen Berufen entfernt. Jüdische

"Rassenschande" wurde ein schweres Verbrechen in Deutschland. Eine Frau, die mit Juden geschlechtliche Beziehungen hatte, wird an den Pranger gestellt.

Geschäftsläden und kaufmännische Unternehmen wurden boykottiert. Sogenannte "spontane" Wutausbrüche der Bevölkerung gegen die Juden wurden sorgfältig organisiert. Für politische Gegner und in erster Linie für Juden, wurden Konzentrationslager eingerichtet.

Die einzige Reaktion in Ländern außerhalb Deutschlands war die Einberufung von Protestversammlungen, wobei die Initiative von jüdischen Organisationen ausging. Die Kulturvölker und ihre Regierungen sahen den Ereignissen gleichgültig zu. Niemand erhob seine Stimme, um Hitler an die Prinzipien der Menschlichkeit und der Vernunft zu erinnern.

September 1935 fand eine feierliche Versammlung der Nationalsozialistischen Partei in Nürnberg statt. Bei dieser Gelegenheit wurden die sogenannten "Nürnberger Gesetze" proklamiert, welche die Juden des deutschen Bürgerrechts beraubten. Als Jude sollte jede Person jüdischer Abstammung gelten (auch wenn nur ein Großelternteil jüdisch war), ohne Rücksicht auf das religiöse Bekenntnis. Mischehen zwischen Deutschen und Juden wurden verboten. Um auch außerhalb der Ehe geschlechtliche Beziehungen zwischen Deutschen und Juden zu verhindern, wurde ein neues Verbrechen namens "Rassenschande" erfunden, für welches schwere Strafen festgesetzt wurden.

Jedes Jahr brachte nunmehr neue Demütigungen und Einschränkungen für die Juden Deutschlands, die seit Generationen dieses Land als ihr Vaterland betrachteten und liebten und in der deutschen Kultur tief verwurzelt waren. Viele griffen zum Wanderstab und die Welt füllte sich mit Flüchtlingen, die anderwärts ein neues Heim suchten.

Die von den Kulturvölkern gegenüber dem Schicksal der deutschen Juden an den Tag gelegte Gleichgültigkeit ermutigte die Häupter der Nationalsozialistischen Partei zu neuen Untaten. März 1938 schloß Hitler sein heimatliches Österreich an das deutsche "Dritte Reich" an. Natürlich wurde der Anschluß mit schweren Ausschreitungen gegen die Juden in ganz Österreich, besonders aber in Wien, gefeiert. Im gleichen Jahre besetzte Deutschland das Sudetenland, als ersten Schritt zur vollständigen Abschaffung der tschechoslowakischen Selbständigkeit, welche März 1939 folgte. Nunmehr wurden auch in diesem Lande, dem einzigen Mitteleuropas, das die Minderheitsrechte gewissenhaft respektiert hatte, und in welchem die Juden sich frei entwickeln konnten, die deutschen antijüdischen Gesetze in Anwendung gebracht. Unterdessen ereignete sich etwas, das den Nazis einen willkommenen Vorwand zu einem gewaltigen Schlag gegen die Juden bot. Der siebzehnjährige Junge Herschel Grynspan erschoß in Paris einen der Diplomaten der Deutschen Gesandtschaft, um die Deportierung seiner Eltern aus Deutschland zu rächen. Daraufhin wurde am 9. November 1938 in ganz Deutschland ein regelrechter Pogrom organisiert. Circa sechshundert Synagogen wurden in Brand gesteckt oder niedergerissen. Jüdische Organisationen, Läden und Wohnungen wurden ausgeplündert und zerstört. Juden wurden verprügelt und in Konzentrationslager verschleppt. Auch diejenigen Juden, die bisher immer noch auf eine Beruhigung der Lage hofften, sahen jetzt ein, daß es nur eine einzige Rettungsmöglichkeit gab, die Auswanderung, solange sie noch möglich war. Die

Folgende Seite:Der Brand der Synagoge in der Oranienburger Straße, Berlin, 9. November 1938.

Schlange auswanderungswilliger Juden, vor der Berliner Agentur des Palestine & Orient Lloyd (1939).

deutschen Behörden erlaubten die Auswanderung der Juden, als eines der Mittel, Deutschland judenrein zu machen. Aber sie sorgten soweit als möglich dafür, daß die Juden Deutschland mit leeren Händen verließen. Überall wurden Juden verhaftet und nur unter der Bedingung freigelassen, daß sie unter Zurücklassung ihrer Habe sofort auswanderten. Bis zum Ausbruch des zweiten Weltkrieges hatten mehr als dreihunderttausend Juden Deutschland verlassen. Weitere sechzig- oder siebzigtausend konnten in den ersten zwei Kriegsjahren auswandern. Viele der Auswanderer gingen nach Palästina und trugen zum Aufbau der jüdischen nationalen Heimstätte bei.

Mit der Inkraftsetzung der antijüdischen Gesetze in Deutschland und den angeschlossenen Gebieten gaben sich die Nazis nicht zufrieden. Ihre Agenten waren in vielen anderen Ländern tätig, rekrutierten Anhänger ihrer Ideen und versuchten, auch anderswo die Einführung ähnlicher Methoden zu veranlassen. Sie fanden in vielen Kreisen ein offenes Ohr und gewannen Mithelfer, die ihnen später bei ihrem Versuch, die europäische Judenschaft ganz zu vernichten, zur Hand gingen. Sogar in England bildete sich eine faschistische Bewegung unter der Führung Sir Oswald Mosleys, die zeitweise eine gewisse Unruhe und Besorgnis verursachte.

465

DIE "ENDLÖSUNG"

Am 1. September 1939 fiel die deutsche Armee in Polen ein. Damit begann der zweite Weltkrieg, der mörderischste Krieg den die Menschheit bisher gekannt hatte. In weniger als einem Monat gab es kein Polen mehr. Der ganze westliche Teil des Landes wurde von der deutschen Armee überrannt, während Sowjetrußland den östlichen Teil des Landes besetzte. Von Polens dreieinhalb Millionen Juden waren nunmehr über zwei Millionen in dem von den Deutschen besetzten Gebiet. Ihr Schicksal war sofort entschieden. Wo immer die deutschen Truppen

Das Tragen des Judenabzeichens wurde von den Nazis zuerst in Wloclawek, Polen, eingeführt. Urspünglich war es ein dreieckiger Fleck, der auf der Brust und am Rücken getragen werden mußte.

Ein Jude in Gebetsmantel und Gebetsriemen wird gezwungen, sich neben den Leichen seiner Glaubensbrüder photographieren zu lassen.

hinkamen, fanden Judengemetzel statt, an welchen die örtliche polnische Bevölkerung eifrig teilnahm.

Diejenigen Teile Polens, die vor dem ersten Weltkrieg zum Deutschen Reich gehört hatten, wurden jetzt dem Dritten Reich wieder angeschlossen. Die restlichen Gebiete Polens wurden als ein sogenanntes General-Gouvernement organisiert. Die in den angeschlossenen Gebieten ansässigen Juden, circa anderthalb Millionen, wurden unter unmenschlichen Bedingungen ins General-Gouvernement abgeschoben. Viele von ihnen starben unterwegs. Im General-Gouvernement wurden

Ein deutscher Soldat schert den Bart eines Juden.

Der Bau der Mauer um das Warschauer Ghetto. Die Juden mußten das Baumaterial und die Arbeit bezahlen.

die Juden vom normalen Verkehr mit der christlichen Umwelt abgeschnitten und in jeder denkbaren Weise gedemütigt. Aus vielen Städten und Gegenden wurden sie vollständig vertrieben. In anderen wurden sie in streng abgesonderten überfüllten Ghettos eingeschlossen. Das größte Ghetto wurde in Warschau im Herbst des Jahres 1940 eingerichtet. Von Anfang an wohnten darin 350 000 Juden. Zuweilen stieg ihre Zahl auf 500 000. Es wurden für die Juden auch zahlreiche Arbeitslager errichtet, deren Insassen erschöpfende Arbeit unter einem Schreckens- und Hungerregime zu leisten hatten. Die hygienischen Bedingungen und der Nahrungs-mangel in den Ghettos und in den Arbeitslagern wurden immer schlimmer und groß war die Zahl derer, die ihnen erlagen. Aber irgendwie gelang es den Juden trotzdem, wenigstens im ersten Stadium, ihre Moral aufrechtzuerhalten. Im Laufe der Jahre 1940 und 1941 fiel der größte Teil Europas, vom Nördlichen Eismeer bis zum Mittelländischen Meer und von den Pyrenäen bis zum Kaukasus in die Hände der deutschen Armee. Überall befaßten sich die deutschen Besatzungsbehörden sofort mit der Judenfrage im Geiste der nationalsozialistischen Doktrin. Hie und da schlugen ihre Lösungsversuche glücklicherweise fehl. Die mutige Haltung des

"Umsiedlung", das heißt Deportation von Juden nach dem Ghetto von Lodz.

Jüdische Kinder im Warschauer Ghetto.

Das Tor des Ghettos von Lodz.

Die arbeitsfähigen Ghettoinsassen wurden allmorgendlich zu schwerer Arbeit geführt.

dänischen Volkes, vom König bis zum letzten Fischer, rettete das Leben der Juden Dänemarks. Das holländische Volk, zahlreiche Belgier und Franzosen taten vieles, um Juden das Leben zu retten und deren Not zu lindern. Aber im allgemeinen schalteten und walteten die Nazis nach Herzenslust und fanden Mitarbeiter selbst in Frankreich, dem Lande, das als erstes den Juden das Bürgerrecht verliehen hatte. Überall wurden die Juden streng ausgesondert. Ihnen wurden lächerlich geringe Lebensmittelrationen zugeteilt. Sie wurden ihrer Habe beraubt und mißhandelt. Um sie kenntlich zu machen, wurden sie gezwungen, den mittelalterlichen gelben Schandfleck zu tragen. Dieser hatte jetzt die Form des Davidschilds (das heißt des sechszackigen Davidsterns).

Je siegreicher die deutsche Armee war, um so schärfer und systematischer wurde die Judenverfolgung. In vielen Ländern wurden Konzentrationslager eingerichtet, in welchen die örtlichen Juden auf ihre Deportierung in das spezielle Judenreservat im General-Gouvernement in der Gegend von Lublin warteten.

So bitter auch das Schicksal der Juden in allen von den Deutschen eroberten Ländern im Westen war, so reichte es dennoch nicht an die entsetzliche Tragödie heran, die sich im Osten abspielte. Als Deutschland im Juni 1941 die Sowjetunion angriff und innerhalb kurzer Zeit ausgedehnte Gebiete besetzte, in welchen eine große jüdische Bevölkerung ansässig war, wurde mit den Juden kurzer Prozeß gemacht. Hier hielten es die Deutschen nicht für notwendig, wenigstens den Anschein eines zivilisierten Vorgehens zu wahren. Die Juden wurden hier in Massen hingemordet. In Babijar, in der Nähe von Kiew, wurden im Herbst des Jahres 1941 in zwei Tagen mehr als dreißigtausend Juden unbarmherzig erschossen. Viele von ihnen waren am Versöhnungstag in den Synagogen festgenommen worden. Das war nur eines dieser Massengemetzel.

Unter den zahllosen geistigen Größen, die in jener Zeit gewaltsam ums Leben kamen, war auch der mehr als achtzigjährige Historiker Simon Dubnow, der Verfasser der "Weltgeschichte des Jüdischen Volkes", der bei der Okkupation der Stadt Riga von einem deutschen Soldaten mutwillig erschossen wurde.

Im Osten fanden die Deutschen willige und leistungsfähige Spießgesellen in ihrem Kampf gegen die Juden. Ihre rumänischen Bundesgenossen, die im südlichen Sektor der russischen Front kämpften, machten fleißig mit. Desgleichen die ukrainische Bevölkerung, die seit jeher nach jüdischem Blut dürstete und in Pogromen große Erfahrung hatte.

Während die Deportation von Juden aus verschiedenen Ländern nach dem jüdischen Reservat in vollem Schwung war, trat die antijüdische Politik Nazi-Deutschlands in eine neue Phase. Die Idee eines Judenreservats wurde fallengelassen, und die Parteihäupter, die in Wannsee am 20. Januar 1942 zusammentraten, entschieden sich für "die Endlösung". Dies bedeutete die physische Vernichtung desjenigen Teiles des jüdischen Volkes, der den deutschen Henkern zur Verfügung stand. Mit dieser grausigen Aufgabe wurde Adolf Eichmann betraut, ein Mann der bereits bei den Deportationen seine Organisationsfähigkeit bewiesen hatte.

Jetzt wurden in Maidanek, Belzec, Treblinka, Oswiecim (Auschwitz) und anderswo Vernichtungslager eingerichtet. Nach Erprobung verschiedener Vernichtungsmethoden, kamen die Nazis zum Ergebnis, daß die Vergasung das rascheste und wahrscheinlich auch billigste Mittel sei, recht viele Juden in kürzester Zeit aus dem Weg zu räumen. Die Leichen der Vergasten wurden dann in großen Krematorien

Neuankömmlinge im Vernichtungslager von Oswiecin (Auschwitz).

verbrannt. Aus allen Ländern Europas kam ein ununterbrochener Zustrom von jüdischen Opfern. Wer nicht sofort in die Gaskammern geschickt wurde, starb nicht selten an Hunger oder durch Mißhandlung. Viele wurden erhängt oder erschossen, weil sie irgendeine der Hausregeln des Lagers wissentlich oder unwissentlich überschritten hatten. Einige mußten sich sadistischen medizinischen Versuchen unterwerfen, die sie selten überlebten.

Alle von den Deutschen besetzten Länder Europas lieferten ohne Unterbrechung Material für den Betrieb dieser teuflischen Vernichtungsmaschine, in welcher ein ganzes Volk mit ausgeklügelter Systematik umgebracht werden sollte. Berühmte jüdische Gemeinden, die in der jüdischen Geschichte eine stolze Rolle gespielt hatten, wurden nacheinander vollständig liquidiert oder auf eine Handvoll Überlebende reduziert. Das war das Schicksal der Gemeinden von Saloniki und Krakau, von Frankfurt und Lublin, von Sarajewo und Amsterdam, von Lodz und Wien.

Seite 473: Massenhinrichtung von Juden in Lipepaia, Lettland.

"Selektion" im Vernichtungslager von Auschwitz. Arbeitsfähige Juden durften noch eine Zeitlang am Leben bleiben. Die anderen wurden direkt in die Gaskammern geschickt.

Hie und da machten die Juden Widerstandsversuche. Juden entflohen aus dem Ghetto, schlossen sich den russischen oder polnischen Partisanen an oder bildeten eigene Partisaneneinheiten, die gegen die Nazis Guerillakämpfe führten. Von Zeit zu Zeit gab es Aufstände in den Ghettos und sogar in den Vernichtungslagern.

Das Krematorium des Vernichtungslagers Auschwitz.

Oben: Gewaltige Mengen von Schuhen und anderen Kleidungsstücken häuften sich in den Vernichtungslagern an. Alles wurde sorgfältig sortiert und verzeichnet.

Unten: Deutsche Soldaten suchen überlebende jüdische Kämpfer in den Bunkern des Warschauer Ghettos.

Jüdische Kämpfer im Warschauer Ghetto werden zur Hinrichtung geführt.

Natürlich wurde jeder Aufstand aufs grausamste unterdrückt, jedoch nicht immer ohne Verluste auf Seiten der Nazis. Das glorreichste Kapitel jüdischen Widerstandes war der Aufstand im Warschauer Ghetto. Er brach am 19. April 1943 aus, und die jüdischen Kämpfer widerstanden fünf Wochen dem ungleich überlegeneren Feind, dem sie zahlreiche Verluste zufügten. Die Deutschen waren gezwungen, um jedes einzelne Haus und jeden einzelnen Bunker zu kämpfen. Nach Niederwerfung des Aufstandes wurden die restlichen Bewohner des Ghettos, die an den Kämpfen nicht teilgenommen hatten, in die Vernichtungslager verschickt.

Aber auch der Warschauer Aufstand war nur eine heldenhafte Geste. Nichts konnte die Deutschen an der Ausführung ihres Vernichtungsplans hindern. Der antijüdische Terror wütete in allen besetzten Ländern, die Balkanhalbinsel und die griechischen Inseln nicht ausgenommen, sowie auch in nominell unabhängigen Staaten wie der Slowakei, Ungarn, Bulgarien und Rumänien, wo die von den Deutschen am Ruder gehaltenen Scheinregierungen die aus Deutschland kommenden Instruktionen folgsam ausführten.

In Italien, wo die Juden unter der faschistischen Regierung in Frieden gelebt hatten, änderte sich die Lage plötzlich im Jahre 1938, als Mussolini sich mit Hitler

Seite 477: Jüdische Frauen, die an dem Aufstand im Warschauer Ghetto teilgenommen hatten.

Es gibt keinen
jüdischen Wohnbezirk
– in Warschau mehr!

verbündete und ihm zuliebe antijüdische Gesetze einführte. Eine weitere Verschlechterung der Lage erfolgte 1940, als Italien an der Seite Deutschlands in den Krieg eintrat. Die Katastrophe kam im Jahre 1943, als das faschistische Regime zusammenbrach und die deutsche Armee die Herrschaft in Italien übernahm.

Das grauenvolle Judenmassaker endete erst mit dem Zusammenbruch des Dritten Reiches. Bis dahin hatte die Zahl der jüdischen Opfer sechs Millionen erreicht. Zwei Drittel der Juden Europas waren umgekommen. In einigen Ländern, wie Polen, Griechenland und der Tschechoslowakei, war kaum ein Zehntel der früheren jüdischen Bevölkerung am Leben geblieben.

Adolf Eichmann, der für die Ausführung der "Endlösung" hauptsächlich verantwortliche Mann, wurde nach dem Kriege von einem jüdischen Kommando in Argentinien festgenommen, in Jerusalem zum Tode verurteilt und 1961 hingerichtet.

Vorhergehende Seite:
Das Warschauer Ghetto in Flammen. Offizielle deutsche Photographie.

DER KAMPF
UM UNABHÄNGIGKEIT
IN PALÄSTINA

Die tragische Lage der europäischen Judenschaft nach dem Aufstieg des Nationalsozialismus und die ungemeinen Schwierigkeiten, mit denen die jüdischen Flüchtlinge zu kämpfen hatten, um in einer von Vorurteilen, Haß, Verdacht und zahllosen Problemen geplagten Welt irgendwo eine Zufluchtsstätte zu finden, bewiesen, wie berechtigt die Forderung des Zionismus war, in Palästina eine nationale Heimstätte zu errichten. Viele der Flüchtlinge waren bereit, nach Palästina zu gehen, doch die britische Mandatsverwaltung war darauf bedacht, die Araber nicht zu verärgern und beschränkte die Einwanderung. Deutschland und Italien, die daran interessiert waren, England im Mittleren Osten Schwierigkeiten zu bereiten, trieben die Araber an, sich der jüdischen Einwanderung und der Stärkung der jüdischen nationalen Heimstätte zu widersetzen. Die Gegnerschaft zwischen Arabern und Juden wurde immer heftiger, bis es im Jahre 1936 zu einem richtiggehenden arabischen Aufstand kam. Armeeoffiziere aus den arabischen Nachbarländern bildeten Banden arabischer Freischärler aus und versorgten sie mit Waffen. Jüdische Siedlungen wurden überfallen und Sabotageakte wurden verübt, um den Verkehr im Land zu behindern.
Die jüdische Selbstwehr, die "Hagana", führte anfänglich eine Politik der Zu-

Jüdische Polizisten in einem Panzerwagen geleiten einen Zug von Reise- und Transportautos während der Unruhen der Jahre 1938/39.

481

Eine der "Speziellen Nachtabteilungen", bestehend aus jüdischen Polizisten und Freiwilligen, die nächtliche Gegenangriffe gegen arabische Terroristen unternahmen. Diese Abteilungen wurden von Charles Orde Wingate organisiert, einem in Palästina dienenden britischen Offizier, der ein Freund des Zionismus war.

rückhaltung, vermied nach Möglichkeit jede offensive Handlung und beschränkte sich auf die Verteidigung gegen die arabischen Angreifer. Aber diese Haltung ermutigte die britischen Behörden zu immer größerer Nachgiebigkeit gegenüber der künstlich aufgereizten arabischen Opposition. Es erwies sich jedoch, daß Nachgiebigkeit nicht der richtige Weg zur Wiederherstellung der Ordnung und des Friedens im Land war. Auf Grund der Ergebnisse einer Untersuchungskommission unter dem Vorsitz Lord Peels schlug die britische Regierung im Jahre 1937 die Teilung Palästinas vor, aber der Vorschlag wurde sowohl von den Juden als auch von den Arabern zurückgewiesen. Eine zweite Kommission, unter dem Vorsitz Sir John Woodheads, kam 1938 nach Palästina. Das Resultat war die Veröffentlichung des Weißbuches vom Jahre 1939, welches die jüdische Einwanderung und das Recht der Juden, in Palästina weitere Bodenkäufe für Ansiedlungszwecke zu tätigen, drastisch einschränkte und das gerade in einem Augenblick, in dem es mehr denn je lebenswichtig war, die Tore Palästinas für die jüdischen Flüchtlinge weit zu öffnen und zu ihrer Aufnahme das Ansiedlungswerk möglichst zu erweitern.

Die Haltung und die Handlungen der britischen Verwaltung standen in offenem Widerspruch mit den von England bei Übernahme des Palästinamandats eingegangenen Verpflichtungen. Ohne die allzu anspruchsvollen Forderungen der Araber befriedigen zu können, verletzten sie die Rechte der jüdischen Bevölkerung, so daß die Juden sich zu bewaffnetem Widerstand entschlossen, der sich

Trotz der arabischen Terrorangriffe, wurden immer wiede neue Siedlungen gegründet. In den Jahren 1936-39 waren dies sogenannte "Turm- und Wallsiedlungen", deren Errichtung mit dem Bau eines Wachtturms und des Schutzzauns um die Kolonie begann. Das Bild zeigt eine dieser Kolonien, Tirat Zwi im Tal von Bet Schean, errichtet im Jahr 1937.

mit der Zeit zu einem Kampf um die Unabhängigkeit in Palästina entwickelte. - Die "Hagana" ließ die "Hawlaga"-Politik fallen und begann, auf arabische Angriffe mit Vergeltungsaktionen zu reagieren. Mitglieder der von Seew Jabotinsky geführten Revisionistischen Partei, denen die Taktik der "Hagana" nicht energisch genug schien, bildeten im Jahre 1937 eine besondere "Nationale Militärische Organisation" (hebräisch "Irgun Zewai Leumi", oder abgekürzt "Ezel"). Beide Organisationen führten einen intensiven Kampf, einerseits gegen die arabischen Banden, andererseits gegen die Unterdrückungsmaßnahmen der britischen Behörden.

Vom Jahre 1938 an wurde die sogenannte "ungesetzliche Einwanderung" in großem Maßstab organisiert. Die "ungesetzlichen Einwanderer" wurden von der Judenschaft Palästinas (dem "Jischuw") mühelos aufgenommen, ein Umstand, der, im Gegensatz zu den Befunden der britischen Untersuchungskommissionen, bewies, daß die wirtschaftliche Aufnahmefähigkeit des Landes weit davon entfernt war, erschöpft zu sein. So wuchs und stärkte sich die jüdische Einwohnerschaft Palästinas, den arabischen Angriffen und den britischen Schikanen zum Trotz und entwickelte ihre nationalen Einrichtungen, ohne sich durch den Widerstand und die Drohungen der Gegner einschüchtern zu lassen. Als im Jahre 1939 der Zweite Weltkrieg in Europa ausbrach, erklärte sich der Jischuw bereit, vorläufig alle Beschwerden gegen die Mandatsverwaltung beiseite zu legen und mit England im

Trotzdem England sich dem Vorschlag der Erstellung einer jüdischen Brigade gegenüber anfangs kühl oder sogar ablehnend verhielt, kam die Jüdische Brigade schließlich zustande und kämpfte mit Auszeichnung an der italienischen Front.

Kampf gegen das nationalsozialistische Deutschland aufrichtig mitzuarbeiten. In der Tat beteiligten sich die Juden Palästinas an den mit der Kriegführung verbundenen wirtschaftlichen Anstrengungen. Sie errichteten Werkstätten und industrielle Unternehmen, die den Verbündeten kriegswichtige Erzeugnisse lieferten. Außerdem beteiligten sich die Juden Palästinas auch an den Kriegshandlungen selbst. Jüdische Freiwillige aus Palästina dienten unter britischer Flagge in Griechenland und in Nordafrika. Im Jahre 1944 bewilligte England letzten Endes die Bildung einer Jüdischen Brigade. Diese zeichnete sich in den Kämpfen in Italien aus und nahm dann an der Befreiung Europas teil. Sie brachte insbesondere den überlebenden Juden Hilfe und ermöglichte ihnen, nach Palästina zu gelangen.

Nach Beendigung der Kämpfe befaßten sich die Soldaten der Jüdischen Brigade mit Hilfeleistungen für die Überlebenden der Konzentrations- und Vernichtungslager.

Aber trotz der aufrichtigen und wertvollen Mitarbeit der Judenschaft, die zur passiven und zweideutigen Haltung der arabischen Bevölkerung in krassem Widerspruch stand, fuhr die Mandatsbehörde auch während des Krieges fort, die jüdische Einwanderung strengstens einzuschränken, obgleich es allen klar war, daß sie dadurch tausende von Flüchtlingen praktisch zum Tode verurteilte. Daher wurde die "ungesetzliche Einwanderung" in den ersten Kriegsjahren mit zunehmender Intensität fortgesetzt. Aber auch die britischen Behörden erhöhten ihre Wachsamkeit und Strenge im Kampf gegen sie. Schreckliche Tragödien ereigneten sich zuweilen, wenn "ungesetzlichen Einwanderern" die Landung versagt wurde. Mehr als 1700 solche Einwanderer, die von den Engländern verhaftet worden waren, wurden 1940 im Hafen Haifa auf dem Schiffe "Patria" verladen, um nach der Insel Mauritius deportiert zu werden. Um die Deportation zu verhindern, beschädigte die "Hagana" das Schiff mit Sprengstoffladungen. Dabei kamen aber leider circa zweihundert Einwanderer ums Leben, woraufhin die Mandatsbehörden den Überlebenden "ausnahmsweise" erlaubte, im Land zu bleiben. Eine andere Gruppe von 1500 Einwanderern wurde nach Mauritius deportiert und verbrachte dort die Kriegsjahre unter schweren Bedingungen. Tragischer als alle anderen Fälle war der Fall des Schiffes "Struma", mit 769 Flüchtlingen aus Rumänien. Auf

Schiffe mit Überlebenden der Konzentrations- und Vernichtungslager, die nach Palästina einwandern wollten, wurden auf hoher See von britischen Kriegsschiffen abgefangen und nach Zypern gebracht. Dort wurden die Flüchtlinge in großen Konzentrationslagern interniert.

britischen Druck hin verweigerten die türkischen Behörden dem Schiff die Erlaubnis, durch den Bosporus weiterzufahren oder die Passagiere in der Türkei auszuschiffen. Nach zweimonatigen vergeblichen Verhandlungen mußte die "Struma" ins Schwarze Meer zurückfahren und sank dort im Februar 1942. Alle Flüchtlinge, bis auf einen Überlebenden, ertranken.

Die britische Regierung hielt hartnäckig an ihrer herzlosen Einwanderungspolitik fest und es gelang ihr auch, in den letzten Kriegsjahren die "ungesetzliche Einwanderung" zu unterbinden. Aber nach dem Zusammenbruch Deutschlands, war der Wunsch der überlebenden Juden, Europa zu verlassen, unwiderstehlich, und das einzige Land, in welchem sie in Zukunft Sicherheit zu finden hofften, war Palästina. Auch unter diesen Umständen blieb die englische Regierung unerschütterlich, in der Hoffnung, dadurch die Gunst der arabischen Staaten zu erkaufen und ihre Stellung im Mittleren Osten zu festigen.

Auch als nach Beendigung des Krieges die Arbeiterpartei (Labour Party) in England an die Regierung kam, erfolgte in der Palästinapolitik keine Änderung zum Besseren. Außenminister Ernest Bevin war ein entschiedener Gegner des Zionismus und humanitären Argumenten unzugänglich. Eine britisch-amerikanische Kommission, die die Lage in Palästina im Jahr 1945 untersuchte, empfahl die sofortige Zulassung von 100.000 jüdischen Einwanderern, aber England wies die Empfehlung zurück. Schiffe, die mit Tausenden von "ungesetzlichen Einwanderern" nach Palästina unterwegs waren, wurden von der britischen Flotte abgefangen und gezwungen, zum Auslaufhafen zurückzukehren, oder nach Zypern geführt, wo die Einwanderer in Konzentrationslagern untergebracht wurden.

"Exodus", das berühmteste Schiff mit "ungesetzlichen Einwanderern". Die
Einwanderer widerstanden den britischen Marinesoldaten, die aufs Schiff kamen,
und es gab Tote und Verwundete. In Haifa wurden die Einwanderer auf ein
anderes Schiff überführt und nach Deutschland zurückgeschickt.

Die britische Einwanderungspolitik, die den von England übernommenen internationalen Verpflichtungen zuwiderlief und allen humanitären Rücksichten Hohn
sprach, erregte die Entrüstung der ganzen jüdischen Welt und trieb die Judenschaft
Palästinas zur Verzweiflung. Die Spannung wuchs, und damit auch das Blutvergießen. Immer wieder stießen die jüdischen Selbstwehr-Organisationen mit den
britischen Sicherheitskräften, die die "ungesetzliche Einwanderung" verhinderten,
und mit den Arabern, die ihre terroristischen Angriffe auf jüdische Siedlungen
erneuert hatten, zusammen.

Britische Polizisten und Soldaten suchen nach Waffen in einer der jüdischen Siedlungen.

DER STAAT ISRAEL

Die immer häufigeren und heftigeren Aktionen der "Hagana" und der zwei anderen Untergrundorganisationen, der schon erwähnten "Irgun Zewai Leumi" und der von ihr abgesplitterten kleinen, aber sehr entschlossenen und kampftüchtigen Gruppe "Lechi" (Abkürzung des hebräischen Namens "Lochamei Cherut Israel", das heißt "Kämpfer für die Freiheit Israels"), forderten immer strengere Gegenmaßnahmen seitens der britischen Verwaltung heraus. Zum Schluß wurde es den Führern des Jischuws klar, daß es nur eine einzige Lösung gab: Die Rückkehr zum ursprünglichen Ziel des Zionismus, zur Errichtung eines selbständigen jüdischen Staates in Palästina, der in der Lage wäre, den Überlebenden der europäischen Judenschaft zu Hilfe zu kommen, ohne von anderen kontrolliert zu werden oder um Erlaubnis bitten zu müssen. Je häufiger und erbitterter die Zusammenstöße zwischen den

Dr. Cajim Weizmann vertritt den zionistischen Standpunkt vor der Kommission der Vereinten Nationen am 18. Oktober 1947. Sieben Monate später wurde Weizmann zum Präsidenten des Staates Israel gewählt.

Juden und den Sicherheitskräften der Mandatarmacht wurden, desto lauter und dringender wurde der Ruf nach dieser Lösung.

Nach langem Zögern kam die britische Regierung zu der Überzeugung, daß sie außerstande war, der Lage in Palästina Herr zu werden, und entschloß sich im April 1947, das Problem in die Hände der Vereinten Nationen zu legen. Die Vereinten Nationen ernannten eine Kommission, welche aus Vertretern der fünf Großmächte (Großbritannien, die Vereinigten Staaten, Frankreich, die Sowjetunion und China) bestand und die beauftragt wurde, die Lage in Palästina und in den Lagern für "verschleppte Personen" ("displaced persons") an Ort und Stelle zu untersuchen. Nach beendeter Untersuchung empfahl die Mehrzahl der Kommissionsmitglieder, Palästina in zwei selbständige, aber wirtschaftlich koordinierte Staaten zu teilen, einen jüdischen und einen arabischen Staat. Der jüdische Staat sollte die Jesreel-Ebene, das östliche Galiläa, die Scharonebene, die weiter südlich

Der Beschluß der Vereinten Nationen vom 29. November 1947, einen unabhängigen jüdischen Staat in Palästina zu errichten, wurde von der jüdischen Bevölkerung im ganzen Land mit Begeisterung gefeiert.

Die Araber widersetzten sich dem Teilungsbeschluß der Vereinten Nationen.
Bewaffnete arabische Banden konzentrierten sich in der Gegend von Jerusalem.

gelegene Küstenebene und den Negew umfassen. Jerusalem sollte weder zum
jüdischen noch zum arabischen Staat gehören, sondern ein separates, von den
Vereinten Nationen verwaltetes Territorium bilden.

In einer historischen Sitzung der Vereinten Nationen, die am 29. November 1947
stattfand, wurden diese Empfehlungen angenommen. Die Vereinigten Staaten und
die Sowjetunion stimmten beide in unerwarteter Harmonie für den Vorschlag. Die
Araber erklärten sofort, daß sie den Teilungsplan zurückweisen würden und
entschlossen wären, sich seiner Ausführung mit Waffengewalt zu widersetzen.
Großbritannien erklärte sich daraufhin außerstande, die Teilung durchzuführen,
und zog es vor, das Palästinamandat zu beenden und bis zum 15. Mai 1948 alle
Truppen aus Palästina abzuziehen.

Die britische Verwaltung begann nunmehr mit dem Abzug, hielt aber bis zuletzt
Einschränkungen und unterdrückende Maßnamen im jüdischen Sektor aufrecht,
während sie der Stationierung arabischer Streitkräfte in Palästina, mit eifriger
Unterstützung der arabischen Nachbarstaaten, wohlwollend zusah. Die Araber
unternahmen blutige Angriffe auf jüdische Siedlungen, Landstraßen und auf die
Juden in Städten mit gemischter Bevölkerung. Die Juden konnten sich auf den
Schutz der britischen Sicherheitskräfte nicht verlassen und mußten sich aus eigener
Kraft wehren.

Die "Hagana" und die zwei anderen Untergrundorganisationen koordinierten
nunmehr ihre Aktionen. Die Kommandoeinheiten der "Hagana", genannt
"Palmach" (Abkürzung des habräischen Namens "Plugot Machaz", das heißt
"Stoßabteilungen"), unter dem Befehl ihres Gründers Jitzchak Sade, erwiesen sich

als bestens ausgebildete und wirksame Streitkräfte. Bevor also die britischen Streitkräfte Palästina verließen, hatte der Unabhängigkeitskrieg eigentlich schon begonnen.

Die jüdischen Streitkräfte ergriffen nun die Initiative, bemächtigten sich der Städte Tiberias, Haifa und Safed, in denen die Juden von der arabischen Bevölkerung terrorisiert wurden, und eroberten Tel Avivs Nachbarstadt Jaffa, von wo aus Tel Aviv von den Arabern beschossen worden war, sowie viele arabische Dörfer, welche Terroristen Unterschlupf gewährten. Akko wurde kurz nach Abzug der Engländer erobert. Dagegen war die Lage in Jerusalem kritisch. Die Neustadt war von den jüdischen Streitkräften sofort nach Abzug der Engländer besetzt worden, aber der Verkehr zwischen Jerusalem und der Küstenebene war abgeschnitten, und alle Versuche, ihn wieder herzustellen, schlugen lange Zeit fehl. In der Altstadt widerstanden die Verteidiger des jüdischen Viertels den arabischen Angriffen, waren aber von der Verbindung mit ihren Kameraden in der Neustadt abgeschnitten.

Das war die Lage im Land in der ersten Maihälfte, kurz vor Beendigung des britischen Mandats. Ein Tag vor dessen Beendigung, am 14. Mai 1948, versammelten sich die Vertreter des Jischuws im Disengoff-Museum von Tel Aviv und proklamierten die Errichtung des Staates Israel. Der alterprobte jüdische

Das alte Handelszentrum von Jerusalem wurde von den Arabern am 2. Dezember 1947 in Brand gesteckt.

492

Links: Hagana-Patrouille im arabischen Viertel von Haifa (April 1948).
Rechts: Araber in Haifa tragen einen toten Kameraden davon.

Die von den Arabern als Stützpunkt benutzte Mühle von Abu Kebir, an der Grenze zwischen Jaffa und Tel Aviv.

Staatsmann Chajim Weizmann wurde zum ersten Präsidenten des Staates Israel gewählt, und David Ben Gurion, der Führer der Arbeiterpartei, bildete die erste Regierung, in welcher er Ministerpräsident und Sicherheitsminister war. Die Vereinigten Staaten und die Sowjetunion erkannten Israel sofort als Staat an, und viele andere Staaten folgten ihrem Beispiel.

Das größte Problem des neuen Staates war in erster Linie die Verteidigung. Den inländischen arabischen Guerillakämpfern schlossen sich jetzt die regulären Armeen Ägyptens, Iraks, Libanons, Syriens und Transjordaniens an, die sofort nach Beendigung des britischen Mandats die Grenze überschritten, um den

Der Angriff des Irgun Zewei Leumi auf Jaffa (April 1948). Am 13. Mai 1948 kapitulierte Jaffa.

Links: General Jakob Dori, erster Generalstabschef der israelitischen Armee (bis November 1949).

Rechts: General Jigal Jadin, zweiter Generalstabschef der israelitischen Armee in den Jahren 1949-1952.

Oben: Soldaten aus der Negev-Brigade des Palmach.
Links: Wasserverteilung im belagerten Jerusalem. Rechts: Das Wahrzeichen der arabischen Befreiungsarmee, unter dem Befehl Fawzi Kaukdjis, welche im Norden des Landes kämpfte.

Die Proklamierung der Errichtung des Staates Israel in Tel Aviv am 14. Mai 1948. David Ben Gurion, erster Ministerpräsident Israels, verliest die Proklamation.

Besetzung des von den Engländern befestigten britischen Sektors von Jerusalem (von den Juden "Bevingrad" genannt), nach Abzug der britischen Kräfte aus Jerusalem (14. Mai 1948).

Eidesleistung einer Einheit der israelischen Verteidigungsarmee.

*Links: Startbereites israelisches Kampfflugzeug im Befreiungskampf
Rechts: Angriff auf das von den Ägyptern besetzte Dorf Irak el-Manschieh.*

neugegründeten Judenstaat im Keim zu ersticken. Die "Hagana" und die zwei
anderen Untergrundorganisationen organisierten sich nunmehr als reguläre Armee
des jüdischen Staates, die "israelische Verteidigungsarmee" (hebräisch "Zewa
Hagana le-Israel", oder abgekürzt "Zahal"). Allgemeine Wehrpflicht wurde
eingeführt und aus dem Ausland kamen zahlreiche Freiwillige, um an dem Kampf
um die Existenz des neuen Staates teilzunehmen.
Sehr bald bewies die junge jüdische Armee ihre Tüchtigkeit. In einer Reihe
erfolgreicher Operationen gelang es ihr in sechs Monaten nicht nur die arabischen

Die sogenannte "Burmastraße" wurde im Sommer 1948 gebaut, um die Verbindung mit Jerusalem herzustellen. Auf dieser Straße gelangten Lebensmittel, Waffen und Munition in die belagerte Stadt.

Angriffe abzuwehren, sondern auch das Gebiet des Staates Israel über die von der Resolution der Vereinten Nationen festgesetzten Grenzen hinaus zu erweitern. Sie fiel sogar in Ägypten ein. Wenn England nicht interveniert hätte, hätte sie den Suez-Kanal erreicht und vielleicht sogar überschritten. Jerusalem war lange Zeit von der Küstenebene isoliert gewesen und wurde fortwährend von transjordanischen und ägyptischen Streitkräften beschossen. Nun wurde die Verbindung mit Jerusalem wieder hergestellt, aber die Altstadt, in welcher Juden seit jeher gelebt hatten, fiel in die Hände der transjordanischen Armee. Die Verteidiger des jüdischen Viertels wurden gefangen genommen und das jüdische Viertel mit seiner uralten Synagoge zerstört.

Den Bemühungen der vereinten Nationen gelang es, im Januar 1949 einen allgemeinen Waffenstillstand zu erreichen. Die Vertreter der kriegführenden Staaten trafen sich auf der Insel Rhodos, und im Laufe der nächsten Monate wurde dort ein Waffenstillstandsvertrag mit den arabischen Staaten abgeschlossen. Die Unterzeichnung des Abkommens mit Syrien im Juli 1949 bezeichnete das Ende des Unabhängigkeitskrieges.

Inzwischen war der Staat Israel von den Vereinten Nationen als Mitgliedsstaat aufgenommen worden. Wahlen zu einer gesetzgebenden Versammlung (hebräisch: "Knesset") hatten stattgefunden, und im Jahr 1950 wurde der Sitz der Regierung trotz der Proteste verschiedener Staaten von Tel Aviv nach Jerusalem verlegt. Jerusalem wurde zur Hauptstadt des Staates Israels erklärt.

"Operation Choreb" (22.12.1948 - 2.1.1949), der letzte Kampf im Krieg mit Ägypten. Die Ägypter zogen sich aus allen Stellungen, mit Ausnahme des Gaza-Streifens, zurück. Die israelischen Kräfte folgten ihnen auf ägyptischem Boden und eroberten den Flugplatz von El-Arisch.

UNITED NATIONS   NATIONS UNIES
Mission of the United Nations   Mission du Médiateur des Nations
Mediator on Palestine   Unies pour la Palestine

EGYPTIAN-ISRAELI GENERAL CEASE-FIRE AGREEMENT

We, the undersigned, do hereby agree that:

1. The general cease-fire agreement between the two parties which became effective on 7 January 1949 at 1200 GMT is hereby formally confirmed as a complete and enduring cease-fire between all elements of our military or para-military forces - land, sea and air - wherever located.

2. No element of the ground or air-forces of either party shall advance beyond or pass over the line now held by the foremost elements of its ground forces, and no element of naval or air forces of either party shall enter into or pass over the waters adjacent to the coastline now held by the other party for any purpose whatsoever.

3. In pursuance of the resolution of the Security Council of 29 December 1948, complete supervision of the truce by the United Nations Observers shall be allowed and facilitated.

4. Movements of civilians shall not occur from one side to the other.

Done and signed in quadruplicate at Rhodes, Island of Rhodes, Greece, on the 24 January 1949, in the presence of the United Nations Acting Mediator on Palestine and the Chief of Staff of the United Nations Truce Supervision Organisation.

Signed: _____   Signed: Walter Eytan
For and on behalf of the   For and on behalf of the Pro-
Government of Egypt   visional Government of Israel

Signed: _____   Signed: _____
For and on behalf of the   For and on behalf of the Pro-
Government of Egypt   visional Government of Israel

Rhodes, 24 January 1949

Das Waffenstillstandsabkommen zwischen Israel und Ägypten, welches am 24. Januar 1949 auf Rhodos unterzeichnet wurde.

500

Am 17. Mai 1949 wurde Israel als der 59. Mitgliedsstaat von den Vereinten Nationen aufgenommen. Die Israeli-Fahne wird am Sitz der Vereinten Nationen im Beisein des Außenministers Mosche Scharet und des israelischen Gesandten, Abba Ewen, gehißt.